DIREITO DO TRABALHO

Orientações e
Obrigações Trabalhistas

OBRAS DO AUTOR ANTENOR PELEGRINO

Trabalho Rural — Orientações Práticas ao Empregador
1ª Edição — 1985 — LTr Editora — São Paulo
2ª Edição — 1986 — LTr Editora — São Paulo
3ª Edição — 1988 — LTr Editora — São Paulo
4ª Edição — 1990 — Editora ATLAS — São Paulo
5ª Edição — 1991 — Editora ATLAS — São Paulo
6ª Edição — 1993 — Editora ATLAS — São Paulo
7ª Edição — 1997 — Editora ATLAS — São Paulo
8ª Edição — 1999 — Editora ATLAS — São Paulo
9ª Edição — 2002 — EAF — Viçosa — MG

Legislação Trabalhista Rural
Pequeno Dicionário de Direito do Trabalho Rural — 1985 — LTr Editora — SP

Fique dentro da Lei: é mais seguro
Obra Especial: A Lei no Campo — Anuário Guia Rural — Ed. Abril — 1986 — SP

Segurança e Higiene do Trabalho Rural
1988 — ASL Editora — Tupã — SP

Direito do Trabalho Urbano e Rural
Livro eletrônico em disquetes — 1992

Orientações Trabalhistas e Previdenciárias
1992 — Tupã — SP

Cartilha do Empregador Rural
Orientações práticas sobre as normas trabalhistas rurais — Impressão OESP Gráfica — Grandes tiragens por entidades rurais — edição 1993

Curso de Obrigações Trabalhistas Urbanas e Rurais
Orientações práticas sobre as normas trabalhistas urbanas e rurais
1ª Edição — 1995 — OESP — São Paulo
2ª Edição — 1996 — Tupã — SP
3ª Edição — 1997 — Tupã — SP
4ª Edição — 1998 — Tupã — SP
5ª Edição — 1999 — Tupã — SP
6ª Edição — 2000 — Tupã — SP
7ª Edição — 2001 — Uberlândia — MG
8ª Edição — 2002 — Uberlândia — MG

Cartilha da Empregada Doméstica
Disponibilizada no Portal Nacional de Direito do Trabalho — acesso gratuito
1ª Edição — março — 2001
2ª Edição — setembro — 2001
3ª Edição — janeiro — 2002

Cartilha do Trabalho Rural
Disponibilizada no Portal Nacional de Direito do Trabalho — acesso gratuito
1ª Edição — março — 2001
2ª Edição — setembro — 2001
3ª Edição — janeiro — 2002

Direitos Trabalhistas da Empregadora e da Empregada Doméstica
1ª Edição — 2002 — EAF — Viçosa — MG
2ª Edição — 2007 — EAF — Viçosa — MG

Direitos Trabalhistas do Empregador e do Empregado Rural
1ª Edição — 2002 — EAF — Viçosa — MG

ANTENOR PELEGRINO — *IN MEMORIAM*

Advogado Trabalhista; Editor do Boletim de Informações Trabalhistas; Fundador do Portal Nacional de Direito do Trabalho <www.pndt.com.br e/ou www.pelegrino.com.br>; Consultor Trabalhista de Empresas Urbanas e Rurais; Membro Efetivo do Instituto Latino-Americano de Derecho del Trabajo y de la Seguridad Social. Por três vezes teve seu nome aprovado por unanimidade, pela Diretoria do Conselho Federal da OAB, para concorrer à lista sêxtupla para Ministro Togado do TST — Tribunal Superior do Trabalho — TST-Brasília.

DIREITO DO TRABALHO

Orientações e Obrigações Trabalhistas

ATUALIZADO POR
ANTENOR PELEGRINO FILHO

Bacharel em Direito pela Universidade de Marília/SP; Diretor do Portal Nacional de Direito do Trabalho <www.pndt.com.br e/ou www.pelegrino.com.br>; Consultor Trabalhista de Empresas Urbanas e Rurais; Coordenador do Curso Online do Portal Nacional de Direito do Trabalho; Vice-Coordenador no Brasil, Conselheiro e Vice-Presidente do Conselho Deliberativo de Sigma Society; Membro da Word Association for Highly Intelligent People.

ULISSES OTÁVIO ELIAS DOS SANTOS
Advogado e Consultor Trabalhista de Empresas Urbanas e Rurais.

Dados Internacionais de Catalogação na Publicação (CIP)
(Câmara Brasileira do Livro, SP, Brasil)

Pelegrino, Antenor, 1954-2005.
   Direito do trabalho: orientações e obrigações trabalhistas / Antenor Pelegrino ; atualizado por Antenor Pelegrino Filho, Ulisses Otávio Elias dos Santos. — São Paulo : LTr, 2009.

   Bibliografia.
   ISBN 978-85-361-0935-0

   1. Direito do trabalho — Brasil 2. Relações de trabalho — Brasil 3. Trabalhadores rurais 4. Trabalhadores urbanos I. Pelegrino Filho, Antenor. II. Santos, Ulisses Otávio Elias dos. III. Título.

08-07428   CDU-34:331.1(81)

Índice para catálogo sistemático:

1. Brasil : Obrigações trabalhistas : Direito do trabalho   34:331.1(81)

Produção Gráfica e Editoração Eletrônica: **RLUX**

Capa: **FÁBIO GIGLIO**

Impressão: **PAULUS**

© Todos os direitos reservados

EDITORA LTDA.

Rua Apa, 165 — CEP 01201-904 — Fone (11) 3826-2788 — Fax (11) 3826-9180
São Paulo, SP — Brasil — www.ltr.com.br

LTr 3392.2   Abril, 2009

*Dedico esta singela obra
à minha adorável esposa, Suely,
por toda sua dedicação e carinho.
Obrigado, minha querida!*

ÍNDICE

APRESENTAÇÃO 19
OBRIGAÇÕES TRABALHISTAS 21
1. Regularização Trabalhista 21
   Introdução 21
   Legislação 173
   Registro Atualizado e Numerado 22
   Livros e Fichas de Registro 22
   Legislação 174
   Registro Informatizado de Empregados 23
   Legislação 176
   Requisitos para Implantar o Sistema Informatizado 23
   Legislação 177
   Acesso à Fiscalização do Trabalho 24
   Instalações Próprias ou de Terceiros 24
   Legislação 177
2. Requisitos da Relação de Emprego 25
   Legislação 177
3. Conceitos e Definições 26

CAPÍTULO 1 — ADMISSÃO DE EMPREGADO
1.1. Solicitação de Emprego 29
1.2. Registro — Documentos Necessários 30
1.3. Exame Médico Admissional 31
   Legislação 178
1.4. Registro na CTPS, Livro ou Fichas 31
   Legislação 182
1.5. Cadastro Geral de Empregados e Desempregados — CAGED 33
   Legislação 185

CAPÍTULO 2 — CONTRATOS DE TRABALHO
   Introdução 35
   Legislação 187

2.1. Contrato de Experiência 37
    Legislação 187
2.2. Contrato por Prazo Indeterminado 39
2.3. Contrato por Prazo Determinado 40
    Legislação 189
2.4. Contrato por Obra Certa 42
2.5. Contrato por Safra 43
    Legislação 189
2.6. Contrato por Pequeno Prazo 46
    Legislação 190
2.7. Contrato Temporário 47
    Legislação 191
2.8. Alteração de Contrato de Trabalho 49
    Legislação 197
2.9. Regulamento Interno dos Empregados 51

CAPÍTULO 3 — PIS — PROGRAMA DE INTEGRAÇÃO SOCIAL
    Introdução 52
    Legislação 199

CAPÍTULO 4 — SEGURO-DESEMPREGO
4.1. Seguro-Desemprego — Urbanos e Rurais 55
4.2. Seguro-Desemprego — Empregado Doméstico 59
4.3. Seguro-Desemprego — Pescadores Profissionais 61
    Legislação 200

CAPÍTULO 5 — FGTS — FUNDO DE GARANTIA DO TEMPO DE SERVIÇO
5.1. Direitos ao FGTS 63
    Legislação 204
5.2. Efeitos da Rescisão do Contrato de Trabalho 64
    Legislação 204
5.3. Depósitos ao FGTS 66
    Legislação 206
5.4. Saques ao FGTS 67
    Legislação 207
5.5. Certificado de Regularidade 72
    Legislação 208
5.6. Fiscalização 73
    Legislação 208

5.7. FGTS de Empregado Doméstico	74
Legislação	209
5.8. Prescrição do FGTS	74
Legislação	210
5.9. Códigos de Saque — Sacador — Motivo	75
Legislação	210

CAPÍTULO 6 — HORÁRIO DE TRABALHO

6.1. Jornada de Trabalho	76
Legislação	234
6.2. Quadro de Horário de Trabalho	77
Legislação	234
6.3. Registro de Horário — Ponto	77
Legislação	234
6.4. Horas Extras	79
Legislação	235
6.5. Horas *In Itinere*	80
Legislação	235
6.6. Serviço Intermitente	81
Legislação	236
6.7. Trabalho Noturno	82
Legislação	236
6.8. Períodos de Descanso	83
Legislação	237
6.9. Descanso Semanal Remunerado — DSR	84
Legislação	238

CAPÍTULO 7 — SALÁRIOS

7.1. Vantagens que integram o salário	87
Legislação	240
7.2. Vantagens que não integram o salário	88
7.3. Pagamentos	89
Legislação	241
7.4. Descontos	90
Legislação	241
7.5. Recibo de Pagamento	92
Legislação	242

7.6. Salário-Família 93
    Legislação 242
7.7. Vale-Transporte 94
    Legislação 243

CAPÍTULO 8 — 13º SALÁRIO

    Introdução 96
    Legislação 247
8.1. 13º Salário Proporcional 96
    Legislação 247
8.2. Salário Variável 97
    Legislação 247
8.3. Adiantamento do 13º Salário 98
    Legislação 248

CAPÍTULO 9 — SINDICALISMO

    Introdução 99
    Legislação 249
9.1. Sindicalista — Estabilidade Provisória 100
    Legislação 249
9.2. Enquadramento Sindical 101
    Legislação 249
9.3. Contribuição Confederativa — Só Sindicalizados 102
    Legislação 251
9.4. Contribuição Assistencial 103
9.5. Contribuição Sindical 104
    Legislação 251

CAPÍTULO 10 — FÉRIAS

10.1. Direito às Férias 106
    Legislação 255
10.2. Um Terço a Mais 107
    Legislação 256
10.3. Concessão das Férias 108
    Legislação 256
10.4. Férias Coletivas 109
    Legislação 256

10.5. Remuneração das Férias	110
Legislação	257
10.6. Quando não Tem Direito às Férias	111
Legislação	257
10.7. Férias — Rescisão do Contrato	112
Legislação	258
10.8. Prescrição das Férias	113
Legislação	258
10.9. Penalidades	114

CAPÍTULO 11 — SEGURANÇA E HIGIENE DO TRABALHO

Introdução	115
Legislação	259
11.1. Serviços Especializados — SESMT	115
11.2. Serviços Especializados — SESTR	116
11.3. CIPA — Trabalho Urbano	116
Legislação	260
11.4. CIPATR — Trabalho Rural	117
11.5. Insalubridade	117
Legislação	260
11.6. Periculosidade	118
Legislação	261

CAPÍTULO 12 — ACIDENTE DE TRABALHO E DOENÇA PROFISSIONAL

Introdução	120
Legislação	263
12.1. Equiparam-se ao Acidente de Trabalho	120
Legislação	263
12.2. Comunicação do Acidente de Trabalho	121
Legislação	264
12.3. Prestações por Acidente de Trabalho	122
12.4. Auxílio-Doença	122
Legislação	265
12.5. Aposentadoria por Invalidez	123
Legislação	265
12.6. Pensão por Morte	123
Legislação	265

12.7. Auxílio-Acidente 123
    Legislação 266
12.8. Estabilidade Provisória 124
    Legislação 267
12.9. Medidas de Proteção e Segurança 124
    Legislação 267
12.10. Litígios e Medidas Cautelares 125
    Legislação 267

CAPÍTULO 13 — AUXÍLIO-DOENÇA

    Introdução 126
    Legislação 269
13.1. Já Portador de Doença 126
    Legislação 269
13.2. Valor do Benefício 126
    Legislação 269
13.3. Início do Benefício 126
    Legislação 270
13.4. Primeiros 15 Dias de Afastamento 127
    Legislação 270
13.5. Auxílio-Doença em Duas Atividades 127
    Legislação 272
13.6. Cessação dos Benefícios 128
    Legislação 272

CAPÍTULO 14 — PROTEÇÃO DO TRABALHO DA MULHER

14.1. Horário de Trabalho 129
    Legislação 273
14.2. Dos Métodos e Locais de Trabalho 129
14.3. Proteção à Maternidade 130
    Legislação 273
14.4. Estabilidade Provisória da Gestante 131
    Legislação 274
14.5. Assistência aos Filhos e Dependentes 132
    Legislação 275
14.6. Proteção do Mercado de Trabalho 132
    Legislação 275

CAPÍTULO 15 — SALÁRIO-MATERNIDADE

15.1. 120 Dias de Licença-Gestante	133
Legislação	276
15.2. Valor do Salário-Maternidade	133
Legislação	277
15.3. Exames e Atestados Médicos	134
Legislação	278

CAPÍTULO 16 — SALÁRIO-FAMÍLIA

16.1. Quem tem Direito ao Salário-Família	135
Legislação	279
16.2. Pagamento do Salário-Família	135
Legislação	280
16.3. Valor e Início do Pagamento	136
Legislação	280
16.4. Quando cessa o Direito	137
Legislação	281
16.5. Providência para a Manutenção	137
Legislação	281

CAPÍTULO 17 — PROTEÇÃO AO TRABALHO DO MENOR

17.1. Idade Mínima para o Trabalho	139
Legislação	282
17.2. Mudança de Função	139
Legislação	282
17.3. Outras Obrigações do Empregador	140
Legislação	282
17.4. Nos Documentos, a Assinatura do Pai	140
Legislação	282

CAPÍTULO 18 — JUSTA CAUSA

Introdução	141
Legislação	283
18.1. Elenco de Faltas Graves da CLT	141
18.2. Ato de Improbidade (Alínea *a*)	142
Legislação	283
18.3. Incontinência de Conduta (Alínea *b*)	142
Legislação	285

18.4. Negociação Habitual (Alínea *c*)	143
Legislação	285
18.5. Condenação Criminal (Alínea *d*)	144
Legislação	286
18.6. Desídia (Alínea *e*)	144
Legislação	286
18.7. Embriaguez (Alínea *f*)	145
Legislação	288
18.8. Violação de Segredo (Alínea *g*)	146
Legislação	288
18.9. Ato de Indisciplina (Alínea *h*)	146
Legislação	289
18.10. Abandono de Emprego (Alínea *i*)	147
Legislação	290
18.11. Ato Lesivo à Honra (Alíneas *j* e *k*)	148
Legislação	292
18.12. Prática de Jogos de Azar (Alínea *l*)	149
Legislação	292
18.13. Participação em Greve	150
Legislação	292
18.14. Desrespeito às Normas de Segurança	150
18.15. Punição tem que ser atual	150
18.16. Punição Excessiva	151
18.17. Dupla Penalidade não é Cabível	151
18.18. Sanções Aplicáveis ao Empregado Infrator	151
Legislação	292

CAPÍTULO 19 — DESPEDIDA INDIRETA

Introdução	154
Legislação	293
19.1. Serviços Superiores (Alínea *a*)	155
Legislação	293
19.2. Tratar com Rigor Excessivo (Alínea *b*)	155
Legislação	293
19.3. Correr o Perigo (Alínea *c*)	155
Legislação	293

19.4. Não Cumprir as Obrigações (Alínea *d*)	155
Legislação	294
19.5. Ato Lesivo à Honra (Alínea *e*)	155
Legislação	294
19.6. Ofensas Físicas (Alínea *f*)	156
19.7. Reduzir as Tarefas do Empregado (Alínea *g*)	156
Legislação	295
19.8. Decisão da Justiça	156
19.9. Acordo entre Empregado e Empregador	156

CAPÍTULO 20 — AVISO PRÉVIO

20.1. Quando é cabível	157
Legislação	296
20.2. Falta de Aviso Prévio pelo Empregador	157
Legislação	296
20.3. Falta de Aviso Prévio pelo Empregado	158
Legislação	296
20.4. Redução do Aviso Prévio	158
Legislação	296
20.5. Não há Aviso Prévio	158
20.6. Tempo Para Procurar Outro Emprego	158
Legislação	297
20.7. Reconsideração do Aviso Prévio	159
Legislação	297
20.8. Renúncia do Aviso Prévio	160
Legislação	297
20.9. Na Despedida Indireta é Cabível o Aviso Prévio	160
Legislação	297
20.10. Justa Causa no Aviso Prévio	160
Legislação	297
20.11. Quando o Empregador Comete Falta	160
Legislação	297
20.12. Aviso Prévio Indenizado	161
Legislação	297

CAPÍTULO 21 — PRESCRIÇÃO

21.1. Prescrição — Trabalho Urbano e Rural 162
    Legislação 298
21.2. Contra o Menor não Corre Prescrição 162
    Legislação 298
21.3. Comprovação Qüinqüenal — Trabalho Rural 163
21.4. Prescrição na Aposentadoria por Invalidez 163
    Legislação 298

CAPÍTULO 22 — ESTABILIDADE PROVISÓRIA

    Introdução 165
    Legislação 299
22.1. Falta Grave — Despedida 166
    Legislação 299
22.2. Término de Contrato 167
22.3. Encerramento das Atividades da Empresa 167
22.4. Pedido de Demissão 167

CAPÍTULO 23 — RESCISÃO DE CONTRATO DE TRABALHO

23.1. Mais de Um Ano de Emprego — Homologação 169
    Legislação 301

LEGISLAÇÃO 173

MODELOS DE IMPRESSOS RURAIS

1. Contrato de Experiência 305
2. Contrato de Trabalho por Prazo Indeterminado 307
3. Contrato de Trabalho por Prazo Determinado 309
4. Contrato de Trabalho por Obra Certa ou para Execução de Determinado serviço ... 311
5. Contrato de Trabalho por Safra 313
6. Regulamento Interno dos Empregados 315
7. Recibo de Pagamento — Empregado Rural 322
8. Notificação ao Sindicato dos Trabalhadores Rurais sobre a Concessão Gratuita de Moradia 323
9. Contrato de Empreitada 324
10. Contrato de Comodato 326

11. Contrato de Arrendamento 328
12. Contrato de Arrendamento de Pasto 330
13. Contrato de Parceria Agrícola 332
14. Contrato de Parceria para Cultivo de Café 335
15. Contrato de Parceria Pecuária 338

MODELOS DE IMPRESSOS URBANOS
16. Contrato de Trabalho por Prazo Indeterminado 343
17. Regulamento Interno dos Empregados 345
18. Recibo de Regulamento 350
19. Banco de Horas 351

APRESENTAÇÃO

A observação e análise criteriosas, exercitadas no convívio permanente com os problemas trabalhistas, levam-nos a considerar que são muito complexas as nossas leis, em especial no que tange aos direitos trabalhistas.

O excesso de alterações legais, de ordens e contra-ordens encarrega-se de incrementar esse estado. E, com isso, desinformação, má informação e interpretações equivocadas acabam por gerar um verdadeiro estado de guerra que se desdobra permanentemente nos tribunais, na acareação empregador/empregado.

Há necessidade de muito empenho para que se altere esse quadro. E esse empenho começa necessariamente pela consciência profissional tanto de quem oferece o emprego, como daquele que o aceita. E essa consciência se forma por meio do conhecimento. Conhecimento claro e definitivo do que pode ser exigido do empregado.

Do que pode ser exigido do empregador: Uma relação empregatícia sem logros, sem más intenções, tanto de uma parte como de outra, fundamentada no princípio lógico de que alguém precisa de um emprego e alguém precisa de um empregado.

E deste curso é uma só: passar orientações, de maneira clara e objetiva, procurando simplificar ao máximo o entendimento das fundamentações legais que norteiam as relações do trabalho. Com isso, buscamos favorecer essas relações, procurando os caminhos que levem, o mais rapidamente possível, à formação daquela consciência profissional de que falávamos — consciência fundamentada na informação clara e segura.

Antenor Pelegrino
Consultor Trabalhista

OBRIGAÇÕES TRABALHISTAS
(Urbanas e Rurais)

1. REGULARIZAÇÃO TRABALHISTA

INTRODUÇÃO

Considerações iniciais: Em virtude do crescente número de reclamações trabalhistas; a ampliação das normas que regulam as relações trabalhistas, o avanço das negociações coletivas de trabalho e, por tantos outros motivos, atrevemo-nos a preparar este modesto livro com a finalidade de auxiliar e orientar a todos que atuam no setor ou que tenham interesse (contadores, gerentes de RH, escriturários, chefes de departamento de pessoal, administradores, supervisores e outros que atuam com as questões trabalhistas). Com maior conhecimento e bom senso, os direitos dos trabalhadores estarão salvaguardados, evitando-se conflitos entre patrão e empregado, buscando o melhor relacionamento entre capital e trabalho.

Registro legal: A empresa urbana ou rural, ao admitir um empregado, deverá registrá-lo no livro, ficha ou no sistema informatizado. O livro ou ficha de registro de empregados podem ser adquiridos em papelarias.

De acordo com a Portaria n. 41, de 28 março de 2007, o registro de empregados de que trata o art. 41 da Consolidação das Leis do Trabalho deverá conter, obrigatoriamente, as seguintes informações:

a) nome do empregado, data de nascimento, filiação, nacionalidade e naturalidade;

b) número e série da Carteira de Trabalho e Previdência Social — CTPS;

c) número de identificação do cadastro no Programa de Integração Social — PIS ou no Programa de Formação do Patrimônio do Serviço Público — PASEP;

d) data de admissão;

e) cargo e função;

f) remuneração;

g) jornada de trabalho;

h) férias; e

i) acidente do trabalho e doenças profissionais, quando houver.

É vedado ao empregador efetuar anotações em quaisquer documentos que possam causar dano à imagem do trabalhador, especialmente referentes a sexo ou sexualidade, origem, raça, cor, estado civil, situação familiar, idade, condição de autor de reclamação trabalhista, saúde e desempenho profissional ou comportamento.

Registro Atualizado e Numerado

Informações corretas: A empresa urbana ou rural deve manter o registro de empregados sempre atualizado e numerado seqüencialmente por estabelecimento, cabendo ao empregador ou representante legal a responsabilidade pela autenticidade das informações contidas no registro.

Livros e Fichas de Registro

Autenticação: Em face da revogação do art. 42 da CLT — Consolidação das Leis do Trabalho, a partir de junho de 2001, com a vigência da Lei n. 10.243, de 19 de junho de 2001, deixou de ser obrigatória a autenticação das fichas ou livros de registro de empregados pelas Delegacias Regionais do Trabalho ou órgãos autorizados, do Ministério do Trabalho e Emprego ou órgãos autorizados.

Manter o livro ou fichas: Embora revogado o art. 42, da CLT (que estabelecia a obrigatoriedade de autenticação do livro ou fichas de registro de empregados), é aconselhável estar com os documentos rigorosamente em dia, mantendo atualizadas as anotações.

Livro de Registro de Empregados: O modelo padrão contém um mínimo de 50 (cinqüenta) folhas, as quais, normalmente, vêm numeradas tipograficamente.

Na primeira folha do livro, o *"Termo de Abertura"*, deve ser corretamente preenchido e assinado pelo responsável legal pela empresa. O *"Termo de Encerramento"* deve ser preenchido, até esgotadas todas as folhas, ou seja, no momento em que será aberto um novo livro em continuação.

Felizmente, com a revogação do art. 42 da CLT — Consolidação das Leis do Trabalho eliminou-se a absurda burocracia que existiu até junho de 2001.

Ficha de Registro de Empregado: As fichas são indicadas quando o número de empregados for superior a 25 (vinte e cinco). É recomendável adquirir ou mandar confeccionar um lote mínimo de 50 (cinqüenta) fichas, numeradas seqüencialmente.

Cada ficha de registro de empregado deve conter o nome e endereço do empregador. Na ficha inicial, a de número 1 (um) será lavrado um *"Termo de Abertura"*. A última ficha deve ser conservada (sem uso), para ser lavrado o *"Termo de Encerramento"*, quando esgotado o lote de 50 fichas.

2ªˢ vias das fichas: No caso de empresa com filiais, embora não seja mais preciso autenticá-las (no órgão regional do Ministério do Trabalho) devem ser providenciadas as segundas vias das fichas de registro, obedecendo à mesma numeração, com anotação de "2ª VIA".

Livro de Inspeção do Trabalho: As empresas (urbanas e rurais) devem manter um Livro de Inspeção do Trabalho, onde serão registradas, quando houver, as visitas dos agentes de inspeção. O registro será feito pelo fiscal do trabalho, onde declarará a data e a hora do início e término da inspeção, bem como o resultado da mesma. As empresas que tenham filiais deverão ter, em cada uma delas, um livro de Inspeção do Trabalho.

Controle único: Os documentos sujeitos à Inspeção do Trabalho poderão ter controle único e centralizado pelo empregador, segundo regra contida no art. 3º da Portaria n. 3.626, de 13 de novembro de 1991, à exceção do registro de empregados, do registro de horário de trabalho e de Inspeção do Trabalho, os quais deverão permanecer em cada estabelecimento. Quanto aos documentos passíveis de centralização, a exibição deverá ser feita no prazo de 2 a 8 dias, segundo determinação do agente de inspeção do trabalho.

O empregador poderá, também, adotar controle único e centralizado do registro de empregados, desde que os empregados portem cartão de identificação contendo necessariamente seu nome completo, número de inscrição no PIS/PASEP, horário de trabalho e cargo ou função, de acordo com a regra contida no *caput* do art. 3º da Portaria n. 41, de 28 de março de 2007.

Prestadores de serviços — terceirização: Prevê o *caput* e o § 1º do art. 3º da Portaria n. 41, de 28 de março de 2007, que o registro de empregados de prestadores de serviço poderá permanecer na sede da contratada (tomadora de mão-de-obra) desde que os empregados portem cartão de identificação contendo seu nome completo, número de inscrição no PIS/PASEP, horário de trabalho e cargo ou função. Neste caso, a exibição dos documentos deverá ser feita no prazo de 2 (dois) a 8 (oito) dias, a critério do Auditor Fiscal do Trabalho.

Registro Informatizado de Empregados

O art. 4º da Portaria n. 41, de 28 de março de 2007, diz que o empregador poderá adotar o registro de empregados em sistema informatizado que garanta segurança, inviolabilidade, manutenção e conservação das informações. Também é vedada qualquer informação que possa causar dano à imagem do trabalhador em sistemas informatizados, conforme prevê o art. 8º da Portaria n. 41, de 28 de março de 2007.

Requisitos para Implantar o Sistema Informatizado

O empregador que desejar implantar o sistema informatizado de registro de empregados deverá observar as cautelas previstas na lei, visando garantir a segurança, inviolabilidade e durabilidade das informações.

O empregador que optar pelo sistema informatizado de registro de empregados deverá:

a) manter registro individual em relação a cada empregado;

b) manter registro original, individualizado por empregado, acrescentando-lhe as retificações ou averbações, quando for o caso;

c) assegurar, a qualquer tempo, o acesso da fiscalização trabalhista às informações, por meio de tela, impressão de relatório e meio magnético;

d) conter rotinas auto-explicativas, para facilitar o acesso e o conhecimento dos dados registrados;

e) ser auto-explicativo o sistema, para facilitar o acesso e o conhecimento dos registros.

f) conter nas informações e relatórios data e hora do lançamento, atestada a sua veracidade por meio de rubrica e identificação do empregador ou de seu representante legal nos documentos impressos.

Implantado o sistema informatizado, fica vedado ao empregador efetuar anotações que possam causar dano à imagem do trabalhador, especialmente referentes a sexo ou sexualidade, origem, raça, cor, estado civil, situação familiar, idade, condição de autor de reclamação trabalhista, saúde e desempenho profissional ou comportamento.

Acesso à Fiscalização do Trabalho

Fiscalização: O sistema deve permitir à fiscalização do trabalho acesso a todas as informações e dados dos últimos 12 (doze) meses, no mínimo, ficando a critério de cada empresa estabelecer o período máximo, conforme a capacidade de suas instalações.

No que se refere aos dados anteriores aos últimos 12 (doze) meses, quando solicitadas as informações pelo auditor fiscal do trabalho, essas informações poderão ser apresentadas via terminal de vídeo ou em relatório impresso ou por meio magnético, ficando a critério do Auditor Fiscal do Trabalho a escolha, no prazo de 2 (dois) a 8 (oito) dias.

Instalações Próprias ou de Terceiros

Fiscalização na empresa: Caso o empregador não disponha de instalações próprias, é possível a utilização de dependências de terceiros (de empresas que prestam serviços em processamento de dados), apesar de a portaria ser omissa neste ponto. Entretanto, o empregador deverá dispor de terminais instalados em sua empresa e interligados a sua rede, possibilitando que fiscalização do trabalho seja efetuada na própria empresa.

As empresas urbanas e rurais são obrigadas a possuir um Livro de Inspeção do Trabalho, onde são registradas as visitas dos agentes de inspeção.

O registro será lavrado pelo próprio fiscal que declarará a data e a hora do início e do término da inspeção, bem como de seu resultado. Em cada estabelecimento (filiais) da empresa, deverá ter um livro de Inspeção do Trabalho.

2. REQUISITOS DA RELAÇÃO DE EMPREGO

Diferenças: Este assunto requer uma exposição mais ampla, para que não se perca de vista a diferença existente entre EMPREGADO, TRABALHADOR e EMPREGADOR.

Para que ocorra o vínculo empregatício entre empregado e empregador, há necessidade dos seguintes requisitos:

— PESSOALIDADE;

— HABITUALIDADE (não eventual);

— SUBORDINAÇÃO;

— SALÁRIO (remuneração).

Pessoalidade: Somente pode ser empregado a pessoa física. Não se admite como empregado uma "Pessoa Jurídica".

O próprio empregado contratado é quem deve executar os serviços para os quais foi admitido. Se, porém, outro empregado executar os serviços do empregado contratado, estará descaracterizada a relação de emprego, pois o trabalho deve ser prestado, pessoalmente, pelo empregado contratado.

Habitualidade: Deve haver certa habitualidade na prestação de serviços pelo empregado, para caracterizar o vínculo empregatício. Se ele presta serviços esporádicos (eventuais), não pode ser considerado empregado.

Subordinação: Para caracterizar o vínculo empregatício, o empregado deve estar subordinado às ordens do empregador ou preposto. O trabalhador independente não pode ser considerado empregado, mas sim um autônomo, já que trabalha por conta própria. A subordinação é o terceiro requisito que caracteriza a relação de emprego e um dos mais importantes do rol de pressupostos do vínculo empregatício. Para ser empregado e desfrutar da proteção das leis trabalhistas, necessariamente, o empregado deve ser subordinado às normas internas da empresa e às ordens do seu empregador.

Salário (remuneração): O quarto requisito da relação de emprego é o salário. O pagamento pelos serviços prestados. O trabalhador, para ser considerado empregado, deve ter ajustado, quando de sua admissão, um salário, que pode ser por hora, dia, semana, quinzena, mês, por peça, tarefa, comissão etc.

3. CONCEITOS E DEFINIÇÕES

Definição: agora que já temos os requisitos que caracterizam o vínculo empregatício, vamos à definição de:

— Empregado Urbano;

— Empregado Rural;

— Empregador Urbano;

— Empregador Rural;

— Trabalhador.

Empregado Urbano: A CLT — Consolidação das Leis do Trabalho define o empregado (urbano), como sendo:

> *"... toda pessoa física que prestar serviços de natureza não eventual a empregador, sob a dependência deste e mediante salário."* (A definição está no art. 3º, da CLT)

Quatro Requisitos: Como podemos observar pelo art. 3º, da CLT — Consolidação das Leis do Trabalho, o legislador, em apenas duas linhas, reuniu os quatro requisitos de que tratamos anteriormente, os quais caracterizam o vínculo empregatício. Veja as colocações do legislador:

1º requisito ele apresenta quando afirma: *"... toda pessoa física...";*

2º requisito destaca-se com *"... prestar serviços de natureza não eventual...";*

3º requisito vem, quando diz *"... sob a dependência deste ..."* e, finalmente, o

4º requisito, de forma muito clara *"... mediante salário."*

Empregado Rural: A definição de Empregado Rural está contida no art. 2º, da Lei n. 5.889, de 8 de junho de 1973, que estatui normas reguladoras do trabalho rural, e diz que: *"... é toda pessoa física que, em propriedade rural ou prédio rústico, presta serviços de natureza não eventual a empregador rural, sob a dependência deste e mediante salário."*

Note bem: o empregado rural não é *"celetista"*, não está sujeito à CLT. Apenas uma parte dos artigos da CLT são aplicáveis ao trabalho rural, isto, quando não há colisão com as normas trabalhistas rurais.

Empregador Urbano — Empresa: A definição de empregador urbano está no art. 2º, da CLT:

"Art. 2º Considera-se empregador a empresa, individual ou coletiva, que, assumindo os riscos da atividade econômica, admite, assalaria e dirige a prestação pessoal de serviços."

Note que, diante da definição dada pela CLT — Consolidação das Leis do Trabalho, o empregador assume a responsabilidade pela atividade empreendida.

Equiparação: O § 1º do mesmo artigo, diz que: *"Equiparam-se ao empregador, para os efeitos exclusivos da relação de emprego, os profissionais liberais, as instituições de beneficência, as associações recreativas ou outras instituições sem fins lucrativos que admitirem trabalhadores como empregados".*

Assim, médicos, advogados, engenheiros, pedreiros, pintores, veterinários, sapateiros e outros profissionais liberais que admitirem empregados são, para efeitos trabalhistas, considerados empregadores e, como tais, sujeitos às normas trabalhistas vigentes.

Igualmente, as instituições (Santas Casas, Casas Beneficentes, Orfanatos, Asilos etc.), são tidas como empresas, para efeitos trabalhistas, sujeitas que estão às normas aplicáveis às mesmas.

Empregador Rural: O art. 3º, da Lei n. 5.889/73 encarregou-se de defini-lo como *"... a pessoa física ou jurídica, proprietária ou não, que explore atividade agroeconômica, em caráter permanente ou temporário, diretamente ou através de prepostos e com o auxílio de empregados".*

Pela definição legal, nem sempre o empregador rural é o dono da terra. O empregador pode ser um arrendatário, empreiteiro, que contrata empregado, assumindo os riscos da atividade agroeconômica.

Trabalhador (Urbano e Rural): Trabalhador é todo aquele que trabalha não sendo necessário manter relação empregatícia com nenhuma empresa, podendo ser um Contador autônomo, Pintor, Advogado, Técnico de Segurança do Trabalho. No setor rural, pode ser um arrendatário, parceiro e até o pequeno produtor que trabalha em regime de economia familiar.

Trabalhador e Empregado: Não confundir TRABALHADOR com EMPREGADO. Todos são trabalhadores. EMPREGADO é o trabalhador que mantém vínculo empregatício, que reúne os quatro requisitos de que tratamos no tópico anterior (Pessoalidade, Habitualidade, Subordinação e Salário).

Ausência de Vínculo de Emprego: Para ficar clara a questão, TRABALHADOR é aquele que não mantém vínculo empregatício, que não está sujeito à habitualidade, pessoalidade, que, muito embora receba pagamento pelos serviços prestados, não está subordinado às regras e normas do tomador de seus serviços. É um profissional livre, autônomo, que trabalha quando e para quem quiser.

Autônomo: Pode ser urbano ou rural, incluindo-se no elenco: Advogados, Engenheiros, Agrônomos, Médicos Veterinários, Contadores, Zootecnistas e tantos outros profissionais que trabalham por conta própria, como autônomos.

É o trabalhador independente, que, por conta própria, presta serviços a terceiros, continuadamente ou não. O autônomo assume os riscos de seu próprio trabalho. Não pode ser considerado empregado à luz do nosso direito do trabalho, já que lhe falta um dos principais requisitos da relação empregatícia: a subordinação.

Avulso: É o trabalhador sem vínculo empregatício. Normalmente, o avulso é chamado ao trabalho por intermédio de seu sindicato, que faz a intermediação entre o tomador de serviços e o trabalhador. A característica principal do avulso é a curta duração dos serviços prestados a um tomador e a remuneração é paga, basicamente, em forma de rateio entre os trabalhadores que prestaram o serviço. Exemplo comum de avulso são os estivadores, saqueiros, garçons etc.

O avulso não é considerado empregado do tomador de serviços, porque o serviço é prestado de forma esporádica e eventual e não recebe diretamente do tomador. Não é empregado do sindicato quem faz a intermediação, porque a entidade não exerce atividade lucrativa, não paga salário e exerce o papel de simples agente de recrutamento e colocação.

Arrendatário: É o trabalhador que recebe ou toma por aluguel um determinado imóvel rural, com o objetivo de nele serem exercidas atividades de exploração agrícola, pecuária, agroindustrial, extrativa ou mista, mediante certa retribuição. É um trabalhador rural, mas, não é empregado. Nenhum dos pressupostos da relação de emprego está presente.

Empreiteiro: É o trabalhador que toma um trabalho ou uma obra por empreitada, para executá-lo. O empreiteiro é uma espécie de autônomo que realiza, pessoalmente ou por interposta pessoa, certa obra para outro, com material próprio ou não, mediante remuneração determinada ou proporcional ao trabalho executado; porém, não pode ser considerado empregado, pois lhe faltam alguns dos requisitos da relação de emprego, como: pessoalidade, habitualidade e subordinação.

Parceiro: É o trabalhador que recebe a propriedade ou bens, para fins próprios de explorar em parceria. É denominado de parceiro-agricultor ou parceiro-outorgado. O trabalhador-parceiro assume com o parceiro-proprietário a obrigação de explorar o imóvel rural, mediante partilha dos frutos, ou lucros havidos nas proporções que estipularem.

Temporário: É o trabalhador que presta serviços a uma empresa, para atender à necessidade transitória de substituição de pessoal regular e permanente ou a acréscimo extraordinário de serviços. O trabalhador que presta serviço temporário não é empregado da empresa tomadora do serviço, e sim de uma empresa de trabalho temporário. O vínculo trabalhista não é formado entre o tomador de serviço e o trabalhador, mas sim entre a empresa de trabalho temporário e o trabalhador, a qual responderá pelos direitos daqueles. Portanto, é empregado, sim, mas de uma empresa intermediária de natureza urbana.

Capítulo 1

ADMISSÃO DE EMPREGADO

Cautela: A admissão do empregado é o primeiro passo dado para a existência do vínculo empregatício. É nesse momento que todos os cuidados devem ser adotados para que haja uma relação empregatícia tranqüila e que satisfaça às duas partes (empregado e empregador).

1.1. SOLICITAÇÃO DE EMPREGO

Busca de Informações: Antes de solicitar os documentos do candidato ao emprego, faz-se necessário que o encarregado pela admissão peça ao candidato o preenchimento de uma ficha de Solicitação de Emprego, cujo impresso é vendido em papelarias ou a empresa pode adotar um modelo próprio.

Com a ficha de Solicitação de Emprego em mãos, o empregador tem uma rápida visão do trabalhador candidato a uma vaga em seu quadro de pessoal. Com base nas informações ali contidas, inclusive com a indicação dos empregos anteriores, o empregador pode buscar melhores informações sobre o candidato; entretanto, de maneira muito confidencial, para não prejudicar a vida profissional do mesmo.

Há casos, inclusive denunciados por Sindicatos e Federações de Trabalhadores, de empresas que elaboram as chamadas *"listas negras"* de empregados que não tiveram boa relação empregatícia ou que levaram o empregador à justiça, para ver seus direitos reparados. Essas *"listas negras"*, segundo as denúncias, teriam acesso a determinado grupo de empregadores, impossibilitando, assim, ao trabalhador conseguir novo emprego entre as empresas participantes do *acordo das listas negras*. Esta é uma prática condenável.

Com essa atitude absurda, os responsáveis pelas chamadas *"listas negras"* cerceiam o direito do trabalhador e intimidam os demais a não procurarem a justiça ou seu sindicato para pleitearem os direitos a que fazem jus; esta prática vem sendo condenada pela Justiça do Trabalho em inúmeras decisões, inclusive com deferimento de indenizações por danos morais e materiais a favor dos trabalhadores. Somos totalmente contrários às *"listas negras"* e condenamos os responsáveis por elas.

Quanto à busca de informações de maneira confidencial junto ao emprego anterior, somos favoráveis, visto que o empregador necessita saber quem é o novo empregado, se não é um ladrão, um estuprador, um criminoso, um viciado em drogas etc. Repetimos:

busca de informações confidenciais, sem qualquer acesso a terceiros e em termos apenas de empregador ou departamento de pessoal, com muita responsabilidade.

1.2. REGISTRO — DOCUMENTOS NECESSÁRIOS

Documentos: Aprovada a admissão do candidato, chegou a hora de solicitar os documentos necessários para proceder ao competente registro em Carteira e em Livro, Fichas próprias ou Sistema Informatizado de Registro de Empregados.

Eis os documentos necessários para o registro:

a) Carteira de Trabalho e Previdência Social — CTPS;

b) Cédula de Identidade;

c) Título de Eleitor;

d) CPF — Cadastro de Pessoa Física (CIC);

e) Certificado de Reservista (candidatos masculinos);

f) Declaração confirmando a freqüência à escola, no caso de menor;

g) Fotografias;

h) Comprovante de Inscrição no PIS;

i) Certidão de Casamento ou Nascimento;

j) Certidão de Nascimento dos filhos menores de 14 anos ou inválidos de qualquer idade;

k) Comprovante de vacinação até seis anos de idade;

l) Comprovante semestral de freqüência Escolar;

m) Exame médico obrigatório por conta do empregador (art. 168, da CLT);

n) Atestado de Antecedentes Criminais.

Lista dos documentos: Como são inúmeros os documentos a serem apresentados, o empregado deve ter em mãos uma lista dos mesmos, com o prazo para apresentá-los ao escritório ou departamento de pessoal.

A determinação de um prazo para a entrega dos documentos é de fundamental importância para ambos (empregado e empregador). A cópia que fica nos arquivos do empregador apresenta-se como ótima prova para uma eventual fiscalização do Ministério do Trabalho, por falta de registro de empregado. O empregador tem como demonstrar ao Auditor Fiscal do Trabalho as providências que estão sendo tomadas para o competente registro do novo empregado, isto se o mesmo já iniciou os trabalhos, pois o correto é só admiti-lo depois de apresentados todos os documentos exigidos pela empresa, embora, na prática, saibamos que isso nem sempre é possível.

Uma vez apresentados os documentos pelo novo empregado, deve-se anotar todos os dados necessários diretamente na Ficha, Livro de Registro, ou digitá-los no sistema de Registro Informatizado, ou, ainda, adotar-se uma *"folha para coleta de dados"*, como um rascunho, para posterior anotação nos documentos de registro de empregados. Não é permitido reter os documentos de identificação pessoal.

Recibo de documentos: Na impossibilidade de extrair de imediato os dados indispensáveis dos documentos e havendo necessidade de um prazo (dois ou três dias), o que é perfeitamente normal na prática, recomendamos fornecer ao empregado um recibo dos documentos entregues. Ao devolvê-los, o mesmo deve ser feito, isto é, devolver os documentos mediante recibo, o qual deverá ser arquivado na pasta do empregado, como prova da referida devolução.

1.3. EXAME MÉDICO ADMISSIONAL

Médico do Trabalho: Definida a admissão do candidato a emprego e apresentada a relação de documentos para o competente registro, o trabalhador deve ser encaminhado ao médico do trabalho para o devido exame médico admissional.

O exame médico obrigatório está previsto no art. 168, da CLT — Consolidação das Leis do Trabalho, devendo ser realizado na admissão, demissão e periodicamente, sendo que o valor despendido por exame é por conta do empregador.

1.4. REGISTRO NA CTPS, LIVRO OU FICHAS

Registro: Considerado apto para o trabalho, após o exame médico obrigatório, e de posse dos documentos, chegou a hora de proceder ao competente registro em Carteira de Trabalho e no Livro, Fichas ou Sistema Informatizado de Registro de Empregado.

48 horas para anotar na CTPS: A lei estabelece que o empregador tem um prazo de 48 (quarenta e oito) horas para proceder às anotações na CTPS — Carteira de Trabalho e Previdência Social, e devolvê-la ao empregado. Porém, na prática, sabemos que é impossível fazer todas as anotações na CTPS e devolvê-la ao empregado em 48 horas (art. 29 da CLT), especialmente quando há necessidade de inscrição do empregado no PIS (conforme o caso). Devemos levar em consideração o tempo utilizado para o cadastramento no programa, pois, realmente, não é possível fazer tudo em apenas 48 horas.

O importante é dar tempo ao escriturário ou encarregado do Departamento de Pessoal, para que faça tudo corretamente. O fiscal do trabalho não vai autuando o empregador pelo simples fato de reter a Carteira de Trabalho por mais de 48 horas, desde que a justificativa seja plausível, por exemplo: atraso na emissão do cartão do PIS. Entretanto, o encarregado pelas anotações também não pode exagerar na retenção da mesma, sob pena de ter que indenizar o trabalhador com 1 (um) dia de salário, por dia de atraso, pela retenção de sua carteira profissional após o prazo de 48 horas (Precedente Normativo n. 98 do TST). Além disso, é proibida a retenção de qualquer documento de identificação pessoal pelo prazo máximo de cinco dias, sob pena de prisão e multa (art. 3º, da Lei n. 5.553/68).

Validade das anotações: As anotações da Carteira de Trabalho valem como prova de Contrato de Trabalho (art. 40, inciso I, da CLT), salvo se o empregador registrar o trabalhador em data posterior à real admissão, já que as anotações efetuadas na Carteira de Trabalho gozam de presunção relativa quanto à existência da relação de emprego, de modo que podem ser suprimidas por prova em contrário (Súmula n. 12 do TST e art. 456, da CLT). Se o empregador conferir poderes ao escriturário, encarregado do departamento de pessoal ou outro preposto, para assinar em seu nome as carteiras, deve recomendar muito cuidado para que o mesmo não proceda a anotações incorretas que possam prejudicá-lo futuramente, ou mesmo que possam acarretar prejuízos ao empregado.

Na Carteira de Trabalho, não pode haver rasuras ou emendas. Se o empregador realizar, dolosamente, anotação incorreta da data da admissão de um trabalhador na sua Carteira de Trabalho, responderá pelo crime de falsidade, punível nos termos da legislação penal.

É proibido ao empregador efetuar anotações desabonadoras à conduta do trabalhador em sua Carteira de Trabalho e Previdência Social (art. 29, § 4º da CLT).

Multa em caso de extravio: Ao devolver a Carteira de Trabalho ao empregado, o empregador deve fazê-lo mediante recibo, para evitar possíveis problemas ou reclamações trabalhistas. Deve, também, orientar o empregado sobre os cuidados com a Carteira de Trabalho, por ser um documento de grande importância. O empregador que extraviar ou inutilizar a CTPS está sujeito à multa (art. 52, da CLT).

Anotações indispensáveis: Na CTPS, devem ser anotados, por ocasião da admissão, todos os dados relativos ao Contrato de Trabalho: data da admissão, função, remuneração, forma de pagamento e condições especiais, se houver.

Anotada na CTPS e Preenchido o Livro, Fichas ou digitado no Sistema Informatizado, são essas as providências complementares:

a) elaboração de um contrato de trabalho (por escrito), de acordo com os interesses das partes;

b) entrega ao empregado de uma cópia do "REGULAMENTO INTERNO DOS EMPREGADOS", contendo as normas internas da empresa urbana ou rural, com os direitos, deveres e obrigações do novo empregado;

c) quando tratar-se de empregado com salários elevados e que possam acarretar retenção de Imposto de Renda na Fonte — IRRF, providenciar "Declaração de Dependentes";

d) em se tratando de empregado que prestará serviços em horas extraordinárias ou em regime de compensação de horário, deve ser elaborado um "Termo de Acordo" para tal fim;

e) inscrição do empregado no PIS, caso ainda não tenha sido cadastrado no Programa de Integração Social;

f) se o empregado for menor de 18 anos, convém ao empregador solicitar uma Declaração de Freqüência à Escola, pois a Lei (art. 427, da CLT) garante ao menor de 16 a 18 anos o tempo necessário para freqüência às aulas;

g) exame médico: é obrigatório na admissão de qualquer empregado (art. 168, da CLT);

h) Ficha de Salário-Família. O formulário faz parte do elenco de providências a serem adotadas na admissão do empregado. O formulário próprio pode ser adquirido em papelarias;

i) Termo de Responsabilidade para concessão de salário-família. O novo empregado (pai ou mãe) deve assinar referido termo para ter direito às quotas do salário-família.

1.5. CADASTRO GERAL DE EMPREGADOS E DESEMPREGADOS — CAGED

Até o dia 7 do mês subseqüente àquele em que ocorre a admissão de um novo empregado, compete à empresa apresentar ao Ministério do Trabalho e Emprego o CAGED, por meio do sistema eletrônico denominado ACI (Aplicativo do CAGED Informado) onde permite que as informações relativas ao CAGED sejam declaradas com o uso do computador e depois de validado é entregue o disquete em qualquer Delegacia ou Subdelegacia do Trabalho; também está disponível a opção de declaração *on-line*, mediante o preenchimento do Formulário Eletrônico do CAGED — FEC. Após o envio, o empregador deverá imprimir o Extrato da Movimentação Processada que estará disponível para impressão, na *Internet*, após o dia 20 de cada mês no endereço www.mte.gov.br, opção CAGED.

Conservar: As cópias dos arquivos, os recibos de entregas e os Extratos da Movimentações Processadas, deverão ser mantidos no estabelecimento a que se referem, pelo prazo de 36 meses a contar da data do envio, para fins de comprovação perante a fiscalização trabalhista.

Mais de um estabelecimento: As empresas que possuam mais de um estabelecimento, ainda que situado em outra unidade da Federação, deverão remeter ao MTE arquivos específicos de cada estabelecimento.

Na Demissão: O Cadastro Geral de Empregados e Desempregados visa oferecer ao governo um controle das admissões e demissões ocorridas no mês. Por esse motivo, no mesmo cadastro, devem ser informadas, também, as demissões verificadas no mês.

Trabalho Rural: A apresentação do Cadastro de Empregados e Desempregados é também obrigatória no trabalho rural. Até o advento da Carta Magna de 1988, não havia a necessidade de apresentação do cadastro pelos empregadores rurais; inclusive, na época, até mesmo as delegacias do trabalho recusavam o documento. A partir de 1988, com a extensão do direito do Seguro-Desemprego aos empregados rurais, a apresentação do CAGED — Cadastro Geral de Empregados e Desempregados passou a ser obrigatória.

Multa: O CAGED deverá ser encaminhado, ao MTE, até o dia 7 do mês subseqüente àquele em que houve movimentação de empregados, ocorrendo o envio ou entrega do CAGED fora do prazo sujeitará a empresa ao pagamento de multa, de acordo com o art. 10 da Lei n. 4.923, de 23 de dezembro de 1965, com a redação dada pelo Decreto-Lei n. 193, de 24 de fevereiro de 1967, pela Lei n. 6.205, de 29 de abril de 1975, e pela Lei n. 8.383, de 30 de dezembro de 1991.

Capítulo 2

CONTRATOS DE TRABALHO

A Consolidação das Leis do Trabalho — CLT — assegura que o contrato de trabalho é o acordo tácito ou expresso correspondente à relação de emprego. Assim, o legislador não exige que o instrumento contratual seja por escrito; mas, para que exista a relação empregatícia, devem estar presentes os quatro requisitos que caracterizam o vínculo empregatício.

Existe a relação de emprego pelo simples fato de o trabalhador iniciar sua prestação de serviço, subordinado ao empregador, dele recebendo ordens e salário; ocorrendo, portanto, os pressupostos da relação empregatícia, conforme já abordamos no capítulo sobre os requisitos da relação de emprego, quais sejam: trabalho não eventual, pessoalidade, remuneração e subordinação.

Diante dessas considerações, faz-se necessário que o empregador tome as medidas cabíveis, deixando bem claro ao empregado suas condições de trabalho, salários e tudo o que advir de uma relação empregatícia, para que surpresas desagradáveis não venham a ocorrer no futuro.

Embora a CLT não exija que o contrato de trabalho seja feito por escrito, somos totalmente favoráveis que os contratos sejam firmados por escrito, e muito bem escritos, com todas as cláusulas necessárias a um bom contrato, isto é, que o mesmo contenha os mínimos detalhes, para que dúvidas e problemas não venham a surgir, posteriormente, trazendo constrangimentos às partes.

O contrato de trabalho pode ser impresso ou datilografado em duas vias de igual teor e assinado na presença de duas testemunhas, no mínimo, ficando uma cópia para o empregador e outra para o empregado. O contrato de trabalho não precisa ser registrado em cartório.

Tácito ou expresso: A CLT — Consolidação das Leis do Trabalho, em seu art. 442, estabelece que o Contrato Individual de Trabalho é o acordo tácito ou expresso, correspondente à relação de emprego. O art. 443, da CLT, acrescenta que o contrato pode ser acordado tácita ou expressamente, verbalmente ou por escrito, por prazo determinado ou indeterminado.

Contrato individual: os dois dispositivos que abrem o Título IV da CLT deixam muito claro que o contrato de trabalho deve ser individual, isto é, com cada empregado, não podendo, por exemplo, um contrato ser celebrado com uma família; há de ser individual.

Ajuste Tácito: O que não é expresso. O que não foi combinado. É, por exemplo, o fato de um indivíduo prestar serviços a outrem sem nada combinar e sem ser convidado, mas, sem ter, também, ninguém que o proíba de prestar tais serviços. O fato de não ter proibida a continuação da prestação de serviços constitui-se em vínculo empregatício. Presume-se que a outra parte aceitou seu trabalho, afinal, "quem cala consente".

Expresso: É o contrato ajustado, combinado, não precisa ser por escrito. O acerto verbal é o suficiente para caracterizar o vínculo empregatício. É válido, portanto, o acerto verbal; porém, a legislação vigente exige o registro em Carteira de Trabalho e em Livro, Fichas ou Sistema Informatizado de Registro de Empregados. Expresso, então, é o contrato escrito ou verbal.

Escrito ou não: Como exposto na Consolidação das Leis do Trabalho — CLT, o legislador estabeleceu que o contrato de trabalho é o acordo tácito ou expresso correspondente à relação de emprego. Logo, o legislador deixa claro que não há obrigação de que o contrato seja feito por escrito. Então, para que exista uma relação empregatícia, não há necessidade de um contrato de trabalho por escrito ou anotação na Carteira de Trabalho.

Requisitos da Relação de Emprego: Existe a relação de emprego pelo simples fato de o trabalhador iniciar sua prestação de serviço, subordinado ao empregador, dele recebendo ordens e salário; ocorrendo, portanto, os pressupostos da relação empregatícia, conforme já abordamos no capítulo sobre os requisitos da relação de emprego, quais sejam: trabalho não eventual (habitual), pessoalidade, remuneração e subordinação.

Evitar conflitos: Em face dessas considerações, faz-se necessário que o empregador tome as medidas cabíveis, deixando desde logo bem claro ao empregado suas condições de trabalho, salários e tudo o que advir de uma relação empregatícia, para que surpresas desagradáveis não venham a ocorrer no futuro.

Contrato escrito: Apesar da CLT não exigir que o contrato de trabalho seja feito por escrito, somos totalmente favoráveis a que os contratos sejam firmados por escrito e, muito bem escritos, com todas as cláusulas necessárias a um bom contrato, isto é, que o mesmo contenha os mínimos detalhes, para que dúvidas e problemas não venham a surgir, posteriormente, trazendo constrangimentos às partes.

Não há registro em cartório: O instrumento contratual pode ser impresso, datilografado ou até manuscrito; porém, em duas vias de igual teor e assinado na presença de duas testemunhas, no mínimo, ficando uma cópia para o empregador e outra para o empregado. O contrato de trabalho não precisa ser registrado em cartório.

Modalidades de contratos: As partes, de acordo com o que foi pactuado, observados a legislação vigente e os usos e costumes da região, escolherão o tipo de contrato de trabalho que melhor se ajuste ao que desejam, podendo ser:

— CONTRATO DE EXPERIÊNCIA;

— CONTRATO POR PRAZO INDETERMINADO;

— CONTRATO POR PRAZO DETERMINADO;

— CONTRATO POR OBRA CERTA;

— CONTRATO POR SAFRA;

— CONTRATO POR PEQUENO PRAZO;

— CONTRATO TEMPORÁRIO.

2.1. CONTRATO DE EXPERIÊNCIA

O Contrato de Trabalho de Experiência pertence ao elenco dos contratos de trabalho por prazo determinado.

Prazo máximo: Para essa modalidade de contrato, o prazo máximo é de 90 (noventa) dias.

Note bem: São 90 dias e não três meses. Não fixou o legislador um prazo mínimo para o contrato de experiência, ficando então, as partes livres para fixarem o prazo de experiência, que pode ser de 1, 10, 20, 30, 60 ou mais dias de experiência.

Apenas uma prorrogação: Firmado um contrato de experiência, digamos por 60 (sessenta) dias, o mesmo pode ser prorrogado por mais 30 (trinta), até que se completem os 90 (noventa) dias, nos termos da legislação trabalhista vigente. Se, porém, não for devidamente prorrogado e o empregado trabalhar mais um dia sequer (61 dias, por exemplo), esse contrato automaticamente passa a ser contrato de trabalho por prazo indeterminado.

Apenas uma prorrogação pode ser feita, quando celebrado o contrato por período inferior ao máximo legal, desde que, com a prorrogação, não ultrapasse 90 (noventa) dias (Súmula n. 188 do TST). Mais de uma prorrogação, o contrato de experiência passa a ser considerado como contrato de prazo indeterminado.

Aviso Prévio: Não há aviso prévio quando em cumprimento de Contrato de Experiência, salvo se houver cláusula que permita às partes rescindirem o contrato antes de expirado o prazo estipulado, nos termos do art. 481, da Consolidação das Leis do Trabalho — CLT e Súmula n. 163 do TST — Tribunal Superior do Trabalho.

Estabilidade Provisória: Não há garantia de emprego (estabilidade provisória) ao empregado quando do cumprimento de contrato de experiência. Prevalece o desejo primeiro das partes. Mesmo em caso de acidente ou doença do trabalho e gravidez (Súmula n. 244, III do TST) não é devida a garantia de emprego. Nesse caso, a Jurisprudência é predominante.

Registro Normal: O empregado contratado mediante experiência deve ser registrado em Carteira de Trabalho e em livro, fichas ou sistema informatizado de registro de empregados, **desde o 1º dia de trabalho**, não importando que o contrato firmado seja de experiência.

Há casos de empresas que não procedem às anotações na Carteira de Trabalho e no livro ou fichas de registro de empregados, enquanto não se esgotar o prazo experimental, entendendo que o registro em carteira somente deve ocorrer após o período de experiência. Isto não pode acontecer. Mesmo o empregado admitido a título de experiência deve ter sua documentação providenciada, inclusive inscrição no PIS (se for o caso), afinal é um empregado normal como qualquer outro.

Nenhum dia sem registro: Com a competência da Justiça do Trabalho para apreciar e julgar os casos de acidentes de trabalho, o número de Reclamações Trabalhistas com a alegação de danos morais por acidente de trabalho, cresceu assustadoramente. Assim, no caso de o empregado sofrer um acidente de trabalho exatamente no dia que ainda não tem o competente registro, o empregador responderá por tudo (despesas médicas e hospitalares, dias de afastamento, além de danos materiais e morais) e, dependendo do caso até exposição do empregado a risco de vida.

Anotação na CTPS: Ao proceder o registro do empregado contratado em regime de experiência, é recomendável anotar como observação na Carteira de Trabalho, nas páginas de anotações gerais, de que se trata de Contrato de Trabalho por Experiência, incluindo a data de início e a respectiva data do término do contrato.

Dispensa antes do término: Estando o empregado no cumprimento do contrato de experiência e o empregador despedi-lo injustamente antes do término do prazo previsto em contrato, este terá que pagar ao empregado uma indenização equivalente à metade da remuneração a que teria direito até o término do contrato **e mais**: a multa do FGTS — Fundo de Garantia do Tempo de Serviço, pois, trata-se de despedida sem justa causa. Há entendimentos em contrário, inclusive de que, com a despedida antes do término do contrato, cabe aviso prévio ou simples aviso de véspera; porém, a nossa orientação é no sentido de observar a regra do art. 479 da CLT, pois o contrato de experiência está incluído no elenco dos contratos de prazo determinado. Portanto, nos contratos de trabalho de prazo determinado, o empregado despedido sem justa causa antes do término normal do contrato, faz jus a 50% (cinqüenta por cento) das verbas que lhe seriam devidas até o final do contrato e mais a multa do FGTS — Fundo de Garantia do Tempo de Serviço.

Cláusula do art. 481, da CLT: Conforme já exposto, se o contrato de experiência contiver cláusula assecuratória do direito recíproco de rescisão antes de expirado o termo ajustado, e essa cláusula vier a ser exercida, aí sim, haverá aviso prévio, pois se aplicam, neste caso, os princípios que regem a rescisão dos contratos por prazo indeterminado (Súmula n. 163 do TST).

Não-cumprimento pelo empregado: Quando ocorrer de o empregado não cumprir o prazo do contrato de experiência, poderá o empregador descontar daquilo que ele tem para receber o valor correspondente à metade da importância que receberia se cumprisse o contrato até seu final. A regra está prevista no art. 480, *caput,* e § 1º da CLT — Consolidação das Leis do Trabalho.

Note bem: O empregador pode descontar 50% daquilo que o empregado receberia até o final do contrato; mas esse desconto ficará limitado ao saldo a receber, isto é, só pode descontar daquilo que o empregado tem para receber, não sendo permitido tirar dinheiro de seu bolso. O empregador deverá provar os prejuízos causados pelo empregado para ter direito à indenização, como por exemplo, a contratação de outro empregado.

Novo Contrato de Experiência: Com o mesmo empregado, somente pode ser celebrado outro contrato de trabalho de experiência após 6 (seis) meses da rescisão do primeiro, e somente se se tratar de um novo serviço (uma nova função), pois seria um absurdo submeter o mesmo empregado a novo teste, na mesma função, salvo se a expiração do pacto dependeu de execução de serviços especializados ou da realização de certos acontecimentos. A regra está contida nos arts. 451 e 452 da CLT — Consolidação das Leis do Trabalho.

2.2. CONTRATO POR PRAZO INDETERMINADO

Contrato de Trabalho por Prazo Indeterminado é a modalidade mais utilizada. Como a própria denominação esclarece, não estipula um prazo para seu término, é "por prazo indeterminado". Assim, não deixa a preocupação quanto à época de sua extinção e a prestação de serviços será normalmente desenvolvida.

Cláusula de Experiência: Mesmo no contrato de trabalho por prazo indeterminado, é possível inserir uma cláusula que preveja um período de experiência.

Aviso Prévio: Não tendo um prazo definido para o seu término, este contrato pode ser rescindido a qualquer momento, desde que a parte interessada comunique à outra, com antecedência. Isto é, ao apresentar seu pedido de demissão, fazê-lo com 30 dias de antecedência (que é o aviso prévio).

Modelo de Contrato: O modelo de Contrato de Trabalho por Prazo Indeterminado foi especialmente preparado com cláusulas que oferecem garantias ao empregador contra empregados mal-intencionados. O contrato prevê, inclusive, o período de experiência em sua cláusula terceira, dispensando, assim, a elaboração de um contrato de experiência.

A cláusula 3ª prevê um período de experiência. Se nessa cláusula não for estipulado o prazo máximo de experiência que é de 90 (noventa) dias, o prazo da cláusula poderá ser prorrogado. Para isso, basta lançar o termo de prorrogação no verso do contrato.

2.3. CONTRATO POR PRAZO DETERMINADO

É a modalidade de contrato de trabalho que tem um prazo estipulado para a sua duração. Somente é possível celebrar contrato nesta condição em se tratando de serviço de natureza transitória que justifique a predeterminação do prazo e de atividades empresariais de caráter transitório.

Serviço Cuja Natureza ou Transitoriedade Justifique a Predeterminação do Prazo: Compreende-se por atividade laboral transitória de um serviço de curta duração, oposicionando, conseqüentemente, com as atividades normais da empresa, que tem em sua essência caráter contínuo. A atividade, contudo, pode ser idêntica àquela que a empresa constantemente execute, não exigindo ser diferente. Entretanto, é necessário que haja uma razão passageira, transitória, que justifique a necessidade de o empregador possuir maior quantidade de trabalhadores naquele momento.

Exemplo: A contratação de empregado para consertar uma máquina durante três a cinco meses ou uma fábrica de peças que tem uma produção normal de 1.000 (mil) peças diárias e, num dado momento, extraordinariamente, recebesse um grande pedido que fugisse à sua rotina diária e à sua capacidade de normal de produção.

Atividades Empresariais de Caráter Transitório: Dizem respeito às empresas e não aos empregados; são aquelas empresas que são criadas para funcionarem somente em certas épocas do ano, ou seja, aproveitam as oportunidades de certos períodos que temporariamente são diversos do normal para atender uma oportunidade de mercado.

Exemplos: as fábricas de fogos de artifícios nas festas juninas, ovos de páscoa na quaresma, panetones no Natal etc.

Não pode, portanto, ser celebrado tal contrato ao bel-prazer das partes. É preciso haver um motivo que justifique o prazo determinado.

Prazo de 2 anos: Preenchidos os requisitos que autorizam a celebração de contrato de trabalho por prazo determinado, pode este ser de até 2 (dois) anos, que é o prazo máximo previsto em lei.

Uma Prorrogação: O contrato de trabalho por prazo determinado pode ser prorrogado uma única vez. Digamos, por exemplo, que o contrato fora celebrado com o prazo de 1 (um) ano e as partes desejam prorrogá-lo. Neste caso, poderão fazê-lo, no máximo por mais um ano, completando-se, assim, o prazo máximo de 2 anos.

Exemplo: Para ilustrar melhor a orientação, vamos ao caso do empregador que celebrou contrato com prazo de 1 (um) ano e deseja prorrogá-lo por mais 6 (seis) meses. Feita essa prorrogação de 6 (seis) meses, ainda não atingirá o prazo fatal de 2 (dois) anos; mesmo assim, não poderá mais fazer outra prorrogação, pois a legislação admite apenas uma prorrogação, não importa quanto tempo falta para completar o tempo máximo previsto em lei para a duração de um contrato de trabalho (prazo determinado).

Anotação na CTPS: Celebrado contrato de trabalho de prazo determinado, além do registro normal do empregado na CTPS e no livro, fichas ou sistema informatizado de registro, é recomendável observar, nas páginas de anotações gerais da Carteira de Trabalho, a modalidade de contratação, anotando-se a data de início e do término do contrato por prazo determinado.

Aviso Prévio: Falamos que no contrato por prazo determinado não há aviso prévio. Entretanto, se esse contrato contiver cláusula assecuratória do direito recíproco de rescisão do contrato antes de expirado o termo ajustado, e esta cláusula vier a ser exercida, aí sim, haverá Aviso Prévio, pois, nesse caso, se aplicam os princípios que regem a rescisão dos contratos por prazo indeterminado.

Demissão do Empregado: Estando o empregado no cumprimento do contrato de trabalho por prazo determinado e sendo despedido injustamente, antes do término do prazo estipulado pelo contrato, terá direito a uma indenização. A qual equivalente à metade da remuneração a que teria direito até o término do contrato, além da multa de 40% (quarenta por cento) do Fundo de Garantia do Tempo de Serviço — FGTS, em face da despedida sem justa causa.

Não cumprimento pelo empregado: Quando o empregado, sem motivo, deixar o trabalho antes de expirado o prazo previsto, isto é, não cumprindo integralmente o contrato por prazo determinado, ele deverá indenizar o empregador pelos prejuízos causados com sua saída antes do término do contrato celebrado.O empregador deverá provar os prejuízos causados pelo empregado para ter direito à indenização, como por exemplo, a contratação de outro empregado.

Indenização: A indenização, a ser paga pelo empregado ao patrão, corresponderá a 50% (cinqüenta por cento) da remuneração que receberia até o término do contrato. Porém, o empregador fica limitado ao saldo a receber do empregado, isto é, só pode descontar daquilo que ele tem para receber, não sendo permitido tirar dinheiro do bolso do empregado.

Não há indenização ou multa: Ocorrendo a cessação do contrato de trabalho exatamente na data estipulada para seu término, não há que se falar em multa do FGTS — Fundo de Garantia do Tempo de Serviço e muito menos a multa prevista pelo art. 479, da CLT — Consolidação das Leis do Trabalho ou aviso prévio.

Direitos no término normal: No término normal do Contrato de Trabalho de Prazo Determinado, o empregado tem os direitos normais: férias integrais e proporcionais, 13º salário proporcional, saldo de salário e saque do montante dos depósitos, juros e correção monetária do FGTS — Fundo de Garantia do Tempo de Serviço.

Novo Contrato: Para celebrar outro contrato de trabalho por prazo determinado com o mesmo empregado, a lei estipula um intervalo mínimo de seis meses, isto é, após rescindir um contrato de trabalho por prazo determinado, o empregador deve aguardar seis meses para celebrar um novo contrato nas mesmas condições. Entretanto, se o contrato expirou em virtude da execução de serviços especializados ou da realização de certos acontecimentos, nos termos do art. 452, da CLT, não há que se falar em prazo mínimo, estando livres o empregador e o empregado para celebrarem novo contrato de prazo determinado, sem a observância de carência; é o caso do contrato de safra.

Por ser essa uma modalidade especial de contrato de trabalho, quando celebrado, faz-se necessário que o mesmo seja registrado na Carteira de Trabalho e Previdência Social, nas páginas de anotações gerais.

2.4. CONTRATO POR OBRA CERTA

Este contrato de trabalho também se enquadra no elenco de Contratos por Prazo Determinado, devendo, pois, observar as orientações que enumeramos para o Contrato por Prazo Determinado, além das que são específicas para este caso.

Término do Contrato: No Contrato de Obra Certa, não existe uma data definida para o término do contrato. O término está condicionado à conclusão da obra.

Obra Certa e Empreitada: Não confundir Contrato por Obra Certa e Contrato por Empreitada. O primeiro é contrato de trabalho, previsto pela legislação trabalhista (CLT); o segundo é contrato previsto pelo direito civil, no Código Civil brasileiro.

Há grande confusão entre as duas modalidades de contratos. Para que não haja dúvidas entre um e outro, vamos apresentar as principais diferenças entre ambos:

1) No **Contrato de Trabalho por Obra Certa,** o empregado é contratado para prestação de determinado trabalho, por exemplo, para construir uma nova sala, para pintura do estabelecimento ou outra obra, que necessariamente não precisa ser apenas do setor de construção civil.

Caracteriza a relação empregatícia porque existem os pressupostos (requisitos) do vínculo empregatício, quais sejam: pessoalidade, não eventualidade, remuneração e subordinação. Recordando:

a) *PESSOALIDADE*: o próprio empregado é quem presta serviço, quem executa a obra, não podendo contratar terceiros por sua própria conta;

b) *NÃO EVENTUALIDADE*: o trabalho é contínuo, é habitual;

c) *REMUNERAÇÃO*: o empregado recebe um salário para a execução do serviço, podendo ser por mês, dia, semana, quinzena ou hora, observadas as normas trabalhistas vigentes;

d) *SUBORDINAÇÃO*: o empregado é subordinado às ordens do patrão e a horário, obedece às normas contidas no regulamento dos empregados rurais (regulamento interno).

2) No **Contrato de Empreitada** não se fala em empregado, pois o contratado, a quem denominamos "EMPREITEIRO", é uma espécie de empresa, é um autônomo, não está sujeito a nenhum dos requisitos da relação empregatícia; veja:

a) não é necessário que ele faça o serviço pessoalmente; pode contratar terceiros por sua própria conta;

b) não está sujeito à habitualidade; o serviço não é contínuo;

c) embora receba um pagamento pelo serviço prestado, este não segue as mesmas condições de salários de empregados;

d) o empreiteiro não está subordinado às ordens do locador de serviços, não está sujeito ao cumprimento de horário de trabalho, é livre em seu serviço, trabalha quando quer, no horário que preferir.

Embora livre, o empreiteiro deve seguir as cláusulas do contrato, inclusive a que estabelece prazos e qualidade do serviço contratado.

Feitas essas observações entre um e outro, esperamos que as confusões não mais aconteçam. E, como estamos tratando de um contrato regido pela legislação trabalhista, vamos continuar as orientações sobre o Contrato de Trabalho por Obra Certa.

O Contrato de Trabalho por Obra Certa é muito utilizado na construção civil. Recomendamos observar as regras que tratam dos Contratos de Trabalho por Prazo Determinado.

2.5. CONTRATO POR SAFRA

É a modalidade de Contrato de Trabalho que se aplica às atividades rurais. Não é utilizado no trabalho urbano. É modalidade especial para o setor rural (Lei n. 5.889/73 — Lei do Trabalho Rural).

Variações estacionais: Normalmente, é denominado Contrato de Empregado Safrista, haja vista que se destina aos serviços contratados por período, cujo término depende de variações estacionais da atividade agrária. O legislador define o contrato de safra como aquele que tem sua duração dependente de variações estacionais da atividade agrária.

Registro Normal: O empregado admitido mediante Contrato de Safra, deve ser normalmente registrado em Carteira de Trabalho e no Livro, Fichas ou Sistema Informatizado de registro de empregados, e, como dissemos, gozar de todos os direitos trabalhistas.

Safrista: O regulamento da lei do trabalho rural define o safreiro ou safrista como o trabalhador que se obriga à prestação de serviços mediante contrato de safra. Já o contrato de safra é aquele que tem a sua duração dependente das variações estacionais das atividades agrárias, cujas tarefas são executadas no período compreendido entre o preparo do solo para cultivo e a colheita.

Preparo do solo e colheita: Como vimos, o Contrato de Safra é aquele que tem sua duração dependente de variações estacionais das atividades agrárias, entre o preparo do solo para cultivo e a colheita. Com isso, o legislador facilitou a interpretação do dispositivo citado. Assim, é possível a celebração de um Contrato de Safra para o preparo do solo para o plantio, encerrando-se este contrato com a conclusão do plantio. Depois, quando chegar o momento da colheita, novo Contrato de Safra pode ser celebrado.

Contrato para cada cultura: Para cada cultura devem ser firmados contratos distintos, ou seja, para soja, arroz, milho, café, cana, feijão, e outras. Por exemplo:

1) Contrato de safra para cultura de soja;

2) Contrato de safra para cultura de arroz; e

3) Contrato de safra para cultura do milho.

Direitos ao final do contrato: Ao término de cada contrato, deve ser feita a rescisão contratual, com o pagamento de saldo de salários, férias e 13º salário proporcionais, levantamento dos depósitos do FGTS (sem a multa de 40%) e uma indenização proporcional, sendo 1/12 (um doze avos) para cada mês de trabalho ou fração igual ou superior a 15 (quinze) dias.

Conclusão juntos: Importante observar que, não há necessidade de todos os safristas serem contratados no início da colheita — no início da safra. Pode-se admitir reforços a qualquer instante, desde que todos concluam a safra juntos.

Dispensa sem justa causa: Se houver dispensa antes do término da safra, a dispensa será tida como "sem justa causa", fazendo jus o empregado aos direitos respectivos, inclusive ao Aviso Prévio e multa do FGTS.

Direitos normais: O safrista tem os mesmos direitos dos demais empregados rurais (férias, 13º salário, repouso semanal remunerado, salário aplicável na região etc.), os quais devem ser observados durante a safra e quando da rescisão contratual.

Verbas rescisórias: O safrista, ao término do Contrato de Safra, tem direito a receber:

a) saldo de salários;

b) férias proporcionais;

c) 13º salário proporcional;

d) indenização proporcional (art. 14 da Lei n. 5.889/73 e art. 20 de seu Regulamento — Decreto n. 73.626/74);

e) saque dos depósitos do FGTS.

Obs.: Não há multa de 40% do FGTS.

Devida indenização: A indenização proporcional relacionada entre as verbas rescisórias acima é plenamente devida ao empregado no término da safra (término do contrato de safra) nos termos do art. 20 do regulamento da lei do trabalho rural, aprovado pelo Decreto n. 73.626/74.

Com efeito, a indenização é devida quando a rescisão se verificar no fim da safra (no término do contrato), sendo 1/12 (um doze avos) do salário mensal por mês trabalhado, devendo considerar como um mês a fração igual ou superior a 15 (quinze) dias.

Entendimento equivocado: Em nível nacional há regiões em que essa indenização proporcional não vem sendo paga aos safristas, com o argumento de que a Constituição Federal teria revogado ou extinto tal indenização. Há, também, entendimentos de que a convenção coletiva possa ter uma cláusula que impeça o pagamento da indenização proporcional ao safrista.

Note bem: A indenização que foi extinta pela Constituição Federal, com a extensão do FGTS — Fundo de Garantia do Tempo de Serviço ao trabalho rural, é aquela prevista na CLT em seu art. 477, *caput*.

A indenização do art. 477, *caput*, da CLT assegurava ao empregado uma remuneração para cada ano de trabalho, em caso de demissão injusta, foi extinta com o advento do FGTS no trabalho rural.

Indenização de safra contínua: Assim, firmado o Contrato de Trabalho por Safra, o chamado Contrato de Safrista, ao final da safra, quando ocorrer a cessação do contrato de trabalho, que é a condição dessa modalidade de contratação, o empregado receberá, além de férias e 13º salário proporcionais, uma indenização proporcional ao número de meses em que durou o contrato de safra, considerando como mês integral a fração igual ou superior a 15 dias. Exemplo de um contrato de safra que durou 3 (três) meses, cujo salário fora de R$ 600,00 por mês, o empregado faz jus a:

Base de cálculo: R$ 600,00 ÷ 12 = R$ 50,00

1. Saldo de salários (se for o caso)

2. Férias proporcionais . . . . . 3/12 x 50,00 = R$ 150,00 + 1/3

3. 13º Salário . . . . 3/12 x 50,00 = R$ 150,00

4. Indenização Proporcional . 3/12 x 50,00 = R$ 150,00

Dispensa antes do término da safra: Despedido o empregado safrista antes do término da safra, sem justa causa, o empregador terá que pagar uma indenização correspondente à metade dos salários a que teria direito o empregado até o final da safra, nos termos do art. 479, da CLT — Consolidação das Leis do Trabalho e mais: a multa do FGTS — Fundo de Garantia do Tempo de Serviço, pois, trata-se de despedida sem justa causa.

Se o empregado não cumprir: Se o empregado não cumprir o contrato até o término da safra, terá de indenizar o empregador pelos prejuízos que desse fato lhe resultar. Essa indenização corresponderá à metade daquilo a que o empregado teria direito, caso cumprisse o contrato na totalidade, ou seja, até o final da safra; porém, limitado ao saldo a receber. O empregador tem que provar o prejuízo para poder descontar.

2.6. CONTRATO POR PEQUENO PRAZO

A Lei n. 11.718, de 20 de junho de 2008, acrescentou o art. 14-A à Lei n. 5.889, de 8 de junho de 1973, criando o contrato de trabalhador rural por pequeno prazo para atividades de natureza temporária.

Atividades Temporárias: Entende-se por atividade de natureza temporária aquela executada nas dependências da propriedade rural por um período de curta duração, como é o caso da execução de pequenos e rápidos serviços de culturas rotativas, por exemplo: limpeza do pasto, vacinação de gado, e outros. Importante ressaltar que somente produtores rurais (pessoa física), proprietários ou não, que explorem diretamente atividade agroeconômica podem utilizar o contrato por pequeno prazo. Logo, o contrato não é aplicável para pessoas jurídicas.

Tempo de Contrato: O empregador poderá efetuar o contrato por um período máximo de 2 meses dentro de um ano, caso venha a realizar outro contrato por pequeno prazo nesse período, este segundo será considerado como sendo contrato por prazo indeterminado.

GFIP, Anotação em CTPS e/ou Contrato Escrito: Segundo a lei, é requisito essencial nessa nova modalidade de contrato que o empregador rural faça a inclusão do laborista na Guia de Recolhimento do Fundo de Garantia do Tempo de Serviço e Informações à Previdência Social — GFIP e faça anotação na Carteira de Trabalho e Previdência Social e em Livro ou ficha de Registro de Empregados.

Também, poderá ser feito mediante contrato escrito, sem a necessidade da anotação da CTPS, em 2 (duas) vias, uma para cada parte, onde conste no mínimo:

a) expressa autorização em acordo coletivo ou convenção coletiva;

b) identificação do produtor rural e do imóvel rural onde o trabalho será realizado e indicação da respectiva matrícula;

c) identificação do trabalhador, com indicação do respectivo Número de Inscrição do Trabalhador — NIT.

Remuneração: Ao trabalhador por pequeno prazo estão garantidos a remuneração e os demais direitos devidos ao trabalhador rural permanente, ao qual as parcelas devidas deverão ser calculadas dia-a-dia e pagas diretamente mediante recibo. Dessa forma, não poderá haver distinção dos valores pagos ao trabalhador rural contratado por pequeno prazo e outros trabalhadores empregados que prestem os mesmos serviços, mas cujos pactos tenham duração indeterminada ou outro período determinado.

Recolhimentos: A contribuição do segurado trabalhador rural contratado para prestar serviço mediante contrato por pequeno prazo é de oito por cento sobre o respectivo salário-de-contribuição definido no inciso I do art. 28 da Lei n. 8.212, de 24 de julho de 1991. Os recolhimentos das contribuições previdenciárias deverão ser realizados conforme determina a legislação da Previdência Social. No tocante ao FGTS, deverá ser recolhido pelo empregador durante o período laborado e poderá ser levantado nos termos da Lei n. 8.036, de 11 de maio de 1990.

2.7. CONTRATO TEMPORÁRIO

A contratação de mão-de-obra temporária restringe-se às hipóteses de necessidade transitória de substituição de pessoal permanente ou acréscimo extraordinário de serviços, as quais estarão sempre limitadas ao prazo máximo de três meses em relação a um mesmo empregado.

Trabalho temporário: É aquele prestado por pessoa física a uma empresa, para atender à necessidade transitória de substituição de seu pessoal regular e permanente ou a acréscimo extraordinário de serviços.

Empresa de trabalho temporário: Contratar mão-de-obra temporária é possível por intermédio de uma empresa para esse fim legalizada junto aos órgãos competentes do Ministério do Trabalho e Emprego, cuja atividade consiste em colocar pessoal especializado, por tempo determinado, à disposição da empresa tomadora de mão-de-obra.

Empresa tomadora de mão-de-obra: É a pessoa física ou jurídica que, em virtude de necessidade transitória de substituição de seu pessoal regular e permanente ou de acréscimo extraordinário de tarefas, contrata a locação de mão-de-obra com empresa de trabalho temporário.

Contrato escrito: Para a prestação de serviço temporário é obrigatória a celebração de contrato escrito entre a empresa de trabalho temporário e a empresa tomadora de serviço ou cliente, dele devendo constar expressamente:

— o motivo justificador da demanda de trabalho temporário;

— a modalidade da remuneração da prestação de serviço, onde estejam claramente discriminadas as parcelas relativas a salários e encargos sociais.

Duração do trabalho temporário: O contrato entre a empresa de trabalho temporário e a empresa tomadora ou cliente, com relação a um mesmo empregado, não poderá exceder de 3 (três) meses, salvo autorização conferida pelo órgão local do Ministério do Trabalho e Emprego.

Possíveis alterações que se fizerem necessárias, durante a vigência do contrato de prestação de serviços, relativos à redução ou ao aumento do número de trabalhadores colocados à disposição da empresa tomadora de serviço ou cliente, deverão ser objeto de termo aditivo ao contrato.

Registro na CTPS e Contrato: O competente registro na Carteira de Trabalho e Previdência Social — CTPS do trabalhador de sua condição de temporário deve ser feito pela empresa de trabalho temporário.

A empresa de trabalho temporário é obrigada a celebrar contrato individual escrito de trabalho temporário com o trabalhador no qual constem expressamente os direitos ao mesmo conferidos, decorrentes da sua condição de temporário.

Compete, também, à empresa de trabalho temporário remunerar e assistir os trabalhadores temporários relativamente aos seus direitos.

Na contratação de trabalho temporário, o período de experiência não é bem visto pela Justiça do Trabalho.

Trabalho Temporário só urbano: O art. 3º do Regulamento do Trabalho Temporário — Decreto n. 73.841/74 não deixa dúvidas quanto à aplicabilidade dessa modalidade de contrato apenas no trabalho urbano.

Direitos do trabalhador temporário: O regulamento da lei do trabalho temporário (Decreto n. 73.841/74) apresenta nos arts. 17/20 os direitos conferidos ao empregado temporário:

— remuneração equivalente à percebida pelos empregados da mesma empresa tomadora;

— férias proporcionais;

— indenização do tempo de serviço em caso de dispensa sem justa causa;

— benefícios e serviços da previdência social;

— seguro de acidentes do trabalho;

— duração normal do trabalho — máximo de 8 (oito) horas;

— horas suplementares até o máximo de 2 (duas) horas/dia, mediante acordo;

— adicional noturno — horário das 22 horas de um dia às 5 horas do dia seguinte;

— descanso semanal remunerado.

Justa causa: Constituem justa causa para rescisão do contrato de trabalho temporário pela empresa as seguintes faltas graves:

— ato de improbidade;

— incontinência de conduta ou mau procedimento;

— negociação habitual por conta própria ou alheia sem permissão;

— condenação criminal do trabalhador;

— desídia do desempenho das respectivas funções;

— embriaguez habitual ou em serviço;

— violação de segredo da empresa de serviço temporário ou tomadora;

— ato de indisciplina ou insubordinção;

— abandono de emprego;

— ato lesivo da honra ou da boa fama praticado no serviço contra qualquer pessoa;

— ato lesivo da honra e boa fama ou ofensas físicas, praticados contra superiores;

— prática constante de jogos de azar;

— atos atentatórios à segurança nacional.

Despedida Indireta: O próprio empregado temporário pode considerar rescindido o contrato de trabalho temporário quando:

— a empresa exigir serviços superiores às suas forças;

— for tratado com rigor excessivo;

— correr perigo manifesto de mal considerável;

— não cumprir a empresa de trabalho temporário as obrigações do contrato;

— praticar a empresa de trabalho temporário ou tomadora ato lesivo da honra e boa fama;

— ofendê-lo fisicamente pelas empresas de trabalho temporário e tomadora;

— reduzir o trabalho, sendo este por tarefa;

— falecer o titular da empresa de trabalho temporário (firma individual).

Estabilidade provisória: Como já definido, sendo o trabalho temporário, não há falar em direito à estabilidade provisória.

2.8. ALTERAÇÃO DE CONTRATO DE TRABALHO

A Consolidação das Leis do Trabalho — CLT, no capítulo específico de Contrato Individual de Trabalho, trata ainda da questão da mudança na propriedade da empresa.

Mudanças na Propriedade: O art. 448, da CLT prevê que a mudança na propriedade ou na estrutura jurídica da empresa não afetará os contratos de trabalho dos respectivos empregados.

Direitos Adquiridos: O art. 10 da CLT — Consolidação das Leis do Trabalho determina que qualquer alteração na estrutura jurídica da empresa não afetará os direitos adquiridos por seus empregados.

As condições de trabalho devidamente contratadas, só poderão sofrer alterações se feitas com a concordância do empregado e desde que não lhe acarretem prejuízos ou sejam manifestamente ilegais.

Cargo ou Função: Ao admitir o empregado, deve ser definido de pronto o seu cargo ou função na empresa. Faltando essa definição no contrato de trabalho, entende-se que o empregado se obrigou a todo e qualquer serviço compatível com a sua condição pessoal (parágrafo único do art. 456, da CLT). Tendo o cargo ou função definido, não poderá o empregador alterar livremente essa condição. Assim, por exemplo, se o empregado é registrado como motorista, não poderá o empregador exigir que exerça outras funções. Salvo se houver previsão em contrato de trabalho.

Forma de Pagamento: Não pode o empregador, unilateralmente, alterar a forma de pagamento, passando de diarista para mensalista ou vice-versa. Também não pode reduzir o salário do empregado, mesmo reduzindo a jornada de trabalho. O empregado que trabalha por tarefa não pode sofrer diminuição de serviços, de modo a ser reduzido o seu ganho mensal.

Transferência para outra localidade: O empregador não pode transferir o empregado, sem a sua anuência, para localidade diversa da que resultar do contrato de trabalho, não se considerando transferência a que não acarretar necessariamente a mudança de seu domicílio. Esta é a regra contida no art. 469, da CLT.

Transferência prevista em contrato: Muito embora o legislador tenha deixado claro no *caput* do art. 469, da CLT — Consolidação das Leis do Trabalho, que é vedada a transferência, o seu § 1º abre algumas exceções, como por exemplo, quando as partes tiverem previsto em contrato de trabalho a condição de transferência, quando esta decorra de real necessidade do serviço.

Transferência — Cargo de Confiança: Para o empregado que exerce cargo de confiança, a regra prevista pelo *caput* do art. 469, da CLT não se aplica, isto é, ele pode ser transferido livremente, mesmo porque é um empregado de confiança, tendo, evidentemente, amplos poderes para bem representar o empregador, não podendo haver barreiras que o impeça de bem exercer a sua função de confiança.

Transferência — extinção de estabelecimento: Ocorrendo a extinção do estabelecimento em que trabalha, o empregado poderá ser livremente transferido para outra localidade (outra filial ou matriz da empresa), conforme prevê o § 2º do mesmo art. 469, da CLT.

Transferência — 25% de acréscimo: Se o empregador, por necessidade do serviço, transferir o empregado para outra localidade, e a ocorrência não se enquadrar em nenhuma das condições que já enumeramos, ainda assim o legislador abre mais uma exceção: o empregado pode ser transferido; entretanto, fará jus a um adicional de 25% (vinte e cinco por cento) do salário que percebe, enquanto durar essa situação. É a regra prevista pelo § 3º do art. 469, da CLT. O fato do empregado exercer cargo de confiança e poder ser transferido a qualquer tempo não exime o empregador de pagar o adicional de transferência, caso esta seja provisória (Súmula n. 43 do TST).

Despesas com a Transferência: Em qualquer hipótese de transferência do empregado para outra localidade, as despesas resultantes da mudança correrão por conta do empregador.

2.9. REGULAMENTO INTERNO DOS EMPREGADOS

Em toda empresa, urbana ou rural, faz-se necessário o **REGULAMENTO INTERNO DOS EMPREGADOS**, contendo os seus deveres, os direitos, as proibições, as sanções disciplinares e as disposições finais. É mediante o Regulamento Interno dos Empregados que o empregador estabelece as normas internas de sua empresa.

Recibo: Ao admitir um empregado, o empregador, por intermédio do seu departamento de pessoal, deve passar às mãos do novo auxiliar um exemplar do REGULAMENTO INTERNO DOS EMPREGADOS. Na oportunidade, o empregado deve assinar um recibo próprio, declarando que recebeu uma cópia de tal documento.

Cláusula no Contrato de Trabalho: No contrato de trabalho celebrado com o empregado, deve ser incluída uma cláusula fazendo menção ao Regulamento Interno dos Empregados, conforme o seguinte exemplo: "O empregado toma conhecimento, neste ato, das normas regulamentares da EMPRESA, que ficam fazendo parte integrante deste, importando, a sua infringência, em justa causa para dispensa."

No Capítulo destinado aos Modelos de Contratos, apresentamos um modelo Regulamento dos Empregados, elaborado de maneira simples e baseado em regulamentos que já preparamos para empresas de um modo geral. O empregador poderá fazer as alterações que lhe convier, pois os usos e costumes são diferentes em cada região do país; deve, porém, submeter o regulamento para ser analisado por um Advogado Trabalhista especializado.

Capítulo 3

PIS
Programa de Integração Social

Todo empregado urbano ou rural deve ser cadastrado no PIS — Programa de Integração Social, quer o empregador seja pessoa "fisíca" ou "jurídica".

No trabalho rural, houve muita confusão em torno do assunto, até que foi promulgada a Carta Magna de 1988. Houve épocas em que o cadastramento era obrigatório a todos os empregados. Em outras oportunidades, somente os empregados rurais contratados por "pessoa jurídica" é que podiam ser inscritos no PIS, enquanto que os empregadores rurais "pessoas físicas" podiam obter documento de isenção.

Hoje, a regra é uma só: Todos os empregados rurais devem ser inscritos no PIS, não importa que o empregador seja "pessoa física" ou "pessoa jurídica".

Quanto aos direitos dos empregados, ainda há muita confusão: o empregado de "pessoa física", em que pese inscrito no PIS, não faz jus aos benefícios do programa, porque o empregador rural "pessoa física" não contribui para esse fim, muito embora haja a obrigatoriedade, além do cadastramento, da apresentação da RAIS — Relação Anual de Informações Sociais.

Cadastramento no PIS: Os empregados urbanos e rurais devem ser cadastrados no PIS, mesmo os empregados de microempresas e de empregadores rurais "pessoas físicas".

Os empregados domésticos não são cadastrados, nem têm direito aos benefícios do programa, obviamente.

Como Cadastrar: Primeiramente, deve-se verificar, por meio da Carteira de Trabalho e Previdência Social — CTPS, nas páginas de anotações gerais, se o empregado ainda não foi inscrito no PIS, **pois somente uma vez** pode ser feita tal inscrição.

A primeira providência a ser tomada pelo empregador é adquirir nas agências da Caixa ou papelarias o DCT — Documento de Cadastramento do Trabalhador. O DCT deverá ser preenchido em 2 (duas) vias e entregue à agência da Caixa para cadastramento.

Com o DCT, o empregador solicita à Caixa Econômica Federal o cadastramento do empregado no PIS. **Note bem:** Quem faz o cadastramento do novo empregado no PIS é a própria Caixa Econômica Federal, depois de um minucioso levantamento para verificar se já não fora o mesmo empregado inscrito no PIS.

Contribuição ao PIS: Todos os meses, as empresas recolhem uma contribuição ao Programa de Integração Social. O tipo de contribuição é de acordo com o enquadramento das empresas. Estão isentos de contribuição ao PIS as microempresas e empregadores rurais "pessoas físicas".

Abono Anual: Tem direito ao abono salarial o trabalhador que:

a) tenha sido cadastrado no PIS/PASEP há pelo menos 5 anos;

b) tenha percebido, de empregadores contribuintes do PIS ou do PASEP, remuneração mensal de até 2 salários mínimos médios durante o ano-base que foi considerado para efeito de apuração desse parâmetro;

c) tenha exercido atividade remunerada durante, pelo menos, 30 dias, no ano-base considerado para apuração da média dos salários;

d) tenha sido corretamente informado na Relação Anual de Informações Sociais — RAIS, referente ao ano-base considerado para fins de apuração da média salarial.

Esse pagamento anual é feito apenas aos empregados que trabalham para empregadores que contribuem para o PIS, conforme prevê o § 3º do art. 239 da Constituição de 1988.

Quotas do PIS: Têm direito a levantar as quotas os trabalhadores que foram cadastrados no PIS até 4 de outubro de 1988 e que ainda não exerceram o direito de saque dos valores, nos seguintes casos:

a) aposentadoria;

b) invalidez permanente;

c) reforma militar ou transferência para reserva remunerada;

d) neoplasia maligna (câncer) do titular ou de seus dependentes;

e) ser portador do vírus HIV(AIDS/SIDA);

f) falecimento do participante.

g) benefício assistencial a idosos ou deficientes.

Obs.: Se a empresa ou entidade pública estiver cadastrada na Caixa Econômica Federal ou Banco do Brasil S/A., o pagamento será realizado por meio do contracheque do trabalhador.

De acordo com o calendário divulgado pelo Ministério do Trabalho/Conselho Deliberativo do Fundo de Amparo ao Trabalhador — CODEFAT, o trabalhador deve dirigir-se à Agência da Caixa Econômica Federal ou Banco do Brasil S/A., munido dos seguintes documentos:

a) comprovante de inscrição no PIS/PASEP;

b) Carteira de Trabalho e Previdência Social — CTPS;

c) Cartão-Cidadão, se possuir.

RAIS: Cadastrar o empregado no PIS é o primeiro passo; entretanto, a apresentação da RAIS — Relação Anual de Informações Sociais se constitui no documento mais importante do Programa de Integração Social, pois é por meio da RAIS que se toma conhecimento de toda a vida do empregado (na empresa): quantos meses trabalhou durante o ano-base, quanto ganhou, qual a remuneração do ano-base, tipo de salário, horas trabalhadas por semana, enfim, uma série de informações que permitem, na época dos pagamentos dos rendimentos e abonos do PIS, que o empregado possa ser beneficiado com os juros e ou 14º salário, como também cotas do PIS.

A RAIS é apresentada nos primeiros meses de cada ano (de 2 de janeiro a meados de fevereiro), para empresas com até 50 (cinqüenta) empregados. Para empresas com mais de 50 empregados, a apresentação normalmente vai até meados de março de cada ano, de acordo com as instruções expedidas anualmente.

Todas as informações para o correto preenchimento da RAIS, encontram-se no programa GDRAIS fornecido pela Caixa Econômica Federal que é auto-explicativo.

A RAIS deve ser entregue somente via *internet* mediante programa fornecido pela Caixa Econômica Federal. A não apresentação pode acarretar multas, além do ressarcimento aos empregados pelos prejuízos causados, inclusive em casos de erros nas informações prestadas pelo empregador que frustrem o benefício do empregado.

Capítulo 4

SEGURO-DESEMPREGO

4.1. SEGURO-DESEMPREGO — URBANOS E RURAIS

Definição: Seguro-Desemprego tem por finalidade prover assistência financeira temporária ao trabalhador desempregado em virtude de dispensa sem justa causa e auxiliar os trabalhadores desempregados na busca de novo emprego, podendo, para esse efeito, promover a sua reciclagem profissional.

Resumindo: É um benefício temporário concedido ao trabalhador desempregado, dispensado sem justa causa.

Quem tem direito ao Seguro-Desemprego: Todos os empregados urbanos e rurais, despedidos injustamente ou indiretamente e que se encontram desempregados desde que:

— tenham recebido salário consecutivos nos últimos 6 (seis) meses;

— tenham trabalhado pelo menos 6 (seis) meses nos últimos 36 (trinta e seis) meses;

— não estejam recebendo nenhum benefício da Previdência Social de prestação continuada, exceto auxílio-acidente ou pensão por morte.

— não possuam renda própria para o seu sustento e de seus familiares.

Obs.: O doméstico, a partir de junho de 2001, passou a ter, também, direito ao seguro-desemprego.

Prazo para encaminhar requerimento: A partir do 7º (sétimo) e até o 120º (centésimo vigésimo) dia subseqüente à data da sua dispensa, o empregado poderá requerer o benefício, diretamente nas agências credenciadas da Caixa Econômica Federal ou nos Postos de Atendimento das Delegacias Regionais de Trabalho — DRT, ou do Sistema Nacional de Emprego — SINE.

Procedimentos para requerer: Sendo dispensado sem justa causa, o empregado receberá do empregador o formulário próprio "Requerimento do Seguro-Desemprego", em duas vias, devidamente preenchido. Com esse documento deve dirigir-se a um dos locais de entrega munido dos seguintes documentos:

— documento de identificação: Carteira de Identidade ou Certidão de Nascimento, Certidão de Casamento com o protocolo de requerimento da identidade (somente para recepção), Carteira Nacional de Habilitação (modelo novo), Carteira de Trabalho (modelo novo), Passaporte e Certificado de Reservista;

— Carteira de Trabalho e Previdência Social — CTPS;

— Cadastro de Pessoa Física — CPF;

— Cartão do PIS/PASEP ou extrato atualizado;

— Requerimento do Seguro-Desemprego — RSD e Comunicação de Dispensa — CD;

— Termo de Rescisão do Contrato de Trabalho — TRCT, homologado quando o período de vínculo for superior a 1 (um) ano;

— documentos de levantamento dos depósitos no Fundo de Garantia do Tempo de Serviço — FGTS ou extrato comprobatório dos depósitos; e

— no caso do requerente não ter recebido as verbas rescisórias deverá apresentar certidão das Comissões de Conciliação Prévia/Núcleos Intersindicais (certidão da justiça ou relatório da fiscalização); e/ou

— Sentença judicial ou homologação de acordo (para trabalhadores com reclamatória trabalhista).

Requisitos para obter o Seguro-Desemprego: Tem direito a receber o Seguro-Desemprego o empregado dispensado sem justa causa, inclusive com despedida indireta que comprove:

— ter sido demitido sem justa causa ou despedida indireta;

— estar desempregado quando do requerimento do benefício;

— ter recebido salários consecutivos no período de seis meses imediatamente anteriores à data da dispensa, de uma ou mais pessoas jurídicas ou pessoas físicas equiparadas às jurídicas;

— ter sido empregado de pessoa jurídica ou pessoa física equiparada à jurídica durante, pelo menos, 6 (seis) meses nos últimos 36 (trinta e seis) meses que antecederam a data de dispensa que deu origem ao requerimento do Seguro-Desemprego;

— não estar em gozo de qualquer benefício previdenciário de prestação continuada, previsto no Regulamento da Previdência Social, excetuados o auxílio-acidente e a pensão por morte;

— não possuir renda própria de qualquer natureza suficiente à sua manutenção e de sua família.

Comprovar: A comprovação dos requisitos para ter direito ao Seguro-Desemprego deverá ser feita:

— mediante as anotações da Carteira de Trabalho e Previdência Social — CTPS;

— pela apresentação do Termo de Rescisão de Contrato de Trabalho — TRCT, homologado quando o período trabalhado for superior a um ano;

— mediante documento utilizado para levantamento dos depósitos do FGTS ou extrato comprobatório dos depósitos;

— pela apresentação da sentença judicial transitada em julgado, acórdão ou certidão judicial, onde constem os dados do trabalhador, da empresa e se o motivo da demissão foi sem justa causa;

— mediante verificação a cargo da fiscalização trabalhista ou previdenciária, quando couber.

De acordo com o *parágrafo único* do art. 4º, da Resolução n. 252/2000, a comprovação dos demais requisitos será feita por meio de declaração firmada pelo trabalhador, no requerimento do Seguro-Desemprego.

Apuração: A apuração do valor do benefício tem como base o salário mensal do último vínculo empregatício, na seguinte ordem:

— tendo o trabalhador recebido três ou mais salários mensais a contar desse último vínculo empregatício, a apuração considerará a média dos salários dos últimos três meses;

— caso o trabalhador, em vez dos três últimos salários daquele vínculo empregatício, tenha recebido apenas dois salários mensais, a apuração considerará a média dos salários dos dois últimos meses;

— caso o trabalhador, em vez dos três ou dois últimos salários daquele mesmo vínculo empregatício, tenha recebido apenas o último salário mensal, este será considerado, para fins de apuração;

— caso o trabalhador perceba salário fixo com parte variável, a composição do salário para o cálculo do Seguro-Desemprego tomará por base ambas as parcelas;

— caso o trabalhador receba salário por quinzena, por semana ou por hora, o valor do Seguro-Desemprego será calculado com base no que seria equivalente ao seu salário mensal, tornando-se por parâmetro, para essa equivalência, o mês de 30 (trinta) dias ou 220 (duzentos e vinte) horas, exceto para quem tem horário especial, inferior a 220 horas mensais, que será calculado com base no salário mensal.

Obs.: Caso o trabalhador não tenha trabalhado integralmente em qualquer um dos últimos três meses, o salário será calculado com base no mês de trabalho completo.

Valor: O seguro-desemprego será concedido ao trabalhador desempregado, por um período máximo variável de 3 (três) a 5 (cinco) meses, de forma contínua ou alternada, a cada período aquisitivo de 16 (dezesseis) meses.

As parcelas de 3 a 5 serão devidas, portanto, a cada período aquisitivo de 16 meses, se comprovar o vínculo empregatício com pessoa jurídica ou física a ela equiparada, de acordo com o quadro a seguir:

MESES TRABALHADOS	PARCELAS
De 06 a 11 meses nos últimos 36 meses	03
De 12 a 23 meses nos últimos 36 meses	04
De 24 meses nos últimos 36 meses	05

Duração do Benefício: O benefício é concedido, portanto, por um período variável de 3 a 5 meses, de forma contínua ou alternada. A determinação do período máximo de parcelas observará a relação entre o número de parcelas mensais e o tempo de serviço nos trinta e seis meses que antecederam a data de dispensa, veja:

— 3 (três) parcelas, se o trabalhador comprovar vínculo empregatício com pessoa jurídica ou pessoa física a ela equiparada, de no mínimo seis meses e no máximo onze meses, no período de referência;

— 4 (quatro) parcelas, se o trabalhador comprovar vínculo empregatício com pessoa jurídica ou pessoa física a ela equiparada, de no mínimo doze meses e no máximo vinte e três meses, no período de referência;

— 5 (cinco) parcelas, se o trabalhador comprovar vínculo empregatício com pessoa jurídica ou pessoa física a ela equiparada, de no mínimo vinte e quatro meses, no período de referência.

Obs.: A fração igual ou superior a 15 (quinze) dias de trabalho é considerada como mês integral, para este fim.

Quando é suspenso o pagamento: O desempregado poderá ter suspenso o pagamento de seu Seguro-Desemprego, se ocorrer um dos seguintes casos:

— admissão do trabalhador em novo emprego;

— início de percepção de benefício de prestação continuada da Previdência Social, exceto o auxílio-acidente e a pensão por morte.

Caso o motivo da suspensão tenha sido a admissão em novo emprego, o que implica em não-recebimento integral do Seguro-Desemprego, o trabalhador poderá receber as parcelas restantes, referentes ao mesmo período aquisitivo, desde que venha a ser novamente dispensado sem justa causa.

A percepção pelo trabalhador de saldo de parcelas relativo a período aquisitivo iniciado antes da publicação da Lei n. 8.900, de 30 de junho de 1994, será, desde que atendidos os requisitos do próximo parágrafo, na demissão que deu origem ao requerimento, substituído pela retomada de novo benefício.

Na hipótese da retomada prevista no parágrafo anterior, o período aquisitivo será encerrado e será iniciado novo período a partir dessa demissão.

Cancelamento do benefício: O desempregado poderá ter cancelado o benefício do Seguro-Desemprego na ocorrência de um dos seguintes casos:

— pela recusa, por parte do trabalhador desempregado de outro emprego condizente com sua qualificação e remuneração;

— por comprovação de falsidade na prestação de informações necessárias à habilitação;

— por comprovação de fraude visando à percepção indevida do benefício do Seguro-Desemprego;

— por morte do segurado.

Comunicação de Dispensa — CD: No ato da dispensa, a empresa deverá fornecer ao trabalhador demitido sem justa causa, o Requerimento de Seguro-Desemprego — RSD e a Comunicação de Dispensa — CD, devidamente preenchidos com as informações constantes da Carteira de Trabalho, sob pena de indenizar o trabalhador em caso de indeferimento por atraso ou informações incorretos no Requerimento de Seguro-Desemprego e a Comunicação de Dispensa — CD (Súmula n. 389, II do TST).

4.2. SEGURO-DESEMPREGO — EMPREGADO DOMÉSTICO

Doméstico: O seguro-desemprego é um auxílio temporário concedido ao empregado doméstico desempregado, inscrito no Fundo de Garantia do Tempo de Serviço — FGTS, que tenha sido dispensado sem justa causa.

Direito: A partir de junho de 2001, o empregado doméstico passou a ter direito ao Seguro-Desemprego, desde que dispensado sem justa causa e que comprove os seguintes critérios:

— ter trabalhado, exclusivamente, como empregado doméstico pelo menos 15 meses nos últimos 24 meses que antecedem à data da dispensa que deu origem ao requerimento do Seguro-Desemprego;

— estar inscrito como Contribuinte Individual da Previdência Social e em dia com as contribuições;

— não estar recebendo nenhum auxílio da Previdência Social, como aposentadoria, auxílio-doença e auxílio-reclusão, com exceção de auxílio-acidente e de pensão por morte;

— não possuir renda própria para seu sustento e de sua família;

— ter recolhimento no FGTS, no mínimo, 15 recolhimentos ao FGTS como empregado doméstico.

Valor: Para o empregado doméstico o valor máximo de cada parcela é de 1 salário mínimo.

Para solicitar o benefício em um dos Postos do Ministério do Trabalho e Emprego, o empregado terá um prazo de 7 a 90 dias, contado do dia seguinte à data de sua dispensa.

Receber: O empregado, ao ser dispensado sem justa causa, deverá dirigir-se aos Postos de Atendimento do Ministério do Trabalho e Emprego (Delegacia Regional — DRT, Sistema Nacional de Emprego — SINE ou postos conveniados) para que seja preenchido por estes postos o requerimento do benefício.

Documentos: O empregado doméstico deverá apresentar os seguintes documentos, para requerer o seguro-desemprego:

— Carteira de Trabalho e Previdência Social;

— Rescisão do Contrato de Trabalho, atestando a dispensa sem justa causa;

— documento comprobatório de recolhimentos das contribuições previdenciárias e do Fundo de Garantia do Tempo de Serviço — FGTS, referentes ao vínculo empregatício de empregado doméstico;

— declaração de que não está em gozo de nenhum benefício de prestação continuada da Previdência Social, exceto o auxílio-acidente e pensão por morte;

— declaração de que não possui renda própria suficiente para sua manutenção e de sua família.

Obs.: As declarações acima serão firmadas pelo trabalhador no documento de Requerimento do Seguro-Desemprego do Empregado Doméstico — RSDED, a ser fornecido pelo Ministério do Trabalho e Emprego.

Prazo para requerer o Seguro-Desemprego: Do 7º ao 90º dias subseqüentes à data de sua dispensa.

Prazo para receber: Depois de encaminhar o requerimento, o trabalhador deverá aguardar aproximadamente 30 dias e dirigir-se a qualquer agência da CAIXA para recebimento do benefício.

Número de parcelas a que tem direito: A 3 parcelas no valor de um salário mínimo vigente. A lei garante ao trabalhador o direito de receber o benefício por um período máximo de 3 meses, de forma contínua ou alternada, a cada período aquisitivo de 16 meses.

4.3. SEGURO-DESEMPREGO — PESCADORES PROFISSIONAIS

Quando faz jus: O pescador profissional que exerça sua atividade de forma artesanal, individualmente ou em regime de economia familiar, ainda que com o auxílio eventual de parceiros, fará jus ao benefício de Seguro-Desemprego, no valor de um salário mínimo mensal, durante o período de defeso de atividade pesqueira para a preservação da espécie.

Período de defeso: O período de defeso de atividade pesqueira é o fixado pelo Instituto Brasileiro do Meio Ambiente e dos Recursos Naturais Renováveis — IBAMA, em relação à espécie marinha, fluvial ou lacustre a cuja captura o pescador se dedique.

Documentos: Para se habilitar ao benefício, o pescador deverá apresentar ao órgão competente do Ministério do Trabalho e Emprego os seguintes documentos:

— registro de pescador profissional devidamente atualizado, emitido pela Secretaria Especial de Aqüicultura e Pesca da Presidência da República, com antecedência mínima de um ano da data do início do defeso;

— comprovante de inscrição no Instituto Nacional do Seguro Social — INSS como pescador, e do pagamento da contribuição previdenciária;

— comprovante de que não está em gozo de nenhum benefício de prestação continuada da Previdência ou da Assistência Social, exceto auxílio-acidente e pensão por morte; e

— atestado da Colônia de Pescadores a que esteja filiado, com jurisdição sobre a área onde atue o pescador artesanal, que comprove:

— o exercício da profissão;

— que se dedicou à pesca, em caráter ininterrupto, durante o período compreendido entre o defeso anterior e o em curso; e

— que não dispõe de outra fonte de renda diversa da decorrente da atividade pesqueira.

Obs.: O Ministério do Trabalho e Emprego poderá, quando julgar necessário, exigir outros documentos para a habilitação do benefício.

Sanções civis e penais cabíveis: Todo aquele que fornecer ou beneficiar-se de atestado falso para o fim de obtenção do benefício de que trata esta Lei estará sujeito à:

— demissão do cargo que ocupa, se servidor público;

— suspensão de sua atividade, com cancelamento do seu registro, por dois anos, se pescador profissional.

Cancelamento: O benefício de seguro-desemprego ao pescador profissional, será cancelado nas seguintes hipóteses:

— início de atividade remunerada;

— início de percepção de outra renda;

— morte do beneficiário;

— desrespeito ao período de defeso; ou

— comprovação de falsidade nas informações prestadas para a obtenção do benefício.

Capítulo 5

FGTS — FUNDO DE GARANTIA DO TEMPO DE SERVIÇO

FGTS: Fundo de Garantia do Tempo de Serviço — FGTS, criado em 1966, constitui-se em Instituto Trabalhista, pois sucede à Indenização por Tempo de Serviço e a Estabilidade no Emprego. O FGTS resume-se em uma conta vinculada (bancária), aberta em nome de cada empregado, atualmente na Caixa Econômica Federal.

5.1. DIREITOS AO FGTS

Urbanos e Rurais: Com o advento da Constituição Federal de 1988, a partir do dia 5 de outubro daquele ano, o direito ao regime do FGTS passou a ser assegurado aos trabalhadores urbanos e rurais, independentemente de opção.

Note bem: O FGTS a partir de 1988 passou a ser devido a todos os trabalhadores urbanos e rurais, não havendo necessidade de assinar a "carta de opção" e muito menos anotar a opção na CTPS — Carteira de Trabalho e Previdência Social.

Opção retroativa: Apenas os empregados urbanos podem, a qualquer momento, fazer opção pelo regime do Fundo de Garantia do Tempo de Serviço referente ao tempo de serviço anterior a 5 de outubro de 1988, com efeito retroativo a 1º de janeiro de 1967, ou à data de sua admissão, quando posterior:

— que tenha transacionado com o empregador o direito à indenização, quanto ao período que foi objeto da transação; ou

— cuja indenização pelo tempo anterior à opção já tenha sido depositada na sua conta vinculada.

Documento escrito: A opção com efeito retroativo será feita mediante declaração escrita do trabalhador, com indicação do período de retroação:

— o empregador, no prazo de 48 (quarenta e oito) horas, fará as devidas anotações na Carteira de Trabalho e Previdência Social e no registro do trabalhador, comunicando ao banco depositário;

— o valor da conta vinculada em nome do empregador e individualizada em relação ao trabalhador, relativo ao período abrangido pela retroação, será transferido pelo banco depositário para conta vinculada em nome do trabalhador.

Base do acordo: O tempo de serviço anterior à opção ou a 5 de outubro de 1988 poderá ser transacionado entre empregador e empregado, respeitado o limite mínimo de 60% (sessenta por cento) da indenização simples ou em dobro, conforme o caso.

Homologação: O acordo entre empregado e empregador, relativamente ao período anterior a 5 de outubro de 1988, deverá ser homologado pelo sindicato da categoria profissional, mesmo quando não houver extinção do contrato de trabalho.

Diretores: O direito ao FGTS — Fundo de Garantia do Tempo de Serviço pode ser estendido aos diretores não empregados de empresas públicas e sociedades controladas direta ou indiretamente pela União (art. 1º, da Lei n. 6.919, de 2 de junho de 1981).

Equiparação: As empresas sujeitas ao regime da legislação trabalhista poderão equiparar seus diretores não empregados aos demais trabalhadores sujeitos ao regime do FGTS. ***Note bem:*** Considera-se diretor aquele que exerça cargo de administração previsto em lei, estatuto ou contrato social, independentemente da denominação do cargo.

5.2. EFEITOS DA RESCISÃO DO CONTRATO DE TRABALHO

Depósito na rescisão: Ocorrendo despedida sem justa causa, ainda que indireta, com culpa recíproca, por força maior ou extinção normal do contrato a termo inclusive a do trabalhador temporário, deverá o empregador depositar, na conta vinculada do trabalhador no FGTS, os valores relativos aos depósitos referentes ao mês da rescisão e ao imediatamente anterior, que ainda não houver sido recolhidos.

Multa de 40%: No caso de despedida sem justa causa ou indireta, o empregador depositará na conta vinculada do trabalhador no FGTS importância igual a 40% (quarenta por cento) do montante de todos os depósitos realizados na conta vinculada durante a vigência do contrato de trabalho, atualizados monetariamente e acrescidos dos respectivos juros, não sendo considerada, para esse fim, a dedução dos saques ocorridos.

Multa de 20%: Ocorrendo a chamada despedida por culpa recíproca ou força maior, desde que, reconhecida pela Justiça do Trabalho, o percentual da multa do FGTS será de 20% (vinte por cento).

Obs.: Na base de cálculo para a aplicação dos percentuais das multas de 40% ou 20%, deverão ser computados os valores dos depósitos não efetuados e/ou pagos diretamente ao trabalhador.

Comprovação: Compete ao empregador comprovar, quando da homologação das rescisões de contrato de trabalho, o recolhimento das importâncias relativamente a depósitos referentes ao mês da rescisão e ao imediatamente anterior, que ainda não houver sido recolhidos, bem como das multas de 40% e 20%, conforme já exposto, cujos depósitos deverão ser efetuados nos seguintes prazos:

— até o primeiro dia útil imediato ao término do contrato;

— até o décimo dia, contado da data da notificação da demissão, quando da ausência do aviso prévio, indenização do mesmo ou dispensa de seu cumprimento.

Saldo para cálculo da multa: Quanto ao saldo da conta vinculada do FGTS para efetuar os cálculos da multa de 40% ou 20%, a Caixa Econômica Federal — CEF deve informar os respectivos saldos ao empregador, no prazo de 5 (cinco) dias úteis, contados da solicitação.

— As informações deverão discriminar os totais de depósitos efetuados pelo empregador, acrescidos dos respectivos juros e correção monetária.

— Caberá ao empregador comprovar o efetivo depósito dos valores devidos que não tenham ingressado na conta até a data da rescisão do contrato de trabalho.

Multa e Indenização: Nos contratos de trabalho por prazo determinado (obra certa, temporário, safra, experiência), ocorrendo a rescisão antecipada, sem justa causa ou com culpa recíproca, o empregado tem direito à multa de 40% (quarenta por cento) do FGTS e ainda faz jus à indenização prevista pelo art. 479, da CLT — Consolidação das Leis do Trabalho, ou seja:

— indenização correspondente à metade (50%) da remuneração a que tem direito até o termo do contrato.

Justa Causa: Ocorrendo rescisão do contrato de trabalho pelo empregador, por justa causa, o trabalhador demitido somente terá direito ao saque de sua conta vinculada nas seguintes hipóteses:

— aposentadoria concedida pela Previdência Social;

— quando o trabalhador permanecer três anos ininterruptos, a partir de 1º de junho de 1990, fora do regime do FGTS, podendo o saque, neste caso, ser efetuado a partir do mês de aniversário do titular da conta.

— falecimento do trabalhador, sendo o saldo pago a seus dependentes, para esse fim habilitados perante a Previdência Social, segundo o critério adotado para a concessão de pensões por morte. Na falta de dependentes, farão jus ao recebimento do saldo da conta vinculada os seus sucessores previstos na lei civil, indicados em alvará judicial, expedido a requerimento do interessado, independente de inventário ou arrolamento;

— quando o trabalhador ou qualquer de seus dependentes for acometido de neoplasia maligna;

— necessidade pessoal, cuja urgência e gravidade decorra de desastre natural.

5.3. DEPÓSITOS AO FGTS

Depósitos até dia 7: O empregador é obrigado a depositar, até o dia 7 (sete) de cada mês, em conta bancária vinculada, a importância correspondente a 8% (oito por cento) da remuneração paga ou devida no mês anterior a cada trabalhador.

Note bem: O legislador fez referência à remuneração. Logo, para o cálculo além do salário somam-se as comissões, gratificações ajustadas, diárias para viagens, abonos pagos pelo empregador.

E mais: Além do pagamento em dinheiro compreendem-se no salário a alimentação, habitação, vestuário ou outras prestações *in natura*, que por força de contrato ou de costume são fornecidos ao empregado.

Durante interrupção: O depósito na conta vinculada do FGTS — Fundo de Garantia do Tempo de Serviço é obrigatório também nos casos de interrupção do contrato de trabalho prevista em lei, observados os aumentos em geral da empresa ou da categoria profissional a que pertencer o empregado, tais como:

— Prestação de serviço militar;

— Licença para tratamento de saúde de até 15 (quinze) dias;

— Licença por acidente de trabalho;

— Licença à gestante; e

— Licença-paternidade.

Diretoria: O depósito em conta vinculada do FGTS — Fundo de Garantia do Tempo de Serviço é devido, ainda, quando o empregado passa a exercer cargo de diretoria, gerência ou outro de confiança imediata do empregador.

Não há incidência: Não integram a base de cálculo para incidência do percentual de depósito em conta vinculado do FGTS — Fundo de Garantia do Tempo de Serviço:

— a contribuição do empregador para o Vale-Transporte, previsto pelo Decreto n. 95.247, de 17 de novembro de 1987;

— os gastos efetuados com bolsas de aprendizagem previstos pela Lei n. 8.069, de 13 de julho de 1990, art. 64.

— assistência médica, hospitalar e odontológica, prestada diretamente ou mediante seguro-saúde;

— vestuários, equipamentos e outros acessórios fornecidos aos empregados e utilizados no local de trabalho, para a prestação do serviço;

— seguros de vida e de acidentes pessoais;

— previdência privada.

Penalidade: O empregador que não realizar, até o **dia 7**, os depósitos do FGTS, correspondentes a 8% (oito por cento) da remuneração paga ou devida no mês anterior sujeitar-se-á às obrigações e sanções:

— Não poderá, sem prejuízo de outras disposições legais:

— pagar honorários, gratificação, *pro labore*, ou qualquer tipo de retribuição ou retirada a seus diretores, sócios, gerentes ou titulares de firma individual; e

— distribuir quaisquer lucros, bonificações, dividendos ou interesses a seus sócios, titulares, acionistas, ou membros de órgãos dirigentes, fiscais ou consultivos.

— Não poderá receber qualquer benefício de natureza fiscal, tributária ou financeira, por parte de órgão da União, dos Estados, do Distrito Federal ou dos Municípios, ou de que estes participem.

Até detenção: Os diretores, sócios, gerentes, membros de órgão fiscais ou consultivos, titulares de firma individual ou quaisquer outros dirigentes de empresa estão sujeitos à pena de detenção de 1 (um) mês a 1 (um) ano.

Assim como responderá:

— pela atualização monetária da importância correspondente; e

— pelos juros de mora de 1% (um por cento) ao mês e multa de 20% (vinte por cento), incidentes sobre o valor atualizado.

— A atualização monetária será cobrada por dia de atraso, tomando-se por base os índices de variação do Bônus do Tesouro Nacional Fiscal (BTN Fiscal) ou, na falta deste, do título que vier a sucedê-lo, ou ainda a critério do Conselho Curador, por outro indicador da inflação diária.

— Se o débito for pago até o último dia útil do mês em que o depósito deveria ter sido efetuado, a multa será reduzida para 10% (dez por cento).

Comunicação ao empregado: Os empregadores deverão comunicar mensalmente aos trabalhadores os valores recolhidos ao FGTS — Fundo de Garantia do Tempo de Serviço e repassar-lhes todas as informações, recebidas da CEF — Caixa Econômica Federal como banco depositário, sobre as respectivas contas vinculadas.

Obs.: Essa comunicação pode ser feita em pequeno espaço no próprio recibo de pagamento ou *hollerith*.

5.4. SAQUES AO FGTS

Saque dos depósitos: A conta vinculada do trabalhador no FGTS — Fundo de Garantia do Tempo de Serviço pode ser movimentada, ou melhor, o empregado pode sacar o montante depositado com juros e correção nas seguintes hipóteses:

— despedida sem justa causa, inclusive a indireta, de culpa recíproca e por força maior, comprovada com o depósito dos valores relativos:

— aos depósitos referentes ao mês da rescisão e ao imediatamente anterior, que ainda não houver sido recolhidos; e

— multa 40% (quarenta por cento) do montante de todos os depósitos realizados na conta vinculada durante a vigência do contrato de trabalho, atualizados monetariamente e acrescidos dos respectivos juros, não sendo considerada, para esse fim, a dedução dos saques ocorridos;

Obs.: O trabalhador somente poderá sacar os valores relativos ao último contrato de trabalho.

— extinção de empresa, fechamento de qualquer de seus estabelecimentos, filiais ou agências, supressão de parte de suas atividades, ou, ainda, falecimento do empregador individual, sempre que qualquer dessas ocorrências implique rescisão do contrato de trabalho, comprovada por declaração escrita da empresa, suprida, quando for o caso, por decisão judicial transitada em julgado.

Obs.: O trabalhador somente poderá sacar os valores relativos ao último contrato de trabalho.

— aposentadoria concedida pela Previdência Social.

Obs.: Após os julgamentos das Ações Diretas de Inconstitucionalidades — ADIn's ns. 1.770-4/DF e 1.721-3/DF, em 11/10/2006 o STF suspendeu a aplicação do § 1º e § 2º do art. 453, da CLT; portanto, a regra contida na norma de extinção do contrato de trabalho após a concessão da aposentadoria está suspensa. Desta forma, se o empregador dispensar o trabalhador por este motivo o mesmo fará jus à multa de 40% (quarenta por cento), pois neste caso a dissolução contratual deu-se por iniciativa do empregador, gerando para este a obrigação correspondente de pagar a multa de 40% sobre os valores do FGTS. Na hipótese do empregado exercer sua vontade de não mais permanecer no trabalho, não será devida a referida multa, já que o pedido foi por sua própria iniciativa;

— falecimento do trabalhador;

— pagamento de parte das prestações decorrentes de financiamento habitacional concedido no âmbito do Sistema Financeiro da Habitação — SFH, desde que:

— o mutuário conte com o mínimo de 3 (três) anos de trabalho sob o regime do FGTS, na mesma empresa ou em empresas diferentes;

— o valor bloqueado seja utilizado, no mínimo durante o prazo de 12 (doze) meses; e

— o valor de cada parcela a ser movimentada não exceda a 80% (oitenta por cento) do montante da prestação;

— liquidação ou amortização extraordinária do saldo devedor de financiamento imobiliário concedido no âmbito do SFH, desde que haja interstício mínimo de 2 (dois) anos para cada movimentação, sem prejuízo de outras condições estabelecidas pelo Conselho Curador;

— pagamento total ou parcial do preço de aquisição de moradia própria, observadas as seguintes condições:

a) conte o mutuário com o mínimo de 3 (três) anos de trabalho sob o regime do FGTS, na mesma empresa ou empresas diferentes; e

b) seja a operação financiada pelo SFH ou, se realizada fora do Sistema, preencha os requisitos para ser por ele financiada.

— quando o trabalhador permanecer três anos ininterruptos, a partir de 1º de junho de 1990, fora do regime do FGTS, podendo o saque, neste caso, ser efetuado a partir do mês de aniversário do titular da conta;

— extinção normal do contrato a termo, inclusive o dos trabalhadores temporários regidos pela Lei n. 6.019, de 3 de janeiro de 1974;

— suspensão do trabalho avulso por período igual ou superior a 90 (noventa) dias;

— quando o trabalhador ou qualquer de seus dependentes for acometido de neoplasia maligna;

— aplicação em quotas de Fundos Mútuos de Privatização, regidos pela Lei n. 6.385, de 7 de dezembro de 1976, permitida a utilização máxima de 50% (cinqüenta por cento) do saldo existente e disponível em sua conta vinculada do Fundo de Garantia do Tempo de Serviço, na data em que exercer a opção.

— necessidade pessoal, cuja urgência e gravidade decorra de desastre natural, conforme disposto em regulamento, observadas as seguintes condições:

a) o trabalhador deverá ser residente em áreas comprovadamente atingidas de Município ou do Distrito Federal em situação de emergência ou em estado de calamidade pública, formalmente reconhecidos pelo Governo Federal;

b) a solicitação de movimentação da conta vinculada será admitida até 90 (noventa) dias após a publicação do ato de reconhecimento, pelo Governo Federal, da situação de emergência ou de estado de calamidade pública; e

c) o valor máximo do saque da conta vinculada será definido na forma do regulamento;

— integralização de cotas do FI-FGTS, respeitado o disposto na alínea *i* do inciso XIII do *caput* do art. 5º desta Lei, permitida a utilização máxima de 10% (dez por cento) do saldo existente e disponível na data em que exercer a opção.

Aposentado: Os depósitos em conta vinculada em nome de aposentado, em razão de novo vínculo empregatício, poderão ser sacados também no caso de rescisão do contrato de trabalho a seu pedido.

Documentos para Saque: O saque dos depósitos do FGTS — Fundo de Garantia do Tempo de Serviço poderá ser efetuado:

a) na demissão sem justa causa:

— Termo de Rescisão do Contrato de Trabalho — TRCT;

— Carteira de Trabalho e Previdência Social — CTPS.

b) na rescisão do contrato de trabalho por culpa recíproca (culpa do empregador e do trabalhador) ou força maior (fatos alheios à vontade do empregador — Ex.: incêndio, inundação etc.).

— Termo de Rescisão do Contrato de Trabalho — TRCT;

— Carteira de Trabalho e Previdência Social — CTPS;

— Cópia da sentença judicial;

c) na rescisão antecipada, pelo empregador, do contrato de trabalho por tempo determinado, inclusive no caso de contrato de experiência:

— Termo de Rescisão do Contrato de Trabalho — TRCT;

— Carteira de Trabalho e Previdência Social — CTPS.

d) na extinção da empresa (falência), proporcionando o encerramento de suas atividades ou fechamento de um de seus estabelecimentos:

— Termo de Rescisão do Contrato de Trabalho — TRCT;

— Carteira de Trabalho e Previdência Social — CTPS;

— declaração escrita pela empresa, informando a extinção, fechamento ou encerramento;

— Sentença Judicial, em caso de falência;

e) na rescisão do contrato de trabalho por falecimento do empregador individual:

— Termo de Rescisão do Contrato de Trabalho — TRCT;

— Carteira de Trabalho e Previdência Social — CTPS;

— Certidão de Óbito;

f) no final do contrato de trabalho por prazo determinado:

— Termo de Rescisão do Contrato de Trabalho — TRCT;

— Carteira de Trabalho e Previdência Social — CTPS;

g) na aposentadoria:

— Termo de Rescisão do Contrato de Trabalho — TRCT;

— Carteira de Trabalho e Previdência social — CTPS;

— Carta de concessão de aposentadoria concedida pela Previdência Social (INSS) ou Portaria publicada no Diário Oficial;

h) quando a conta permanecer três anos corridos sem receber depósitos, como conseqüência de rescisão de contrato de trabalho ocorrida até 13.07.1990:

— Carteira de Trabalho e Previdência Social — CTPS;

— formulário de solicitação de saque de conta inativa, obtido em agência da Caixa Econômica Federal (CEF);

i) no falecimento do trabalhador:

— solicitação de movimentação de conta ativa ou de conta inativa;

— Carteira de Trabalho e Previdência Social — CTPS;

— declaração de dependentes habilitados, fornecida pela Previdência Social ou Órgão equivalente;

j) no caso de o trabalhador ou qualquer de seus dependentes for portador do vírus HIV:

— solicitação de movimentação de conta ativa ou inativa;

— Carteira de Trabalho e Previdência Social — CTPS;

— exame pericial;

l) no caso de neoplasia maligna (câncer) do titular ou qualquer de seus dependentes:

— solicitação de movimentação de conta ativa ou de conta inativa;

— Carteira de Trabalho e Previdência Social — CTPS;

— Atestado Médico, cuja data de emissão não seja superior a 30 dias, emitido pelo profissional que acompanha o tratamento do paciente acometido de neoplasia maligna, contendo o diagnóstico expresso da doença, estágio clínico atual da doença/paciente, CID — de 140 a 208 ou de 230 a 234 ou C00 a C97 ou D00 a D09, assinatura e carimbo com o nome/CRM do médico; e

— cópia do laudo do exame histopatológico ou anatomopatológico, com validade indeterminada, que serviu de base para elaboração do atestado médico;

m) na suspensão do trabalho avulso por período superior a 90 dias:

— Carteira de Trabalho e Previdência Social — CTPS;

— declaração do Sindicato representativo da categoria profissional;

n) aplicação em cotas de Fundos Mútuos de Privatização:

— opção de aplicação junto a agências da CEF;

o) estágio terminal do trabalhador ou qualquer dos seus dependentes em razão de doença grave solicitação de movimentação de conta ativa ou inativa:

— Carteira de Trabalho e Previdência Social — CTPS;

— Exame Pericial;

p) quando o trabalhador tiver idade igual ou superior a 70 anos:

— solicitação de movimentação de conta ativa ou inativa;

— Carteira de Trabalho e Previdência Social — CTPS.

Um imóvel: O direito de utilizar os recursos creditados em conta vinculada em nome do trabalhador não poderá ser exercido simultaneamente para a aquisição de mais de um imóvel. O imóvel adquirido com a utilização do FGTS somente poderá ser objeto de outra operação com recursos do Fundo na forma que vier a ser disciplinada pelo Conselho Curador.

Prazo: A solicitação de saque da conta vinculada será atendida no prazo de 5 (cinco) dias úteis, quando o documento for entregue na agência onde o empregado tenha efetuado o depósito do FGTS — Fundo de Garantia do Tempo de Serviço.

Menor de 18 anos: A movimentação da conta vinculada do FGTS — Fundo de Garantia do Tempo de Serviço por menor de 18 (dezoito) anos dependerá da assistência do responsável legal.

5.5. CERTIFICADO DE REGULARIDADE

Certificado de Regularidade: A regularidade da situação do empregador perante a FGTS — Fundo de Garantia do Tempo de Serviço será comprovada pelo Certificado de Regularidade do FGTS, com validade em todo o Território Nacional, a ser fornecido pela CEF, mediante solicitação, cuja apresentação é obrigatória para:

— habilitação em licitação promovida por órgão da Administração Pública direta, indireta ou fundacional e por empresas controladas direta ou indiretamente pela União, pelos Estados, pelo Distrito Federal e pelos Municípios;

— obtenção de empréstimos ou financiamentos junto a quaisquer instituições financeiras públicas, por parte de órgão e entidades da Administração Pública direta, indireta ou fundacional, bem assim empresas controladas direta ou indiretamente pela União, pelos Estados, pelo Distrito Federal e pelos Municípios;

— obtenção de favores creditícios, isenções, subsídios, outorga ou concessão de serviços ou quaisquer outros benefícios concedidos por órgão da Administração Pública Federal, dos Estados, do Distrito Federal e dos Municípios, salvo quando destinados a saldar débitos para com o FGTS;

— transferência de domicílio para o exterior; e

— registro ou arquivamento, nos órgãos competentes, de alteração ou distrato de contrato social, de estatuto, ou de qualquer documento que implique modificação na estrutura jurídica do empregador ou na extinção da empresa.

Obtenção do Certificado: Para obter o Certificado de Regularidade, o empregador deverá satisfazer as seguintes condições:

— estar em dia com as obrigações para com o FGTS, considerando os aspectos financeiro, cadastral e operacional; e

— com o pagamento das contribuições sociais instituídas pela Lei Complementar n. 110, de 29 de junho de 2001;

— estar em dia com o pagamento de prestação de empréstimos lastreados em recursos do FGTS.

Validade: O Certificado de Regularidade é emitido através da *internet* no *site* www.caixa.gov.br e terá validade de até 30 (trinta) dias contados da data da sua emissão. A garantia da autenticidade é dada pela CAIXA, que deve ser consultada obrigatoriamente, via *Internet* www.caixa.gov.br ou em qualquer agência da CAIXA, sempre que o CRF for apresentado em meio papel.

5.6. FISCALIZAÇÃO

Competência: Compete ao Ministério do Trabalho e Emprego — MTE exercer a fiscalização do cumprimento do disposto na LEI DO FGTS — Fundo de Garantia do Tempo de Serviço (Lei n. 8.036/1990), de acordo com este regulamento do FGTS e os arts. 626 a 642 da CLT, especialmente quanto à apuração dos débitos e das infrações praticadas pelos empregadores.

Infrator primário: Na fixação de penalidade, a autoridade administrativa levará em conta as circunstâncias e conseqüências da infração, bem como ser o infrator primário ou reincidente, a sua situação econômico-financeira e os meios ao seu alcance para cumprir a lei.

5.7. FGTS DE EMPREGADO DOMÉSTICO

Não é obrigatório: O empregado doméstico **poderá** ser incluído no Fundo de Garantia do Tempo de Serviço — FGTS, desde que o empregador tenha interesse. Isso pode ser feito mediante requerimento do empregador.

Inclusão automática: O requerimento se resume na apresentação da guia de recolhimento do FGTS, devidamente preenchida e assinada pelo empregador, na Caixa Econômica Federal — CEF. Efetivado o primeiro depósito na conta vinculada, o empregado doméstico será automaticamente incluído no FGTS — Fundo de Garantia do Tempo de Serviço. Caso o empregador possua mais de um empregado doméstico e opte em incluir apenas um empregado, deverá incluir os demais, sob pena de discriminação.

Irretratável: A inclusão do empregado doméstico no FGTS — Fundo de Garantia do Tempo de Serviço é irretratável com relação ao respectivo vínculo contratual e sujeita o empregador às obrigações e penalidades previstas na lei do FGTS.

Seguro-Desemprego: Até mesmo o benefício do seguro-desemprego de que já tratamos anteriormente, somente é concedido ao empregado doméstico se for vinculado ao FGTS — Fundo de Garantia do Tempo de Serviço, e desde que tenha trabalhado como doméstico por um período mínimo de quinze meses nos últimos vinte e quatro meses, contados da data de sua dispensa sem justa causa.

5.8. PRESCRIÇÃO DO FGTS

Prescrição: O prazo de prescrição do FGTS é aquele estabelecido no art. 7º, XXIX, da Constituição Federal, que estabelece que o trabalhador tem dois anos para ingressar com a ação trabalhista, a contar do término do contrato de trabalho, para reclamar as diferenças ou o não-recolhimento do FGTS. Passado o prazo de dois anos da cessação do contrato de trabalho, estará prescrito o direito de ação para reclamar o FGTS.

Prescrição Trintenária: Se o empregado reclamar as diferenças ou o não-recolhimento do FGTS dentro do prazo de dois anos a contar da cessação do contrato de trabalho, poderá requerer os depósitos que não foram feitos dos últimos trinta anos anteriores ao contrato, de acordo com a Súmula n. 362 do TST, vejamos:

> É trintenária a prescrição do direito de reclamar contra o não recolhimento da contribuição para o FGTS, observado prazo de 2 (dois) anos após o término do contrato de trabalho.

Se, portanto, trabalhou trinta anos numa empresa e entra com uma ação trabalhista imediatamente após a rescisão do contrato, alegando dentre outros pedidos a ausência ou insuficiência de depósitos na conta vinculada do FGTS, poderá requerer os valores relativos aos últimos trinta anos, no tocante ao FGTS; porém, em relação às outras verbas somente terá direito aos últimos cinco anos (férias, adicionais, 13º salário etc.).

5.9. CÓDIGOS DE SAQUE — SACADOR — MOTIVO

A Caixa Econômica Federal baixou Circular estabelecendo códigos para o saque do FGTS, indicando quem pode sacar, motivo, condição e *quantum* a ser sacado. Veja Legislação na segunda parte desta obra.

Capítulo 6

HORÁRIO DE TRABALHO

Neste capítulo, vamos estudar tudo sobre jornada de trabalho, horas extras, trabalho noturno, descanso semanal remunerado, quadro de horário e outros tópicos.

6.1. JORNADA DE TRABALHO

Jornada de Trabalho: Nada mais é do que o tempo em que o empregado fica à disposição do empregador, quer dentro da empresa ou fora dela.

Jornada Normal: A Constituição Federal do Brasil, promulgada no dia 5 de outubro de 1988, estabeleceu, em seu art. 7º, inciso XIII, que a duração do trabalho normal não pode ser superior a 8 (oito) horas diárias e quarenta e quatro horas semanais.

Turnos Ininterruptos: Quando o serviço é realizado em turnos ininterruptos de revezamento, a jornada diária é de 6 (seis) horas. Existindo intervalo mínimo de 1 (uma) hora, a jornada pode ser de 8 (oito) horas.

Jornada de Trabalho Especial: Há casos de profissionais que têm jornada de trabalho especial, eis alguns:

— Bancários — 6 (seis) horas;

— Telefonistas — 6 (seis) horas;

— Operadores Cinematográficos — 6 (seis) horas;

— Jornalistas, Revisores, Fotógrafos — 5 (cinco) horas;

— Médicos e Dentistas — 4 (quatro) horas.

Além dessas, há outras profissões em que, dadas às peculiaridades, os profissionais fazem jus à jornada especial de trabalho.

Não sujeito à Jornada de Trabalho: O art. 62, da Consolidação das Leis do Trabalho, apresenta os casos de trabalhadores que não têm definida uma jornada de trabalho. Vejamos os casos enumerados pelo art. 62 e incisos da CLT:

a) vendedores pracistas, viajantes e os que exercem, em geral, funções de serviço externo não subordinado a horário, devendo tal condição ser anotada na Carteira de Trabalho e no livro ou ficha de registro de empregados, ficando-lhes, de qualquer modo, assegurado o Descanso Semanal Remunerado — DSR;

b) gerentes, assim considerados os que exercem cargos de gestão e, pelo padrão mais elevado de vencimentos, se diferenciam dos demais empregados, ficando-lhes, entretanto, garantido o DSR;

c) os que trabalham nos serviços de estiva e nos de capatazia nos portos sujeitos a regime especial.

6.2. QUADRO DE HORÁRIO DE TRABALHO

As empresas (urbanas e rurais) devem afixar em lugar visível o quadro de horário de trabalho. O impresso próprio de quadro de horário pode ser adquirido em papelarias.

No quadro de horário de trabalho, devem constar, além da identificação da empresa (urbana) ou empregador (rural), o nome do empregado, função, número e série da Carteira de Trabalho, horário de entrada, intervalo para refeição e descanso, horário de saída e o dia de repouso semanal.

Quadro de horário de trabalho único: Não há mais o Quadro de Horário de Trabalho Único, que era utilizado por seção ou turma quando os empregados dessas seções obedeciam a horário único.

Permanece como modelo único de quadro de horário de trabalho, o modelo tradicional, criado em 1941, pela Portaria n. 576, de 6 de janeiro daquele ano. Legislação, art. 14, da Portaria n. 3.626/91.

Dispensa do Quadro: De acordo com o art. 13, da Portaria n. 3.626/91, a empresa que adotar registros manuais, mecânicos ou eletrônicos individualizados de controle de horário de trabalho, contendo a hora de entrada e de saída, bem como a pré-assinalação do período de repouso ou alimentação, fica dispensada do uso de quadro de horário (art. 74, da CLT).

6.3. REGISTRO DE HORÁRIO — PONTO

As empresas que tenham 10 (dez) ou mais empregados estão obrigadas ao controle de ponto, isto é, anotação da hora de entrada e saída, em registro manual, mecânico ou eletrônico, devendo haver pré-assinalação do período de repouso (§ 2º do art. 74, da CLT).

A empresa que possuir menos de 10 (dez) empregados, não necessitará, sob o aspecto administrativo da empresa, ter controle de ponto; contudo, poderá ficar prejudicada a prova em uma possível Reclamação Trabalhista, pois, prevalecerá o horário descrito pelo empregado na demanda, salvo prova robusta em contrário pelo empregador (Súmula n. 338, I do TST).

Registro de Ponto — 5 minutos: Para o registro em cartão, ficha, livro ou sistema eletrônico, o empregado deverá observar um lapso de 5 (cinco) minutos, isto é, as anotações tanto de entrada, como de saída, poderão, no máximo, ser registradas até 5 (cinco) minutos antes ou depois do horário estabelecido. *Exemplo:* se o horário de entrada ao trabalho é às 8 horas, poderá registrar o ponto de 7h55min. até 8h05min. O mesmo ocorrendo na saída.

Previsão em Regulamento: No regulamento interno dos empregados, é recomendável a seguinte regra, conforme modelo que apresentamos nesta obra:

Ao fazer o registro do seu horário de trabalho (ponto), tanto no início quanto no fim da jornada de trabalho (entrada e saída), o empregado deverá:

a) na entrada registrar o ponto de 5 (cinco) minutos antes até o horário estabelecido;

b) na saída, registrar o ponto do horário estabelecido até 5 (cinco) minutos depois.

Exemplo: Se o empregado iniciar a jornada de trabalho às 7 horas, deverá registrar o ponto de 6h55min. até às 7 horas. Se a saída for às 17 horas, deverá registrar o ponto de 17 horas até 17h05min.

Quando exigido o uso de uniforme, o empregado deverá registrar o ponto devidamente uniformizado, tanto na entrada, como na saída do serviço.

Minutos Extras: Os empregados devem ser orientados para registrar o ponto conforme a regra acima, pois os minutos excedentes, nos termos do § 1º, do art. 58, da CLT — Consolidação das Leis do Trabalho, serão computados como hora extra (Súmula n. 366 do TST).

Atrasos ao trabalho: Embora o § 1º, do art. 58 da CLT — Consolidação das Leis do Trabalho, com redação dada pela Lei n. 10.243/01, fale em limite máximo de dez minutos diários, o empregador pode estabelecer em seu Regulamento Interno dos Empregados — RIE, uma tolerância de no máximo 3 (três) atrasos por mês de 10 (dez) minutos, de maneira que no total não excedam a 30 (trinta) minutos por mês.

No modelo de Regulamento Interno dos Empregados, que apresentamos nesta obra, a regra está contida no art. 17:

Art. 17. Os atrasos serão caracterizados como ausência ao trabalho.

§ 1º Serão tolerados sem qualquer prejuízo nos salários, até 3 (três) atrasos por mês de no máximo 10 (dez) minutos, de maneira que no total, não excedam de meia hora (30 minutos).

§ 2º O empregado que superar em atrasos o limite previsto neste artigo, perderá a remuneração de um dia.

Serviço Externo: Quando o serviço é prestado integralmente fora do estabelecimento do empregador, o horário de trabalho constará de ficha ou papeleta que ficará em poder do empregado (§ 3º do art. 74, da CLT).

6.4. HORAS EXTRAS

Prevê a CLT — Consolidação das Leis do Trabalho, em seu art. 59, que a duração normal do trabalho pode ser acrescida de horas suplementares, em número não excedente a duas, mediante acordo escrito entre empregado e empregador.

50% de Acréscimo: As horas extras devem ser acrescidas de 50% (cinqüenta por cento), em relação à hora normal.

Divisor: O divisor para cálculo de horas extras é 220 (duzentos e vinte), considerando a jornada de 44 (quarenta e quatro) horas por semana. Para calcular o valor de uma hora extra, deve assim proceder: salário ÷ por 220 + 50%.

Integra a Remuneração: O valor das horas extras integra-se à remuneração do empregado para todos os efeitos legais (férias, 13º salário, DSR, FGTS).

Até mesmo no aviso prévio indenizado, há integração do valor das horas extras habituais, nos termos do § 5º, do art. 487, da CLT (dispositivo introduzido pela Lei n. 10.218, de 11 de abril de 2001, DOU de 12.4.2001).

Supressão-Indenização: A Súmula n. 291 do TST (que revogou a Súmula n. 76) prevê que:

> A supressão, pelo empregador, do serviço suplementar prestado com habitualidade, durante pelo menos um ano, assegura ao empregado o direito à indenização correspondente ao valor de um mês das horas suprimidas para cada ano ou fração igual ou superior a seis meses de prestação de serviço acima da jornada normal. O cálculo observará a média das horas suplementares efetivamente trabalhadas nos últimos 12 meses, multiplicada pelo valor da hora extra do dia da supressão.

BANCO DE HORAS

Compensação: As horas trabalhadas a mais em um dia poderão ser compensadas com a diminuição em outro dia, de maneira que não exceda no período de um ano (12 meses), nem seja ultrapassado o limite máximo de 10 (dez) horas diárias. É o chamado *Banco de Horas*, instituído com a nova redação dada ao § 2º do art. 59, da CLT, pela MP n. 2.076-38, de 21.6.2001.

Assim, as horas trabalhadas a mais podem ser armazenadas em um *Banco de Horas* e, dentro de 12 (doze) meses, devem ser compensadas.

2 horas por dia: A lei é muito clara, não pode o empregado trabalhar mais de 10 (dez) horas por dia, aí já incluídas as horas extras. Portanto, as horas suplementares não podem exceder a 2 horas por dia.

Mediante Acordo ou Convenção: Para compensar as horas trabalhadas a mais em outros dias no prazo de 12 (doze) meses, tal condição deve estar prevista em acordo ou convenção coletiva de trabalho.

Na rescisão — quitação: Ocorrendo a rescisão do contrato de trabalho e tendo horas armazenadas no *Banco de Horas* (ainda não compensadas), estas deverão ser pagas ao empregado, calculadas com base na remuneração vigente na data da rescisão.

6.5. HORAS *IN ITINERE*

Horas *in itinere* é o tempo (horas ou minutos) utilizado pelo empregado no transporte entre o ponto de embarque e o local de trabalho.

Art. 58, § 2º, da CLT: O tempo despendido pelo empregado até o local de trabalho e para o seu retorno, por qualquer meio de transporte, **não** será computado na jornada de trabalho, salvo quando, tratando-se de local de difícil acesso ou não servido por transporte público, o empregador fornecer a condução. (grifamos)

Transporte fornecido pelo Empregador: Só terá direito às horas *in itinere* quando o empregado for transportado em veículo fornecido ou contratado pelo empregador e, desde que o local não seja servido por linha pública. Se o empregador não tiver participação no transporte, pouco importa que o local seja de difícil acesso ou não servido por linha pública; não há falar em horas *in itinere* (Súmula n. 90, I do TST).

Linha Pública: Como já exposto, no texto consolidado (§ 2º, art. 58 da CLT) não há o termo "regular". Assim, basta que o local de trabalho seja servido por uma linha de transporte público, não importa a quantidade de veículos, ou se é suficiente o número de assentos nos coletivos que servem à região, não há falar em Horas *In Itinere*. Veja o que diz a Súmula n. 90, III do TST:

> A mera insuficiência de transporte público não enseja o pagamento das horas *in itinere*.

Incompatibilidade de Horários Linha Pública: A incompatibilidade entre os horários de início e término da jornada de trabalho do empregado e os de transporte público regular é circunstância que também gera o direito às horas *in itinere* (Súmula n. 90, II do TST). *Exemplo:* um empregado entra às 6 horas; porém, o transporte só passa a funcionar às 8 horas.

Parte do trajeto: Se para chegar à propriedade ou local de trabalho o veículo do empregador percorre uma parte do trecho servida por linha pública e uma pequena parte não, somente será considerado como horas *in itinere* o trecho não servido por linha pública. Veja a Súmula n. 90, V do TST — Tribunal Superior do Trabalho:

> Se houver transporte público regular em parte do trajeto percorrido em condução da empresa, as horas *in itinere* remuneradas limitam-se ao trecho não alcançado pelo transporte público.

Não Confundir com Horas Extras: Horas *in itinere* não significam horas extras. Horas *in itinere* é o tempo consumido no transporte até o local de trabalho. Assim, por exemplo, se o empregado consome 1 hora por dia de transporte (meia hora na ida e meia na volta), esse tempo é considerado como de serviço (como hora trabalhada).

Neste caso, se a jornada for de 8 (oito) horas, deve trabalhar apenas 7 (sete) horas, pois uma hora utilizou no transporte, desde que observadas as condições previstas pelo § 2º, do art. 58, da CLT. Entretanto, se o empregador exigir que empregado trabalhe 8 (oito) horas no dia, então teremos, neste caso, 9 (nove) horas de serviço, devendo assim, a nona hora de trabalho ser paga com o adicional de horas extras de 50%. As horas de trajeto são consideradas para todos os efeitos legais como tempo à disposição do empregador. O tempo que excede a jornada normal é considerada extraordinária e deve haver o pagamento da hora e mais o adicional de 50% e não apenas o adicional.

Horas* in itinere *não é pagamento: Não se fala em pagar horas *in itinere*, pois que, estas são consideradas, apenas, como tempo gasto no transporte. Porém, não havendo a devida redução, aí sim, haverá o pagamento das horas *in itinere*, observadas as orientações já expostas.

6.6. SERVIÇO INTERMITENTE

A Lei do Trabalho Rural trata em especial do serviço intermitente, que é aquele que, por sua natureza, é normalmente executado em duas ou mais etapas diárias distintas, desde que haja interrupção do trabalho de, no mínimo, 5 (cinco) horas, entre uma e outra parte da execução da tarefa.

Anotação na CTPS: A condição de trabalho intermitente deve ser anotada na CTPS do empregado. A regra está prevista no art. 10 do Regulamento da Lei do Trabalho Rural (Decreto n. 73.626/74), que assim estabelece:

> Nos serviços intermitentes não serão computados, como de efetivo exercício, os intervalos entre uma e outra parte da execução da tarefa diária, devendo essa característica ser expressamente ressalvada na Carteira de Trabalho e Previdência Social.

Intervalo de 5 horas: É o único caso em que há um intervalo tão longo numa jornada de trabalho diária. São 5 (cinco) horas no mínimo. O caso mais comum é o do retireiro, ou ordenhador ou vaqueiro (denominação de acordo com a região), aquele que tira o leite de madrugada (1ª ordenha) e volta normalmente ao trabalho na parte da tarde para a 2ª ordenha.

Nesse intervalo de 5 (cinco) horas entre uma e outra etapa de trabalho, o empregador não pode determinar nenhum serviço ao empregado. Ele desliga-se do trabalho, não tendo nenhum compromisso com o empregador, muito menos o de estar à sua disposição. Nesse intervalo (de 5 horas), o empregado pode ir à cidade fazer compras e outros afazeres particulares.

6.7. TRABALHO NOTURNO

As regras do trabalho noturno são diferentes entre empregados urbanos e rurais. Vejamos o horário noturno:

Trabalho Urbano: Considera-se noturno o trabalho realizado entre as 22 (vinte e duas) horas de um dia e as 5 (cinco) horas do dia seguinte. No trabalho urbano, de acordo com o § 1º, do art. 73, da CLT, a hora noturna tem 52 minutos e 30 segundos.

Trabalho Rural: No trabalho rural, o horário noturno é classificado em dois diferentes setores: Agricultura e Pecuária.

Na AGRICULTURA: das 21 (vinte e uma) horas de um dia às 5 (cinco) horas do dia seguinte.

Na PECUÁRIA: das 20 (vinte) horas de um dia às 4 (quatro) horas do dia seguinte.

Adicional de 20% — Urbano: Os empregados urbanos, que prestam serviços no horário considerado noturno (das 22 às 5 horas), fazem jus a um adicional superior ao trabalho diurno de 20% (vinte por cento), conforme art. 73 (*caput*) da CLT — Consolidação das Leis do Trabalho.

Adicional de 25% — Rural: No trabalho rural, o adicional noturno é superior ao do urbano em 5% (cinco por cento). O empregado rural que trabalha no período noturno (agricultura ou pecuária) faz jus a um adicional de 25% (vinte e cinco por cento) superior ao trabalho diurno, de acordo com o parágrafo único do art. 7º da Lei n. 5.889/73 — Lei do Trabalho Rural.

Perda do Direito ao Adicional: Se o empregado (urbano ou rural) deixar de trabalhar no período noturno, ele perde o direito ao adicional correspondente. A regra está na Súmula n. 265 do TST — Tribunal Superior do Trabalho:

> Súmula n. 265. Adicional Noturno — Alteração de turno de trabalho — Possibilidade de Supressão — A transferência para o período diurno de trabalho implica a perda do direito ao adicional noturno.

Adicional Noturno Integra Salário: Quando pago habitualmente, o adicional noturno integra o salário do empregado, conforme Súmula n. 60 do TST:

> Súmula n. 60. Adicional noturno. Integração no salário e prorrogação em horário diurno.
>
> I — O adicional noturno, pago com habitualidade, integra o salário do empregado para todos os efeitos.
>
> II — Cumprida integralmente a jornada no período noturno e prorrogada esta, devido é também o adicional quanto às horas prorrogadas. Exegese do art. 73, § 5º, da CLT.

6.8. PERÍODOS DE DESCANSO

Neste item, vamos enumerar os casos de períodos de descanso, previstos pela legislação trabalhista.

Refeição e Descanso: De acordo com a legislação vigente, art. 71 da CLT, aplicável no trabalho urbano (não aplicável ao trabalho rural), o empregado tem direito a intervalo para refeição e descanso de, no mínimo, 1 (uma) hora e, no máximo, 2 (duas) horas, salvo se houver convenção ou acordo coletivo em contrário.

No Trabalho Rural: O art. 5º, § 1º, do Regulamento da Lei do Trabalho Rural, aprovado pelo Decreto n. 73.626/74, prevê apenas o intervalo mínimo, não fazendo referência ao tempo máximo para refeição e descanso. Veja:

> Será obrigatória, em qualquer trabalho contínuo de duração superior a 6 (seis) horas, a concessão de um **intervalo mínimo de 1 (uma) hora** para repouso ou alimentação, observados os usos e costumes da região. (grifo nosso)

Serviços de Mecanografia: Os empregados que trabalham em serviços permanentes de mecanografia (datilografia, escrituração ou cálculo) têm direito a um descanso de 10 (dez) minutos a cada uma hora e meia (90 minutos) de trabalho. Os períodos de descanso não são deduzidos da duração normal do trabalho (art. 72 da CLT). A mesma a regra aplica-se ao digitador por analogia, conforme preconiza a Súmula n. 346 do TST, veja:

> Os digitadores, por aplicação analógica do art. 72 da CLT, equiparam-se aos trabalhadores nos serviços de mecanografia (datilografia, escrituração ou cálculo), razão pela qual têm direito a intervalos de descanso de 10 (dez) minutos a cada 90 (noventa) de trabalho consecutivo.

Se o labor com mecanografia não é permanente, mas é intercalado com outro serviço, não se aplica o art. 72, da CLT.

Exemplo: Trabalhador que executa digitação e atendimento ao público no balcão de uma empresa.

15 Minutos de descanso: Quando o empregado trabalha 6 (seis) horas ininterruptas, tem direito a um intervalo de 15 (quinze) minutos, conforme prevê o § 1º do art. 71 da CLT:

> Não excedendo de seis horas de trabalho, será, entretanto, obrigatório um intervalo de quinze minutos quando a duração ultrapassar quatro horas.

11 Horas de intervalo: Entre duas jornadas de trabalho, deve haver um período mínimo de 11 (onze) horas consecutivas para descanso (art. 66 da CLT). No trabalho rural, a regra está prevista no art. 5º da Lei n. 5.889/73.

Comparecimento à Justiça do Trabalho: Não podem ser descontadas do empregado as horas em que se ausenta para comparecimento à Justiça do Trabalho. Veja a Súmula n. 155 do TST:

> Súmula n. 155. As horas em que o empregado falta ao serviço para comparecimento necessário, como parte, à Justiça do Trabalho, não serão descontadas de seu salários.

6.9. DESCANSO SEMANAL REMUNERADO — DSR

Todo empregado (urbano e rural) tem direito a um Descanso Semanal Remunerado de 24 (vinte e quatro) horas consecutivas. Na realidade, são 35 (trinta e cinco) horas consecutivas, considerando que entre uma jornada e outra de trabalho, há a necessidade de um intervalo mínimo de 11 (onze) horas.

Descanso Remunerado: O dia em que o empregado descansa, ele recebe normalmente, como se estivesse trabalhando. Inclui-se, também, no cálculo de seu Descanso Semanal Remunerado — DSR, as horas extras habitualmente prestadas, conforme manda a Súmula n. 172 do TST:

> Súmula n. 172. "Computam-se no cálculo do repouso remunerado as horas extras habitualmente prestadas".

Descanso no Domingo: Diz a lei que o descanso semanal do empregado deve coincidir com o domingo, salvo motivo de conveniência pública ou necessidade imperiosa do serviço.

Escala de Revezamento: De acordo com o *parágrafo único* do art. 67, da CLT, nos serviços que exijam trabalho aos domingos, faz-se necessário estabelecer um revezamento — uma escala de revezamento, de molde a permitir ao empregado que coincida com o domingo, no todo ou em parte, o seu Descanso Semanal Remunerado — DSR.

Trabalho no dia de Descanso: Quando chamado o empregado a trabalhar em seu dia de folga, faz jus a receber em dobro o pagamento pelo trabalho prestado no dia de descanso ou terá garantido o direito a outro dia da semana para que possa desfrutar do merecido repouso. A Súmula n. 146 do TST estabelece que o trabalho em domingos e feriados não compensado, deverá ser pago em dobro, sem prejuízo da remuneração relativa ao repouso semanal.

Exemplo: Se um empregado for chamado a prestar serviços em seu descanso sem compensar noutro dia, receberá a remuneração equivalente a dois dias de trabalho, pelo serviço prestado no domingo ou feriado, mais a remuneração do repouso, já incluída em sua remuneração mensal. Logo, se o empregado percebe R$ 600,00 (seiscentos reais) mensais (o que equivale a R$ 20,00 (vinte reais), por dia considerando um mês de 30 dias e já incluídas as verbas referentes ao DSR), o fato do empregado laborar no domingo ocasionaria o pagamento, no fim do mês, de R$ 640,00 (seiscentos e quarenta reais); o cálculo é muito simples R$ 600,00 dividido por 30 dias = R$ 20,00 x 2 (dobra) = R$ 40,00 + R$ 600,00 = R$ 640,00. Nesse valor de R$ 640,00 (seiscentos e quarenta reais), estão incluídos os R$ 40,00 (quarenta reais) relativos à remuneração em dobro do trabalho prestado no domingo ou feriado.

Caso o feriado caia no domingo e o trabalhador venha a trabalhar nesse dia, não haverá o pagamento do feriado mais o domingo, não é possível cumular a remuneração do repouso semanal e o feriado civil ou religioso, que efetivamente caírem no mesmo dia.

Perde o Descanso: Quando o empregado falta durante a semana, isto é, quando não cumpre integralmente a semana de trabalho, ele perde o direito do Descanso Semanal Remunerado — DSR, conforme prevê o art. 6º da Lei n. 605/49:

> Não será devida a remuneração quando, sem motivo justificado, o empregado não tiver trabalhado durante toda a semana anterior, cumprindo integralmente o seu horário de trabalho".

Mensalista e Quinzenalista: Os empregados que têm seus salários estipulados por mês ou quinzena, já têm garantido a remuneração do repouso semanal, segundo se pode observar pela regra do § 2º do art. 7º da Lei n. 605/49:

> Consideram-se já remunerados os dias de repouso semanal do empregado mensalista ou quinzenalista cujo cálculo de salário mensal ou quinzenal, ou cujos descontos por falta sejam efetuados na base do número de dias do mês ou de 30 (trinta) e 15 (quinze) diárias, respectivamente.

Feriados: Ao empregado, é também garantido o repouso remunerado nos dias considerados feriados. São 11 (onze), ao todo. Vejamos:

— Dia mundial da Paz — Ano Novo (1º de janeiro) — Nacional

— Paixão do Senhor — Sexta-Feira Santa — Municipal

— Tiradentes (21 de abril) — Nacional

— Dia do Trabalho (1º de maio) — Nacional

— *Corpus Christi* — Municipal

— Independência do Brasil (7 de setembro) — Nacional

— Nossa Senhora Aparecida (12 de outubro) — Nacional

— Finados (2 de novembro) — Nacional.[*]

— Proclamação da República (15 de novembro) — Nacional

— Natal (25 de dezembro) — Nacional

— Dia de Fundação ou Santo Padroeiro do Município — Municipal

Temos, portanto, 11 (onze) feriados no ano, 7 (sete) nacionais, 4 (quatro) municipais, sendo feriado ainda o dia em que se realizam eleições municipais, estaduais ou federais (ultimamente, as eleições vêm se verificando no mês de outubro).

Obs.: No Estado de São Paulo há o feriado estadual de 9 de julho.

Carnaval não é feriado: Os dias de festejos de carnaval não são feriados, podendo ser descontadas do empregado as faltas ao trabalho; porém, há decisões dos tribunais em sentido contrário.

---

[*] O feriado de 2 de novembro (finados) a partir de 2002 passou a ser nacional.

Capítulo 7

SALÁRIOS

Salário: É a contraprestação devida e paga diretamente pelo empregador ao empregado que lhe prestou serviços.

Remuneração: Não confundir salário com remuneração. Remuneração é a soma do salário e outras parcelas devidas (horas extras, adicionais, gorjetas etc.).

7.1. VANTAGENS QUE INTEGRAM O SALÁRIO

Diz a lei que integram o salário não só a importância fixa estipulada, como também as comissões, percentagens, gratificações ajustadas, diárias para viagens e abonos pagos pelo empregador.

Salário in Natura: Tudo aquilo que o empregado recebe do empregador a título de liberalidade ou por força do contrato ou do costume constitui-se em Salário *in Natura,* tais como: habitação, alimentação, vestuário etc.

Habitação no Trabalho Rural: A questão do fornecimento de moradia aos empregados tem suscitado muitos problemas. A Lei do Trabalho Rural autoriza o empregador a descontar até 20% (vinte por cento) do Salário Mínimo, quando é fornecida moradia ao empregado. Se o empregador não procede ao desconto em folha de pagamento, tem-se que o valor correspondente a 20% (vinte por cento) do Salário Mínimo é dado ao empregado em caráter de liberalidade e, com isso, passa a integrar o seu salário. É como se o empregado tivesse combinado um salário "x", mais a habitação. Nesse caso, o valor correspondente à habitação é um complemento do salário combinado. Em face das condições previstas no § 5º do art. 9º da Lei n. 5.889/73 (Lei do Trabalho Rural), é mais vantajoso proceder ao desconto, pois o valor referente à moradia somente integra o salário do empregado se o empregador **não** proceder ao desconto em folha de pagamento.

Habitação no Trabalho Urbano: Integra o salário dos empregados o fornecimento de habitação de maneira espontânea e gratuita sem o desconto de 25% (vinte e cinco por cento) sobre o salário. No entanto, quando a habitação for indispensável para a realização do trabalho, não tem natureza salarial, conforme preconiza a Súmula n. 367, I do TST, veja:

> I — A habitação, a energia elétrica e veículos fornecidos pelo empregador ao empregado, quando indispensáveis para a realização do trabalho, não tem natureza salarial, ainda que, no caso de veículo, seja ele utilizado pelo empregado também em atividades particulares.

Leite, Lenha, Carne etc.: Igualmente é muito comum, no meio rural, o empregador dar ao empregado, sem quaisquer descontos, leite, lenha, carne, energia elétrica, verduras, arroz, feijão etc. Essas vantagens concedidas ao empregado, sem o correspondente desconto em folha de pagamento, passam a constituir-se em Salário *in Natura* e, como tal, os valores correspondentes a essas vantagens se integram ao salário do empregado.

Gorjetas: A lei considera gorjeta não só a importância espontaneamente dada pelo cliente ao empregado, como também aquela que for cobrada pela empresa ao cliente, como adicional nas contas, a qualquer título e destinada à distribuição aos empregados (§ 3º do art. 457, da CLT); porém, as gorjetas não servem de base de cálculo para as parcelas de aviso prévio, adicional noturno, horas extras e repouso semanal remunerado, incidindo apenas nas férias, 13º salário e depósito do FGTS. A Súmula n. 354, do TST deixa claro que:

> Gorjetas. Natureza jurídica. Repercussões. As gorjetas, cobradas pelo empregador na nota de serviço ou oferecidas espontaneamente pelos clientes integram a remuneração do empregado, não servindo de base de cálculo para as parcelas de aviso prévio, adicional noturno, horas extras e repouso semanal remunerado.

7.2. VANTAGENS QUE NÃO INTEGRAM O SALÁRIO

Habitação Gratuita no Trabalho Rural: § 5º do art. 9º da Lei n. 5.889/73 (Lei do Trabalho Rural) estabelece que o empregador rural pode conceder a moradia gratuitamente ao empregado, sem que o valor correspondente seja incorporado ao salário do empregado a título de salário *in natura*. Para isso, o empregador, ao ceder a moradia gratuitamente, deverá prever tal condição em cláusula contratual (contrato escrito) e notificar o Sindicato dos Trabalhadores Rurais de sua base territorial.

Habitação Gratuita no Trabalho Urbano: No trabalho urbano, o empregador deverá sempre que ceder habitação aos empregados e descontar o valor de 25% (vinte e cinco por cento) sobre o salário do mesmo. Isso porque não existe previsão legal para condição de moradia gratuita no trabalho urbano, se fornecer gratuitamente, deverá pagar ao empregado a título de salário *in natura* o valor de 25% (vinte e cinco por cento) sobre o salário.

Habitação Gratuita no Trabalho Doméstico: No trabalho doméstico, o fornecimento de moradia não integra o salário para todos os efeitos legais.

Veículo fornecido pelo empregador: Se o empregador fornecer ao empregado veículo para prestação de serviço (exemplo: vendedor), estará descaracterizada a natureza salarial, mesmo que utilize o veículo para fins particulares, de acordo com a Súmula n. 367, I do TST, parte final:

> ... não tem natureza salarial, ainda que, no caso de veículo, seja ele utilizado pelo empregado também em atividades particulares.

Cigarro e Bebidas Alcoólicas: O cigarro e a bebida alcoólica não têm natureza salarial, pois são considerados drogas nocivas à saúde do trabalhador, já que provocam sérios malefícios como câncer, enfisema pulmonar, cirrose e outros, conforme Súmula n. 367, II do TST:

> O cigarro não se considera salário-utilidade em face de sua nocividade à saúde.

Não são considerados salários: Os vestuários, equipamentos e outros acessórios fornecidos ao empregado e utilizados no local de trabalho, para a prestação dos respectivos serviços, educação, em estabelecimento de ensino próprio ou de terceiros, compreendendo os valores relativos à matrícula, mensalidade, anuidade, livros e material didático, o transporte destinado ao deslocamento para o trabalho e retorno, em percurso servido ou não por transporte público, assistência médica, hospitalar odontológica prestada diretamente ou mediante seguro-saúde, seguros de vida e de acidentes pessoais e previdência privada.

7.3. PAGAMENTOS

O pagamento do salário ao empregado, qualquer que seja a modalidade do trabalho, não pode ser estipulado por período superior a um mês.

Mensalista: É o empregado que tem seu salário estipulado por mês. De acordo com a lei do repouso semanal, o mensalista já tem embutidos em seu salário os descansos semanais (remunerados).

Quinzenalista: É o empregado que tem seu salário estipulado por quinzena.

Semanalista: É o empregado que tem seu salário estipulado por semana.

Diarista: É o empregado que tem seu salário estipulado por dia.

Horista: É o empregado que tem seu salário estipulado por hora.

Tarefeiro: É o empregado que recebe por tarefa.

Pagamento até o 5º dia útil: O pagamento aos empregados deve ser feito até o 5º dia útil do mês subseqüente ao da prestação dos serviços. O sábado é considerado dia útil para esse efeito. A regra está no § 1º do art. 459 da CLT, que assim estabelece:

> Quando o pagamento houver sido estipulado por mês, deverá ser efetuado, o mais tardar, até o quinto dia útil do mês subseqüente ao vencido.

A regra nada traz a respeito de quinzenalista, semanalista ou diarista, o que leva à conclusão de que, em todos os casos, o pagamento deve ser feito até o 5º (quinto) dia útil do mês subseqüente ao vencido.

Atraso no pagamento do salário: Salvo motivo de força maior, o atraso no pagamento aos empregados sujeita o empregador à multa administrativa (Lei n. 7.855/89), incidência de correção monetária (Súmula n. 381, do TST), rescisão indireta do contrato se o empregador atrasar ou sonegar os salários por período igual ou superior a três meses, sem motivo grave ou relevante, excluídas, no entanto, as causas pertinentes ao risco do empreendimento (§ 1º do art. 2º do Decreto-lei n. 368/68), e, ainda, quando o empregador agir com dolo ou culpa poderá ser compelido a indenizar o empregado por danos morais, se o empregado provar que a sua insolvência financeira foi causada pelo não-pagamento dos salários em dia.

7.4. DESCONTOS

Com a devida autorização do empregado, podem ser efetuados determinados descontos em folha de pagamento.

Habitação no Trabalho Urbano: O § 3º do art. 458, da CLT — Consolidação das Leis do Trabalho, estabelece que o percentual a ser descontado a título de habitação é de 25% (vinte e cinco por cento) do salário contratual. No caso de habitação coletiva, o valor do salário-utilidade a ela correspondente será obtido mediante a divisão do justo valor da habitação pelo número de ocupantes, vedada, em qualquer hipótese, a utilização da mesma unidade residencial por mais de uma família, isto é, não é permitido na mesma moradia mais de uma família.

Habitação no Trabalho Rural: O percentual é menor, sendo 20% (vinte por cento) do salário mínimo, que pode ser dispensado, se observada a regra contida no § 5º do art. 9º da Lei n. 5.889/73. Na hipótese de habitação coletiva, o desconto será dividido proporcionalmente ao número de empregados, vedada, em qualquer caso, a morada coletiva de famílias.

Habitação no Trabalho Doméstico: O art. 2º-A, da Lei n. 5.859/72, acrescentado pela Lei n. 11.324/06, vedou o desconto da moradia, salvo quando o local da prestação se referir a local diverso da residência em que ocorrer a prestação de serviço, e desde que essa possibilidade tenha sido expressamente acordada entre as partes. O desconto aplicável por analogia é aquele previsto no art. 458, da CLT de 25% (vinte e cinco por cento) sobre o salário contratual.

Alimentação ao Empregado Urbano: Quando o empregador fornece alimentação (pronta, farta e sadia) ao empregado urbano, o desconto pode ser de até 20% (vinte por cento) do salário contratual, conforme prevê o § 3º do art. 458, da CLT.

Alimentação ao Empregado Rural: O desconto é de 25% (vinte e cinco por cento) sobre o salário mínimo, nos termos do art. 9º da Lei n. 5.889/73. Importante acrescentar que, tanto no trabalho urbano, como no rural, a alimentação deve ser pronta (preparada pelo empregador) e fornecida no próprio local de trabalho em refeitórios apropriados. Nesses percentuais, incluem-se, no mínimo, almoço e jantar.

Note bem: Os percentuais de habitação e alimentação são ao contrário, entre o trabalho urbano e rural (25% e 20% — 20% e 25%). Outra observação: no trabalho urbano, o desconto é sobre o salário contratual, ao passo que, no trabalho rural, é apenas sobre o salário mínimo.

Prejuízos: Quando o empregado causa um dano ao empregador, a legislação autoriza o desconto em folha de pagamento; porém, impõe duas condições: a primeira, desde que o dano tenha sido causado por dolo (desejo de causar o prejuízo), e a segunda, se o contrato de trabalho contiver cláusula prevendo a possibilidade de desconto na ocorrência de danos pelo empregado. Veja a regra do § 1º do art. 462, da CLT:

> Em caso de dano causado pelo empregado, o desconto será lícito, desde que esta possibilidade tenha sido acordada ou na ocorrência de dolo do empregado.

Note que, havendo a cláusula contratual, o desconto pode ser efetuado em folha de pagamento, também na ocorrência de culpa (negligência, imprudência ou imperícia), ao passo que, não tendo a cláusula contratual, o desconto só é lícito se o dano foi causado por dolo. *Exemplo:* Empregado que é multado no trânsito por estacionar em local proibido, este desconto tem que estar previsto em cláusula contratual, porque agiu com negligência (desleixo, descuido, incúria).

Faltas ao Serviço: Quando o empregado falta ao serviço, sem qualquer motivo justificado, o empregador pode descontar as faltas verificadas no mês. Além do desconto correspondente ao valor das faltas injustificadas, o empregado perde também o direito à remuneração do dia do descanso semanal. Se faltar 4 dias em um mês, sendo uma falta em cada semana, ao final do mês terá um desconto de 8 (oito) dias, pois a semana incompleta autoriza o desconto correspondente ao DSR — Descanso Semanal Remunerado.

Outro exemplo: Se o empregado faltar 4 dias em uma única semana, terá, ao final do mês, o desconto correspondente a 5 (cinco) dias, sendo as 4 faltas mais o DSR. Importante lembrar da regra do § 2º do art. 7º da Lei n. 605/49, que considera já remunerados os dias de repouso semanal do empregado mensalista.

Adiantamento: Os adiantamentos em dinheiro (os chamados vales) também podem ser descontados em folha de pagamento, desde que o empregador tenha o correspondente documento (assinado pelo empregado) que autoriza o desconto. Recomendável fazer o vale em duas vias, uma das quais deve ser entregue ao empregado no ato do pagamento até o 5º dia útil subseqüente ao mês vencido. A outra via o empregador deve conservar em arquivo pelo menos por 5 (cinco) anos.

Autorização do Empregado: Para proceder o desconto referente à habitação, alimentação e outros, o empregador deve ter a correspondente autorização do empregado (por escrito), podendo essa autorização ser através de cláusula contratual. Quanto aos descontos por prejuízos, faltas injustificadas ao trabalho, adiantamento salarial, não há, evidentemente, a necessidade de autorização do empregado.

Dívida civil ou comercial: Estas dívidas não podem ser descontadas do empregado, pois somente as dívidas de natureza trabalhista podem ser descontadas. É comum em grandes empresas o empréstimo consignado em conta corrente feito por meio de bancos conveniados; se o empregador por intermédio de terceiro (banco) fizer empréstimo ao empregado, não poderá descontá-lo do salário do obreiro, salvo se este concordar com o desconto.

7.5. RECIBO DE PAGAMENTO

Ao proceder o pagamento de salários ao empregado, o empregador deve fazê-lo mediante recibo de pagamento. A legislação não prevê regras específicas para o tipo de recibo, o que deixa em aberto a possibilidade de criar o modelo que melhor se adapte à empresa, podendo ser manuscrito, datilografado ou por meio de sistema informatizado. O importante é ter o documento comprobatório dos pagamentos efetuados ao empregado, com discriminação das verbas pagas.

Remuneração: No recibo de pagamento, é importante um campo para discriminação das verbas que compõem a remuneração, tais como: salário, horas extras, DSR, adicionais (insalubridade, periculosidade, noturno etc.), comissões, gorjetas (se for o caso) etc.

Descontos: Assim como no caso das discriminações das verbas que compõem a remuneração, os descontos também devem ser discriminados no recibo de pagamento.

Recibo ou Folha de Pagamento: O formulário denominado "folha de pagamento" é até vendido em blocos, confeccionado em grande escala. Entretanto, é modelo ultrapassado e que não coaduna com a realidade. O correto é utilizar recibos individuais de pagamento, os quais, como já dissemos, podem ser preenchidos de próprio punho, datilografados ou pelo sistema informatizado (meio mais utilizado).

Vantagens do Recibo Individual: São inúmeras as vantagens da utilização do sistema de recibo individual de pagamento. Primeira, que as informações sobre os vencimentos de cada empregado têm privacidade. Segunda, que sendo compelido o empregador a apresentar, em ação trabalhista, as informações salariais de determinado empregado, não estará expondo informações de outros empregados, já que o recibo é individual. Essas vantagens não oferece a folha coletiva de pagamento.

Note bem: Para maior segurança e facilidade nas defesas perante a Justiça do Trabalho, somente utilize recibos de pagamento bem discriminado.

Salário Complessivo: É aquele que engloba vários pagamentos, ou seja, não há separação ou especificação do que se está pagando ao trabalhador. Cada pagamento deve ser discriminado detalhadamente e pago em um só recibo devidamente assinado pelo trabalhador, sob pena de ter que pagar novamente, se aplicando, no caso, a velha máxima de direito: *quem paga mal paga duas vezes,* pois o trabalhador deve saber aquilo que lhe está sendo pago (salário, horas, adicionais etc.).

Conservação dos Recibos: Os recibos de pagamentos devem ser conservados pelo empregador, no mínimo, por 5 (cinco) anos, que é o prazo prescricional.

Empregado Analfabeto: Se o empregado for analfabeto, ao receber seu pagamento, deve apor sua impressão digital (polegar da mão direita), bem como, e é importante, que alguém da família (esposa, filhos, irmãos etc.) também assine a rogo.

7.6. SALÁRIO-FAMÍLIA

O salário-família, de acordo com o art. 81, do Regulamento da Previdência Social (Decreto n. 3.048/99), é devido, mensalmente, ao segurado empregado, exceto ao doméstico, na proporção do respectivo número de filhos ou equiparados.

Direito ao salário-família: O salário-família será pago mensalmente:

a) ao empregado pela empresa, com o respectivo salário, e ao trabalhador avulso pelo sindicato ou órgão gestor de mão-de-obra, mediante convênio;

b) ao empregado e trabalhador avulso aposentados por invalidez ou em gozo de auxílio-doença pelo Instituto Nacional do Seguro Social, juntamente com o benefício;

c) ao trabalhador rural aposentado por idade aos sessenta anos, se do sexo masculino, ou cinqüenta e cinco anos, se do sexo feminino, pelo Instituto Nacional do Seguro Social, juntamente com a aposentadoria; e

d) aos demais empregados e trabalhadores avulsos aposentados aos sessenta e cinco anos de idade, se do sexo masculino, ou sessenta anos, se do sexo feminino, pelo Instituto Nacional do Seguro Social, juntamente com a aposentadoria.

Valor: O valor da cota do salário-família é divulgado por meio de Portaria. O Portal Nacional de Direito do Trabalho (www.pelegrino.com.br) disponibiliza a íntegra das Portarias baixadas pelo Ministério da Previdência Social, quando estas reajustam o valor da cota do Salário-Família.

Requisitos: Ter o segurado filhos ou equiparados de qualquer condição, até 14 (catorze) anos de idade ou inválido de qualquer idade (art. 83, do Decreto n. 3.048/99). O pagamento do salário-família será devido a partir da data da apresentação da certidão de nascimento do filho ou da documentação relativa ao equiparado, estando condicionado à apresentação anual de atestado de vacinação obrigatória, até seis anos de idade, e de comprovação semestral de freqüência à escola do filho ou equiparado, a partir dos sete anos de idade (art. 84, do Decreto n. 3.048/99).

Não Integra o Salário: A cota do salário-família não será incorporada, para qualquer efeito, ao salário ou ao benefício, muito menos sofre incidências de FGTS, INSS ou IRF (art. 92, do Decreto n. 3.048/99).

Da Cessação do benefício: O direito ao salário-família cessa automaticamente:

a) por morte do filho ou equiparado, a contar do mês seguinte ao do óbito;

b) quando o filho ou equiparado completar quatorze anos de idade, salvo se inválido, a contar do mês seguinte ao da data do aniversário;

c) pela recuperação da capacidade do filho ou equiparado inválido, a contar do mês seguinte ao da cessação da incapacidade; ou

d) pelo desemprego do segurado.

7.7. VALE-TRANSPORTE

O Vale-Transporte constitui benefício que o empregador antecipará ao trabalhador para utilização efetiva em despesas de deslocamento residência-trabalho e vice-versa, de acordo com o Decreto n. 95.247, de 17 de novembro de 1987.

Beneficiários do vale-transporte: Têm direito ao Vale-Transporte os seguintes empregados:

a) os empregados, assim definidos no art. 3º da Consolidação das Leis do Trabalho;

b) os empregados domésticos, assim definidos na Lei n. 5.859, de 11 de dezembro de 1972;

c) os trabalhadores de empresas de trabalho temporário, de que trata a Lei n. 6.019, de 3 de janeiro de 1974;

d) os empregados a domicílio, para os deslocamentos indispensáveis à prestação do trabalho, percepção de salário e os necessários ao desenvolvimento das relações com o empregador;

e) os empregados do subempreiteiro, em relação a este e ao empreiteiro principal, nos termos do art. 455 da Consolidação das Leis do Trabalho;

f) os atletas profissionais de que trata a Lei n. 6.354, de 2 de setembro de 1976;

g) os servidores da União, do Distrito Federal, dos Territórios e suas autarquias, qualquer que seja o regime jurídico, a forma de remuneração e da prestação de serviços.

Não tem natureza salarial: O Vale-Transporte não tem natureza salarial, não se incorpora à remuneração do empregado para quaisquer efeitos; não constitui base de incidência para INSS ou FGTS, não é considerado para efeito de pagamento de 13º salário (Gratificação de Natal) e não configura rendimento tributável, segundo a regra do art. 6º do Decreto n. 95.247/87.

Requisitos: Para ter direito ao vale-transporte, o empregado deve informar ao empregador, por escrito: seu endereço residencial e os serviços e meios de transportes mais adequados ao seu deslocamento residência-trabalho e vice-versa (art. 7º, I e II do Decreto n. 95.247/87). Essas informações devem ser atualizadas anualmente ou quando ocorrer alteração, sendo que a declaração falsa ou o uso indevido do vale-transporte constitui falta grave (§ 3º do art. 7º, do Decreto n. 95.247/87).

Note bem: O Vale-Transporte deve ser utilizado exclusivamente para deslocamento residência-trabalho e vice-versa.

Custeio do vale-transporte: Diz o art. 9º, do Decreto n. 95.247/87, que o vale-transporte será custeado pelo empregado (beneficiário), na parcela equivalente a 6% (seis por cento) de seu salário básico ou vencimentos, excluídos quaisquer adicionais ou vantagens, competindo ao empregador custear o valor que exceder.

Transporte Próprio: Quando o empregador dispuser de meios próprios para o transporte de seus empregados, não estará sujeito a observar as normas pertinentes ao vale-transporte (art. 4º, do Decreto n. 95.247/87).

Capítulo 8

13º SALÁRIO

Décimo Terceiro: 13º salário é uma gratificação que o empregado recebe todos os anos, para que melhor possa desfrutar dos festejos de fim de ano com seus familiares. A denominação de 13º salário foi dada pelo fato de ser o 13º pagamento que o empregado recebe no ano. De acordo com a lei que o instituiu — Lei n. 4.090, de 13 de julho de 1962, a denominação é "GRATIFICAÇÃO DE NATAL", muito embora a Constituição Federal de 1988, no inciso VIII do art. 7º, faça referência a "décimo terceiro salário".

Época do Pagamento: O pagamento do 13º salário deve ser feito, impreterivelmente, até o dia 20 de dezembro.

Valor do 13º Salário: O empregado faz jus a receber, como 13º salário, a remuneração vigente em dezembro, caso tenha trabalhado 12 (doze) meses no ano. A Gratificação de Natal corresponde a 1/12 (um doze avos) por mês trabalhado pelo empregado, considerando a fração igual ou superior a 15 (quinze) dias. O cálculo, repetimos, é feito com base na remuneração do mês de dezembro.

Integra o 13º Salário: Integram-se ao 13º salário as horas extras, adicionais (noturno, insalubridade ou periculosidade), gorjetas, gratificações. Assim, ao proceder ao cálculo do 13º salário, deve-se somar o salário vigente em dezembro mais a média apurada sobre os valores correspondentes às verbas que mencionamos.

FGTS e Contribuição Previdenciária: Há incidência no 13º salário do FGTS e da contribuição previdenciária — INSS.

8.1. 13º SALÁRIO PROPORCIONAL

O pagamento da Gratificação de Natal é feito de acordo com o número de meses trabalhados no ano — é proporcional, sendo 1/12 (um doze avos) por mês trabalhado.

1/12 por mês trabalhado: Para cada mês de trabalho, a gratificação corresponde a 1/12 (um doze avos), sendo que a fração igual ou superior a 15 (quinze) dias de trabalho é considerada como mês integral, conforme art. 1º da Lei n. 4.090/62 (Lei da Gratificação de Natal).

Remuneração de Dezembro: Como o último dia para pagamento do 13º salário é 20 de dezembro, o cálculo da Gratificação de Natal é feito com base na remuneração devida naquele mês.

Na Rescisão de Contrato: Ocorrendo rescisão de contrato de trabalho, em qualquer mês do ano, o empregado, salvo se despedido por justa causa ou culpa recíproca, terá direito a receber o 13º salário proporcional aos meses trabalhados no ano, até a data da cessação do contrato de trabalho.

Rescisão por Justa Causa: Quando o empregado é despedido por JUSTA CAUSA, ele **não** faz jus ao pagamento do 13º salário proporcional. A regra está no art. 7º do Decreto n. 57.155/65 (que regulamenta a Lei do 13º salário):

> Art. 7º Ocorrendo a extinção do contrato de trabalho, salvo na hipótese de rescisão COM JUSTA CAUSA, o empregado receberá a gratificação devida, nos termos do art. 1º, calculada sobre a remuneração do respectivo mês. (grifei)

Rescisão — Culpa Recíproca: Se a extinção do contrato de trabalho se der por culpa recíproca, o empregado faz jus a 50% do pagamento do 13º salário proporcional. Veja o Súmula n. 14, do TST — Tribunal Superior do Trabalho:

> Súmula n. 14. Reconhecida a culpa recíproca na rescisão do contrato de trabalho (art. 484 da CLT), o empregado tem direito a 50% (cinqüenta) do valor do aviso prévio, do décimo terceiro salário e das férias proporcionais.

Afastamento por Benefício Previdenciário: Se o trabalhador permanecer afastado durante o ano, desfrutando de benefício previdenciário, a empresa pagará o 13º salário proporcional ao período trabalhado, mais os 15 (quinze) primeiros dias do afastamento que são por conta do empregador. O restante será pago pelo INSS de forma proporcional ou integral conforme o caso.

8.2. SALÁRIO VARIÁVEL

Para os empregados que ganham salários variáveis, o cálculo da Gratificação de Natal — 13º salário, obedece a uma regra especial, ditada pela Lei do 13º salário e por seu Decreto Regulamentador.

Soma de 11 meses: No caso dos empregados com salários variáveis, o art. 2º do Decreto n. 57.155/65 assim estabelece:

> Para os empregados que recebem salário variável, a qualquer título, a gratificação será calculada na base de 1/11 (um onze avos) da soma das importâncias variáveis devidas nos meses trabalhados até novembro de cada ano. A essa gratificação se somará a que corresponder à parte do salário contratual fixo.

Diferença até 10 de janeiro: No mês de janeiro seguinte, até o dia 10, os cálculos devem ser refeitos, conforme manda o parágrafo único do art. 2º do Decreto n. 57.155/65, que transcrevemos a seguir:

> Até o dia 10 de janeiro de cada ano, computada a parcela do mês de dezembro, o cálculo da gratificação será revisto para 1/12 (um doze avos) do total devido no ano anterior,

processando-se a correção do valor da respectiva gratificação com o pagamento ou compensação das possíveis diferenças.

Horas Extras: Para a integração das horas extras no cálculo da gratificação natalina, soma-se o número de horas extras trabalhadas durante o ano e acha-se a média mensal. O cálculo é feito com base no salário vigente em dezembro.

8.3. ADIANTAMENTO DO 13º SALÁRIO

Época: Entre os meses de fevereiro e novembro de cada ano, o empregado poderá receber um adiantamento do 13º salário, equivalente à metade da remuneração percebida no mês anterior (art. 2º, da Lei n. 4.749/65).

Requerimento em Janeiro: De acordo com a lei, o adiantamento somente é devido ao empregado que o requerer no mês de janeiro.

Pagamento ao ensejo das férias: O adiantamento é pago ao ensejo das férias, isto é, ao empregado que apresentar, em janeiro, o pedido de adiantamento, o empregador deve pagar o adiantamento dois dias antes do início do gozo de férias.

1ª Parcela em Novembro: Embora a legislação vigente não seja clara ao determinar o pagamento da 1ª parcela em novembro, ao empregador é recomendável efetuar o pagamento da referida parcela até o dia 30 daquele mês, evitando, assim, o risco de multas, as quais podem ser aplicadas pelas autoridades competentes do Ministério do Trabalho.

Empregador não está obrigado a pagar no mesmo mês: O § 1º do art. 2º da Lei n. 4.749/65, que dispõe sobre o pagamento da gratificação de Natal (13º salário), é muito claro ao determinar que:

> O empregador não estará obrigado a pagar o adiantamento, no mesmo mês, a todos os seus empregados.

Note que a regra não deixa dúvidas: o próprio legislador determina que o empregador não está sujeito a pagar o adiantamento a todos os empregados no mesmo mês. Diante disso, como exigir o pagamento da 1ª parcela a todos os empregados no mês de novembro? É realmente uma incoerência o auto de infração lavrado contra o empregador que não procedeu ao adiantamento em novembro!

Capítulo 9

SINDICALISMO

A Carta Magna de 1988 concedeu ampla liberdade ao sindicalismo no país. Eliminou os complicados processos para fundação de uma entidade sindical, prevendo a Constituição Federal que *a lei não poderá exigir autorização do Estado para a fundação de sindicato, ressalvado o registro no órgão competente, vedadas ao Poder Público a interferência e a intervenção na organização sindical.*

Registro sindical: De acordo com Instrução Normativa, do Ministério do Trabalho, o Registro Sindical é devido.

Um Sindicato por categoria no município: Para cada categoria profissional (trabalhadores) ou econômica (empregadores) é admitido um sindicato em cada base territorial, base essa definida pelos trabalhadores ou empregadores, que pode ser por município. Vejamos a regra do inciso II do art. 8º da Constituição Federal de 1988:

> É vedada a criação de mais de uma organização sindical, em qualquer grau, representativa de categoria profissional ou econômica, na mesma base territorial, que será definida pelos trabalhadores e empregadores interessados, não podendo ser inferior à área de um Município.

Como podemos concluir, em cada município é possível ter vários sindicatos, de acordo com as atividades existentes, fortalecendo, assim, as categorias (profissional e econômica) dentro do seu próprio município.

Defesa dos interesses: Manda a Carta Magna que: *ao Sindicato cabe a defesa dos direitos e interesses coletivos ou individuais da categoria, inclusive em questões judiciais ou administrativas.*

Negociações Coletivas: Nas negociações coletivas de trabalho, os sindicatos (de categorias profissionais e econômicas) estão obrigados a participar. A regra é constitucional — inciso VI do art. 8º, da Constituição Federal de 1988.

Filiação ao Sindicato: É livre a filiação ao sindicato. Nenhum empregado ou empregador pode ser compelido a filiar-se ou manter-se filiado a qualquer que seja o sindicato. Diz o inciso V do art. 8º, da Constituição Federal de 1988:

> Ninguém será obrigado a filiar-se ou manter-se filiado a sindicato.

9.1. SINDICALISTA — ESTABILIDADE PROVISÓRIA

O empregado que ocupa cargo de direção em sindicato tem garantida a estabilidade provisória, não podendo ser despedido, salvo na ocorrência de despedida por Justa Causa, por ter cometido falta grave prevista em lei. A estabilidade é contada até um ano após o final do mandato. Vejamos a regra contida no inciso VIII do art. 8º, da Constituição Federal de 1988:

> É vedada a dispensa do empregado sindicalizado a partir do registro da candidatura a cargo de direção ou representação sindical e, se eleito, ainda que suplente, até um ano após o final do mandato, salvo se cometer falta grave nos termos da lei.

Note bem: A garantia é dada apenas ao empregado sindicalizado.

Dirigentes de Associações: A estabilidade provisória devida aos dirigentes sindicais também alcança os dirigentes de associações profissionais, conforme § 3º do art. 543, da CLT.

Dirigente Sindical Despedido: O dirigente sindical somente poderá ser dispensado no caso da ocorrência de falta grave e mediante a apuração em inquérito judicial, proposta na Justiça do Trabalho (Súmula n. 379 do TST).

Dirigente Sindical de Categoria Diferenciada: O empregado de categoria diferenciada eleito dirigente sindical só goza de estabilidade se exercer na empresa atividade pertinente à categoria profissional do sindicato para o qual foi eleito dirigente (Súmula n. 369, III do TST).

Dirigente Sindical de Sindicato Patronal: Se o trabalhador é eleito como diretor de sindicato patronal, representante da categoria econômica a que pertença a empresa empregadora, não terá direito à garantia de emprego, já que a norma conduz à interpretação de que a garantia de emprego é apenas para a representação dos interesses dos trabalhadores (Sumula n. 369, III do TST).

Extinção da Atividade Empresarial: Ocorrendo a extinção da atividade empresarial no âmbito da base territorial do sindicato, o trabalhador não terá direito à estabilidade provisória pretendida (Súmula n. 369, IV do TST).

Registro da Candidatura no Curso do Aviso Prévio: O trabalhador que candidatar-se ao cargo de dirigente sindical no curso do aviso prévio não fará jus à estabilidade provisória, ainda que seja indenizado (Súmula n. 369, V do TST).

Contrato por Prazo Determinado: Nos contratos ditos determinados, o trabalhador que candidatar-se a cargo de dirigente sindical não terá direito à estabilidade provisória, pois as partes já sabem desde o início do contrato o momento em que o mesmo será finalizado.

9.2. ENQUADRAMENTO SINDICAL

O enquadramento sindical é de acordo com a atividade preponderante da empresa — o empregado acompanha a principal atividade da empresa. Vejamos alguns exemplos:

— se o empregado é mecânico de uma empresa de transportes rodoviários e de cargas, pertence à categoria dos motoristas;

— se o empregado é motorista de uma fábrica de macarrão, ele pertence à categoria dos trabalhadores da indústria da alimentação;

— se o empregado é mecânico de um frigorífico, igualmente pertence à categoria dos trabalhadores da alimentação;

— se o empregado é auxiliar de enfermagem de uma fazenda (propriedade rural), pertence à categoria dos trabalhadores rurais;

— se o empregado é pedreiro de um hospital, pertence à categoria dos empregados em estabelecimentos de saúde;

— se o empregado é faxineiro de um Banco, pertence à categoria dos empregados em estabelecimentos bancários;

— se o empregado é escriturário de uma empresa de transportes, pertence à categoria dos motoristas de transporte;

— se é frentista de um posto de gasolina de uma cooperativa, pertence ao Sindicato dos Empregados em Cooperativas.

Em resumo: Não importa a função do empregado. Para efeitos sindicais ele deve ser enquadrado na principal categoria profissional, de acordo com a principal atividade da empresa.

Decisão do TST reforça tese: Importante reforço para a nossa posição está em inúmeras decisões da Corte maior da Justiça do Trabalho — TST. Veja esta:

> EMENTA: Bancário-Pintor — O empregado que exerce a função de pintor em Banco, não pertence à categoria diferenciada, motivo pelo qual, tem direito às vantagens da categoria dos bancários, inclusive jornada reduzida de 6 horas. As atividades elencadas no art. 226 consolidado, são apenas exemplificativos e não restritos aos termos prescritos. Recurso conhecido e desprovido. (*in* Revista BIT n. 3/91 — Seção de Jurisprudência)

Como se observa, o pintor, muito embora exercendo uma função totalmente diferente da que exerce um bancário, tem direito às vantagens da categoria dos bancários e, evidentemente é enquadrado, para efeitos sindicais, ao Sindicato dos Empregados em Estabelecimentos Bancários, tudo porque ele acompanha a principal atividade da empresa para a qual trabalha — o Banco.

Categoria Diferenciada — Aplicação da Norma Coletiva: Na hipótese de dissídio coletivo em que não houve a citação do sindicato, federação ou confederação da categoria econômica a que se pretende aplicar norma coletiva da categoria diferenciada, esta norma não terá aplicabilidade, pois a sentença normativa faz coisa julgada entre as partes que efetivamente participaram do pleno. Neste sentido, foi editada a Súmula n. 374 do TST, que revela:

> Empregado integrante de categoria diferenciada não tem o direito de haver de seu empregador vantagens previstas em instrumento coletivo no qual a empresa não foi representada por órgão de classe de sua categoria.

9.3. CONTRIBUIÇÃO CONFEDERATIVA — SÓ SINDICALIZADOS

A Contribuição Confederativa instituída com o advento da Carta Magna de 1988 é destinada aos Sindicatos das Categorias Profissional (trabalhadores) e Econômica (empregadores).

Depende de Assembléia Geral: O empregado ou empregador está sujeito à Contribuição Confederativa se seu sindicato representativo realizar uma Assembléia Geral e tiver, nessa oportunidade, aprovada a cobrança da referida contribuição.

Desconto em folha de pagamento só de sindicalizados: Em se tratando de categoria profissional (trabalhadores), o valor correspondente à contribuição confederativa é descontado diretamente em folha de pagamento apenas dos empregados **SINDICALIZADOS**, e desde que o empregado não apresente carta de oposição ao desconto.

Note bem: Sindicalizado é o empregado que, por livre e espontânea vontade, tornou-se sócio do sindicato, pagando uma mensalidade para esse fim.

Fere o direito: O Precedente Normativo n. 119, do TST — Tribunal Superior do Trabalho não deixa dúvidas quanto à proibição de desconto de contribuição confederativa e assistencial, veja:

> Contribuições Sindicais — Inobservância de preceitos constitucionais. A Constituição da República, em seus arts. 5º, XX e 8º, V, assegura o direito de livre associação e sindicalização. É ofensiva a essa modalidade de liberdade cláusula constante de acordo, convenção coletiva ou sentença normativa estabelecendo contribuição em favor de entidade sindical a título de taxa para custeio do sistema confederativo, assistencial, revigoramento ou fortalecimento sindical e outras da mesma espécie, obrigando trabalhadores não sindicalizados. Sendo nulas as estipulações que inobservem tal restrição, tornam-se passíveis de devolução os valores irregularmente descontados.

O empregado, portanto, é livre, não é obrigado a filiar-se a sindicato.

Cópia da ata ao empregador: O empregador só poderá proceder ao desconto da Contribuição Confederativa, em folha de pagamento, se comprovada a condição de **sindicalizados** de seus empregados (associados do sindicato respectivo), e tão-somente se o sindicato promoveu a entrega oficial de uma cópia autêntica da ata da assembléia geral que deliberou sobre a contribuição confederativa nos termos do inciso IV do art. 8º da Constituição Federal de 1988.

Recusa pelo Empregado sindicalizado: O desconto é feito em folha de pagamento, apenas dos **sindicalizados**, sem obrigatoriedade de autorização do empregado. Entretanto, se houver recusa pelo mesmo, por escrito, o empregador terá de suspender o desconto em folha de pagamento.

Incide sobre Salário Normal: O percentual previsto para contribuição confederativa incide sobre o salário normal do empregado, salvo se a assembléia geral da categoria tiver deliberado de maneira contrária, não especificando a ata recebida pelo empregador. O percentual, normalmente é de 1% (um por cento) sobre o salário normal, isto é, o salário puro e simples, sem a integração de horas extras, adicionais, gorjetas, gratificações etc.

Recolhimento em Guia Própria: O montante descontado dos empregados (apenas os **sindicalizados**), a título de Contribuição Confederativa, deve ser recolhido ao estabelecimento bancário previsto em ata da assembléia geral da categoria, por meio de guias próprias, as quais são fornecidas pela própria entidade sindical, sem qualquer custo ao empregador.

Recolhimento até o dia 15: O recolhimento da Contribuição Confederativa, deve ser feito, no máximo, até o dia 15 do mês subseqüente ao da prestação dos serviços. Há casos de entidades sindicais estipulando prazo inferior para tal recolhimento, o que não é recomendável.

9.4. CONTRIBUIÇÃO ASSISTENCIAL

A Contribuição Assistencial é fruto das Convenções ou Dissídios Coletivos. Só contribui o empregado **SINDICALIZADO**. É o pagamento pelo trabalho prestado pelo sindicato na defesa de melhores condições salariais e de trabalho, em se tratando de categoria profissional. Se se tratar de categoria econômica, a contribuição, igualmente se constitui num pagamento pela defesa dos interesses da categoria.

Valor da Contribuição: O valor da Contribuição Assistencial é fixado pela própria categoria e consta da sua pauta de reivindicações, com desconto e recolhimento feitos após o primeiro pagamento, depois de celebrada a convenção coletiva. Lembre-se: só pode descontar essa contribuição de empregados sindicalizados.

Forma de Recolhimento: O recolhimento da Contribuição Assistencial é feito mediante guia própria, fornecida pela entidade sindical privilegiada com a contribuição. Mesmo o empregado que é sócio do Sindicato, que é **sindicalizado**, pode recusar o desconto.

9.5. CONTRIBUIÇÃO SINDICAL

A contribuição sindical, nos termos do art. 579, da CLT — Consolidação das Leis do Trabalho, é devida por todos aqueles que participarem de uma determinada categoria econômica ou profissional. Quer dizer: patrão e empregado são obrigados a pagar uma contribuição sindical, anualmente. Esta é a única obrigatória.

Trabalho urbano: A contribuição sindical no trabalho urbano corresponde à remuneração de um dia de trabalho, qualquer que seja a forma de remuneração. Observando o seguinte:

a) a uma jornada normal de trabalho, se o pagamento ao empregado for feito por unidade de tempo;

b) a 1/30 (um trinta avos) da quantia percebida no mês anterior se a remuneração for paga por tarefa, empreitada ou comissão.

Trabalho rural: Imprescindível esclarecer que: os empregados rurais não são *celetistas*, isto é, não estão sujeitos ao regime da CLT — Consolidação das Leis do Trabalho e, sim, a uma legislação específica — **a Lei do Trabalho Rural n. 5.889,** de 8 de junho de 1973, que foi regulamentada pelo Decreto n. 73.626, de 12 de fevereiro de 1974.

Decreto-lei n. 1.166/71: Quanto à questão sindical, a regra está contida no art. 24 do Regulamento da Lei do Trabalho Rural, que prevê o seguinte:

> Art. 24. Aplicam-se ao empregado e empregador rural as normas referentes ao enquadramento e **contribuição sindical,** constantes do Decreto n. 1.166, de 15 de abril de 1971. (negritei)

Um dia do Salário Mínimo: Não importa se o salário do empregado rural é superior ao salário mínimo, mesmo que seja R$ 1.000,00 (mil reais), a contribuição será de apenas 1/30 (um trinta avos) do **salário mínimo** (estabelecido pelo governo). A regra está contida no § 2º, do art. 4º, do Decreto-lei n. 1.166/71:

> § 2º A contribuição devida às entidades sindicais de categoria profissional, será lançada e cobrada dos empregadores rurais e por estes descontados dos respectivos salários, tomando-se por base **um dia de salário mínimo regional** pelo número máximo de assalariados que trabalhem nas épocas de maiores serviços, conforme declarado no cadastramento do imóvel. (negritamos)

Não há, portanto, dúvidas: A Contribuição Sindical, descontada dos empregados rurais, não pode ser superior a um dia do salário mínimo, ou seja, no máximo R$ 13,83 (treze reais e oitenta e três centavos), considerando o salário mínimo de R$ 415,00 (quatrocentos e quinze reais), por mês.

Note bem: A norma legal acima sofreu alteração, tão-somente, quanto ao lançamento da cobrança da Contribuição Sindical, que era feita através da Guia do INCRA, quando da declaração do ITR — Imposto Territorial Rural.

Assim, quando a Receita Federal assumiu a cobrança do Imposto Territorial Rural — ITR, a Contribuição Sindical, passou a ser recolhida, pelo empregador, diretamente ao Sindicato dos Trabalhadores Rurais, que tinha base territorial na localidade. Desta feita, mediante guias próprias, de recolhimento de contribuição sindical.

Obrigação do Empregador: Diz a Lei (art. 582, da CLT), que os empregadores são obrigados a descontar, da folha de pagamento de seus empregados relativa ao mês de **março** de cada ano, a devida contribuição sindical.

Recolhimento em Abril: No mês de abril, o empregador deve proceder ao recolhimento da contribuição sindical descontada, em março, dos respectivos empregados, em guias próprias, em nome da entidade sindical devida, com base territorial na localidade.

Prova de quitação: Ao admitir um novo empregado, após o mês de março, compete ao empregador exigir a apresentação da prova de quitação da Contribuição Sindical.

Desconto no mês seguinte: No caso dos empregados admitidos após o mês de março e que, ainda, não sofreram desconto da Contribuição, esta deverá ser feita no primeiro mês subseqüente ao do início no trabalho. Assim, também, deve proceder, quando o empregado não trabalhou no mês de março, ou não apresentou prova da quitação respectiva.

Capítulo 10

FÉRIAS

As férias foram instituídas com a finalidade de conceder ao empregado um descanso anual, para que ele possa recuperar os desgastes físicos e psíquicos, ocorridos durante o ano de trabalho.

10.1. DIREITO ÀS FÉRIAS

O empregado adquire o direito às férias após completar 12 (doze) meses de trabalho, nos termos do art. 130, da CLT — Consolidação das Leis do Trabalho. É o chamado "período aquisitivo".

Quantos dias de descanso: Há uma proporção, segundo o art. 130, da CLT, isto é, de acordo com o número de faltas injustificadas ocorridas durante o período aquisitivo (durante os 12 meses de trabalho). Vejamos:

30 dias: quando não houver faltado ao serviço mais de 5 vezes;

24 dias: quando houver tido de 6 (seis) a 14 (quatorze) faltas;

18 dias: quando houver tido de 15 a 23 (vinte e três) faltas;

12 dias: quando houver tido de 24 a 32 (trinta e duas) faltas.

Faltas Justificadas: As faltas justificadas não prejudicam as férias do empregado. Vejamos o elenco de faltas justificadas:

Óbito: em caso de falecimento de cônjuge, ascendente, descendente, irmão ou pessoa que, declarada em carteira de trabalho, viva sob a dependência econômica do empregado, a lei autoriza até dois dias consecutivos;

Casamento: para o casamento do próprio empregado, são devidos até 3 (três) dias consecutivos;

Licença-Paternidade: ocorrendo o nascimento do filho, o pai, tem direito a 5 (cinco) dias de descanso;

Doação de Sangue: ao empregado que doar sangue, voluntariamente (devidamente comprovado), a lei autoriza um dia de descanso;

Título de Eleitor: para alistar-se eleitor, 2 (dois) dias consecutivos;

Exame Vestibular: nos dias em que estiver, comprovadamente, realizando exames vestibulares para ingresso em estabelecimento de ensino superior;

Serviço Militar: o período de afastamento para cumprimento do Serviço Militar obrigatório inclui-se no elenco de faltas justificadas;

Maternidade: é justificada a ausência durante o período de licença-gestante ou aborto;

Acidente de Trabalho: afastamento por acidente de trabalho (Súmula n. 46, TST);

Autorizada: quando a falta é autorizada pelo empregador, constitui-se em falta justificada;

Dias em que não há serviço: quando o empregador concorda com ausência por falta de serviço, a falta ou faltas são justificadas;

Suspensão Preventiva: quando o empregado é suspenso para responder a inquérito administrativo ou de prisão preventiva, se for impronunciado ou absolvido, o período de afastamento constitui-se em faltas justificadas;

Comparecimento à Justiça: para comparecimento à Justiça do Trabalho (testemunha, reclamante etc.), a falta é justificada.

10.2. UM TERÇO A MAIS

A Carta Magna de 1988 trouxe uma novidade: 1/3 (um terço) a mais (em dinheiro) quando o empregado entrar em gozo de férias.

Objetivo de 1/3 a mais: Esse pagamento de 1/3 (um terço) a mais, quando o empregado entra em **GOZO DE FÉRIAS**, tem por objetivo destinar ao empregado um montante a mais (em dinheiro) para que o mesmo possa desfrutar de um período de férias melhor. Importante observar que o legislador utilizou a expressão *Gozo de Férias*.

Nas férias proporcionais também: O legislador-constituinte ao determinar, no inciso XVII do art. 7º da Constituição Federal de 1988, que é direito do empregado (urbano e rural): "**GOZO DE FÉRIAS ANUAIS** remuneradas com, pelo menos, um terço a mais do que o salário normal", deixou claro que 1/3 a mais só é devido quando em gozo de férias anuais, completados os 12 meses de trabalho (negrito nosso).

A Súmula n. 328, do TST, entretanto, assim prevê:

O pagamento das férias, integrais ou proporcionais, gozadas ou não, na vigência da Constituição da República de 1988, sujeita-se ao acréscimo do terço previsto em seu art. 7º, inciso XVII.

Com isso, aquele 1/3 (um terço) a mais também é pago em caso de férias proporcionais (período incompleto de férias).

1/3 sobre o salário normal — divergência: O pagamento de 1/3 a mais nas férias (completas) é feito com base no Salário Normal, conforme está claro no inciso XVII do art. 7º da Constituição Federal. O legislador-constituinte usou a expressão "salário normal" e não "remuneração". Salário Normal é o salário fixo do empregado. É como o definiu o legislador.

Apesar de concordarmos que 1/3 a mais sobre as férias deve ser aplicado somente sobre o salário normal, na regra aplica-se sobre a remuneração. O entendimento é baseado na aplicação do art. 142 da CLT, que diz que o empregado perceberá, durante as férias, a remuneração que lhe for devida na data de sua concessão; portanto, **o pagamento 1/3 a mais nas férias (completas ou proporcionais), será com base na remuneração do empregado na data da concessão e não sobre o salário normal**.

Remuneração é a soma do salário normal, mais horas extras, adicionais, gorjetas, gratificações, comissões etc.

1/3 Proporcional: O pagamento de 1/3 (um terço) a mais nas férias é devido de acordo com o número de dias de descanso (art. 130, da CLT). Assim, se o empregado registrou faltas durante o período aquisitivo, digamos de 15 a 23 faltas, tem direito a apenas 18 (dezoito) dias de férias — o pagamento de 1/3 corresponde, no caso, a 6 (seis) dias — um terço de 18 dias.

10.3. CONCESSÃO DAS FÉRIAS

Diz a lei que o empregador tem 12 (doze) meses para conceder o descanso anual ao empregado sob pena de pagá-las em dobro.

Prazo concessivo: Quando o empregado completa 12 (doze) meses de emprego, ele adquire o direito às férias — é o chamado ***período aquisitivo***. Após isso, quem tem um prazo de 12 (doze) meses, para colocar o empregado em férias é o empregador — é o chamado ***período concessivo***. A regra está no art. 134, da CLT:

> As férias serão concedidas por ato do empregador, em um só período, **nos 12 (doze) meses** subseqüentes à data em que o empregado tiver adquirido o direito. (negritei)

Nos 12 meses: Note que o legislador deixou bem claro que as férias devem ser ***concedidas nos 12 meses subseqüentes***. Não disse o legislador que as férias devem ser: ***gozadas nos 12 meses*** e, muito menos disse: ***dentro dos 12 meses subseqüente***. Logo, o empregador pode colocar o empregado em férias (em descanso), até às 23h59min. do último dia do prazo concessivo. Iniciando o período de gozo de férias, portanto, no último dia do prazo concessivo, estará o empregador observando a lei, não há falar em pagamento de férias em dobro; porém, por precaução é melhor colocar o empregado pelos menos com 30 dias antes do final do período concessivo.

Em 2 períodos: Em casos excepcionais, as férias podem ser concedidas em dois períodos, sendo que um deles não pode ser inferior a 10 (dez) dias corridos. A legislação vigente proíbe, também, a concessão em 2 (dois) períodos aos menores de 18 (dezoito) anos e aos maiores de 50 (cinqüenta) anos.

Aviso Prévio de Férias: A concessão das férias deve ser participada ao empregado, por escrito, com antecedência de, no mínimo, 30 (trinta) dias. Deve o empregado confirmar o recebimento do Aviso Prévio de Férias.

Anotações das Férias na CTPS: Manda a legislação que, antes de entrar em gozo de férias, o empregado deve apresentar a Carteira de Trabalho para ser nela anotada a respectiva concessão. Particularmente, não concordo com essa anotação antes do gozo das férias, pois pode ocorrer o seu cancelamento por motivos de força maior e a anotação ficaria prejudicada, consumindo espaços na Carteira de Trabalho desnecessariamente. A anotação, a nosso ver, deveria ser feita após o retorno ao trabalho, depois de usufruído o período de férias pelo empregado.

Determinação do Empregador: Cabe ao empregador escolher a época em que o empregado entrará em gozo de férias. De acordo com o art. 136, da CLT: "A época da concessão das férias será a que melhor consulte os interesses do empregador." Entretanto, os membros de uma família que trabalham no mesmo estabelecimento ou empresa, têm direito a gozar férias no mesmo período, desde que haja interesse e que isso não resulte em prejuízo ao serviço. Igualmente, o estudante menor de 18 (dezoito) anos tem direito de fazer coincidir suas férias com as férias escolares.

Serviços para outro empregador: A lei proíbe que o empregado preste serviço a outro empregador, a menos que esteja regularmente contratado. Vejamos a íntegra do art. 138, da CLT:

> Durante as férias, o empregado não poderá prestar serviços a outro empregador, salvo se estiver obrigado a fazê-lo em virtude de contrato de trabalho regularmente mantido com aquele.

10.4. FÉRIAS COLETIVAS

As férias podem ser concedidas a todos os empregados de uma empresa ou de determinados estabelecimentos ou setores; são as chamadas férias coletivas.

Em 2 períodos: o § 1º do art. 139 da CLT deixa claro que: *As férias podem ser gozadas em dois períodos anuais, desde que nenhum deles seja inferior a 10 (dez) dias corridos.*

Note que, nas férias normais (individuais) em dois períodos, somente é possível em casos excepcionais e mesmo assim é proibido a menores de 18 e maiores de 50 anos. Já nas férias coletivas, a concessão em dois períodos é normal.

Comunicação ao MTE: diz o § 2º do art. 139 da CLT que, para efeito de concessão de férias coletivas, ... *o empregador comunicará ao órgão local do Ministério do Trabalho, com a antecedência mínima de 15 (quinze) dias, as datas de início e fim das férias, precisando quais os estabelecimentos ou setores abrangidos pela medida.*

Diz mais o § 3º do mesmo artigo:

Em igual prazo o empregador enviará cópia da aludida comunicação aos sindicatos representativos da respectiva categoria profissional, e providenciará a fixação de aviso nos locais de trabalho.

Simplesmente, burocracia. Esperamos que numa próxima revisão da Legislação Trabalhista, absurdos como estes não mais se repitam.

Empregados com menos de 12 meses: Para os empregados com menos de 12 (doze) meses de serviço na empresa, a lei autoriza a concessão de férias coletivas; porém, proporcionais ao tempo de serviço, observando o seguinte cálculo: 30 ÷ 12 = 2,5 (dois dias e meio). Assim, se o empregado não tiver faltas injustificadas, para cada mês de trabalho ele terá dois dias e meio de férias. Se já contar, por exemplo, com 6 (seis) meses de emprego, suas férias coletivas proporcionais serão de 15 (quinze) dias (6 x 2,5 = 15).

Novo período aquisitivo: Para o empregado com menos de 12 (doze) meses de emprego e que tenha gozado férias coletivas proporcionais, o novo período aquisitivo passa a ser contado a partir do dia em que iniciou o período de gozo de férias coletivas.

Anotação na CTPS: Para as empresas com mais de 300 (trezentos) empregados contemplados com férias coletivas, a lei autoriza a anotação na Carteira de Trabalho mediante carimbo, onde deve constar início das férias coletivas, término, estabelecimento e setor, com a respectiva assinatura autorizada do empregador.

10.5. REMUNERAÇÃO DAS FÉRIAS

Quando em gozo das férias anuais, o empregado recebe a mesma remuneração que lhe é devida quando em trabalho normal, levando em consideração, para efeito de cálculo, a remuneração vigente na data da concessão.

Salário por hora: se o empregado for contratado por hora, com jornadas variáveis, manda a lei que seja apurada a média de horas do período aquisitivo, aplicando-se o valor do salário vigente na data da concessão das férias.

Salário por Tarefa: Para o empregado que tem seu salário estipulado por tarefa, o empregador deve observar a regra do § 2º do art. 142, da Consolidação das Leis do Trabalho — CLT: *Quando o salário for pago por tarefa, tomar-se-á por base a média da produção no período aquisitivo do direito a férias, aplicando-se o valor da remuneração da tarefa na data da concessão das férias.*

Salário por Comissão: Quando o empregado tem seu salário estipulado por percentagem, comissão ou viagem, apurar-se-á a média percebida pelo mesmo nos 12 (doze) meses que precederem a concessão das férias.

Integram a remuneração das férias: Quando em férias, o empregado recebe a mesma remuneração de quando em serviço, isto é, somam-se ao seu salário as horas extras, adicionais, gorjetas, gratificações.

Note bem: Essas parcelas serão computadas se elas foram devidas e pagas durante seu período aquisitivo do direito às férias.

Pagamento 2 dias antes de iniciar o gozo: Dois dias antes de entrar em gozo de férias, o empregado receberá a remuneração referente ao seu período de férias. Na prática, o empregador antecipa o pagamento da remuneração daquele mês em que estará descansando. Há uma incoerência nessa antecipação, pois é público e notório que o trabalhador brasileiro (acima de 90%) não tem condições de utilizar os seus vencimentos para fins de férias (viagens, turismo etc.).

1/3 em Abono Pecuniário: O empregado pode converter 1/3 (um terço) do período de férias em abono pecuniário, isto é, vender, como se diz na prática, 10 (dez) dias de férias. Mas, para isso, o empregado deverá requerer até 15 (quinze) dias antes do término do período aquisitivo, conforme prevê o art. 143, da Consolidação das Leis do Trabalho — CLT.

Indenização das Férias: A indenização pelo não deferimento das férias no tempo previsto será calculada com base na remuneração devida ao trabalhador na época da sua reclamação ou, se for o caso, na extinção do contrato (Súmula n. 7, do TST).

10.6. QUANDO NÃO TEM DIREITO ÀS FÉRIAS

O art. 133, da Consolidação das Leis do Trabalho apresenta os casos em que o empregado não faz jus às férias:

Não for readmitido: Quando o empregado deixa o emprego e não é readmitido no prazo de 60 (sessenta) dias contados a partir de sua saída, não tem direito às férias.

Em licença: Se permanecer em gozo de licença, com percepção de salários, por mais de 30 (trinta) dias, não faz jus às férias.

Deixar de trabalhar: Na ocorrência de paralisação parcial ou total dos serviços da empresa enquanto o empregado continua a receber seus salários, por mais de 30 (trinta) dias, não há como falar em direito às férias.

Acidente e doença: Também não são devidas férias, se o empregado tiver recebido da Previdência Social prestações de acidente de trabalho ou de auxílio-doença por mais de 6 (seis) meses, embora descontínuos, durante o período aquisitivo.

Novo período: Nas hipóteses de o empregado não ser readmitido, estando em licença ou deixar de trabalhar por Acidente ou Doença, inicia-se em seu favor, novo período aquisitivo de férias. Veja a regra do § 2º do art. 133, da CLT: *Iniciar-se-á o decurso de novo período aquisitivo quando o empregado, após o implemento de qualquer das condições previstas neste artigo, retornar ao serviço.*

Exemplo: Se o empregado (que fora admitido em janeiro) sofrer um acidente de trabalho em 10 de fevereiro e permanecer afastado, em benefício de auxílio-doença até o dia 20 de setembro, o novo período aquisitivo de férias será contado a partir de 21 de setembro, quando retornar ao trabalho.

10.7. FÉRIAS — RESCISÃO DO CONTRATO

Ocorrendo a cessação do contrato de trabalho, qualquer que seja o motivo, o empregado fará jus à remuneração simples ou em dobro correspondente ao período de férias, cujo direito tenha adquirido.

Quando é paga em dobro: O empregado fará jus ao pagamento das férias, em dobro, quando o empregador não as conceder no prazo de 12 (doze) meses, após completado o período aquisitivo.

Note bem: Como já exposto, o empregador tem até o último dia do prazo concessivo, para colocar o empregado em gozo de férias.

Férias proporcionais — pedido de demissão: Quando o empregado (com menos de 12 meses de emprego), por livre e espontânea vontade, promove a sua rescisão de Contrato de Trabalho, isto é, pede demissão, ele **faz** jus às férias proporcionais. Sobre esta questão, anotamos a Súmula n. 261, do TST:

> O empregado que se demite antes de completar 12 (doze) meses de serviço, **tem direito** a férias proporcionais. (negritei)

Lembre-se que o empregado que pede demissão antes de completar 12 meses, segundo o novo entendimento do Tribunal Superior do Trabalho, passa a ter direito às férias proporcionais.

Férias Incompletas + de 12 meses de emprego: Contando com mais de 12 meses de serviço na empresa, o empregado que pede demissão espontaneamente faz jus às férias proporcionais, conforme estabelece o parágrafo único do art. 146 da CLT:

> Na cessação de Contrato de Trabalho, após 12 (doze) meses de serviço, o empregado, desde que não haja sido demitido por justa causa, terá direito à remuneração relativa ao período incompleto de férias, de acordo com o art. 130, na proporção de 1/12 (um doze avos) por mês de serviço ou fração **superior a 14** (quatorze) dias. (negritei)

Justa causa — não são devidas férias incompletas: O empregado despedido POR JUSTA CAUSA não tem direito a férias proporcionais (incompletas), qualquer que seja o tempo de emprego. Neste caso, somente são devidas as férias já completas (férias integrais).

Dispensa sem justa causa: Mesmo não tendo ainda 12 (doze) meses de serviço na empresa, o empregado, quando despedido injustamente (sem justa causa), faz jus a receber o período incompleto de férias — as férias proporcionais, sendo um doze avos para cada mês de serviço, considerando como mês integral a fração **superior a 14 dias** (15 dias ou mais).

Término do contrato — Férias incompletas: Ocorrendo a rescisão por término de contrato de trabalho por prazo determinado (de obra certa, safra, experiência) é devido ao empregado o pagamento de férias proporcionais, mesmo que não tenha ainda 12 (doze) meses de serviço na empresa (art. 147, da CLT).

Culpa recíproca: Se a rescisão do contrato de trabalho se verificar por culpa recíproca, o empregado faz jus a 50% das férias proporcionais, conforme Súmula n. 14, do TST:

> Reconhecida a culpa recíproca na rescisão do contrato de trabalho (art. 484 da CLT), **o empregado tem direito** a 50% (cinqüenta por cento) do valor do aviso prévio, do décimo terceiro salário e das férias proporcionais. (negritei)

Muita atenção agora com a nova redação do Tribunal Superior do Trabalho que determina que o empregado tem direito a 50% do valor das férias proporcionais em caso de culpa recíproca.

10.8. PRESCRIÇÃO DAS FÉRIAS

Prescrição é a perda do prazo para reclamar os direitos trabalhistas, a que entende ter direito o empregado.

Prazo de 5 anos: A partir de maio de 2000, com a publicação no DOU, da Emenda Constitucional n. 28, o inciso XXIX, do art. 7º, da Constituição Federal, passou a ter a seguinte redação:

> Art. 7º ....
>
> XXIX — ação, quanto aos créditos resultantes das relações de trabalho, com prazo prescricional de cinco anos para trabalhadores urbanos e rurais, até o limite de dois anos após a extinção do contrato de trabalho.

Início da contagem do prazo prescricional: É contado da data em que se encerrar o prazo concessivo. O prazo concessivo são aqueles 12 (doze) meses que o empregador tem para conceder as férias ao empregado, isto é, completado o período aquisitivo (quando o empregado completa 12 meses de emprego), o empregador dispõe de 12 (doze) meses para conceder as férias ao empregado. Não concedidas nesses 12 meses, começa a contar, então, o prazo prescricional que é de 5 (cinco) anos, tanto no trabalho urbano, como no rural.

Exemplo Prático: Vamos a um exemplo prático: digamos que o empregado tenha sido admitido em 1º de abril de 2002; em 31 de março do ano seguinte (2003), ele completou o período aquisitivo. Vejamos:

01.04.2002 a 31.03.2003 — período aquisitivo

01.04.2003 a 31.03.2004 — período concessivo

01.04.2004. . . . . — início do prazo prescricional

Em 1º de abril de 2003, começou o prazo concessivo, quer dizer, o empregador teve o prazo de 1º de abril de 2003 a 31 de março de 2004 para conceder as férias ao empregado.

Como não concedeu as férias nesse prazo, iniciou a contagem do prazo prescricional em **1º de abril de 2005**. Vamos à contagem do prazo:

01.04.2004 a 31.03.2005 — 1º ano de prescrição

01.04.2005 a 31.03.2006 — 2º ano de prescrição

01.04.2006 a 31.03.2007 — 3º ano de prescrição

01.04.2007 a 31.03.2008 — 4º ano de prescrição

01.04.2008 a 31.03.2009 — 5º ano de prescrição

Dia 31 de março de 2009 encerra-se o prazo prescricional. Se até esse dia o empregado ainda não gozou ou não reclamou as férias do período aquisitivo de 01.04.2002 a 31.03.2003, ele então não pode mais reclamar, isto é, perdeu aquele período de férias.

Encerrado o vínculo empregatício: Ocorrendo a cessação do vínculo empregatício, sem que o empregador tenha concedido ou pago as férias ao empregado, o prazo para reclamar é de 2 (dois) anos, contados do 1º dia subseqüente ao último dia de vínculo empregatício.

Neste caso, portanto, o empregado tem o prazo de 2 (dois) anos para reclamar os últimos 5 (cinco) anos. Se deixar passar 1 (um) ano, por exemplo, só poderá reclamar os direitos relativos aos últimos 4 (quatro) anos.

10.9. PENALIDADES

A não observância das normas pertinentes às férias, pode levar o empregador a uma multa, a qual pode ser em dobro no caso de reincidência, embaraço ou resistência à fiscalização.

Capítulo 11

SEGURANÇA E HIGIENE DO TRABALHO

Compete a cada empregador (urbano ou rural) adotar as medidas adequadas em sua empresa, buscando meios de prevenção contra os ACIDENTES E DOENÇAS DO TRABALHO, quer na adoção de equipamentos de proteção individual, quer na orientação tão necessária aos empregados, os quais, muitas vezes, não têm o mínimo treinamento para determinados serviços.

11.1. SERVIÇOS ESPECIALIZADOS – SESMT

Urbano: Todas as empresas que possuem empregados regidos pela CLT — Consolidação das Leis do Trabalho, obrigatoriamente devem manter um Serviço Especializado em Engenharia de Segurança e em Medicina do Trabalho, com a finalidade de promover a saúde e proteger a integridade do trabalhador no local de trabalho.

Dependendo do grau de risco que oferece a empresa, o SESMT é obrigatório, a partir de 50 empregados, como é o caso de risco "4" (o mais grave). No caso do grau de risco "1" (o mais leve), o SESMT é obrigatório a partir de 501 empregados.

11.2. SERVIÇOS ESPECIALIZADOS — SESTR

Rural: No trabalho rural, as empresas e propriedades rurais também estão sujeitas a manterem um Serviço Especializado em Segurança e Saúde no Trabalho Rural — SESTR, conforme prevê a Norma Regulamentadora n. 31.

O Serviço Especializado em Segurança e Saúde no Trabalho Rural — SESTR tem por objetivo desenvolver ações técnicas e integrar práticas de gestão de segurança, saúde e meio ambiente para promover segurança, saúde e preservar assim a integridade física do trabalhador rural. O SESTR deverá ser composto por profissionais especializados.

51 empregados: O empregador rural está obrigado a organizar e manter em funcionamento o SESTR, quando contar com 51 (cinqüenta e um) ou mais trabalhadores. O ônus decorrente da organização é do empregador.

O SESTR poderá ser:

— Próprio — quando os profissionais especializados mantiverem vínculo empregatício.

— **Externo** — quando o empregador rural ou equiparado contar com consultoria externa dos profissionais especializados.

— **Coletivo** — quando um segmento empresarial ou econômico coletivizar a contratação dos profissionais especializados.

Várias propriedades: Caso o empregador rural mantenha 51 (cinqüenta e um) ou mais trabalhadores distribuídos em propriedades que distem entre si menos de cem quilômetros, o SESTR poderá ser coletivo; bem como vários estabelecimentos sob controle acionário de um mesmo grupo econômico que também se distem a menos de cem quilômetros, ou ainda quando houver consórcio de empregadores e cooperativas de produção.

11.3. CIPA — TRABALHO URBANO

As empresas urbanas que possuem empregados regidos pela CLT — Consolidação das Leis do Trabalho, estão obrigadas a organizar e manter em funcionamento, por estabelecimento, uma Comissão Interna de Prevenção de Acidentes — CIPA.

Número de Empregados para Constituir A CIPA: Há um quadro que dimensiona o número de empregados que devem fazer parte da Comissão Interna de Prevenção de Acidentes. No caso das empresas de grau de risco "3" ou "4", por exemplo, a CIPA é obrigatória com 20 empregados.

Objetivo: A CIPA tem como objetivo observar e relatar condições de risco nos ambientes de trabalho e solicitar medidas para reduzir e até eliminar os riscos existentes e/ou neutralizá-los, discutir os acidentes ocorridos, encaminhando ao Serviço Especializado em Engenharia de Segurança e em Medicina do Trabalho e ao empregador o resultado da discussão, solicitando medidas que previnam acidentes semelhantes e, ainda, orientar os demais trabalhadores quanto à prevenção de acidentes.

Membros da CIPA: A CIPA é constituída de representantes do empregador e dos empregados, de acordo com o número de empregados no estabelecimento e de acordo com o grau de risco. Todos os membros da CIPA devem ser empregados.

Suplentes: Na Comissão Interna de Prevenção de Acidentes, deverá haver tantos suplentes quantos forem os representantes titulares. É recomendável que o suplente seja do mesmo setor do titular.

Eleição: A eleição para escolha dos representantes dos empregados deve ser feita durante o expediente normal da empresa, devendo ter, no mínimo, a participação de metade mais um do número de empregados de cada setor.

Designados: Os empregados que representam o empregador na CIPA devem ser por este designados, sendo que os titulares não poderão ser reconduzidos por mais de dois mandatos consecutivos.

Registro da CIPA: Mediante requerimento, acompanhado de cópia das atas de eleição e da instalação e posse, contendo o calendário anual das reuniões ordinárias da CIPA, constando dia, mês, hora e local de realização, o empregador obterá o registro da CIPA junto ao órgão do Ministério do Trabalho.

Mandato: No trabalho urbano, o mandato dos membros da CIPA é de um ano, permitida uma reeleição. Esses membros têm estabilidade provisória no emprego até 1 (um) ano após o final de seu mandato. Portanto, a garantia de emprego é devida desde o registro de sua candidatura, até um ano após o final do mandato. O suplente da CIPA também possui a garantia de emprego, conforme da Súmula n. 339, I do TST.

A estabilidade provisória do cipeiro e do suplente não constitui vantagem pessoal, mas garantia para as atividades dos membros da CIPA, que somente tem razão de ser quando em atividade na empresa. Extinto o estabelecimento, não se verifica a despedida arbitrária, sendo impossível a reintegração e indevida a indenização do período estabilitário, conforme Súmula n. 339, II do TST.

11.4. CIPATR — TRABALHO RURAL

Em todas as propriedades rurais que mantenham a média de 20 (vinte) ou mais trabalhadores, é obrigatória a constituição e funcionamento da CIPATR — Comissão Interna de Prevenção de Acidentes do Trabalho Rural.

Mandato: No Trabalho Rural, o mandato dos membros da CIPATR é de 2 anos permitida a recondução. Note que, é diferente do sistema utilizado no trabalho urbano. Esses membros, também, têm estabilidade provisória no emprego até 1 (um) ano após o final de seu mandato (Súmula n. 339, I e II do TST).

Recomendação: Ver livro Segurança e Higiene do Trabalho Rural, de nossa autoria e outras obras que possam bem esclarecer sobre a questão.

11.5. INSALUBRIDADE

Ao tratar da Segurança e Higiene do Trabalho, não poderíamos deixar de trazer algumas ponderações sobre a insalubridade.

Quando o empregado trabalha em condições insalubres, faz jus a um adicional calculado sobre o salário-base, conforme ficou determinado pelo novo teor da Súmula n. 228 do TST.

Grau de Risco: Para efeitos de insalubridade, temos 3 (três) graus de risco, a saber:

— Grau Máximo: adicional de 40% (quarenta por cento);

— Grau Médio: adicional de 20% (vinte por cento);

— Grau Mínimo: adicional de 10% (dez por cento).

Dispensa do Adicional: Se o empregador adotar medidas capazes de eliminar ou neutralizar a insalubridade, o pagamento do adicional respectivo será dispensado. A regra está na NR-15 da Portaria n. 3.214/78, diz que a insalubridade pode ser eliminada ou neutralizada com:

— adoção de medidas de ordem geral que conservem o ambiente de trabalho dentro dos limites de tolerância;

— a utilização de equipamentos de proteção individual.

Competência: A competência para determinar a existência ou não de risco de insalubridade é do Ministério do Trabalho, mediante laudo de Engenheiro ou Médico do Trabalho do próprio MTE, o qual notifica a empresa para eliminação ou neutralização do risco, quando possível, ou fixa adicional devido aos empregados expostos à insalubridade, quando impraticável sua eliminação ou neutralização.

Inspeção — Perícia: A CLT prevê em seu art. 195, § 1º, que as empresas podem requerer ao Ministério do Trabalho a realização de uma perícia com o objetivo de caracterizar e classificar ou limitar as atividades insalubres.

Requerimento: A empresa interessada na perícia deve requerê-la ao Delegado Regional do Trabalho. Uma vez comprovada a insalubridade, tomará a empresa as medidas constantes do laudo apresentado pela autoridade competente.

Contratação de Profissional Particular: Normalmente, os agentes do Ministério do Trabalho alegam não dispor de servidores para esse fim. Neste caso, o empregador poderá contratar um engenheiro de segurança ou médico do trabalho, devidamente registrados no órgão competente daquele Ministério, para uma completa perícia.

Pagamento de adicional ou não: Feita a perícia por um profissional competente, o empregador terá em mãos um laudo sobre a existência ou não de insalubridade.

11.6. PERICULOSIDADE

Quando Ocorre: A legislação pertinente considera condições de periculosidade aquelas que, por sua natureza ou métodos de trabalho, impliquem contato permanente com inflamáveis ou explosivos em condições de risco acentuado.

Adicional de 30%: O exercício de trabalho em condições de periculosidade assegura ao trabalhador a percepção de adicional de 30% (trinta por cento), incidente sobre o salário, sem os acréscimos resultantes de gratificações prêmios, ou participação nos lucros da empresa.

Dispensa do Adicional: O art. 194, da CLT estabelece que o adicional de periculosidade cessará com a eliminação do risco à saúde ou integridade física do trabalhador.

Perícia: O item 16.3 da Norma Regulamentadora n. 16, diz que é facultado às empresas requererem ao Ministério do Trabalho, por intermédio de seus órgãos regionais, a realização de perícia em estabelecimento ou setor da empresa, com o objetivo de caracterizar e classificar ou determinar atividade perigosa.

Capítulo 12

ACIDENTE DE TRABALHO E DOENÇA PROFISSIONAL

Acidente de Trabalho: É o que ocorre pelo exercício do trabalho **a serviço da empresa,** ou ainda pelo exercício do trabalho dos segurados especiais, provocando lesão corporal ou perturbação funcional que cause a morte, a perda ou redução da capacidade para o trabalho permanente ou temporária, nos termos do art. 19, da Lei n. 8.213/91.

Doença Profissional: É a produzida ou desencadeada pelo exercício de trabalho peculiar a determinada atividade e constante da respectiva relação elaborada pelo MPAS, nos termos do inciso I, do art. 20 da Lei n. 8.213/91.

Doença do Trabalho: É a adquirida ou desencadeada em função de condições especiais em que o trabalho é realizado e com ele se relaciona diretamente, não sendo consideradas doença do trabalho: a doença degenerativa; a inerente a grupo etário; a que não produz incapacidade laborativa; a doença endêmica adquirida por segurados habitantes de região em que ela se desenvolva, salvo comprovação de que resultou de exposição ou contato direto determinado pela natureza do trabalho (inciso II, § 1º, alíneas *a, b, c* e *d*, do art. 20 da Lei n. 8.213/91).

12.1. EQUIPARAM-SE AO ACIDENTE DE TRABALHO

O legislador enumera um elenco de casos e acontecimentos que se equiparam ao acidente de trabalho e que garantem às vítimas os benefícios previdenciários, como veremos a seguir (art. 21 da Lei n. 8.213/91).

Não tenha sido a causa única: O acidente ligado ao trabalho que, embora não tenha sido a causa única, haja contribuído diretamente para a morte do segurado, para a perda ou redução da sua capacidade para o trabalho, ou produzido lesão que exija atenção médica para a sua recuperação.

Agressão, Incêndio, Inundação: Igualmente considera-se acidente de trabalho o sofrido no local e horário de trabalho em razão de:

a) ato de agressão, sabotagem ou terrorismo praticado por terceiro ou companheiro de trabalho;

b) ofensa física intencional, inclusive de terceiro, por motivo de disputa relacionada ao trabalho;

c) ato de imprudência, de negligência ou de imperícia de terceiro, ou de companheiro de trabalho;

d) ato de pessoa privada do uso da razão;

e) desabamento, inundação, incêndio e outros casos fortuitos decorrentes de força maior.

Doença — Contaminação: A doença proveniente de contaminação acidental do empregado no exercício de sua atividade.

Acidente fora do local de trabalho: O acidente sofrido, ainda que fora do local de trabalho e horário de trabalho, art. 21, IV, da Lei n. 8.213/91, nos seguintes casos:

a) na execução de ordem ou na realização de serviços sob a autoridade da empresa;

b) na prestação espontânea de qualquer serviço à empresa para lhe evitar prejuízo ou proporcionar proveito;

c) em viagem a serviço da empresa, inclusive para estudo, quando financiada por esta, dentro de seus planos para melhor capacitação da mão-de-obra, independentemente do meio de locomoção utilizado, inclusive veículo de propriedade do segurado;

d) no percurso da residência para o local de trabalho ou deste para aquela, qualquer que seja o meio de locomoção, inclusive veículo de propriedade do segurado.

Considerado em Exercício: O segurado é considerado em exercício do trabalho quando nos períodos destinados a refeições ou descanso, ou por ocasião de satisfação de outras necessidades fisiológicas, no local de trabalho ou durante este.

Dia do Acidente: Considera-se como dia do acidente, no caso de doença profissional ou do trabalho, a data do início da incapacidade laborativa para o exercício da atividade habitual, ou o dia da segregação compulsória, ou o dia em que for realizado o diagnóstico, valendo para esse efeito o que ocorrer primeiro.

Agravamento de Acidente: É considerado agravamento de acidente de trabalho aquele sofrido pelo acidentado quando estiver sob a responsabilidade da reabilitação profissional.

12.2. COMUNICAÇÃO DO ACIDENTE DE TRABALHO

Ocorrendo um acidente de trabalho, deverá ser feita a CAT — Comunicação de Acidente de Trabalho.

Até o 1º dia útil: A empresa deverá comunicar o acidente de trabalho à Previdência Social até o 1º (primeiro) dia útil seguinte ao da ocorrência e, em caso de morte, de imediato, à autoridade competente, sob pena de multa variável entre o limite mínimo e o limite máximo do salário-de-contribuição, sucessivamente aumentada nas reincidências, aplicada e cobrada pela Previdência Social (art. 22, da Lei n. 8.213/91).

Cópias da Comunicação: Cópias da CAT — Comunicação de Acidente de Trabalho deverão ser entregues ao acidentado ou seus dependentes, bem como ao sindicato a que corresponda a sua categoria.

Comunicação à Fiscalização: Deixando a empresa de fazer a CAT — Comunicação de Acidente de Trabalho nos prazos estabelecidos, o setor de benefícios comunicará a ocorrência ao setor de fiscalização do INSS para a execução da multa devida.

Na Falta de Comunicação: Se a empresa não promover a comunicação, a mesma pode ser formalizada pelo próprio acidentado, seus dependentes, a entidade sindical competente, o médico que o assistiu ou qualquer autoridade pública, não prevalecendo, nestes casos, o prazo de que tratamos acima. Entretanto, mesmo assim a empresa não se exime da responsabilidade pela falta de comunicação.

12.3. PRESTAÇÕES POR ACIDENTE DE TRABALHO

Independentemente de carência, em caso de acidente de trabalho, o acidentado e os seus dependentes têm direito às seguintes prestações:

Quanto ao segurado: auxílio-doença, auxílio-acidente, aposentadoria por invalidez.

Quanto aos dependentes: pensão por morte.

12.4. AUXÍLIO-DOENÇA

É devido ao segurado acidentado que ficar incapacitado para o seu trabalho por mais de 15 (quinze) dias consecutivos. Se for trabalhador avulso, receberá o benefício a partir do dia seguinte ao do acidente, diretamente da Previdência Social.

Valor Mensal: O valor mensal do auxílio-doença, no caso de acidente do trabalho, é de 91% (noventa e um por cento) do salário-de-benefício, nos termos do art. 61, da Lei n. 8.213/91.

A partir do 16º dia: O auxílio-doença será devido a contar do 16º (décimo-sexto) dia seguinte ao do afastamento do trabalho em conseqüência do acidente, cabendo à empresa (urbana ou rural) pagar a remuneração integral do dia do acidente e dos 15 (quinze) dias seguintes.

12.5. APOSENTADORIA POR INVALIDEZ

A aposentadoria por invalidez é devida ao acidentado que, estando ou não em gozo de auxílio-doença, for considerado incapaz para o trabalho e insuscetível de reabilitação para o exercício da atividade que lhe garanta a subsistência.

Perícia Médica: Se o exame médico (perícia) concluir pela existência de incapacidade total e definitiva para o trabalho, será devida a aposentadoria por invalidez.

Valor da Aposentadoria: É igual a 100% do salário-de-benefício, nos termos do art. 44, da Lei n. 8.213/91.

25% a mais: Se o segurado necessitar da assistência permanente de outra pessoa, fará jus a um acréscimo de 25% (vinte e cinco por cento) sobre o valor da aposentadoria por invalidez (art. 45, da Lei n. 8.213/91).

12.6. PENSÃO POR MORTE

É devida aos dependentes do segurado falecido em conseqüência do acidente de trabalho, passando a receber a partir da data do óbito.

Valor da Pensão: É igual a 100% (cem por cento) do valor da aposentadoria que o segurado recebia ou daquela a que teria direito se estivesse aposentado por invalidez na data de seu falecimento, observado o disposto no § 8º do art. 32, do Decreto n. 3.048/99, nos termos do § 3º do art. 39, do mesmo diploma legal.

Rateio entre Dependentes: No caso de existir mais de um pensionista (dependente), haverá o rateio entre todos, em partes iguais, revertendo em favor dos demais a parte daquele cujo direito à pensão cessar (art. 113, do Decreto n. 3.048/99).

Quando cessa o direito à pensão: Em caso de morte do pensionista; se menor (não inválido) completar 21 anos de idade ou emancipar; no caso de cessação de invalidez do pensionista, nos termos do art. 114, do Decreto n. 3.048/99.

12.7. AUXÍLIO-ACIDENTE

O auxílio-acidente será devido ao segurado quando, após a consolidação das lesões decorrentes de acidente de qualquer natureza, resultar seqüela definitiva que implique: redução da capacidade para o trabalho que habitualmente exerce, nos termos do art. 104, do Decreto n. 3.048/99.

Valor do benefício: O auxílio-acidente mensal corresponde a cinqüenta por cento do salário-de-benefício que deu origem ao auxílio-doença do segurado, corrigido até o mês anterior ao do início do auxílio-acidente e será devido até a véspera de início de qualquer aposentadoria ou até a data do óbito do segurado.

Quando inicia o pagamento: O segurado com direito ao benefício do auxílio-acidente passa a recebê-lo a partir do dia seguinte ao da cessação do auxílio-doença, independentemente de qualquer remuneração ou rendimento auferido pelo acidentado, vedada sua acumulação com qualquer aposentadoria (§ 2º do inciso III, do art. 104, do Decreto n. 3.048/99).

12.8. ESTABILIDADE PROVISÓRIA

O segurado, ao sofrer acidente de trabalho ou doença profissional, terá uma estabilidade provisória de 12 (doze) meses, contados após a cessação do auxílio-doença acidentário, independentemente de recebimento de auxílio-acidente. Portanto, terá garantida a manutenção do seu contrato de trabalho na empresa urbana ou rural; porém, desde que o afastamento seja superior a 15 (quinze) dias, isto é, deverá permanecer em auxílio-doença, por pelo menos um dia, nos termos do art. 118, da Lei n. 8.213/91.

Caso o empregador dispense o empregado que ficou afastado por mais de 15 (quinze) dias por doença profissional, constatada após a despedida e relacionada com o trabalho desenvolvido pelo empregado, este fará jus à estabilidade provisória de 12 (doze) meses, conforme Súmula n. 378, II do TST:

> II — São pressupostos para a concessão da estabilidade o afastamento superior a 15 dias e a conseqüente percepção do auxílio-doença acidentário, salvo se constatada, após a despedida, doença profissional que guarde relação de causalidade com a execução do contrato de emprego.

Prevenção de acidentes: Sem qualquer dúvida, o objetivo principal do legislador foi o de forçar o empregador a investir mais e melhor em medidas de Prevenção de Acidentes de Trabalho, eliminando as condições inseguras e conscientizando os trabalhadores a evitarem tais atos.

12.9. MEDIDAS DE PROTEÇÃO E SEGURANÇA

A legislação previdenciária leva a sério a questão da prevenção dos acidentes de trabalho, estabelecendo a responsabilidade por parte das empresas urbanas e rurais pela adoção de medidas coletivas e individuais de proteção e segurança do trabalhador.

Prevenção: A empresa é responsável pela adoção e uso das medidas coletivas e individuais de proteção à segurança e à saúde do trabalhador (art. 338, do Decreto n. 3.048/99).

Contravenção Penal: O não-cumprimento por parte da empresa das normas de segurança e higiene do trabalho constitui-se em contravenção penal, punível com multa, como prevê a legislação pertinente (art. 343, do Decreto n. 3.048/91).

Informações sobre riscos de acidentes: Compete à empresa prestar informações pormenorizadas sobre os riscos da operação a executar e do produto a ser manipulado pelo trabalhador (§ 1º do art. 338, do Decreto n. 3.048/99).

Com os investimentos em medidas de prevenção de acidentes, as empresas terão maiores despesas no dia-a-dia. Nesse tocante, deveriam ser oferecidas algumas vantagens às empresas, especialmente com redução dos encargos sociais, para investimentos em medidas de prevenção de acidentes do trabalho.

Responsabilidade da Empresa: O fato de a Previdência Social efetuar o pagamento das prestações por acidente de trabalho, não exclui a responsabilidade civil da empresa ou de outrem, isto é, o acidentado, além dos benefícios previdenciários, pode pleitear indenizações, caso provado que a empresa ou outrem contribuiu para o evento ou deixou de observar as normas pertinentes.

Ação regressiva: A Previdência Social, caso comprovada a negligência quanto às normas, padrão de segurança e higiene do trabalho indicadas para a proteção individual ou coletiva, poderá propor ação regressiva contra os responsáveis, nos termos do art. 120, da Lei n. 8.213/91 e art. 341, do Decreto n. 3.048/99.

Fiscalização: Quanto às medidas de proteção e segurança, a legislação prevê que a fiscalização será feita pelo Ministério do Trabalho e Emprego, podendo os sindicatos e entidades representativas de classe acompanhar o cumprimento das medidas de proteção (art. 339, do Decreto n. 3.048/99).

12.10. LITÍGIOS E MEDIDAS CAUTELARES

Quanto aos casos de litígios e medidas cautelares relativos a acidentes do trabalho, os mesmos poderão ser apreciados na esfera administrativa ou judicial.

Na esfera administrativa: São apreciados pelos órgãos da Previdência Social, segundo as regras e prazos aplicáveis às demais prestações, com prioridade para conclusão.

Judicial: Pela Justiça dos Estados e do Distrito Federal, seguindo o rito sumaríssimo, inclusive durante as férias forenses, mediante petição instruída pela prova de efetiva notificação do evento à Previdência Social, por meio da Comunicação de Acidente de Trabalho — CAT. O procedimento judicial é isento do pagamento de quaisquer custas e de verbas relativas à sucumbência. (art. 334, do Decreto n. 3.048/99).

Prescrição em 5 anos: As ações por acidentes de trabalho prescrevem em 5 (cinco) anos, contados da data do acidente, quando dele resultar a morte ou a incapacidade temporária, verificada em perícia médica a cargo da Previdência Social ou da data em que for reconhecida pela Previdência Social incapacidade permanente ou agravamento das seqüelas do acidente.

Capítulo 13

AUXÍLIO-DOENÇA

O auxílio-doença é um benefício de curta duração, devido ao segurado que, após cumprida, quando for o caso, a carência exigida (12 meses), ficar incapacitado para o seu trabalho ou para a sua atividade habitual por mais de 15 (quinze) dias consecutivos (art. 59, da Lei n. 8.213/91).

13.1. JÁ PORTADOR DE DOENÇA

O segurado que, ao filiar-se ao Regime Geral de Previdência Social, já for portador de doença ou lesão, não fará jus ao benefício se a invocar como causa a incapacidade, salvo quando esta sobrevier por motivo de progressão ou agravamento dessa doença ou lesão.

13.2. VALOR DO BENEFÍCIO

O auxílio-doença consiste em uma renda mensal correspondente a 91% (noventa e um por cento) do salário-de-benefício (art. 61, da Lei n. 8.213/91).

13.3. INÍCIO DO BENEFÍCIO

O auxílio-doença a cargo da Previdência é pago a partir do 16º (décimo sexto) dia do afastamento da atividade para o segurado empregado urbano e rural, desde que observado o período de carência. No caso dos demais segurados, é devido o auxílio-doença, a contar da data do início da incapacidade e enquanto ele permanecer incapaz (art. 60, da Lei n. 8.213/91).

30º Dia: É pago a contar da data de entrada do requerimento, quando solicitado após o 30º (trigésimo) dia do afastamento da atividade.

Reclamação trabalhista: Será devido o auxílio-doença durante o curso de uma reclamação trabalhista, relacionada com a rescisão do contrato de trabalho, ou após a decisão final (§ 3º do art. 72, do Decreto n. 3.048/99).

13.4. PRIMEIROS 15 DIAS DE AFASTAMENTO

Durante os primeiros 15 (quinze) dias consecutivos de afastamento da atividade por motivo de doença, incumbe à empresa pagar ao segurado empregado o seu salário (art. 75, do Decreto n. 3.048/99).

Serviço médico próprio: À empresa que tiver serviço médico próprio ou em convênio compete o exame médico e o abono das faltas correspondentes a esse período. Bom para as empresas, que evitam os tradicionais atestados de finais de semanas e vésperas de feriados.

Mais de 15 dias: Quando a incapacidade ultrapassar a 15 dias, o segurado (empregado) deve ser encaminhado à Perícia Médica do INSS.

Mesma doença em 60 dias: Se concedido novo benefício da mesma doença dentro de 60 (sessenta) dias contados da concessão do benefício anterior, a empresa fica desobrigada do pagamento relativo aos 15 (quinze) primeiros dias de afastamento, prorrogando-se o benefício anterior e descontando-se os dias trabalhados, se for o caso (§ 3º, do art. 75, do Decreto n. 3.048/99).

Empresa paga só uma vez: Se o segurado empregado, por motivo de doença, afastar-se do trabalho durante 15 dias, retornando à atividade no 16º dia, e se dela voltar a se afastar dentro de 60 dias desse retorno, fará jus ao auxílio-doença a partir da data do novo afastamento, isto é, a empresa não está obrigada a pagar outra vez os 15 primeiros dias (§ 4º, do art. 75, do Decreto n. 3.048/99).

13.5. AUXÍLIO-DOENÇA EM DUAS ATIVIDADES

Se o segurado exerce mais de uma atividade abrangida pela Previdência Social, o auxílio-doença será devido mesmo em caso de incapacidade apenas para o exercício de uma delas, devendo a Perícia Médica ser conhecedora de todas as atividades que o segurado estiver exercendo (art. 73, do Decreto n. 3.048/99).

Atividade em que estiver incapacitado: Se o segurado exerce mais de uma atividade e ficar incapacitado para apenas uma das atividades, receberá o benefício do auxílio-doença em relação à atividade para a qual ele estiver incapacitado.

Incapacidade para as demais atividades: Se ficar constatado que o segurado está incapacitado para as demais atividades, o valor de seu benefício deverá ser revisto, com base nos demais salários-de-contribuição, observando a data de início do pagamento do benefício.

Incapacidade definitiva para uma atividade: Ocorrendo a incapacidade definitiva para uma das atividades exercidas pelo segurado, o auxílio-doença será mantido indefinidamente, não cabendo sua transformação em aposentadoria por invalidez enquanto essa incapacidade não se estender às demais atividades. Nessa situação, o segurado somente poderá mudar de atividade após o conhecimento da reavaliação médico-pericial.

13.6. CESSAÇÃO DOS BENEFÍCIOS

O auxílio-doença cessa pela recuperação da capacidade para o trabalho ou pela transformação em aposentadoria por invalidez (art. 78, do Decreto n. 3.048/99).

Outra atividade: O segurado em gozo de auxílio-doença, insuscetível de recuperação para sua atividade habitual, deverá submeter-se a processo de reabilitação profissional para o exercício de outra atividade, não cessando o benefício até que seja dado como habilitado para o desempenho de nova atividade que lhe garanta a subsistência, ou, quando considerado não recuperável, seja aposentado por invalidez.

Capítulo 14

PROTEÇÃO DO TRABALHO DA MULHER

As mesmas normas que disciplinam o trabalho do homem são aplicáveis ao trabalho da mulher; entretanto, pelas condições peculiares ao sexo feminino, a legislação trabalhista traz algumas regras especiais, garantindo a proteção ao trabalho da mulher.

14.1. HORÁRIO DE TRABALHO

Iniciando pelo horário de trabalho, a jornada diária é a mesma do homem, 8 (oito) horas de serviço, desde que não haja fixado expressamente outro limite, conforme esclarece o art. 58, da Consolidação das Leis do Trabalho.

Horas extras: Após a revogação dos arts. 374 e 375 da Consolidação das Leis do Trabalho, pela Lei n. 7.855, de 24 de outubro de 1989, concluímos que se aplica a regra constante no art. 59, da Consolidação das Leis do Trabalho, que determina que a duração normal do trabalho, poderá ser acrescida em 2 (duas) horas suplementares, mediante acordo por escrito entre trabalhador e empregador, não havendo assim mais que se falar em diferença no trabalho da mulher, ao menos no que diz respeito a horas extras.

Trabalho noturno: Entendemos que após a revogação do art. 379, da Consolidação das Leis do Trabalho, pela Lei n. 7.855, de 24 de outubro de 1989, a mulher passa a ser regida pelo art. 73, da Consolidação das Leis do Trabalho, que determina as condições sobre o trabalho noturno.

14.2. DOS MÉTODOS E LOCAIS DE TRABALHO

Trabalhos permitidos: A lei não permitia o trabalho da mulher nos subterrâneos, nas minerações em subsolo, nas pedreiras e obras de construção civil pública e particular, nas atividades insalubres ou perigosas. Atualmente, a mulher tem plena liberdade para trabalhar nestas condições, inclusive em atividades insalubres, perigosas ou penosas, pois estas proibições foram revogadas da CLT. Hoje é comum vermos mulheres trabalhando em postos de combustíveis, dirigindo caminhões, construindo casas e dentre outros trabalhos que antes só os homens podiam fazer.

Peso Máximo: O art. 390, da CLT — Consolidação das Leis do Trabalho determina que:

Ao empregador é vedado empregar a mulher em serviço que demande o emprego de força muscular superior a 20 (vinte) quilos, para o trabalho contínuo, ou 25 (vinte e cinco) quilos para trabalho ocasional.

Não está incluída, neste artigo, a remoção de material feita por impulsão ou tração de vagonetes sobre trilhos, de carros de mão ou quaisquer aparelhos mecânicos.

14.3. PROTEÇÃO À MATERNIDADE

Do capítulo da Proteção da Mulher, a proteção à maternidade é a seção mais importante, dado o objetivo a que se propõe.

O fato da mulher ter contraído matrimônio, ou se encontrar em estado gravídico, não constitui motivo para sua dispensa, ou seja, a sua demissão do trabalho. O art. 391, da CLT é taxativo:

> Não constitui justo motivo para a rescisão do contrato de trabalho da mulher o fato de haver contraído matrimônio ou de encontrar-se em estado de gravidez.

Não são permitidas em regulamentos de qualquer natureza, convenções coletivas ou contratos de trabalho, restrições ao direito da mulher, ao seu emprego, por motivo de casamento ou de gravidez.

120 dias de licença: A mulher, em estado de gravidez, não pode trabalhar no período que compreende 28 (vinte e oito) dias antes e 92 (noventa e dois) dias após o parto. É a chamada LICENÇA-GESTANTE, tendo direito normalmente aos salários, pagos pela Previdência Social durante o afastamento dos 120 (cento e vinte) dias.

Atestado médico: Quem determina o afastamento do trabalho é o médico, a quem também compete, em casos excepcionais, aumentar em mais 2 (duas) semanas antes e 2 (duas) semanas após o parto, os períodos de repouso, garantindo o bem-estar da gestante.

Parto antecipado: Em caso de parto antecipado, esse mesmo direito se mantém, ou seja, 120 (cento e vinte) dias de licença-gestante, conforme previsto pelo § 4º, do art. 93, do Regulamento da Previdência Social (Decreto n. 3.048/99).

Mesmo Salário: Durante o período de licença-gestante, o art. 393, da CLT determina que ... *a mulher terá direito ao salário integral e, quando variável, calculado de acordo com a média dos 6 (seis) últimos meses de trabalho, bem como os direitos e vantagens adquiridos, sendo-lhe ainda facultado reverter à função que anteriormente ocupava.*

Aborto: Ocorrendo aborto não criminoso, a legislação determina que a mulher terá direito a um repouso remunerado de 2 (duas) semanas, ficando-lhe assegurado o direito de retornar à função que ocupava antes do seu afastamento.

Amamentação do filho: Durante a jornada de trabalho, a empregada gestante tem direito a dois descansos de 30 (trinta) minutos cada, para que possa amamentar seu bebê, conforme prevê art. 396, da Consolidação das Leis do Trabalho:

> Para amamentar o próprio filho, até que este complete 6 (seis) meses de idade, a mulher terá direito, durante a jornada de trabalho, a dois descansos especiais, de meia hora cada um.

Conclui o parágrafo único que:

> Quando o exigir a saúde do filho, o período de 6 (seis) meses poderá ser dilatado, a critério da autoridade competente.

14.4. ESTABILIDADE PROVISÓRIA DA GESTANTE

A empregada gestante, inclusive a doméstica, com o advento da Constituição Federal de 1988, tem garantida a estabilidade no emprego, desde o instante da confirmação de sua gravidez até 5 (cinco) meses após o parto. Isto quer dizer que ela não pode ser despedida, sem motivo, nesse período (aproximadamente 14 meses), salvo a ocorrência de falta grave. Importante lembrar que, em se tratando de contrato de prazo determinado, não há falar em estabilidade provisória.

Pagar e não reintegrar: Se o empregador despedir a empregada gestante sem justa causa, ele poderá ser condenado a pagar os salários e vantagens correspondentes. A Súmula n. 244, do TST — Tribunal Superior do Trabalho admite a possibilidade de reintegração da gestante, e o pagamento dos salários correspondentes. Veja o que diz a súmula da Corte Maior da Justiça Trabalhista:

> Súmula n. 244 . Gestante. Estabilidade Provisória.
>
> I — O desconhecimento do estado gravídico pelo empregador não afasta o direito ao pagamento da indenização decorrente da estabilidade (art. 10, II, *b* do ADCT).
>
> II — A garantia de emprego à gestante só autoriza a reintegração, se esta se der durante o período de estabilidade. Do contrário, a garantia restringe-se aos salários e demais direitos correspondentes ao período de estabilidade. (ex-Súmula n. 244 — Res. n. 121/03, DJ 21.11.2003)
>
> III — Não há direito da empregada gestante à estabilidade provisória na hipótese de admissão mediante contrato de experiência, visto que a extinção da relação de emprego, em face do término do prazo, não constitui dispensa arbitrária ou sem justa causa. (ex-OJ n. 196 — Inserida em 8.11.2000)

5 meses após o parto: A Constituição prevê 5 (cinco) meses de estabilidade após o parto e não após o término da licença-maternidade. Como o parto ocorre no 9º mês de gravidez e a empregada tem o início da licença no 8º mês (quatro semanas antes do parto), permanece o que já previam as Convenções Coletivas, ou seja, 60 (sessenta) dias após o término da licença-maternidade. Assim, vejamos: antes do parto, a empregada-gestante tem o direito a 28 (vinte e oito) dias de licença, mais 92 (noventa e dois) dias após o parto; o que soma 120 (cento e vinte) dias; feitas as contas, quando ela retorna ao trabalho, dispõe de 60 (sessenta) dias ou 2 (dois) meses de garantia de emprego.

14.5. ASSISTÊNCIA AOS FILHOS E DEPENDENTES

A Constituição prevê: *Assistência gratuita aos filhos e dependentes desde o nascimento até seis anos de idade em creches e pré-escolas.*

Esse direito, embora previsto na Constituição, depende ainda de norma regulamentadora e será estendido aos filhos de todos os empregados, de ambos os sexos, urbanos e rurais. Vamos aguardar a norma regulamentadora, para melhores orientações.

14.6. PROTEÇÃO DO MERCADO DE TRABALHO

Dependendo de lei que a discipline, a Constituição Federal de 1988 traz que é devida a *proteção do mercado de trabalho da mulher, mediante incentivos específicos, nos termos da lei.*

Como se trata de regra não auto-aplicável, dependemos da Lei a que se refere a Carta Magna.

Capítulo 15

SALÁRIO-MATERNIDADE

O salário-maternidade é um benefício previdenciário concedido à segurada empregada, trabalhadora avulsa e empregada doméstica, independentemente de carência, quando de seu afastamento para dar à luz o filho.

15.1. 120 DIAS DE LICENÇA-GESTANTE

A licença-gestante, denominação dada ao período de afastamento para dar à luz o filho é de 120 (cento e vinte dias).

28 dias antes: O afastamento se dá com 28 (vinte e oito) dias antes do parto, podendo, em casos excepcionais, esse prazo ser acrescido de 2 (duas) semanas, mediante atestado médico fornecido pelo SUS — Sistema Único de Saúde.

92 dias depois: Após o parto, a empregada-gestante tem direito a 92 (noventa e dois) dias; igualmente podendo, em casos excepcionais, ser acrescidas mais 2 (duas) semanas, mediante atestado médico fornecido pelo SUS.

Devido pela previdência: O salário-maternidade da empregada será devido pela Previdência Social, enquanto existir a relação de emprego.

Parto antecipado: Em caso de parto antecipado ou não, a segurada tem direito aos 120 (cento e vinte) dias de salário-maternidade.

Aborto: Em se tratando de aborto não criminoso, devidamente comprovado por atestado médico fornecido pelo SUS, a segurada tem direito ao salário-maternidade correspondente a 2 (duas) semanas. A regra está contida no art. 395, da CLT — Consolidação das Leis do Trabalho.

Adoção: À empregada que adotar ou obtiver guarda judicial para fins de adoção de criança é devido salário-maternidade pelo período de 120 (cento e vinte) dias, se a criança tiver até 1 (um) ano de idade, de 60 (sessenta) dias, se a criança tiver entre 1 (um) e 4 (quatro) anos de idade, e de 30 (trinta) dias, se a criança tiver de 4 (quatro) a 8 (oito) anos de idade.

15.2. VALOR DO SALÁRIO-MATERNIDADE

Segurada empregada: O salário-maternidade consiste em uma renda mensal igual à remuneração integral da segurada e, como dissemos, é devido pela Previdência Social.

Trabalhadora avulsa: O pagamento do salário-maternidade é efetuado diretamente pela Previdência Social, no valor correspondente a sua última remuneração equivalente a um mês de trabalho.

Empregada doméstica: O salário-maternidade é pago diretamente pela Previdência Social, consistindo numa renda mensal igual ao seu último salário-de-contribuição.

Não acumulado: O salário-maternidade não pode ser acumulado com benefício por incapacidade. Neste caso, o benefício por incapacidade é suspenso enquanto perdurar o pagamento do salário-maternidade.

Aposentada: A segurada aposentada que retornar à atividade também faz jus ao salário-maternidade.

Segurada Adotante: Quando houver adoção ou guarda judicial para adoção de mais de uma criança, é devido um único salário-maternidade relativo à criança de menor idade.

15.3. EXAMES E ATESTADOS MÉDICOS

Para que a segurada empregada, a trabalhadora avulsa ou a empregada doméstica possam desfrutar do benefício do salário-maternidade, é preciso passar por rigoroso exame médico a cargo do SUS — Sistema Único de Saúde, inclusive para efeitos trabalhistas.

Sem acompanhamento médico: Caso a gestante não tenha um acompanhamento médico durante a gravidez, inclusive quanto ao parto (feito por parteiras particulares), a segurada deverá passar por Perícia Médica do INSS.

Serviço médico próprio: Quando a empresa dispuser de serviço médico próprio ou em convênio com o SUS, o atestado deverá ser fornecido por aquela.

Indicar a data do afastamento: No atestado médico, além dos dados médicos, deve ser indicada a data do afastamento do trabalho, bem como, se for o caso, a condição do afastamento (se normal, se caso excepcional, se parto antecipado ou se aborto não criminoso).

Capítulo 16

SALÁRIO-FAMÍLIA

O salário-família é um benefício previdenciário, pago mensalmente ao segurado que tenha filhos (de qualquer condição) de até 14 (quatorze) anos de idade ou inválidos, objetivando melhor atender às necessidades básicas do menor ou inválido, muito embora o valor da quota do salário-família seja extremamente irrisório.

16.1. QUEM TEM DIREITO AO SALÁRIO-FAMÍLIA

O benefício do salário-família é devido ao empregado que percebe remuneração equivalente até R$ 710,08 (setecentos e dez reais e oito centavos), conforme Portaria Interministerial MPS/MF; n. 77 de 12.03.2008, exceto aos domésticos (art. 81, do Decreto n. 3.048/99), nos seguintes casos:

Empregados: O segurado empregado tem direito ao benefício na proporção do número de filhos ou equiparados (de qualquer condição), desde que tenham até 14 anos de idade ou inválidos (art. 83, do Decreto n. 3.048/99). Quando pai e mãe são segurados empregados, ambos recebem o salário-família (§ 3º do art. 82, do Decreto n. 3.048/99).

Trabalhador avulso: Para o trabalhador avulso, é devido o valor integral da quota do salário-família, independentemente do número de dias trabalhados no mês (§ 2º do art. 82, Decreto n. 3.048/99).

Aposentado: É devido também o salário-família ao empregado e trabalhador avulso aposentados por invalidez ou em gozo de auxílio-doença, pelo INSS, juntamente com o benefício (inciso II do art. 82, do Decreto n. 3.048/99).

Não faz jus o doméstico: O empregado doméstico não é contemplado com o pagamento de quotas do salário-família.

16.2. PAGAMENTO DO SALÁRIO-FAMÍLIA

O benefício do salário-família é pago mensalmente:

Empresa: Pela empresa é efetuado o pagamento das quotas do salário, quando se tratar de segurado empregado. Posteriormente, a empresa faz a devida compensação quando do recolhimento das contribuições sobre a folha de pagamento.

Sindicato: No caso de trabalhador avulso, o pagamento do salário-família é feito pelo sindicato da respectiva categoria, ficando, inclusive, a cargo do sindicato, a confecção da folha de pagamento desse benefício.

INSS: Pelo INSS, é feito o pagamento das quotas do salário-família quando o empregado ou trabalhador avulso estiverem aposentados por invalidez ou em gozo de auxílio-doença. O pagamento é feito juntamente com o benefício.

O INSS também é responsável pelo pagamento das cotas do salário-família dos aposentados (empregados e avulsos).

Dar quitação: O empregado deve dar quitação à empresa ou sindicato de cada recebimento mensal do salário-família, na própria folha de pagamento (recibo) ou por outra forma admitida, de modo que a quitação fique plena e claramente caracterizada, cujo documento deve ser guardado por dez anos.

Não Incorporam: Para nenhum efeito, as quotas do salário-família incorporam-se ao salário ou ao benefício.

16.3. VALOR E INÍCIO DO PAGAMENTO

A quota do salário-família devido por filho ou equiparado de qualquer condição, até 14 anos de idade ou inválido é de acordo com valor divulgado mediante Portaria baixada pelo Ministro do Trabalho e da Previdência Social.

Obs.: O Portal de Direito do Trabalho tem disponibilizado regularmente em sua seção de legislação (www.pelegrino.com.br).

Início: A partir da data da apresentação da certidão de nascimento ou da documentação relativa ao equiparado é que se inicia o pagamento do salário-família ao segurado empregado. Anualmente, o empregado deve apresentar atestado de vacinação obrigatória (art. 84, do Decreto n. 3.048/99).

Conservação dos Documentos: Durante 10 (dez) anos a empresa deverá conservar os comprovantes de pagamentos e as cópias das certidões correspondentes, para exame da fiscalização do INSS.

Note bem: O empregado deve apresentar: cópia da certidão de nascimento; atestado de vacinação obrigatória, até 6 (seis) anos de idade (anual); comprovação semestral de freqüência à escola, a partir dos 7 (sete) anos de idade (art. 84, do Decreto n. 3.048/99).

Suspensão: Caso o empregado não apresente, nas datas definidas pelo INSS, o atestado de vacinação obrigatória e a comprovação de freqüência escolar do filho ou equiparado, o benefício do salário-família será suspenso, até que a documentação seja apresentada.

Estabelece, ainda, o art. 84, do Decreto n. 3.048/99 que: *Não é devido salário-família no período entre a suspensão do benefício motivada pela falta de comprovação da freqüência escolar e o seu reativamento, salvo se provada a freqüência escolar regular no período.*

Pagamento integral: Na ocorrência de afastamento do trabalho, o salário-família correspondente ao mês será pago integralmente pela empresa ou sindicato, conforme o caso. Igualmente, no mês da cessação do benefício pelo INSS, será pago integralmente (art. 86, do Decreto n. 3.048/99).

16.4. QUANDO CESSA O DIREITO

Vejamos os casos em que cessa o direito ao benefício do salário-família (art. 88, do Decreto n. 3.048/99).

Morte: Ocorrendo a morte do filho ou equiparado, cessa o pagamento a partir do mês seguinte ao do óbito.

14 anos: No mês seguinte ao daquele que o filho ou equiparado completar 14 (quatorze) anos, cessa o pagamento do salário-família, salvo se se tratar de inválido.

Recuperação: Se o filho ou equiparado recuperar a capacidade, no caso de inválido, inicia-se a contagem a partir do mês seguinte ao da cessação da incapacidade.

Desemprego: O segurado perdendo o emprego, cessa automaticamente o benefício do salário-família.

Divórcio ou Separação: Havendo divórcio ou separação (judicial ou de fato) dos pais, ou em caso de abandono legalmente caracterizado ou perda do pátrio poder, o salário-família será pago àquele a cujo cargo ficar o sustento do menor, ou a outra pessoa, se houver determinação judicial nesse sentido.

16.5. PROVIDÊNCIA PARA A MANUTENÇÃO

Para continuar recebendo as quotas do salário-família por parte do segurado e a empresa continuar compensando os valores na Guia de Recolhimento, algumas providências devem ser observadas.

Cópias de certidões de nascimento: Referentes a cada filho do segurado, a empresa ou sindicato (caso dos avulsos), deve manter cópias autênticas das certidões de nascimento.

Termo de responsabilidade: O segurado deve firmar termo de responsabilidade, no qual se comprometa a comunicar à empresa ou ao INSS qualquer fato ou circunstância que determine a perda do direito ao benefício, ficando sujeito, em caso de não cumprimento, às sanções penais e trabalhistas (art. 89, do Decreto n. 3.048/99).

Descontos das Quotas: Diz a lei que a falta de comunicação oportuna de fato que implique cessação do salário-família, bem como a prática pelo empregado de fraude de qualquer natureza para o seu recebimento, autoriza a empresa, o INSS ou o sindicato, conforme o caso, a descontar dos pagamentos de cotas devidas com relação a outros filhos ou, na falta delas, do próprio salário do empregado ou renda mensal do seu benefício, o valor das quotas indevidamente recebidas, sem prejuízo das sanções penais cabíveis.

Capítulo 17

PROTEÇÃO AO TRABALHO DO MENOR

A proteção ao trabalho do menor é indispensável. Entretanto, o exagero em determinadas medidas acaba por prejudicar ainda mais o futuro do menor neste país.

17.1. IDADE MÍNIMA PARA O TRABALHO

É considerado menor para efeitos trabalhistas, o trabalhador de 14 (catorze) a 18 (dezoito) anos de idade. Ao menor, a CLT — Consolidação das Leis do Trabalho, tem um capítulo especial, disciplinando a sua proteção no trabalho.

Condições: Quanto ao menor (14 a 18 anos), há algumas condições que devem ser observadas: o trabalho do menor não poderá ser realizado em locais prejudiciais à sua formação, ao seu desenvolvimento físico, psíquico, moral e social e em horários e locais que não permitam a freqüência à escola.

Trabalho à noite: O trabalho noturno é proibido ao menor de 18 (dezoito) anos. No trabalho urbano, o horário noturno é o compreendido entre as 22 horas de um dia e as 5 horas do dia seguinte.

No trabalho rural, é das 20 horas de um dia às 4 horas do dia seguinte, na pecuária, enquanto que, na lavoura o horário noturno é o compreendido entre as 21 horas de um dia e as 5 horas do dia seguinte.

Prescrição: Contra os menores de 18 (dezoito) anos não corre nenhum prazo de prescrição (art. 440, da CLT).

Injustiça: A pior das injustiças praticadas pelos constituintes de 1988 e Emenda n. 20, deu-se em relação ao trabalho do menor. Lamentável, sob todos os aspectos, a proibição do trabalho do menor de 14 anos.

17.2. MUDANÇA DE FUNÇÃO

Se o trabalho que vem sendo executado pelo empregado menor de 18 (dezoito) anos, estiver sendo prejudicial à sua saúde, ao seu desenvolvimento físico ou à sua moral, o empregador estará obrigado a proporcionar-lhe todos os meios para uma mudança de função.

Rescisão Indireta: Diz a lei que, ocorrendo esse fato e o empregador não tomar as providências cabíveis para a mudança de função ou setor, estará dando motivo para configuração da rescisão indireta do contrato de trabalho do menor, arcando com todas as responsabilidades de uma despedida indireta. A regra está contida no parágrafo único do art. 407, da Consolidação das Leis do Trabalho:

> ... não tomar as medidas possíveis e recomendadas pela autoridade competente para que o menor mude de função, configurar-se-á a rescisão do contrato de trabalho, na forma do art. 483.

Pai ou responsável: Ao próprio pai ou responsável legal, é facultado pleitear a extinção do contrato de trabalho, desde que o serviço esteja acarretando para o menor prejuízo de ordem física ou moral.

17.3. OUTRAS OBRIGAÇÕES DO EMPREGADOR

O menor, por sua condição peculiar e pelas normas especiais estabelecidas pela legislação em vigor, exige do empregador algumas obrigações a mais, em relação ao trabalho do adulto.

Bons costumes: A Consolidação das Leis do Trabalho traz, em seu art. 425, diz que: *Os empregadores de menores de 18 (dezoito) anos são obrigados a zelar pela observância, nos seus estabelecimentos ou empresas, dos bons costumes e da decência pública, bem como das normas de segurança e medicina do trabalho.*

Freqüência à escola: Deve o empregador conceder ao menor de 18 (dezoito) anos, condições de estudo, e o legislador determinou que ... *será obrigado a conceder-lhe o tempo que for necessário para freqüência às aulas.*

Férias escolares e trabalhistas: No capítulo relativo a férias, algumas normas também protegem os menores de 18 (dezoito) anos, não permitindo que sejam concedidas em 2 (dois) ou mais períodos e, sim, de uma só vez. O menor também tem direito de fazer coincidir suas férias com as férias escolares, se estiver estudando regularmente.

17.4. NOS DOCUMENTOS, A ASSINATURA DO PAI

Em todos os documentos da relação empregatícia, o pai ou responsável legal deve assinar junto com o menor, ou seja, nos documentos de férias, de 13º salário, nos contratos de trabalho, nas rescisões de contrato de trabalho, nos documentos de aviso prévio etc.

Embora o menor possa assinar sozinho os recibos de pagamentos de salários, recomendamos que sempre o pai ou responsável legal, pelo menos coloque um visto no documento, para que dúvidas não venham a surgir no futuro, acarretando problemas ao empregador.

Capítulo 18

JUSTA CAUSA

A justa causa é todo ato faltoso grave, praticado por uma das partes, que dá ensejo à outra a rescindir o contrato de trabalho. A justa causa existe sempre que o ato faltoso cometido pelo empregado tenha gravidade suficiente para autorizar o empregador a rescindir o contrato de trabalho, sem obrigação de pagar determinadas verbas como: 40% (quarenta por cento) do Fundo de Garantia do Tempo de Serviço — FGTS, aviso prévio, férias e 13º salário proporcionais, etc.

18.1. ELENCO DE FALTAS GRAVES DA CLT

Inicialmente, vamos apresentar o elenco das faltas graves que dão ensejo à aplicação da penalidade cabível por justa causa, previstas pela CLT — Consolidação das Leis do Trabalho, no seu art. 482:

a) ato de improbidade;

b) incontinência de conduta ou mau procedimento;

c) negociação habitual por conta própria ou alheia sem permissão;

d) condenação criminal do empregado, passada em julgado;

e) desídia no desempenho das respectivas funções;

f) embriaguez habitual ou em serviço;

g) violação de segredo da empresa;

h) ato de indisciplina ou de insubordinação;

i) abandono de emprego;

j) ato lesivo da honra ou da boa fama praticado no serviço;

k) ato lesivo da honra e boa fama ou ofensas físicas;

l) prática constante de jogos de azar.

Parágrafo único. Constitui igualmente justa causa para dispensa do empregado, a prática, devidamente comprovada em inquérito administrativo, de atos atentatórios à segurança nacional.

18.2. ATO DE IMPROBIDADE (Alínea *a*)

Improbidade: É um ato desonesto (má-fé, fraude, dolo, malícia, simulação etc.). Para *Plácido e Silva*, em seu extraordinário "Vocabulário Jurídico", improbidade, na terminologia das leis trabalhistas, é a desonestidade, a falta de retidão, o procedimento malicioso, a atuação perniciosa. E o empregado que se enquadra na improbidade dá razões para que seja justamente despedido.

Duas faltas graves: O empregado que diminui a produção, sem qualquer motivo, comete um ato desonesto (de improbidade), que, também, pode ser classificado como "Desídia no desempenho das respectivas funções", alínea *e* do art. 482, da CLT.

Improbidade é o ato desonesto: Improbidade é aquela manifestação desonesta praticada pelo empregado, que venha causar danos materiais à empresa (atentado ao patrimônio). O ato praticado, mesmo que não resulte em prejuízos para o empregador, mas comprovada a desonestidade, igualmente constitui em falta grave de improbidade.

Desejo de causar o prejuízo: Para cometer o ato de improbidade, não é necessário que o empregado cause o dano material (que cometa o ato), basta simplesmente que tente ou que revele a sua intenção, como, por exemplo, o empregado que diz: *Vou danificar aquela máquina e assim o patrão verá o que é bom.*

Ele não cometeu o ato; mas, tem o seu desejo de causar prejuízo; por isso, é que deve ser punido por improbidade. O empregado que revela a intenção de causar danos materiais destrói a confiança de que era detentor até então. É, sem dúvida, um empregado desonesto, o que, conseqüentemente, leva a uma rescisão contratual, pois não há condições de se manter a relação empregatícia, quando se instala a desconfiança entre as partes.

18.3. INCONTINÊNCIA DE CONDUTA (Alínea *b*)

Aqui, o legislador reuniu, em uma única letra, dois atos faltosos semelhantes, os quais autorizam a aplicação da penalidade cabível por justa causa: a incontinência de conduta (assédio sexual) e o mau procedimento.

Mau procedimento: É uma justa causa de difícil análise, pois o bêbado, o agressor, o violador de segredos cometem, atos de mau procedimento e, no entanto, perante a nossa lei trabalhista, tais atos não são caracterizados como "mau procedimento", mas, sim, obedecem à seguinte caracterização: o bêbado tem por ato "embriaguez habitual ou em serviço"; o agressor, conforme quem agride, pode ter seu ato enquadrado na letra *j* ou *k* do art. 482, da CLT — Consolidação das Leis do Trabalho; o violador de segredo, encaixa-se na letra *g*. O mesmo sucede em relação a outros casos que podem ser enquadrados no mesmo artigo da CLT.

Atos de grosseria: O mau procedimento é aquele ato praticado pelo empregado que fere as regras dos bons costumes, aquele que perturba a paz, o respeito, o que se constitui em atos de grosseria, o que ofende a dignidade. Enfim, o empregado dotado de um comportamento incorreto, diríamos, é aquele "sem educação" no trato com colegas ou superiores.

Definição: O Vocabulário Jurídico dá-nos a seguinte definição de mau procedimento: *É o procedimento incorreto, irregular, que atenta contra as regras legais ou que fere a própria moral. É o modo de vida desregrado, inconveniente, ofensivo aos bons costumes e à decência.*

Incontinência de conduta: A incontinência de conduta permite uma análise melhor, pois tem a jurisprudência definido que tal ato implica desregramento de conduta ligado à vida sexual, direta ou indiretamente; é a falta de respeito ao sexo oposto, o mau comportamento sexual, a prática de pornografia no local de trabalho.

É o assédio sexual, tão em moda nos dias de hoje, que pode ser praticado pelo homem e pela mulher. Há outros casos de desrespeito ao sexo oposto, como: levar para o local de trabalho e expor, publicamente, revistas pornográficas, exibir as partes íntimas, dentre outros.

Péssimo cidadão é péssimo empregado: O empregado dotado de péssima conduta na sociedade, a nosso ver, é péssimo também no emprego, pois leva ao ambiente de trabalho o desregramento vivido lá fora e com isso produz menos, produz mal, pois está preocupado com os problemas causados. Cria más condições no ambiente de trabalho, o que prejudica o bom andamento de seu próprio serviço e dos colegas. Outras vezes, distrai os companheiros de trabalho com brincadeiras, com a narração dos casos vividos; quando não, faz inimizades com ofensas, diz palavrões, desrespeita o ambiente de trabalho com atos imorais e outros que caracterizam o mau procedimento ou incontinência de conduta.

18.4. NEGOCIAÇÃO HABITUAL (Alínea *c*)

Negociação habitual: Caracteriza o ato faltoso se o empregado negociar habitualmente, porque um único ato não é o bastante para que o empregador o dispense por justa causa. Pode ser dada uma advertência ou uma suspensão, de acordo com o regulamento interno.

Comete o ato o empregado que desvia clientes: Caracteriza o ato faltoso quando o empregado desvia clientes para outras empresas concorrentes. Contudo, se o empregador der permissão, não há que se falar em ato faltoso. A Lei não estabeleceu se tal permissão deve ser por escrito ou verbal; porém, somos favoráveis ao "preto no branco", isto é, por escrito, para que se evitem problemas futuros.

18.5. CONDENAÇÃO CRIMINAL (Alínea *d*)

Condenação criminal do empregado, passada em julgado, caso NÃO TENHA HAVIDO SUSPENSÃO DA EXECUÇÃO DA PENA; esta é a íntegra da alínea *d* do art. 482, da CLT.

O empregado somente poderá ser despedido por justa causa, quando o processo-crime movido contra ele for julgado procedente, transitar em julgado e for recolhido sob custódia do Estado. O fato de cumprir pena em liberdade, no caso de *sursis,* não dá ao empregador o direito de promover a despedida por justa causa.

Exemplo: Para facilitar o entendimento, basta citar o exemplo de um empregado que, envolvido em uma questão criminal, sofre contra si um processo-crime movido pelo Promotor de Justiça da Comarca. O Juiz de Direito, entendendo e considerando os bons antecedentes do réu, suspende a execução da pena (*sursis* — "Suspensão Condicional da Pena"). O empregado realmente cometeu o crime; porém, não foi recolhido à prisão, continuando em liberdade. Assim ocorrendo, não poderá ser despedido por justa causa.

18.6. DESÍDIA (Alínea *e*)

Desídia é derivado do latim *desidia,* de *desidere* (estar ocioso); é tida, na terminologia do Direito Trabalhista, como desleixo, a desatenção, a indolência com que o empregado executa os serviços que lhe estão afetos.

Falta comum: Desídia é uma das justas causas mais freqüentes, pois são muito comuns as ausências reiteradas ao serviço, sem qualquer justificativa, bem como os constantes atrasos no comparecimento ao local de trabalho.

Caracteriza desídia: A negligência, a imprudência e a imperícia caracterizam a desídia, veja:

— NEGLIGÊNCIA é a falta de cumprimento, é a omissão dos deveres a que está obrigado o empregado; como, por exemplo, a falta ao trabalho sem qualquer comunicação e sem justificativa. Podemos também considerar esse empregado indisciplinado.

— IMPRUDÊNCIA é a falta de atenção, imprevidência, descuido. Comete imprudência no trabalho o motorista que, por descuido, provoca um abalroamento. É, sem dúvida, um ato desidioso, pois, em virtude do descuido, ocorreu um mal que podia ser evitado.

— IMPERÍCIA é a inabilidade, ignorância e inexperiência. No sentido jurídico, é a falta de prática ou ausência de conhecimentos que se mostram necessários para o exercício de uma profissão ou de uma arte qualquer. Comete imperícia o ordenhador que, por falta de conhecimentos em ordenhas mecânicas, provoca danos ao equipamento.

Pode despedir: Para o jurista *Wagner Giglio*, "ao empregador é assegurado o direito de despedir o empregado improdutivo, por negligência, má vontade, desinteresse, falta de exação no cumprimento do dever, isto é, o desidioso".

Não confundir: Não podemos confundir desídia com dolo. Quando o empregado deseja realmente provocar danos com o intuito de prejudicar o empregador, ele comete o ato de improbidade, pois caracteriza má-fé, a intenção, é um ato desonesto.

18.7. EMBRIAGUEZ (Alínea *f*)

Duas são as formas de embriaguez que caracterizam a justa causa para despedir o empregado. A primeira, a embriaguez habitual, que ocorre na vida particular do empregado, fora do local de trabalho, mas que venha oferecer problemas e até prejuízos ao empregador. São os efeitos da bebida prejudicando o bom andamento dos serviços. A segunda, a embriaguez no serviço, é quando o empregado se apresenta embriagado no local de trabalho.

Comparecimento ao serviço embriagado: Ao se apresentar em estado de embriaguez no local de trabalho, o empregado comete falta grave; entretanto, é recomendável uma rigorosa apuração dos motivos que o levara a cometer tal ato, especialmente, quando isso ocorre pela primeira vez.

Não permitir a entrada: Em estado de embriaguez, o empregado sequer pode entrar no local de trabalho, especialmente, quando o serviço oferece riscos de acidentes. Permitindo o trabalho de empregado nessas condições, estará o empregador expondo-o a risco de vida, o que pode caracterizar "Despedida Indireta" (falta grave do empregador).

Problemas para o ambiente de trabalho: Há que se esclarecer que a embriaguez habitual somente caracteriza a falta grave, dando ensejo para demissão por justa causa, se o mesmo empregado levar para o ambiente de trabalho os problemas provocados pelo seu vício.

Tóxicos: A embriaguez que aqui destacamos não é tão-somente a resultante do álcool, mas também a de tóxicos (maconha, cocaína, ópio, etc.).

Interesse social: Para alguns juristas, esta falta grave para despedir o empregado constitui medida de interesse social no combate ao mal da embriaguez e deve ser mantida; porém, com a adoção paralela de assistência médica conveniente, pois o ébrio deve ser encarado como um doente.

Mau exemplo: Hoje, temos inúmeras entidades, preocupadas com o alcoólatra, mas, infelizmente, existem muitos viciados em bebida. E o que é mais grave, cidadãos de destaque na sociedade deixam o rastro do mau exemplo para os menos esclarecidos.

Responsabilidade do Estado: Cabe ao Estado cuidar da saúde das pessoas e não ao empregador e, também, a bebida alcoólica é uma droga lícita que o próprio Estado esquece-se de regulamentar, sendo injusto atribuir ao empregador mais este fardo, já que não tem culpa da inércia do Estado.

18.8. VIOLAÇÃO DE SEGREDO (Alínea g)

O ato de violação de segredo consiste na divulgação, sem autorização do empregador, de segredos da empresa tais como: patentes de invenção, métodos de execução, fórmulas, enfim, tudo aquilo que seja de conhecimento do empregado, que não pode ser de conhecimento público e cuja divulgação possa causar prejuízo.

Prejuízo: O ato de violação de segredo da empresa somente pode ser considerado como falta grave a ensejar justa causa, se provocar prejuízos ao empregador, e se comprovada, também, a má-fé do empregado.

Inexistência de má-fé: Se o empregado tem acesso o um segredo da empresa e o divulga, sem, no entanto, revelar má-fé e se isso não causar nenhum prejuízo ao empregador, a falta não é considerada como grave, afastando assim, a dispensa por justa causa, com o fulcro na alínea g do art. 482 da CLT — Consolidação das Leis do Trabalho.

Violação: Para o Jurista *Christovão Piragibe*, a justa causa na modalidade de "violação de segredo da empresa" ocorre se o empregado tomar conhecimento, ele próprio, de segredo do empregador, como se dá quando abre as gavetas a que não tem acesso, assim vindo a saber o que não deveria ser seu conhecimento. Mesmo que o empregado não revele a ninguém o que descobriu, já terá cometido a falta grave, pois praticou o ato de violação, perdendo a confiança depositada pelo empregador em sua pessoa.

18.9. ATO DE INDISCIPLINA (Alínea h)

Indisciplina e insubordinação: Essas duas faltas se assemelham e são muito confundidas no dia-a-dia, quando da aplicação das normas trabalhistas. Há, porém, diferença entre elas:

Indisciplina: Ocorre quando o empregado desrespeita ou deixa de cumprir uma norma geral de serviço, quando deixa de cumprir o regulamento interno da empresa ou propriedade rural. Por exemplo: consta do regulamento que é proibido apresentar-se ao local de trabalho munido de facas, peixeiras, armas de fogo ou explosivos de qualquer espécie; o empregado que desrespeita esta norma, está cometendo um ato de indisciplina.

Verbal: Mesmo que a ordem seja verbal, mas para todos os empregados, aquele que não a cumpre, comete o ato de indisciplina. Por exemplo: *Ninguém pode jogar futebol em horário de serviço.* O empregado que desobedece, comete indisciplina.

Insubordinação: Ocorre quando o empregado desrespeita uma ordem dada pessoalmente a ele pelo empregador ou gerente. Por exemplo: o gerente determina que faça a limpeza do escritório e ele (o empregado) não obedece. Sua recusa caracteriza-se num ato de insubordinação. Neste caso, a ordem tanto pode ser verbal, como escrita, desde que dirigida tão-somente para um determinado empregado, pois se for para os demais, enquadra-se no primeiro caso.

18.10. ABANDONO DE EMPREGO (Alínea *i*)

A nossa legislação trabalhista não definiu o número de dias para configurar o abandono de emprego. Apenas a Súmula n. 32, do TST — Tribunal Superior do Trabalho, diz que se configura abandono de emprego, quando o trabalhador não retornar ao serviço no prazo de 30 (trinta) dias, após a cessação do benefício previdenciário, nem justificar o motivo.

Não é preciso que o empregado permaneça por 30 dias afastado sem comunicação e sem justificativa, para caracterizar o abandono de emprego; basta que, num prazo bem inferior, passe a trabalhar para outro empregador em horário coincidente, e assim, estará configurado a falta grave de abandono de emprego, podendo ser despedido por justa causa.

Por outro lado, pode ocorrer que o empregado permaneça por prazo superior a 30 (trinta) dias, sem comunicação e não configure o abandono de emprego. É o caso de um empregado que, em viagem à localidade distante ou ao exterior, permanece retido, em função de falta de condução, ou por outro motivo qualquer, desde que plenamente justificado.

Com 1 dia: O abandono de emprego ocorre com 1 (um) dia ou tempo inferior, isto é, quando o empregado deixa de comparecer ao serviço e vai trabalhar em outra empresa. O simples fato de iniciar o trabalho em outro estabelecimento caracteriza a falta grave, pois o mesmo está revelando o desejo de não mais continuar na empresa, na qual está devidamente registrado e subordinado a um contrato de trabalho. Ocorrendo isso, o empregador pode, diante da falta grave, despedi-lo por justa causa ou aplicar a suspensão com perda dos vencimentos, oferecendo-lhe assim, uma oportunidade. A prova dessa falta grave pode ser a simples constatação de que o empregado iniciou o trabalho em outro emprego; mas o importante é ter um documento fornecido pelo novo empregador, comprovando o início de trabalho naquele estabelecimento.

Com 3, 4 ou mais dias: Outra situação muito comum que caracteriza a falta grave por abandono de emprego acontece quando o empregado falta ao trabalho por 3, 4 ou mais dias, sem qualquer motivo. Neste caso, comprovado que nada o impede de trabalhar, ele deve ser notificado pelo empregador a retornar ao trabalho, sob pena de, não retornando, caracterizar a falta grave de abandono de emprego.

Notificado o empregado e este não comparecendo no prazo estabelecido pelo empregador, temos então a falta grave caracterizada; podendo, neste caso, o empregado ser despedido por JUSTA CAUSA.

Não atendendo à notificação para retornar ao trabalho, e comprovado que nada impedia de retornar ao trabalho, o empregado, então, revela o desejo de não mais voltar a trabalhar, daí a razão de configurar a falta grave, prevista pela alínea *i*, do art. 482, da CLT — Consolidação das Leis do Trabalho.

Com 30 dias: É recomendável ao empregador aguardar 30 (trinta) dias para ter confirmado o abandono de emprego, quando o empregado se ausenta do trabalho e desaparece, isto é, encontra-se em Lugar Incerto e Não Sabido — LINS e, é impossível convocá-lo para retornar ao trabalho.

Não publicar: Diante da situação, o empregador deve certificar-se de que o empregado realmente está em lugar incerto e não sabido. O meio mais eficaz é mediante convocação feita por cartório (de títulos e documentos) ou por mensageiros acompanhados por testemunhas.

A publicação de edital de convocação por abandono de emprego não tem valor algum como prova do abandono de emprego e pode acarretar sérios prejuízos ao trabalhador, com o risco ao empregador de uma ação judicial por dano moral.

Certidão de prova: Comparecendo à residência do empregado, o oficial do cartório encarregado da diligência certificará que o mesmo está em lugar incerto e desconhecido, após, inclusive, ouvir vizinhos. A certidão do oficial é o documento que servirá de prova, perante a Justiça do Trabalho, se for preciso.

Publicar edital de convocação em jornal: Como já exposto, pode trazer sérias conseqüências ao empregador, inclusive ação por dano moral, podendo o empregador ser condenado ao pagamento de pesadas indenizações, diante do dano causado.

18.11. ATO LESIVO À HONRA (Alíneas *j* e *k*)

Constitui justa causa para despedimento do empregado o ato de ofender a honra de alguém, pois se trata de um ato lesivo a um bem jurídico que o Direito tutela, que é a honra e a boa fama das pessoas. O ofendido pode ser o empregador, o administrador, colegas de trabalho, visitantes, clientes da empresa ou terceiros, desde que se relacionem com o empregador ou com o trabalho.

A ofensa à honra ocorre por calúnia, por difamação ou por injúria.

Calúnia: Consiste em imputar falsamente a alguém a prática de um ato definido na lei como infração penal. Por exemplo: o gerente está praticando desfalque contra a empresa.

Difamação: É menos grave e consiste na imputação falsa de um ato lesivo à honra e à boa fama, embora não definido como infração penal. Por exemplo: o chefe de pessoal mantém relacionamento sexual com a vizinha.

Injúria: É ainda menos grave, é a ofensa direta. A sua forma mais comum é o xingamento, o palavrão, o gesto obsceno para ofender. Por exemplo: você é corrupto, você é um moleque de rua e outras maneiras de xingar o superior hierárquico ou colega de trabalho.

Ofensas físicas: Nas mesmas alíneas (*j* e *k* do art. 482 da CLT), o legislador trata da ofensa física praticada contra o empregador, administrador, colegas de trabalho ou outras pessoas. É a prática de agressão, tentada ou consumada, no local de trabalho ou que tenha relação com o trabalho. É, sem dúvida, uma falta grave que autoriza demissão, por justa causa, do agressor.

Legítima defesa: Se o empregado, porém, agir em legítima defesa (a repulsa da força pela força diante do perigo apresentado pela injusta agressão, atual e iminente, quando outro meio não se apresenta para evitar o perigo ou a ofensa que dela possa resultar), não há que se falar em justa causa, pois o empregado está se defendendo de uma agressão injusta, como já frisamos.

18.12. PRÁTICA DE JOGOS DE AZAR (Alínea *l*)

Para configurar a falta grave e a despedida por justa causa, a prática de jogos de azar há que ser habitual e no local de trabalho.

Jogos de azar são descritos pela legislação contravencional em vigor, tais como o jogo do bicho, as rifas não autorizadas, apostas de corridas de cavalo fora do hipódromo.

Outros, mesmo que não relacionados aos jogos proibidos, mas que venham a empregar dinheiro, também são considerados jogos de azar e, quando realizados no local de trabalho, a justa causa é configurada.

No local de trabalho, são comuns as rifas de objetos pessoais, eletrodomésticos, aparelhos de som etc. São consideradas rifas não autorizadas e, portanto, caracterizam a falta grave.

18.13. PARTICIPAÇÃO EM GREVE

Caracteriza justa causa para dispensa do empregado ou empregados a participação em greve considerada ilegal ou abusiva. A Lei n. 7.783/89 dispõe sobre o exercício do direito de greve.

Abuso: O art. 14, da Lei n. 7.783/89, diz que: *Constitui abuso do direito de greve a inobservância das normas contidas na presente Lei, bem como a manutenção da paralisação após a celebração do acordo, convenção ou decisão da Justiça do Trabalho.*

Ilegal: É a greve deflagrada sem a observância do art. 2º, da Lei n. 7.783/89, que considera a greve legítima, se feita pacificamente. A violência, a obstrução da entrada de colegas que queiram trabalhar, a destruição de bens da empresa, tornam a greve ilegal.

18.14. DESRESPEITO ÀS NORMAS DE SEGURANÇA

Se o empregado não respeitar as normas de segurança e higiene do trabalho, ou as instruções expedidas para evitar os acidentes e/ou doenças do trabalho, também estará cometendo falta grave (alínea *h* do art. 482, da CLT) podendo ser despedido por justa causa. As regras para evitar acidentes devem ser observadas com rigor pelos empregados, visando assim, a evitar acidentes e doenças do trabalho.

18.15. PUNIÇÃO TEM QUE SER ATUAL

Constatado que o empregado cometeu um ato faltoso, o empregador deve tomar as providências cabíveis desde logo. Isto também não quer dizer que a punição deva ser aplicada no minuto seguinte. Pode haver um lapso de tempo, digamos até uns 10 (dez) dias após a ocorrência.

É importante esclarecer que o ato faltoso deve ser punido tão logo o empregador tome conhecimento. Isso, às vezes, pode levar meses e nem por isso extingue-se o prazo para aplicação da penalidade. Ora, se o empregador não puniu antes, é porque não teve conhecimento da falta grave do empregado; daí o direito de aplicar a penalidade tão logo chegar ao seu conhecimento a referida falta. Por exemplo: o empregado danifica máquina, com o intuito de prejudicar o empregador. Este somente toma conhecimento 20 (vinte) dias depois. Neste caso, a sanção pode ser aplicada após tomar ciência da falta grave cometida pelo empregado.

18.16. PUNIÇÃO EXCESSIVA

A punição aplicada de modo excessivo, sem dúvida importa em injustiça. Deve haver uma certa proporção entre a aplicação da pena e o ato praticado, pois não é qualquer falta que deve ser punida com a dispensa do empregado por justa causa.

O bom senso deve imperar ao avaliar uma falta cometida para se evitar injustiça. Se o empregado chega alguns minutos atrasado ao serviço, não é motivo para a sua demissão por justa causa. É cabível uma advertência verbal e, na ocorrência de reiterados atrasos, aí sim, o empregador deve aplicar as penalidades segundo o regulamento interno dos empregados (da empresa), tais como, advertência por escrito, suspensão do trabalho (com descontos dos dias ausentes) e, finalmente, não sendo possível corrigir o faltoso, a demissão por justa causa é a solução.

18.17. DUPLA PENALIDADE NÃO É CABÍVEL

O empregador não pode aplicar duas penalidades por uma mesma falta grave. Isso acarreta intranqüilidade ao empregado, porque já punido, fica aflito diante da possibilidade de vir a sê-lo outra vez.

O que pode acontecer, é o empregado ser surpreendido brincando em horário de serviço, e, ao ser repreendido pelo empregador, com uma advertência verbal, responder de maneira grosseira retrucando. Neste caso, sim, é cabível uma segunda punição: uma advertência por escrito, uma suspensão ou, dependendo das circunstâncias, até mesmo a demissão por justa causa.

18.18. SANÇÕES APLICÁVEIS AO EMPREGADO INFRATOR

O Regulamento Interno dos Empregados, cujo assunto tratamos no capítulo dos Contratos de Trabalho, deve trazer um artigo onde enumere as sanções aplicáveis ao empregado em caso de transgressões às normas estabelecidas pelo próprio Regulamento Interno dos Empregados, podendo ser:

a) advertência verbal;

b) advertência por escrito;

c) suspensão até 15 (quinze) dias, com perda de vencimentos e de outras vantagens paralelas;

d) demissão por justa causa.

Como já dissemos, nem sempre um ato faltoso pode caracterizar a demissão por justa causa, razão pela qual o regulamento deve trazer um elenco de punições que devem ser aplicadas de acordo com a falta cometida.

Note bem: A suspensão disciplinar do empregado por mais de 30 (trinta) dias consecutivos importa na rescisão injusta do contrato de trabalho (art. 474, da CLT).

Advertência verbal e por escrito: Pela ordem, ao cometer um ato faltoso não tão grave, o empregado deve ser advertido verbalmente. A advertência verbal deve ser anotada no livro, ou registro informatizado de empregados, no espaço destinado às observações. Não podem ser feitas anotações na Carteira de Trabalho sobre punições disciplinares; somente no livro, ficha ou sistema informatizado (documentos internos, não públicos).

Reincidência: Na reincidência do ato faltoso (ou mesmo sendo a primeira vez, desde que a falta seja um tanto grave), cabe uma advertência por escrito, também com anotação no livro, ficha ou registro informatizado de empregados (na Carteira de Trabalho, não). A advertência deve ser datilografada em 2 vias. A primeira via entregue ao empregado e a segunda via com o seu "ciente" deve ser arquivada em sua pasta de documentos.

Recusa: Recusando-se o empregado a receber a advertência, ou apor o seu "ciente", na 2ª via, deve o empregador ou preposto colher as assinaturas de duas testemunhas que comprovem a recusa do empregado faltoso em aceitar a advertência. As assinaturas das duas testemunhas são o suficiente e, para todos os efeitos, a advertência foi dada; devendo o empregador registrar o fato na ficha ou livro de registro de empregados. Na Carteira de Trabalho, nenhuma anotação pode ser feita; aliás, não há nem espaço para isso.

Note bem: Não basta as assinaturas das testemunhas, é preciso os endereços e respectivos RGs (identidade oficial) das mesmas.

Suspensão: Tendo o empregado já recebido uma advertência verbal e uma advertência por escrito e, ainda, voltar a cometer o ato faltoso ou uma falta grave que justifique a suspensão dos serviços, pode o empregador determinar o afastamento, até que se cumpra a pena de suspensão imposta, que pode ser de 1 (um) a 15 (quinze) dias, conforme venha a ser definido no Regulamento Interno dos Empregados. A suspensão também deve ser feita em 2 (duas) vias. A 1ª via entregue ao empregado e a 2ª via com o "ciente" deve ser arquivada junto à carta de advertência (se for o caso).

Recusa: A exemplo da carta de advertência, se o empregado se recusar a assinar "ciente" na 2ª via da suspensão, o empregador deve fazer a entrega da carta na presença de duas testemunhas, comprovando, assim, que o empregado recusou-se a assinar e receber a carta de suspensão. Não esqueça de colocar os nomes completos das testemunhas, seus endereços e identidades (RG). Caso o empregado compareça ao trabalho nos dias em que deve estar suspenso, o empregador não pode permitir que trabalhe, sob pena de perdão tácito.

Descontos: Uma vez suspenso, deve ser criteriosamente descontado dos salários os dias em que tenha permanecido suspenso. Caso o empregador não faça o desconto devido (em folha de pagamento), a suspensão será considerada sem efeito, como se não tivesse sido dada (caracteriza-se perdão). Portanto, uma vez dada a suspensão, os dias devem ser descontados dos salários em folha de pagamento.

Demissão por justa causa: Conforme já comentamos, há faltas graves que não comportam uma demissão por justa causa na primeira ocorrência. Embora o legislador não tenha estabelecido a obrigatoriedade de gradação de pena, é recomendável observar o Regulamento Interno dos Empregados, aplicando primeiro uma advertência, depois uma suspensão disciplinar, para, finalmente, promover a despedida por justa causa. É recomendável a gradação de penas, em caso de desídia, indisciplina, insubordinação, visando evitar certas surpresas que ocorrem na Justiça do Trabalho.

Justa causa de imediato: Há também os atos faltosos que devem, de imediato, provocar a punição do empregado pela demissão por justa causa. É o caso de ato de improbidade, onde o empregado revela a má-fé, o desejo de praticar o dano, visando ao prejuízo do patrão. O empregado que comete faltas tão graves não pode ser mantido na empresa ou propriedade rural.

Não há aviso prévio: Na demissão por justa causa, não há aviso prévio: o empregado deve ser imediatamente despedido. Havendo o cumprimento do aviso prévio, estará descaracterizada a justa causa, pois, se o empregado foi mantido no emprego durante o prazo do aviso, presume-se que o ato faltoso não foi tão grave, pois permitiu a continuação das relações de trabalho. Na demissão por justa causa, portanto, o empregado deve ser afastado imediatamente do serviço.

Providência policial: Caso ocorra um ato faltoso, como por exemplo do empregado que venha a colocar pedras na engrenagem de uma máquina, com o desejo de causar danos ao empregador, o fato deve ser levado ao conhecimento da autoridade policial, para as providências de praxe e, inclusive, a expedição de um BO — Boletim de Ocorrência, que será documento bastante para comprovar o ato faltoso.

Antes de registrar denúncia contra o empregado, é recomendável procurar um advogado, para evitar riscos de ações judiciais por dano moral.

Capítulo 19

DESPEDIDA INDIRETA

Despedida indireta ocorre quando o empregador comete uma falta grave. Tem-se que o empregador, não desejando continuar a relação empregatícia, comete a falta grave que caracteriza a DESPEDIDA INDIRETA.

Quando o empregador comete a falta grave — uma das previstas pelo art. 483, da CLT, ele dá ensejo a que o empregado promova a rescisão do contrato de trabalho, com todos os direitos trabalhistas a que faz jus (multa de 50% do FGTS, férias e 13º salários integrais e proporcionais etc.).

Art. 483, da CLT: Vamos conhecer o art. 483, da Consolidação das Leis do Trabalho, que traz o elenco de faltas cometidas pelo empregador e que facultam ao empregado considerar-se demitido; porém, com todos os direitos assegurados:

Art. 483. O empregado poderá considerar rescindido o contrato de trabalho e pleitear a devida indenização quando:

a) forem exigidos serviços superiores às suas forças, defesos por lei, contrários aos bons costumes ou alheios ao contrato;

b) for tratado pelo empregador ou por seus superiores hierárquicos com rigor excessivo;

c) correr perigo manifesto de mal considerável;

d) não cumprir o empregador as obrigações do contrato;

e) praticar o empregador ou seus prepostos, contra ele ou pessoas de sua família, ato lesivo da honra e boa fama;

f) o empregador ou seus prepostos ofenderem-no fisicamente, salvo em caso de legítima defesa, própria ou de outrem;

g) o empregador reduzir o seu trabalho, sendo este por peça ou tarefa, de forma a afetar sensivelmente a importância dos salários.

§ 1º O empregado poderá suspender a prestação dos serviços ou rescindir o contrato, quando tiver de desempenhar obrigações legais, incompatíveis com a continuação do serviço.

§ 2º No caso de morte do empregador constituído em empresa individual, é facultado ao empregado rescindir o contrato de trabalho.

§ 3º Nas hipóteses das letras *d* e *g*, poderá o empregado pleitear a rescisão de seu contrato de trabalho e pagamento das respectivas indenizações, permanecendo ou não no serviço até final decisão do processo.

19.1. SERVIÇOS SUPERIORES (Alínea *a*)

A alínea *a* do art. 483, da CLT, traz que o empregador não poderá exigir serviços superiores às forças do empregado. Forças que o empregado não possui, quer fisicamente, quer tecnicamente. A legislação impede expressamente como, por exemplo, o trabalho da mulher gestante 28 dias antes e 92 (noventa e dois) dias depois do parto.

Não pode, também, exigir serviços contrários aos bons costumes, ou que possam atingir a moral do empregado, e tampouco serviços que não constem do contrato, como por exemplo: exigir que o contador faça limpeza de banheiros.

19.2. TRATAR COM RIGOR EXCESSIVO (Alínea *b*)

O empregador ou seu preposto, bem como familiares, não podem tratar o empregado com rigor excessivo. Entende-se como rigor excessivo a imposição de trabalho penoso, o tratamento grosseiro contra o empregado e a aplicação de penas severas demais, por mais grave que seja a falta cometida.

19.3. CORRER O PERIGO (Alínea *c*)

Não pode o empregador expor o empregado a perigo manifesto de mal considerável, nem, tampouco, colocá-lo diante de um risco excepcional, não necessário e alheio ao contrato de trabalho. Entretanto, se o risco está no rol das atividades do empregado, não há que falar em motivo para "despedida indireta".

19.4. NÃO CUMPRIR AS OBRIGAÇÕES (Alínea *d*)

As obrigações assumidas pelo empregador, no contrato de trabalho, devem ser integralmente cumpridas sob pena de o empregado pleitear a rescisão do contrato, com todos os direitos trabalhistas, pois o empregador que deixar de satisfazer as cláusulas do contrato, segundo a letra *d* do art. 483, da CLT, comete o ato faltoso por "Não cumprir as obrigações do contrato", dando justa causa para que o empregado exerça o seu direito.

19.5. ATO LESIVO À HONRA (Alínea *e*)

Se o empregador ou seus prepostos praticarem atos lesivos à honra e boa fama, contra a pessoa do empregado ou qualquer pessoa de sua família, tais como calúnia e difamação, é dado ao empregado o direito de rescindir o contrato por justa causa, com todos os direitos trabalhistas.

19.6. OFENSAS FÍSICAS (Alínea *f*)

Ofensas físicas praticadas contra o empregado estão previstas pela alínea *f* do art. 483, da CLT e consistem em o empregador ou seus prepostos ofenderem o empregado fisicamente, em qualquer lugar, mesmo fora do local de trabalho, desde que com relação a esse mesmo trabalho. Diz a lei: ... *salvo em caso de legítima defesa, própria ou de outrem.*

19.7. REDUZIR AS TAREFAS DO EMPREGADO (Alínea *g*)

Finalmente, constitui justa causa para o empregado pleitear a rescisão do contrato de trabalho, com todos os direitos, o fato de o empregador reduzir-lhe as tarefas, isto quando ele trabalha por peça ou por tarefa. Reduzindo o trabalho do empregado de forma a afetar sensivelmente a importância da remuneração, comete o empregador o ato faltoso. Se o empregador reduzir o trabalho de forma a não afetar a remuneração do empregado, não há que falar em justa causa.

19.8. DECISÃO DA JUSTIÇA

Se o empregado exerce o direito previsto pelo art. 483, da CLT, no que tange ao fato de o empregador "não ter cumprido as obrigações do contrato" ou "reduzir o trabalho do empregado, sendo este por peça ou tarefa, de forma a afetar sensivelmente a importância dos salários", pode pedir a rescisão do contrato de trabalho e o pagamento das respectivas indenizações, permanecendo ou não no serviço até o final do processo.

19.9. ACORDO ENTRE EMPREGADO E EMPREGADOR

A exemplo das justas causas para despedimento do empregado, aqui também nem todas as faltas apresentadas são consideradas tão graves que justifiquem imediatas providências contra o empregador. Faz-se necessário o diálogo, o bom senso e, uma vez sanadas as cláusulas contratuais violadas, não há mais que falar em justa causa.

Existem faltas que não permitem a continuidade da relação empregatícia; é o caso de serem praticados contra o empregado atos lesivos à honra ou boa fama, de perigo manifesto de mal considerável, de exigências de forças superiores. Nestes casos, é cabível a rescisão, pelo empregado, por justa causa, com o recebimento de todos os direitos trabalhistas.

Capítulo 20

AVISO PRÉVIO

Aviso prévio é a notificação antecipada à parte contrária, manifestando o desejo de não mais continuar o vínculo empregatício até então mantido entre as partes (empregado e empregador).

A Constituição Federal de 1988 prevê que o aviso prévio deva ser proporcional ao tempo de serviço, isto é, o prazo do aviso, a lei ainda dirá, conforme estabelece a própria Constituição; entretanto, enquanto não promulgada a lei que determinará tal proporcionalidade, o prazo do aviso é único de 30 (trinta) dias, como está no inciso XXI do art. 7º, da Carta Magna de 1988:

> XXI — aviso prévio proporcional ao tempo de serviço, sendo no mínimo de trinta dias, nos termos da lei.

Até o dia 4 de outubro de 1988 (promulgação da Carta Magna em 5.10.1988), havia o aviso prévio de 8 (oito) dias, devido ao empregado que tivesse o pagamento efetuado por semana ou tempo inferior.

20.1. QUANDO É CABÍVEL

O aviso prévio só é cabível nos contratos por prazo indeterminado. Diz a lei que não havendo prazo estipulado, a parte que, sem justo motivo, quiser rescindir o contrato, deverá avisar a outra da sua resolução, com a antecedência mínima de 30 (trinta) dias. A regra está prevista no art. 487, da Consolidação das Leis do Trabalho — CLT, com as alterações do inciso XXI do art. 7º, da Constituição Federal de 1988.

Não importa a forma de pagamento (se por dia, semana ou mês), o contrato sendo de prazo indeterminado, o AVISO PRÉVIO é de, no mínimo 30 (trinta) dias.

Contrato de Experiência: Nos contratos de prazo determinado não há aviso prévio; entretanto, se houver rescisão antecipada (art. 481, da CLT) é cabível. Veja a Súmula n. 163 do TST:

> Cabe aviso prévio nas rescisões antecipadas dos contratos de experiência na forma do art. 481 da CLT.

20.2. FALTA DE AVISO PRÉVIO PELO EMPREGADOR

Se o empregador promove a dispensa do empregado sem justa causa e não dá o aviso prévio, deve pagar os salários referentes ao período do aviso, 30 (trinta) dias. A regra está contida no § 1º do art. 487, da CLT: *A falta de aviso prévio por parte do empregador dá ao empregado o direito aos salários correspondentes ao prazo do aviso, garantida sempre a integração desse período no seu tempo de serviço.* Isto é, paga ao empregado o valor do aviso prévio 30 (trinta) dias e ainda conta-se o prazo do aviso para todos os efeitos legais.

20.3. FALTA DE AVISO PRÉVIO PELO EMPREGADO

Ocorrendo o contrário, isto é, o empregado deixando de cumprir o prazo do aviso prévio, o empregador poderá descontar o valor correspondente ao período do aviso e não conta o prazo para efeito algum. Cessa naquele dia o vínculo empregatício. Veja o que diz o § 2º do art. 487, da CLT: *A falta de aviso prévio por parte do empregado dá ao empregador o direito de descontar os salários correspondentes ao prazo respectivo.*

20.4. REDUÇÃO DO AVISO PRÉVIO

No caso de rescisão de contrato por culpa recíproca, segundo o entendimento do legislador, é que o empregado passa a fazer jus a 50% (cinqüenta por cento) do aviso prévio conforme prevê a Súmula n. 14, do Tribunal Superior do Trabalho — TST: *Reconhecida a culpa recíproca na rescisão do contrato de trabalho (art. 484 da CLT), o empregado tem direito a 50% (cinqüenta por cento) do valor do aviso prévio, do décimo terceiro salário e das férias proporcionais.*

20.5. NÃO HÁ AVISO PRÉVIO

Como vimos, o aviso prévio é devido apenas em se tratando de contrato de prazo indeterminado, salvo as hipóteses de rescisão antecipada nos de prazo determinado. Vejamos agora a hipótese em que não há aviso prévio:

Rescisão por justa causa: Se o empregado comete uma falta grave (conforme art. 482, da CLT) e é despedido por justa causa, também, não há aviso prévio. A dispensa deve ser imediata, pois se o empregador der o aviso prévio, teremos a descaracterização da justa causa, pois a falta não seria considerada tão grave, já que o empregado cumpriria o período do aviso prévio.

20.6. TEMPO PARA PROCURAR OUTRO EMPREGO

Quando o empregado é despedido sem justa causa pelo empregador, ele necessita de um tempo durante o prazo do aviso para procurar outro emprego.

No trabalho urbano: Quando se tratar de empregado urbano, despedido pelo empregador, sem justa causa, ele terá direito a sair mais cedo todos os dias, sendo 2 (duas) horas a menos de trabalho por dia. A regra está no art. 488, da CLT, que assim prevê: *O horário normal de trabalho do empregado, durante o prazo do aviso, e se a rescisão tiver sido promovida pelo empregador, será reduzido de duas horas diárias, sem prejuízo do salário integral.* O parágrafo único do mesmo artigo consolidado permite ao empregado trabalhar sem redução das 2 (duas) horas diárias e substituir essas horas por 7 (sete) dias corridos.

Proibido pagar em horas extras: A Lei não admite trocar as horas a que o empregado tem direito para procurar outro emprego por horas extras, isto é, receber as horas em dinheiro. Veja o Súmula n. 230, do TST:

> Aviso prévio. Substituição pelo pagamento das horas reduzidas da jornada de trabalho: É ilegal substituir o período que se reduz da jornada de trabalho, no aviso prévio, pelo pagamento das horas correspondentes.

No trabalho rural: No trabalho rural, o empregado faz jus a 1 (um) dia por semana, em caso de dispensa sem justa causa, pelo empregador. A regra está na Lei do Trabalho Rural, no art. 15, da Lei n. 5.889/73: *Durante o prazo do aviso prévio, se a rescisão tiver sido promovida pelo empregador, o empregado rural terá direito a um dia por semana, sem prejuízo do salário integral, para procurar outro emprego.*

No pedido de demissão: A redução de 2 (duas) horas por dia no caso dos urbanos e 1 (um) dia por semana no caso dos rurais, como vimos, só se aplica na despedida sem justa causa promovida pelo empregador. Quando o empregado pede demissão, não há redução de horas ou dias, pois se presume que o empregado já tenha conseguido novo emprego.

20.7. RECONSIDERAÇÃO DO AVISO PRÉVIO

Diz a lei que: *Dado o aviso prévio, a rescisão torna-se efetiva depois de expirado o respectivo prazo; mas, se a parte notificante reconsiderar o ato, antes de seu termo, à outra parte é facultado aceitar ou não a reconsideração.*

Havendo o aceite da reconsideração, o contrato de trabalho continuará a vigorar como se nenhum aviso prévio tivesse sido dado.

Normalmente, isso ocorre com o empregado que tem uma outra colocação em vista e que lhe oferece melhores salários e condições. Assim ele acaba pedindo demissão e, antes que o aviso prévio chegue ao seu termo, ocorre problema com o novo emprego. Sua alternativa é, então, pedir a reconsideração do aviso dado.

20.8. RENÚNCIA DO AVISO PRÉVIO

No tópico anterior, abordamos sobre a reconsideração. A parte interessada pode, a qualquer instante, reconsiderar o aviso dado, anulando-o. A legislação não prevê a possibilidade de renúncia do aviso prévio pelo empregado, isto é, ele não pode simplesmente renunciar ao direito do aviso prévio. Assim, se o empregador aceitar o pedido de dispensa do aviso prévio do empregado, terá de pagar-lhe o valor correspondente ao período de 30 (trinta) dias.

Sobre este assunto, anotamos a Súmula n. 276, do Tribunal Superior do Trabalho — TST:

O direito ao aviso prévio é irrenunciável pelo empregado. O pedido de dispensa de cumprimento não exime o empregador de pagar o valor respectivo, salvo comprovação de haver o prestador dos serviços obtido novo emprego. Referência: Consolidação das Leis do Trabalho, arts. 8º, 9º e 487.

O empregador, portanto, só pode aceitar a renúncia ao aviso prévio, se o empregado apresentar, por escrito, comprovante de que já tem um novo emprego ajustado.

20.9. NA DESPEDIDA INDIRETA É CABÍVEL O AVISO PRÉVIO

Quando o empregado deseja rescindir o contrato de trabalho, diante da chamada *"Despedida Indireta"*, isto é, quando o empregador comete um ato faltoso que permite ao empregado pleitear a rescisão do contrato de trabalho, por justa causa, com todos os direitos trabalhistas, diz o § 4º do art. 487, da CLT, introduzido pela Lei n. 7.108/83, que: *É devido o aviso prévio na despedida indireta.*

20.10. JUSTA CAUSA NO AVISO PRÉVIO

Estando o empregado sob aviso prévio e, nesse prazo, vir a cometer uma das faltas previstas por lei (improbidade, agressão, incontinência de conduta etc.), pode ser despedido imediatamente, perdendo o direito ao restante do aviso prévio. Diz o art. 491, da CLT: *O empregado que, durante o prazo do aviso prévio, cometer qualquer das faltas consideradas pela lei como justas causas para a rescisão, perde o direito ao restante do respectivo prazo.*

20.11. QUANDO O EMPREGADOR COMETE FALTA

No caso de o empregador despedir o empregado sem justo motivo, determinando o cumprimento do período de AVISO PRÉVIO e, no curso desse aviso cometer uma das faltas previstas pelo art. 483, da CLT (exigir serviços superiores às forças do empregado, expor o empregado a risco de vida, não cumprir as obrigações do contrato etc.), está sujeito ao pagamento do restante do aviso prévio e demais direitos devidos.

Veja o que diz o art. 490, da CLT: *O empregador que, durante o prazo do aviso prévio dado ao empregado, praticar ato que justifique a rescisão indireta do contrato, sujeita-se ao pagamento da remuneração correspondente ao prazo do referido aviso, sem prejuízo da indenização que for devida.*

20.12. AVISO PRÉVIO INDENIZADO

A Lei n. 10.218, de 11 de abril de 2001, acrescenta os §§ 5º e 6º ao art. 487, da Consolidação das Leis do Trabalho — CLT. Os novos parágrafos assim estabelecem:

Art. 487. ....

§ 5º O valor das horas extraordinárias habituais integra o aviso prévio indenizado.

§ 6º O reajustamento salarial coletivo, determinado no curso do aviso prévio, beneficia o empregado pré-avisado da despedida, mesmo que tenha recebido antecipadamente os salários correspondentes ao período do aviso, que integra seu tempo de serviço para todos os efeitos legais.

Importante destacar que o § 5º, do art. 487 da CLT não deixa dúvida: o valor das horas extras integra o salário, tão-somente se ficar provado que o trabalho em horas extras é realizado com habitualidade.

Capítulo 21

PRESCRIÇÃO

Prescrição é a perda do direito de reclamar. Se o empregado faz jus a determinado direito e deixa extinguir-se o prazo para pleiteá-lo, diz-se que o direito está prescrito, isto é, não pode mais ser reclamado.

O Vocabulário Jurídico diz que *a prescrição exprime o modo pelo qual o direito se extingue, em vista do não exercício dele, por certo lapso de tempo.* Não podemos confundir prescrição com decadência. Na prescrição, o direito não perece, apenas se torna inexigível. Na decadência, há o próprio perecimento do direito.

21.1. PRESCRIÇÃO — TRABALHO URBANO E RURAL

No trabalho **urbano** e **rural**, a prescrição se verifica após 5 (cinco) anos, contados, a partir da lesão ao direito. A norma está contida na Constituição Federal de 1988, art. 7º, XXIX, já com a nova redação dada pela EMENTA CONSTITUCIONAL N. 28, de 25 de maio de 2000, veja:

> XXIX — ação, quanto aos créditos resultantes das relações de trabalho, com prazo prescricional de cinco anos para os trabalhadores urbanos e rurais, até o limite de dois anos após a extinção do contrato de trabalho.

Durante o vínculo empregatício: Durante a vigência do contrato de trabalho, tendo o empregado o direito violado, ele dispõe de 5 (cinco) anos para pleiteá-lo. *Por exemplo:* 13º salário de 2003, não recebendo até o dia 20.12.03, a partir do dia seguinte, 21 de dezembro do mesmo ano (2003), começa a contagem do prazo para reclamar, encerrando-se o prazo, então, em 20 de dezembro de 2008. Se o empregado não reclamar esse pagamento até o dia 20.12.08, estará o direito PRESCRITO.

Encerrado o vínculo empregatício: Quando se verifica a cessação do contrato de trabalho, o prazo prescricional é de 2 (dois) anos, isto é, o empregado dispõe de 2 (dois) anos para reclamar os direitos referentes aos últimos 5 (cinco) anos de trabalho (de vigência do contrato). Entretanto, se deixar passar 1 (um) ano para entrar com o pedido, só restarão os direitos referentes a 4 (quatro).

21.2. CONTRA O MENOR NÃO CORRE PRESCRIÇÃO

Tanto o menor que trabalha na cidade como o do campo, enquanto não completar 18 (dezoito) anos de idade, não há falar em prescrição, isto é, não corre prazo prescricional (art. 440, da CLT e art. 10, da Lei n. 5.889/73).

21.3. COMPROVAÇÃO QÜINQÜENAL — TRABALHO RURAL

Com o advento da Emenda Constitucional n. 28, de 25 de maio de 2000, com vigência a partir de 26 de maio de 2000, foi revogado o art. 233, da Constituição Federal de 1988, extinguindo, assim, a COMPROVAÇÃO QÜINQÜENAL.

21.4. PRESCRIÇÃO NA APOSENTADORIA POR INVALIDEZ

A aposentadoria por invalidez é concedida ao empregado que, estando ou não em gozo de auxílio-doença, for considerado incapaz para o trabalho e insuscetível de reabilitação para o exercício de atividade que lhe garante a subsistência, e ser-lhe-á paga enquanto permanecer nessa condição.

É habitual escutar-se falar do prazo de 5 (cinco) anos para a determinação do benefício; porém, essa regra não se aplica há vários anos, isto é perfeitamente demonstrado na Súmula n. 160, do TST:

> Cancelada a aposentadoria por invalidez, mesmo após 5 (cinco) anos, o trabalhador terá direito de retornar ao emprego, facultado, porém, ao empregador indenizá-lo na forma da lei.

Nota-se que a aposentaria por invalidez de um modo geral, é provisória, podendo a qualquer momento ser restabelecida, tendo em vista a recuperação do empregado, e ainda os avanços notáveis da medicina.

O art. 475, da CLT traz que o empregado que for aposentado por invalidez terá suspenso o seu contrato de trabalho durante o prazo fixado pelas leis de previdência social para efetivação do benefício.

É sabido que a efetivação do benefício de aposentadoria nunca ocorrerá, pois tem em sua essência natureza provisória, salvo a conversão em aposentadoria por idade; portanto, não haverá o término do contrato.

A dúvida que emerge é quanto à aplicabilidade da prescrição na aposentadoria por invalidez.

Isto tem provocado certa celeuma na aplicação da prescrição, pois alguns entendem que a prescrição bienal conta-se a partir do deferimento da invalidez permanente e a qüinqüenal a partir da propositura da ação. Outros, porém, dizem que durante o lapso temporal da invalidez não há de se falar em prescrição bienal, tendo em vista a suspensão do contrato trabalho pela aposentadoria por invalidez; por outro lado a prescrição qüinqüenal é aplicável porque nada o impede de exercer o direito de ação.

Imaginemos a seguinte proposição, onde determinado empregado sofre acidente de natureza grave por negligência do empregador e fica impossibilitado de trabalhar sendo deferida posteriormente a aposentadoria por invalidez, e após cinco anos do acidente, resolve propor ação trabalhista pleiteando indenização por danos morais, materiais e estéticos. Pergunta-se: é aplicável à prescrição bienal e qüinqüenal?

Em análise, a questão suscitada é plausível admitir que a pretensão do empregado esteja fulminada pela prescrição qüinqüenal, já que nada o impedia de propor a ação durante o período, salvo por outras razões, com a incapacidade mental parcial e incapaz. Agora quanto à prescrição bienal, esta não poderá ser aplicada tendo em vista que não houve a extinção do contrato, ou seja, o contrato ainda está suspenso.

Capítulo 22

ESTABILIDADE PROVISÓRIA

Contra despedida arbitrária: Prevê a Carta Magna de 1988, no art. 10, dos Atos e Disposições Constitucionais Transitórias — ADCT que é vedada a despedida arbitrária ou sem justa causa de: gestante, dirigente sindical, membro de CIPA ou CIPATR e empregado que sofreu acidente de trabalho.

Gestante: A empregada gestante tem garantia de emprego, desde a confirmação da gravidez até 5 (cinco) meses após o parto. Neste caso, são 14 (quatorze) meses de estabilidade provisória.

Pagamento dos salários correspondentes: Despedida a empregada em estado gravídico (sem motivo justo), será o seu empregador condenado a pagar-lhe os salá-rios e vantagens correspondentes. A Súmula n. 244, do Tribunal Superior do Trabalho — TST somente admite a reintegração da gestante, se esta se der durante o período de estabilidade; do contrário, a garantia restringe-se aos salários e demais direitos correspondentes ao período de estabilidade.

Dirigente sindical: É vedada a dispensa do empregado sindicalizado a partir do registro da candidatura a cargo de direção ou representação sindical e, se eleito, ainda que suplente, até um ano após o final do mandato. Portanto, somente o empregado que tem cargo de direção na entidade sindical é que tem direito à estabilidade provisória.

Note bem: O simples fiscal sindical, delegado ou diretor de subsede não tem garantia de emprego.

Comunicação indispensável: Tão-somente prevalece a garantia de emprego, ao dirigente sindical, caso a entidade sindical tenha comunicado, oficialmente, à empresa, no prazo de 24 (vinte e quatro) horas, a eleição do empregado na condição de dirigente sindical, observados os estatutos do sindicato e a legislação pertinente.

Membro da CIPA: Fica vedada a dispensa arbitrária ou sem justa causa do empregado eleito para cargo de direção de Comissões Internas de Prevenção de Acidentes (CIPA — Urbana e CIPATR — Rural), desde o registro de sua candidatura até um ano após o final de seu mandato.

Note bem: Têm direito à estabilidade provisória, tão-somente os empregados eleitos, isto é, os representantes dos empregados na comissão. Os empregados que representarão o empregador, não estão garantidos pela estabilidade provisória.

Estabilidade para o suplente: Os empregados eleitos como suplentes das Comissões Internas de Prevenção de Acidentes, na condição de representantes dos empregados, igualmente têm estabilidade provisória no emprego, nos termos da Súmula 339, do TST — Tribunal Superior do Trabalho:

> CIPA, Suplente. Garantia de emprego. CF/1988.
>
> I — O Suplente da CIPA goza da garantia de emprego prevista no art. 10, inciso II, a, do ADCT a partir da promulgação da Constituição Federal de 1988.
>
> II — A estabilidade provisória do cipeiro não constitui vantagem pessoal, mas garantia para as atividades dos membros da CIPA, que somente tem razão de ser quando em atividade a empresa. Extinto o estabelecimento, não se verifica a despedida arbitrária, sendo impossível a reintegração e indevida a indenização do período estabilitário.

Empregado acidentado no trabalho: O empregado (urbano ou rural) ao sofrer acidente de trabalho, terá uma estabilidade provisória de 12 (doze) meses, contados do dia seguinte ao da cessação do auxílio-doença acidentário, independentemente de recebimento de auxílio-acidente. A garantia à manutenção do seu contrato de trabalho na empresa urbana ou rural, será devida desde que o afastamento seja superior a 15 (quinze) dias, isto é, deverá permanecer em auxílio-doença por, pelo menos, um dia. Nos termos do art. 118, da Lei n. 8.213/91:

> O segurado que sofreu acidente do trabalho tem garantida, pelo prazo mínimo de 12 (doze) meses, a manutenção do seu contrato de trabalho na empresa, após a cessação do auxílio-doença acidentário, independentemente de percepção de auxílio-acidente.

Lei previdenciária: Embora a garantia de emprego esteja prevista em lei previdenciária, trata-se de direito trabalhista. Houve até manifestações de inconstitucionalidade; entretanto, a estabilidade provisória, em razão de acidente de trabalho, foi confirmada pelos tribunais trabalhistas (Súmula n. 378, I do TST), como direito do empregado que permanecer por mais de 15 (quinze) dias afastado por esse motivo.

Note bem: Terá o empregado que perceber o auxílio previdenciário (auxílio-doença), pelo menos, referente a 1 (um) dia.

22.1. FALTA GRAVE — DESPEDIDA

A garantia ao emprego, nos casos citados: gestante, acidentado, membro da CIPA/CIPATR ou dirigente sindical, como bem claro deixa o dispositivo constitucional, só é devida em caso de despedida arbitrária ou injusta.

Falta Grave: No capítulo das JUSTAS CAUSAS, apresentamos o rol das faltas graves, previstas pelo art. 482, da CLT — Consolidação das Leis do Trabalho. Cometendo a falta grave, o empregado pode ser despedido por justa causa, não tendo assim garantia de emprego, pela chamada estabilidade provisória.

Inquérito Judicial: Comprovada a falta grave, o empregado deve ser suspenso por 30 (trinta) dias. Durante o prazo da suspensão (30 dias), o empregador deve ingressar com o pedido de inquérito judicial, para apuração da falta grave, nos termos do art. 853, da CLT:

> Para a instauração de inquérito para apuração de falta grave contra empregado garantido com estabilidade, o empregador apresentará reclamação por escrito à Junta ou Juízo de direito, dentro de 30 dias, contados da data da suspensão do empregado.

Obs.: Atualmente, o inquérito judicial deve ser apresentado na Vara do Trabalho com jurisdição na localidade.

22.2. TÉRMINO DE CONTRATO

Não há arbitrariedade ou injustiça: No caso do empregado contratado por prazo determinado (por experiência, obra certa, de safra), não há falar em direito à garantia de emprego, pois o término do contrato não se constitui em despedida injusta ou arbitrária.

Jurisprudência: É predominante o entendimento em nossos tribunais trabalhistas de que, em se tratando de contrato de prazo determinado, o empregado, mesmo que reunindo os requisitos da estabilidade provisória, não tem direito à garantia no emprego.

22.3. ENCERRAMENTO DAS ATIVIDADES DA EMPRESA

Não caracteriza despedida injusta: Ao promover o encerramento de suas atividades empresariais (fechando a empresa), com a demissão de seus empregados, o empregador não comete despedida arbitrária ou injusta; logo, não é devida a estabilidade provisória.

Consultar um advogado: Antes de qualquer providência, em se tratando de dispensa de empregados, é recomendável, sempre, procurar um profissional especializado em direito do trabalho, para as orientações devidas, visando tomar as providências nos termos da lei, para não ter surpresas desagradáveis no dia de amanhã, em face das constantes alterações que ocorrem com as leis trabalhistas e, até mesmo, divergências de interpretações, de uma região para outra.

22.4. PEDIDO DE DEMISSÃO

Renúncia à estabilidade: Não é válido o simples pedido de demissão por parte do empregado garantido por estabilidade provisória. Neste caso, o pedido de demissão deve ser homologado perante o Sindicato da categoria ou órgão regional do Ministério do Trabalho. Na oportunidade, perante a autoridade competente, o empregado com garantia de emprego, firmará um termo de renúncia à estabilidade provisória.

Não cometer fraude: Com a renúncia à estabilidade, devidamente assinada pelo empregado, aí sim, o empregador poderá promover a rescisão do contrato de trabalho a pedido.

Note bem: De maneira alguma, poderá o empregador *fazer de conta* que houve despedida sem justa causa, para possibilitar ao empregado o levantamento dos depósitos do Fundo de Garantia e benefício do Seguro-Desemprego. Cometendo tamanha fraude, o empregador poderá ter sérios problemas com a Justiça Federal.

Capítulo 23

RESCISÃO DE CONTRATO DE TRABALHO

Definição: Rescisão do contrato de trabalho é anulação ou a retirada dos efeitos jurídicos do contrato; é o rompimento da relação empregatícia entre empregado e empregador. A rescisão do contrato de trabalho pode ocorrer por estes motivos:

— por justa causa;

— sem justa causa;

— por pedido de demissão;

— por acordo;

— por término de contrato (prazo determinado, obra certa ou de safra);

— por despedida indireta;

— por culpa recíproca.

23.1. MAIS DE UM ANO DE EMPREGO — HOMOLOGAÇÃO

Norma legal: O § 1º do art. 477, da Consolidação das Leis do Trabalho, estabelece que:

> O pedido de demissão ou recibo de quitação de rescisão do contrato de trabalho, firmado por empregado com mais de 1 (um) ano de serviço, só será válido quando feito com a assistência do respectivo Sindicato ou perante autoridade do Ministério do Trabalho.

Especificação: Qualquer que seja a forma de dissolução do contrato de trabalho, manda a lei que no instrumento de rescisão do contrato ou recibo de quitação seja especificada a natureza de cada parcela paga ao empregado e discriminado o seu valor.

Homologação até pelo Juiz de Paz: Na localidade onde não houver Sindicato representativo da categoria profissional ou autoridade do Ministério do Trabalho, a homologação da rescisão do contrato de trabalho poderá ser feita pelo representante do Ministério da Público, ou, onde houver, pelo Defensor Público e, na falta ou impedimento destes, pelo Juiz de Paz.

Pagamento em dinheiro: No ato de homologação da rescisão do contrato de trabalho, o pagamento deve ser feito em dinheiro, especialmente, se se tratar de empregado analfabeto, salvo negociação coletiva nesse sentido.

Prazos: O § 6º do art. 477, da Consolidação das Leis do Trabalho, estipula os prazos para o pagamento das parcelas constantes do instrumento de rescisão ou recibo de quitação, sendo os seguintes prazos:

a) até o primeiro dia útil imediato ao término do contrato; ou

b) até o décimo dia, contado da data da notificação da demissão, quando da ausência do aviso prévio, indenização do mesmo ou dispensa de seu cumprimento.

Término de contrato: No caso dos contratos de prazo determinado (experiência, obra certa, safra), o pagamento das verbas rescisórias deve ser feito no dia seguinte ao último dia de trabalho, desde que seja dia útil.

Dificuldades para homologação: Encontrando dificuldades junto ao sindicato da categoria profissional ou outro órgão autorizado a proceder a homologação, não perca tempo, isto é, não perca o prazo, entregue o caso a um advogado trabalhista, para a imediata *Ação de Consignação em Pagamento,* perante a Justiça do Trabalho. Assim procedendo, o empregador estará livre de surpresas desagradáveis.

Incentivo a promover reclamações: Infelizmente, há casos de dirigentes sindicais e até de autoridades que chegam ao absurdo de criar casos, quando da homologação da rescisão de contrato de trabalho, fazendo insinuações inoportunas e descabidas, em prejuízo das relações trabalhistas. Caso isso ocorra, procure um advogado trabalhista, para as devidas providências.

Homologação Gratuita: Constitui crime a cobrança de quaisquer taxas para se proceder à homologação da rescisão do contrato de trabalho. O Sindicato, órgão do Ministério do Trabalho, Defensor Público ou Juiz de Paz, que ao menos fizer menção de cobrança de taxas para promover a homologação da rescisão contratual deverá, de pronto, ser denunciado à autoridade competente.

Exigência de guias de contribuição confederativa: Igualmente, é ilegal e extremamente grave, por parte dos sindicatos, exigir a apresentação de guias de recolhimento de contribuição confederativa. Tal contribuição somente é devida pelos empregados sindicalizados (os sócios de carteirinha do sindicato). *Atenção:* dos demais empregados, apenas pode proceder ao desconto, com a devida autorização (escrita) do empregado, sob pena de, judicialmente, ter que devolver o montante descontado indevidamente, com as correções e juros legais.

LEGISLAÇÃO

LEGISLAÇÃO

LEGISLAÇÃO

Conceitos e Definições

CONSOLIDAÇÃO DAS LEIS DO TRABALHO — CLT

Art. 2º. Considera-se empregador a empresa individual ou coletiva, que, assumindo os riscos da atividade econômica, admite, assalaria e dirige a prestação pessoal de serviços.

§ 1º Equiparam-se ao empregador, para os efeitos exclusivos da relação de emprego, os profissionais liberais, as instituições de beneficência, as associações recreativas ou outras instituições sem fins lucrativos, que admitirem trabalhadores como empregados.

Art.3º. Considera-se empregado toda pessoa física que prestar serviços de natureza não eventual a empregador, sob a dependência deste e mediante salário.

LEI N. 5.889, DE 08 DE JUNHO DE 1973
(Lei do Trabalho Rural)

Art. 2º. Empregado Rural é toda pessoa física que, em propriedade rural ou prédio rústico, presta serviços de natureza não eventual a empregador rural, sob a dependência deste e mediante salário.

Art. 3º. Considera-se empregador rural, para os efeitos desta lei, a pessoa física ou jurídica, proprietário ou não, que explore atividade agroeconômica, em caráter permanente ou temporário, diretamente ou através de prepostos e com auxílio de empregados.

1. RegularizaçãoTrabalhista

CONSOLIDAÇÃO DAS LEIS DO TRABALHO — CLT

Art. 41. Em todas as atividades será obrigatório para o empregador o registro dos respectivos trabalhadores, podendo ser adotados livros, fichas ou sistema eletrônico, conforme instruções a serem expedidas pelo Ministério do Trabalho.

Parágrafo único. Além da qualificação civil ou profissional de cada trabalhador, deverão ser anotados todos os dados relativos à sua admissão no emprego, duração e efetividade do trabalho, férias, acidentes e demais circunstâncias que interessem à proteção do trabalhador.

PORTARIA N. 41, DE 28 DE MARÇO DE 2007

Art. 2º. O registro de empregados de que trata o art. 41 da CLT conterá as seguintes informações:

I — nome do empregado, data de nascimento, filiação, nacionalidade e naturalidade;

II — número e série da Carteira de Trabalho e Previdência Social — CTPS;

III — número de identificação do cadastro no Programa de Integração Social — PIS ou no Programa de Formação do Patrimônio do Serviço Público — PASEP;

IV — data de admissão;

V — cargo e função;

VI — remuneração;

VII — jornada de trabalho;

VIII — férias; e

IX — acidente do trabalho e doenças profissionais, quando houver.

Parágrafo único. O registro de empregado deverá estar atualizado e obedecer à numeração seqüencial por estabelecimento.

Art. 8º. É vedado ao empregador efetuar anotações que possam causar dano à imagem do trabalhador, especialmente referentes a sexo ou sexualidade, origem, raça, cor, estado civil, situação familiar, idade, condição de autor em reclamações trabalhistas, saúde e desempenho profissional ou comportamento.

Livros e Fichas de Registro

PORTARIA N. 3.158, DE 18 DE MAIO DE 1971

Art. 1º. Ficam as empresas ou empregadores sujeitos a inspeção do trabalho, obrigados a manter um livro de " Inspeção do Trabalho", de acordo com as seguintes especificações:

a) o livro deverá ser encadernado, em cor escura, tamanho 22 x 33 cms.;

b) conterá o livro 100 (cem) folhas numeradas tipograficamente, em papel branco acetinado, encorpado e pautado, conforme modelo n. 1, que acompanha esta Portaria;

c) as folhas 1 (um) e 100 (cem), conterão, respectivamente, os termos de abertura e encerramento, efetuados pela empresa ou empregador, conforme modelo ns. 2 e 3.

Art. 2º. Os Agentes da Inspeção do Trabalho relacionados nas alíneas "a" a "d", do inciso II, do art. 2º do Decreto n. 55.841, de 15 de março de 1965, quando de sua visita ao estabelecimento empregador, autenticarão o Livro de Inspeção do Trabalho que ainda não tiver sido autenticado, sendo desnecessária a autenticação pela unidade regional do Ministério do Trabalho. (Redação dada pela Portaria n. 402, de 28 de abril de 1995 (DO 2-5-95))

Art.3º. As empresas ou empregadores que mantiverem mais de um estabelecimento, filial ou sucursal, deverão possuir tantos livros "Inspeção do Trabalho" quantos forem seus estabelecimentos.

Art. 4º. Os agentes encarregados da inspeção das normas de proteção ao trabalho obedecerão às instruções constantes do anexo I, na ocasião da inspeção efetuada.

Art. 5º. O não cumprimento dos dispositivos da presente Portaria configurará infração dos arts. 628 e 630, da Consolidação das Leis do Trabalho, conforme o responsável, sujeitando-se este às penalidades previstas nos §§ 3º, do art. 628 e 6º do art. 630, do referido diploma legal.

ANEXO 1

Instruções, a que se refere o art. 4º, da Portaria Ministerial n. 3.158 de 18 de maio de 1971.

1) O Termo do Registro da Inspeção do Trabalho deverá ser lavrado pelo Agente da Inspeção do Trabalho que proceder à visita. Quando for mais de um Agente a fazê-la, um deles se encarregará da lavratura do Termo, assinando-o ambos.

2) Nesse Termo deverão ficar consignadas todas as irregularidades encontradas no estabelecimento visitado, relacionando-as nos itens, que se contêm no corpo do mesmo.

3) Revogado pela Portaria n. 3.006, de 7 de janeiro de 1982 (DO. 12.1.1982)

4) Lavrado o auto, procederá o Agente à entrega de sua primeira via à repartição competente, dentro do prazo de 48 horas;

5) Quando da visita procedida não for encontrada qualquer irregularidade, o agente riscará no corpo do Termo todas as linhas em branco.

6) Quando forem apreendidos materiais e substâncias utilizadas, lavrará o Agente o competente Termo de Apreensão na forma do modelo n. 4.

7) Os casos omissos serão dirimidos pelo Delegado Regional do Trabalho, com recurso para o Diretor-Geral do Departamento Nacional do Trabalho.

MODELO N. 1
TERMO DE REGISTRO DE INSPEÇÃO

Data:....../......./......./ Hora do início: ..... Término ....
Nome do Agente da Inspeção do trabalho: ....
Matrícula: .... Cargo ou função: ....
Documentos exigidos: ....
1 — Livro ou Fichas de Registro de Empregados ( )
2 — Comprovante da Contribuição Sindical (Patronal) — Ano ( )
3 — Comprovante da Contribuição Sindical (Empregados) — Ano ( )
4 — Relação de Empregados que recolheram a contribuição Sindical ( )
5 — Relação de Empregados (Lei de 2/3) — Ano ( )
6 — Cadastro Permanente de Admissão e Dispensas ( )
7 — Relação de Empregados Menores — Ano ( )
8 — Acordo para Prorrogação da Duração do Trabalho ( )
9 — Acordo para Compensação da Duração do Trabalho ( )
10 — Escala de revezamento ( )
11 — Ficha ou Papeleta de Horário de Serviço Externo ( )
12 — Recibo de férias — Ano ( )
13 — Folhas de Pagamento — ( )
14 — Atestados Médicos de Admissão dos Empregados ( )
15 — Convênio da Aprendizagem com o SENAI ou SENAC ( )
16 — E mais:
....( )
....( )
....( )
Prazos concedidos: ....
Irregularidades encontradas : ....
Autos de Infração lavrados ....
Orientação dada: ....
N. de empregados em atividade: ....
Maiores: .... Menores: .... Mulheres: ....
Agente da Inspeção do Trabalho

MODELO N. 2
LIVRO DA INSPEÇÃO DO TRABALHO

Termo de Abertura

Contém o presente livro 100 folhas, numeradas tipograficamente de 1 a 100 e servirá para Registro da Inspeção do Trabalho, na conformidade, do § 1º, art. 628 da Consolidação das Leis do Trabalho, aprovada pelo Decreto-lei n. 5.452, de 1º de maio de 1943 e alterada pelo Decreto-Lei n. 229, de 28 de fevereiro de 1967.

Este livro destina-se ao estabelecimento da .... sito na rua .... n. .... Matrícula no INPS n. .... C.G.C. n. ...., e está devidamente autenticado em todas as suas folhas, para os efeitos legais.

Data   Empregador

MODELO N. 3
LIVRO DA INSPEÇÃO DO TRABALHO
TERMO DE ENCERRAMENTO

Este livro, preenchidas as suas 100 folhas fica nesta data encerrado.

Data:

―――――――――――
Empregador ou preposto

MODELO N. 4
TERMO DE APREENSÃO

Às ...... horas e .... minutos do dia ...... de .... de 19........, eu, abaixo-assinado, legalmente investido nas funções de Agente da Inspeção do Trabalho, com exercício .... fiscalizando .... situado..................... n. .................C.G.C. n. .... Matrícula no INPS n. .... apreendi, com base na alínea c do art. 8º do Regulamento da Inspeção do Trabalho, aprovado pelo Decreto n. 55.841, de 15 de março de 1965, para análise, as amostras de materiais e substâncias utilizadas, a seguir discriminadas ...., tendo, conseqüentemente, lavrado o Presente termo, em duas vias, entregando a segunda ao interessado, mediante recibo passado na primeira delas, a fim de remetê-la à autoridade competente.

PORTARIA N. 41, 28 DE MARÇO DE 2007

Art. 3º. O empregador poderá adotar controle único e centralizado do registro de empregados, desde que os empregados portem cartão de identificação contendo seu nome completo, número de inscrição no PIS/PASEP, horário de trabalho e cargo ou função.

PORTARIA N. 3.626, DE 13 DE NOVEMBRO DE 1991

Art. 3º. O empregador poderá utilizar controle único e centralizado dos documentos sujeitos à Inspeção do Trabalho, à exceção do registro de empregados, do registro de horário de trabalho e do Livro de Inspeção do Trabalho, que deverão permanecer em cada estabelecimento.

§ 1º A exibição dos documentos passíveis de centralização deverá ser feita no prazo de 2 (dois) a 8 (oito) dias, segundo determinação do Agente da Inspeção do Trabalho.

Registro Informatizado de Empregados

PORTARIA N. 41, 28 DE MARÇO DE 2007

Art. 4º. O empregador poderá efetuar o registro de empregados em sistema informatizado que garanta a segurança, inviolabilidade, manutenção e conservação das informações e que:

I — mantenha registro individual em relação a cada empregado;

II — mantenha registro original, individualizado por empregado, acrescentando-lhe as retificações ou averbações, quando for o caso; e

III — assegure, a qualquer tempo, o acesso da fiscalização trabalhista às informações, por meio de tela, impressão de relatório e meio magnético.

§ 1º O sistema deverá conter rotinas auto-explicativas, para facilitar o acesso e o conhecimento dos dados registrados.

§ 2º As informações e relatórios deverão conter data e hora do lançamento, atestada a sua veracidade por meio de rubrica e identificação do empregador ou de seu representante legal nos documentos impressos.

Requisitos para Implantar do Sistema Informatizado

PORTARIA N. 41, 28 DE MARÇO DE 2007

Art. 4º. O empregador poderá efetuar o registro de empregados em sistema informatizado que garanta a segurança, inviolabilidade, manutenção e conservação das informações e que:

I — mantenha registro individual em relação a cada empregado;

II — mantenha registro original, individualizado por empregado, acrescentando-lhe as retificações ou averbações, quando for o caso; e

III — assegure, a qualquer tempo, o acesso da fiscalização trabalhista às informações, por meio de tela, impressão de relatório e meio magnético.

§ 1º O sistema deverá conter rotinas auto-explicativas, para facilitar o acesso e o conhecimento dos dados registrados.

§ 2º As informações e relatórios deverão conter data e hora do lançamento, atestada a sua veracidade por meio de rubrica e identificação do empregador ou de seu representante legal nos documentos impressos.

Instalações Próprias ou de Terceiros

PORTARIA N. 41, 28 DE MARÇO DE 2007

Art. 4º. ....

§ 3º O sistema deverá possibilitar à fiscalização o acesso às informações e dados dos últimos doze meses.

§ 4º As informações anteriores a doze meses poderão ser apresentadas no prazo de dois a oito dias via terminal de vídeo ou relatório ou por meio magnético, a critério do Auditor Fiscal do Trabalho.

2. Requisitos da Relação de Emprego

CONSOLIDAÇÃO DAS LEIS DO TRABALHO — CLT

Art. 2º. Considera-se empregador a empresa individual ou coletiva, que, assumindo os riscos da atividade econômica, admite, assalaria e dirige a prestação pessoal de serviços.

§ 1º Equiparam-se ao empregador, para os efeitos exclusivos da relação de emprego, os profissionais liberais, as instituições de beneficência, as associações recreativas ou outras instituições sem fins lucrativos, que admitirem trabalhadores como empregados.

Capítulo 1
ADMISSÃO DE EMPREGADO

1.3. Exame Médico Admissional
CONSOLIDAÇÃO DAS LEIS DO TRABALHO — CLT

Art. 168. Será obrigatório exame médico, por conta do empregador, nas condições estabelecidas neste artigo e nas instruções complementares a serem expedidas pelo Ministério do Trabalho:

I — na admissão;

II — na demissão;

III — periodicamente.

§ 1º O Ministério do Trabalho baixará instruções relativas aos casos em que serão exigíveis exames:

a) por ocasião da demissão;

b) complementares.

§ 2º Outros exames complementares poderão ser exigidos, a critério médico, para apuração da capacidade ou aptidão física e mental do empregado para a função que deva exercer.

§ 3º O Ministério do Trabalho estabelecerá, de acordo com o risco da atividade e o tempo de exposição, a periodicidade dos exames médicos.

§ 4º O empregador manterá no estabelecimento o material necessário à prestação de primeiros socorros médicos, de acordo com o risco da atividade.

§ 5º O resultado dos exames médicos, inclusive o exame complementar, será comunicado ao trabalhador, observados os preceitos da ética médica.

NR-7 — Programa de Controle Médico de Saúde Ocupacional
7.1. Do objeto

7.1.1. Esta Norma Regulamentadora — NR estabelece a obrigatoriedade de elaboração e implementação, por parte de todos os empregadores e instituições que admitam trabalhadores como empregados, do Programa de Controle Médico de Saúde Ocupacional — PCMSO, com o objetivo de promoção e preservação da saúde do conjunto dos seus trabalhadores.

7.1.2. Esta NR estabelece os parâmetros mínimos e diretrizes gerais a serem observados na execução do PCMSO, podendo os mesmos ser ampliados mediante negociação coletiva de trabalho.

7.1.3. Caberá à empresa contratante de mão-de-obra prestadora de serviços informar a empresa contratada dos riscos existentes e auxiliar na elaboração e implementação do PCMSO nos locais de trabalho onde os serviços estão sendo prestados.

7.2. Das diretrizes

7.2.1. O PCMSO é parte integrante do conjunto mais amplo de iniciativas da empresa no campo da saúde dos trabalhadores, devendo estar articulado com o disposto nas demais NR.

7.2.2. O PCMSO deverá considerar as questões incidentes sobre o indivíduo e a coletividade de trabalhadores, privilegiando o instrumental clínico-epidemiológico na abordagem da relação entre sua saúde e o trabalho.

7.2.3. O PCMSO deverá ter caráter de prevenção, rastreamento e diagnóstico precoce dos agravos à saúde relacionados ao trabalho, inclusive de natureza subclínica, além da constatação da existência de casos de doenças profissionais ou danos irreversíveis à saúde dos trabalhadores.

7.2.4. O PCMSO deverá ser planejado e implantado com base nos riscos à saúde dos trabalhadores, especialmente os identificados nas avaliações previstas nas demais NR.

7.3. Das responsabilidades

7.3.1. Compete ao empregador:

a) garantir a elaboração e efetiva implementação do PCMSO, bem como zelar pela sua eficácia; (107.001-0 /I2)

b) custear sem ônus para o empregado todos os procedimentos relacionados ao PCMSO; (107.046-0)

c) indicar, dentre os médicos dos Serviços Especializados em Engenharia de Segurança e Medicina do Trabalho — SESOMT, da empresa, um coordenador responsável pela execução do PCMSO; (107.003-7/I1)

d) no caso de a empresa estar desobrigada de manter médico do trabalho, de acordo com a NR-4, deverá o empregador indicar médico do trabalho, empregado ou não da empresa, para coordenar o PCMSO; (107.004-5/I1)

e) inexistindo médico do trabalho na localidade, o empregador poderá contratar médico de outra especialidade para coordenar o PCMSO. (107.005-3/I1)

7.3.1.1. Ficam desobrigadas de indicar médico coordenador as empresas de grau de risco 1 e 2, segundo o Quadro 1 da NR-4, com até 25 (vinte e cinco) empregados e aquelas de grau de risco 3 e 4, segundo o Quadro 1 da NR-4, com até 10 (dez) empregados.

7.3.1.1.1. As empresas com mais de 25 (vinte e cinco) empregados e até 50 (cinqüenta) empregados, enquadradas no grau de risco 1 ou 2, segundo o Quadro 1 da NR-4, poderão estar desobrigadas de indicar médico coordenador em decorrência de negociação coletiva.

7.3.1.1.2. As empresas com mais de 10 (dez) empregados e com até 20 (vinte) empregados, enquadradas no grau de risco 3 ou 4, segundo o Quadro 1 da NR-4, poderão estar desobrigadas de indicar médico do trabalho coordenador em decorrência de negociação coletiva, assistida por profissional do órgão regional competente em segurança e saúde no trabalho.

7.3.1.1.3. Por determinação do Delegado Regional do Trabalho, com base no parecer técnico conclusivo da autoridade regional competente em matéria de segurança e saúde do trabalhador, ou em decorrência de negociação coletiva, as empresas previstas no item 7.3.1.1 e subitens anteriores poderão ter a obrigatoriedade de indicação de médico coordenador, quando suas condições representarem potencial de risco grave aos trabalhadores.

7.3.2. Compete ao médico coordenador:

a) realizar os exames médicos previstos no item 7.4.1 ou encarregar os mesmos a profissional médico familiarizado com os princípios da patologia ocupacional e suas causas, bem como com o ambiente, as condições de trabalho e os riscos a que está ou será exposto cada trabalhador da empresa a ser examinado; (107.006-1/I1)

b) encarregar dos exames complementares previstos nos itens, quadros e anexos desta NR profissionais e/ou entidades devidamente capacitados, equipados e qualificados. (107.007-0 / I1)

7.4. Do desenvolvimento do PCMSO

7.4.1. O PCMSO deve incluir, entre outros, a realização obrigatória dos exames médicos:

a) admissional; (107.008-8/I3)

b) periódico; (107.009-6/I3)

c) de retorno ao trabalho; (107.010-0/I3)

d) de mudança de função; (107.011-8/I3)

e) demissional. (107.012-6/I3)

7.4.2. Os exames de que trata o item 7.4.1 compreendem:

a) avaliação clínica, abrangendo anamnese ocupacional e exame físico e mental; (107.013-4/I1)

b) exames complementares, realizados de acordo com os termos específicos nesta NR e seus anexos. (107.014-2/I1)

7.4.2.1. Para os trabalhadores cujas atividades envolvem os riscos discriminados nos Quadros I e II desta NR, os exames médicos complementares deverão ser executados e interpretados com base nos critérios constantes dos referidos quadros e seus anexos. A periodicidade de avaliação dos indicadores biológicos do Quadro I deverá ser, no mínimo, semestral, podendo ser reduzida a critério do médico coordenador, ou por notificação do médico agente da inspeção do trabalho, ou mediante negociação coletiva de trabalho. (107.015-0/I2)

7.4.2.2. Para os trabalhadores expostos a agentes químicos não-constantes dos Quadros I e II, outros indicadores biológicos poderão ser monitorizados, dependendo de estudo prévio dos aspectos de validade toxicológica, analítica e de interpretação desses indicadores. (107.016-9/I1)

7.4.2.3. Outros exames complementares usados normalmente em patologia clínica para avaliar o funcionamento de órgãos e sistemas orgânicos podem ser realizados, a critério do médico coordenador ou encarregado, ou por notificação do médico agente da inspeção do trabalho, ou ainda decorrente de negociação coletiva de trabalho. (107.017-7/I1)

7.4.3. A avaliação clínica referida no item 7.4.2, alínea "a", com parte integrante dos exames médicos constantes no item 7.4.1, deverá obedecer aos prazos e à periodicidade conforme previstos nos subitens abaixo relacionados:

7.4.3.1. no exame médico admissional, deverá ser realizada antes que o trabalhador assuma suas atividades; (107.018-5/I1)

7.4.3.2. no exame médico periódico, de acordo com os intervalos mínimos de tempo abaixo discriminados:

a) para trabalhadores expostos a riscos ou a situações de trabalho que impliquem o desencadeamento ou agravamento de doença ocupacional, ou, ainda, para aqueles que sejam portadores de doenças crônicas, os exames deverão ser repetidos:

a.1) a cada ano ou a intervalos menores, a critério do médico encarregado, ou se notificado pelo médico agente da inspeção do trabalho, ou, ainda, como resultado de negociação coletiva de trabalho; (107.019-3/I3)

a.2) de acordo com a periodicidade especificada no Anexo n. 6 da NR-15, para os trabalhadores expostos a condições hiperbáricas; (107.020-7/I4)

b) para os demais trabalhadores:

b.1) anual, quando menores de 18 (dezoito) anos e maiores de 45 (quarenta e cinco) anos de idade; (107.021-5/I2)

b.2) a cada dois anos, para os trabalhadores entre 18 (dezoito) anos e 45 (quarenta e cinco) anos de idade. (107.022-3/I1)

7.4.3.3. No exame médico de retorno ao trabalho, deverá ser realizada obrigatoriamente no primeiro dia da volta ao trabalho de trabalhador ausente por período igual ou superior a 30 (trinta) dias por motivo de doença ou acidente, de natureza ocupacional ou não, ou parto. (107.023-1/I1)

7.4.3.4. No exame médico de mudança de função, será obrigatoriamente realizada antes da data da mudança. (107.024-0/I1)

7.4.3.4.1. Para fins desta NR, entende-se por mudança de função toda e qualquer alteração de atividade, posto de trabalho ou de setor que implique a exposição do trabalhador a risco diferente daquele a que estava exposto antes da mudança.

7.4.3.5. No exame médico demissional, será obrigatoriamente realizada até a data da homologação, desde que o último exame médico ocupacional tenha sido realizado há mais de: (107.047-9)

135 (cento e trinta e cinco) dias para as empresas de grau de risco 1 e 2, segundo o Quadro I da NR-4;

90 (noventa) dias para as empresas de grau de risco 3 e 4, segundo o Quadro I da NR-4.

7.4.3.5.1. As empresas enquadradas no grau de risco 1 ou 2, segundo o Quadro I da NR-4, poderão ampliar o prazo de dispensa da realização do exame demissional em até mais 135 (cento e trinta e cinco) dias, em decorrência de negociação coletiva, assistida por profissional indicado de comum acordo entre as partes ou por profissional do órgão regional competente em segurança e saúde no trabalho.

7.4.3.5.2. As empresas enquadradas no grau de risco 3 ou 4, segundo o Quadro I da NR- 4, poderão ampliar o prazo de dispensa da realização do exame demissional em até mais 90 (noventa) dias, em decorrência de negociação coletiva assistida por profissional indicado de comum acordo entre as partes ou por profissional do órgão regional competente em segurança e saúde no trabalho.

7.4.3.5.3. Por determinação do Delegado Regional do Trabalho, com base em parecer técnico conclusivo da autoridade regional competente em matéria de segurança e saúde do trabalhador, ou em decorrência de negociação coletiva, as empresas poderão ser obrigadas a realizar o exame médico demissional independentemente da época de realização de qualquer outro exame, quando suas condições representarem potencial de risco grave aos trabalhadores.

7.4.4. Para cada exame médico realizado, previsto no item 7.4.1, o médico emitirá o Atestado de Saúde Ocupacional — ASO, em 2 (duas) vias.

7.4.4.1. A primeira via do ASO ficará arquivada no local de trabalho do trabalhador, inclusive frente de trabalho ou canteiro de obras, à disposição da fiscalização do trabalho. (107.026-6/I2)

7.4.4.2. A segunda via do ASO será obrigatoriamente entregue ao trabalhador, mediante recibo na primeira via. (107.027-4/I2)

7.4.4.3. O ASO deverá conter no mínimo:

a) nome completo do trabalhador, o número de registro de sua identidade e sua função; (107.048-7/I1)

b) os riscos ocupacionais específicos existentes, ou a ausência deles, na atividade do empregado, conforme instruções técnicas expedidas pela Secretaria de Segurança e Saúde no Trabalho-SSST; (107.049-5/I1)

c) indicação dos procedimentos médicos a que foi submetido o trabalhador, incluindo os exames complementares e a data em que foram realizados; (107.050-9/I1)

d) o nome do médico coordenador, quando houver, com respectivo CRM; (107.051-7/ I2)

e) definição de apto ou inapto para a função específica que o trabalhador vai exercer, exerce ou exerceu; (107.052-5/I2)

f) nome do médico encarregado do exame e endereço ou forma de contato; (107.053-3/ I2)

g) data e assinatura do médico encarregado do exame e carimbo contendo seu número de inscrição no Conselho Regional de Medicina. (107.054-1/I2)

7.4.5. Os dados obtidos nos exames médicos, incluindo avaliação clínica e exames complementares, as conclusões e as medidas aplicadas deverão ser registrados em prontuário clínico individual, que ficará sob a responsabilidade do médico-coordenador do PCMSO. (107.033-9/I3)

7.4.5.1. Os registros a que se refere o item 7.4.5 deverão ser mantidos por período mínimo de 20 (vinte) anos após o desligamento do trabalhador. (107.034-7/I4)

7.4.5.2. Havendo substituição do médico a que se refere o item 7.4.5, os arquivos deverão ser transferidos para seu sucessor. (107.035-5/I4)

7.4.6. O PCMSO deverá obedecer a um planejamento em que estejam previstas as ações de saúde a serem executadas durante o ano, devendo estas ser objeto de relatório anual. (107.036-3/I2)

7.4.6.1. O relatório anual deverá discriminar, por setores da empresa, o número e a natureza dos exames médicos, incluindo avaliações clínicas e exames complementares, estatísticas de resultados considerados anormais, assim como o planejamento para o próximo ano, tomando como base o modelo proposto no Quadro III desta NR. (107.037-1/I1)

7.4.6.2. O relatório anual deverá ser apresentado e discutido na CIPA, quando existente na empresa, de acordo com a NR-5, sendo sua cópia anexada ao livro de atas daquela comissão. (107.038-0/I1)

7.4.6.3. O relatório anual do PCMSO poderá ser armazenado na forma de arquivo informatizado, desde que este seja mantido de modo a proporcionar o imediato acesso por parte do agente da inspeção do trabalho. (107.039-8/I1)

7.4.6.4. As empresas desobrigadas de indicarem médico coordenador ficam dispensadas de elaborar o relatório anual.

7.4.7. Sendo verificada, através da avaliação clínica do trabalhador e/ou dos exames constantes do Quadro I da presente NR, apenas exposição excessiva (EE ou SC+) ao risco, mesmo sem qualquer sintomatologia ou sinal clínico, deverá o trabalhador ser afastado do local de trabalho, ou do risco, até que esteja normalizado o indicador biológico de exposição e as medidas de controle nos ambientes de trabalho tenham sido adotadas. (107.040-1/I1)

7.4.8. Sendo constatada a ocorrência ou agravamento de doenças profissionais, através de exames médicos que incluam os definidos nesta NR; ou sendo verificadas alterações que revelem qualquer tipo de disfunção de órgão ou sistema biológico, através dos exames constantes dos Quadros I (apenas aqueles com interpretação SC) e II, e do item 7.4.2.3 da presente NR, mesmo sem sintomatologia, caberá ao médico-coordenador ou encarregado:

a) solicitar à empresa a emissão da Comunicação de Acidente do Trabalho — CAT; (107.041-0/I1)

b) indicar, quando necessário, o afastamento do trabalhador da exposição ao risco, ou do trabalho; (107.042-8/I2)

c) encaminhar o trabalhador à Previdência Social para estabelecimento de nexo causal, avaliação de incapacidade e definição da conduta previdenciária em relação ao trabalho; (107.043-6/I1)

d) orientar o empregador quanto à necessidade de adoção de medidas de controle no ambiente de trabalho. (107.044-4/I1)

7.5. Dos primeiros socorros

7.5.1. Todo estabelecimento deverá estar equipado com material necessário à prestação dos primeiros socorros, considerando-se as características da atividade desenvolvida; manter esse material guardado em local adequado e aos cuidados de pessoa treinada para esse fim.

1.4. Registro na CTPS, Livro ou Fichas

CONSOLIDAÇÃO DAS LEIS DO TRABALHO — CLT

Art. 29. A Carteira de Trabalho e Previdência Social será obrigatoriamente apresentada, contra recibo, pelo trabalhador ao empregador que o admitir, o qual terá o prazo de quarenta e oito horas para anotar, especificadamente, a data de admissão, a remuneração e as condições especiais, se houver, sendo facultada a adoção de sistema manual, mecânico ou eletrônico, conforme instruções a serem expedidas pelo Ministério do Trabalho e da Previdência Social.

§ 1º As anotações concernentes à remuneração devem especificar o salário, qualquer que seja sua forma de pagamento, seja ele em dinheiro ou em utilidades, bem como a estimativa da gorjeta.

§ 2º As anotações na Carteira de Trabalho e Previdência Social serão feitas:

a) na data-base;

b) a qualquer tempo, por solicitação do trabalhador;

c) no caso de rescisão contratual; ou

d) necessidade de comprovação perante a Previdência Social.

§ 3º A falta de cumprimento pelo empregador do disposto neste artigo acarretará a lavratura do auto de infração, pelo Fiscal do Trabalho, que deverá, de ofício, comunicar a falta de anotação ao órgão competente, para o fim de instaurar o processo de anotação.

§ 4º É vedado ao empregador efetuar anotações desabonadoras à conduta do empregado em sua Carteira de Trabalho e Previdência Social.

Art. 30. Os acidentes do trabalho serão obrigatoriamente anotados pelo Instituto Nacional do Seguro Social na carteira do acidentado.

Art. 31. Aos portadores de Carteiras de Trabalho e Previdência Social fica assegurado o direito de as apresentar aos órgãos autorizados, para o fim de ser anotado o que for cabível, não podendo ser recusada a solicitação, nem cobrado emolumento não previsto em lei.

Art. 32. As anotações relativas a alterações no estado civil dos portadores de Carteiras de Trabalho e Previdência Social serão feitas mediante prova documental. As declarações referentes aos dependentes serão registradas nas fichas respectivas, pelo funcionário encarregado da identificação profissional, a pedido do próprio declarante, que as assinará.

Parágrafo único. As Delegacias Regionais e os órgãos autorizados deverão comunicar à Secretaria de Emprego e Salário todas as alterações que anotarem nas Carteiras de Trabalho e Previdência Social.

Art. 33. As anotações nas fichas de declaração e nas Carteiras de Trabalho e Previdência Social serão feitas seguidamente, sem abreviaturas, ressalvando-se, no fim de cada assentamento, as emendas, entrelinhas e quaisquer circunstâncias que possam ocasionar dúvidas.

Art. 34. Tratando-se de serviço de profissionais de qualquer atividade, exercido por empreitada individual ou coletiva, com ou sem fiscalização da outra parte contratante, a carteira será anotada pelo respectivo sindicato profissional ou pelo representante legal de sua cooperativa.

Art. 41. As Carteiras de Trabalho e Previdência Social regularmente emitidas e anotadas servirão de prova nos atos em que sejam exigidas carteiras de identidade e especialmente:

I — nos casos de dissídio na Justiça do Trabalho entre a empresa e o empregado por motivo de salário, férias, ou tempo de serviço;

II — perante a Previdência Social, para efeitos de declaração de dependentes;

III — para cálculo de indenização por acidente do trabalho ou moléstia profissional.

Art. 52. O extravio ou inutilização da Carteira de Trabalho e Previdência Social por culpa da empresa sujeitará esta à multa de valor igual à metade do salário mínimo regional.

Art. 168. Será obrigatório exame médico, por conta do empregador, nas condições estabelecidas neste artigo e nas instruções complementares a serem expedidas pelo Ministério do Trabalho e da Previdência Social:

I — na admissão;

II — na demissão;

III — periodicamente.

Art. 427. O empregador, cuja empresa ou estabelecimento ocupar menores, será obrigado a conceder-lhes o tempo que for necessário para a freqüência às aulas.

Art. 456. A prova do contrato individual do trabalho será feita pelas anotações constantes da Carteira de Trabalho e Previdência Social ou por instrumento escrito e suprida por todos os meios permitidos em direito.

Parágrafo único. À falta de prova ou inexistindo cláusula expressa a tal respeito, entender-se-á que o empregado se obrigou a todo e qualquer serviço compatível com sua condição pessoal.

PRECEDENTE NORMATIVO DO TST

098 — Retenção da CTPS. Indenização (positivo): Será devida ao empregado a indenização correspondente a 1 (um) dia de salário, por dia de atraso, pela retenção de sua carteira profissional após o prazo de 48 horas.

LEI N. 5.553 — DE 6 DE DEZEMBRO DE 1968
DOU DE 10.12.68

Dispõe sobre a apresentação e uso de documentos de identificação pessoal.

Art. 1º A nenhuma pessoa física, bem como a nenhuma pessoa jurídica, de direito público ou de direito privado, é lícito reter qualquer documento de identificação pessoal ainda que apresentado por fotocópia autenticada ou pública-forma, inclusive comprovante de quitação com o serviço militar, título de eleitor, carteira profissional, certidão de registro de nascimento, certidão de casamento comprovante de naturalização e carteira de identidade de estrangeiro.

Art. 2º Quando, para a realização de determinado ato, fôr exigida a apresentação de documento de identificação, a pessoa que fizer a exigência fará extrair, no prazo de até 5 (cinco) dias, os dados que interessarem, devolvendo em seguida o documento ao seu exibidor.

Parágrafo único. Além do prazo previsto neste artigo, somente por ordem judicial poderá ser retirado qualquer documento de identificação pessoal.

Art. 3º Constitui contravenção penal, punível com pena de prisão simples de 1 (um) a 3 (três) meses ou multa de NCr$ 0,50 (cinqüenta centavos) a NCr$ 3,00 (três cruzeiros novos), a retenção de qualquer documento a que se refere esta Lei.

Parágrafo único. Quando a infração fôr praticada por preposto ou agente de pessoa jurídica, considerar-se-á responsável quem houver ordenado o ato que ensejou a retenção, a menos que haja, pelo executante, desobediência ou inobservância de ordens ou instruções expressas, quando, então, será êste o infrator.

SÚMULA DO TST

Súmula n. 12/TST: As anotações apostas pelo empregador na carteira profissional do empregado não geram presunção *juris et de jure*, mas apenas *juris tantum*.

PORTARIA N. 41, 28 DE MARÇO DE 2007

Art. 1º Proibir ao empregador que, na contratação ou na manutenção do emprego do trabalhador, faça a exigência de quaisquer documentos discriminatórios ou obstativos para a contratação, especialmente certidão negativa de reclamatória trabalhista, teste, exame, perícia, laudo, atestado ou declaração relativos à esterilização ou a estado de gravidez.

Art. 2º O registro de empregados de que trata o art. 41 da CLT conterá as seguintes informações:

I — nome do empregado, data de nascimento, filiação, nacionalidade e naturalidade;

II — número e série da Carteira de Trabalho e Previdência Social — CTPS;

III — número de identificação do cadastro no Programa de Integração Social — PIS ou no Programa de Formação do Patrimônio do Serviço Público — PASEP;

IV — data de admissão;

V — cargo e função;

VI — remuneração;

VII — jornada de trabalho;

VIII — férias; e

IX — acidente do trabalho e doenças profissionais, quando houver.

Parágrafo único. O registro de empregado deverá estar atualizado e obedecer à numeração seqüencial por estabelecimento.

Art. 3º O empregador poderá adotar controle único e centralizado do registro de empregados, desde que os empregados portem cartão de identificação contendo seu nome completo, número de inscrição no PIS/PASEP, horário de trabalho e cargo ou função.

§ 1º O registro de empregados de prestadores de serviços poderá permanecer na sede da contratada caso atendida a exigência contida no *caput* deste artigo.

§ 2º A exibição dos documentos passíveis de centralização deverá ser feita no prazo de dois a oito dias, a critério do Auditor Fiscal do Trabalho.

Art. 4º O empregador poderá efetuar o registro de empregados em sistema informatizado que garanta a segurança, inviolabilidade, manutenção e conservação das informações e que:

I — mantenha registro individual em relação a cada empregado;

II — mantenha registro original, individualizado por empregado, acrescentando-lhe as retificações ou averbações, quando for o caso; e

III — assegure, a qualquer tempo, o acesso da fiscalização trabalhista às informações, por meio de tela, impressão de relatório e meio magnético.

§ 1º O sistema deverá conter rotinas auto-explicativas, para facilitar o acesso e o conhecimento dos dados registrados.

§ 2º As informações e relatórios deverão conter data e hora do lançamento, atestada a sua veracidade por meio de rubrica e identificação do empregador ou de seu representante legal nos documentos impressos.

§ 3º O sistema deverá possibilitar à fiscalização o acesso às informações e dados dos últimos doze meses.

§ 4º As informações anteriores a doze meses poderão ser apresentadas no prazo de dois a oito dias via terminal de vídeo ou relatório ou por meio magnético, a critério do Auditor Fiscal do Trabalho.

Art. 5º O empregador anotará na CTPS do empregado, no prazo de 48 horas contadas da admissão, os seguintes dados:

I — data de admissão;

II — remuneração; e

III — condições especiais do contrato de trabalho, caso existentes.

§ 1º As demais anotações deverão ser realizadas nas oportunidades mencionadas no art. 29 da CLT.

§ 2º As anotações poderão ser feitas mediante o uso de carimbo ou etiqueta gomada, bem como de qualquer meio mecânico ou eletrônico de impressão, desde que autorizado pelo empregador ou seu representante legal.

Art. 6º O empregador poderá adotar ficha de anotações, exceto quanto às datas de admissão e de extinção do contrato de trabalho, que deverão ser anotadas na própria CTPS.

Parágrafo único. O empregado poderá, a qualquer tempo, solicitar a atualização e o fornecimento, impressos, de dados constantes na ficha de anotações.

Art. 7º As anotações deverão ser feitas sem abreviaturas, ressalvando-se, ao final de cada assentamento, as emendas, entrelinhas, rasuras ou qualquer circunstância que possa gerar dúvida.

Art. 8º É vedado ao empregador efetuar anotações que possam causar dano à imagem do trabalhador, especialmente referentes a sexo ou sexualidade, origem, raça, cor, estado civil, situação familiar, idade, condição de autor em reclamações trabalhistas, saúde e desempenho profissional ou comportamento.

1.5. Cadastro Geral de Empregados e Desempregados — CAGED
LEI N. 4.923, DE 23 DE DEZEMBRO DE 1965

Art. 1º Fica Instituído, em caráter permanente, no Ministério do Trabalho e Previdência Social, o registro das admissões e dispensas de empregados nas empresas abrangidas pelo sistema da CLT.

§ 1º As empresas que dispensarem ou admitirem empregados ficam obrigadas a fazer a respectiva comunicação às Delegacias Regionais do Trabalho, mensalmente, **até o dia sete do mês subseqüente** ou como estabelecido em regulamento, em relação nominal por estabelecimento, da qual constará também a indicação da Carteira de Trabalho e Previdência Social ou, para os que ainda não a possuírem, nos termos da lei, os dados indispensáveis à sua identificação pessoal. (grifo nosso)

§ 2º O cumprimento do prazo fixado no parágrafo anterior será exigido a partir de 1º de janeiro de 2001.

Nota: Os §§ 1º e 2º, foram introduzidos ao art. 1º, da Lei n. 4.923, pela Medida Provisória n. 2.076-33, de 26 de janeiro de 2001.

PORTARIA N. 235, DE 14 DE MARÇO 2003

O MINISTRO DE ESTADO DO TRABALHO E EMRPEGO, no uso de suas atribuições legais, e tendo em vista o disposto na Lei n. 4.923, de 23 de dezembro de 1965, resolve:

Art. 1º Estabelecer o procedimento de envio, por meio eletrônico (*Internet* e Disquete) do Cadastro Geral de Empregados e Desempregados — CAGED, a partir da competência de março de 2003, com a utilização do Aplicativo do CAGED Informatizado — ACI ou outro aplicativo fornecido pelo Ministério do Trabalho e Emprego — MTE.

§ 1º O ACI de que trata este artigo deve ser utilizado para gerar e ou analisar o arquivo do CAGED, pelas empresas nas quais tenha ocorrido movimentação de empregados regidos pela Consolidação das Leis do Trabalho — CLT.

§ 2º O arquivo gerado deverá ser enviado ao MTE via *Internet* ou entregue em suas Delegacias Regionais do Trabalho e Emprego, Subdelegacias ou Agências de Atendimento. A cópia do arquivo, o recibo de entrega e o Extrato da Movimentação Processada, deverão ser mantidos no estabelecimento a que se referem, pelo prazo de 36 meses a contar da data do envio, para fins de comprovação perante a fiscalização trabalhista.

§ 3º O Extrato da Movimentação Processada estará disponível para impressão, na *Internet*, após o dia 20 de cada mês no endereço www.mte.gov.br, opção CAGED.

Art. 2º As empresas que possuem mais de um estabelecimento deverão remeter ao MTE arquivos específicos a cada estabelecimento.

Art. 3º O CAGED de que trata o art. 1º desta Portaria, deverá ser encaminhado, ao MTE, até o dia 07 do mês subseqüente àquele em que ocorreu movimentação de empregados.

Art. 4º O envio ou entrega do CAGED fora do prazo sujeitará a empresa ao pagamento de multa, de acordo com o art. 10 da Lei n. 4.923, de 23 de dezembro de 1965, com a redação dada pelo Decreto-lei n. 193, de 24 de fevereiro de 1967, pela Lei n. 6.205, de 29 de abril de 1975, e pela Lei n. 8.383, de 30 de dezembro de 1991.

Capítulo 2
CONTRATOS DE TRABALHO

CONSOLIDAÇÃO DAS LEIS DO TRABALHO — CLT

Art. 442. Contrato individual de trabalho é o acordo tácito ou expresso, correspondente à relação de emprego.

Parágrafo único. Qualquer que seja o ramo de atividade da sociedade cooperativa, não existe vínculo empregatício entre ela e seus associados, nem entre estes e os tomadores de serviço daquela. (parágrafo acrescentado pela Lei n. 8.949, de 9 de dezembro de 1994 — DOU 12.12.1994)

Art. 443. O contrato individual de trabalho poderá ser acordado tácita ou expressamente, verbalmente ou por escrito e por prazo determinado ou indeterminado.

Art. 444. As relações contratuais de trabalho podem ser objeto de livre estipulação das partes interessadas em tudo quanto não contravenha às disposições de proteção ao trabalho, às convenções coletivas que lhes sejam aplicáveis e às decisões das autoridades competentes.

Art. 456. A prova do contrato individual do trabalho será feita pelas anotações constantes da Carteira de Trabalho e Previdência Social por instrumento escrito e suprida por todos os meios permitidos em direito.

Parágrafo único. À falta de prova ou inexistindo cláusula expressa a tal respeito, entender-se-á que o empregado se obrigou a todo e qualquer serviço compatível com a sua condição pessoal.

2.1. Contrato de Experiência

CONSOLIDAÇÃO DAS LEIS DO TRABALHO — CLT

Art. 451. O contrato de trabalho por prazo determinado que, tácita ou expressamente, for prorrogado mais de um vez passará a vigorar sem determinação de prazo.

Art. 452. Considera-se por prazo indeterminado todo contrato que suceder, dentro de 6 (seis) meses, a outro contrato por prazo determinado, salvo se a expiração deste depender da execução de serviços especializados ou da realização de certos acontecimentos.

Art. 480. Havendo termo estipulado, o empregado não se poderá desligar do contrato, sem justa causa, sob pena de ser obrigado a indenizar o empregador dos prejuízos que desse fato lhe resultarem.

§ 1º A indenização, porém, não poderá exceder àquela a que teria direito o empregado em idênticas condições.

Art. 481. Aos contratos por prazo determinado, que contiverem cláusula assecuratória do direito recíproco de rescisão antes de expirado o termo ajustado, aplicam-se, caso seja exercido tal direito por qualquer das partes, os princípios que regem a rescisão dos contratos por prazo indeterminado.

SÚMULAS DO TST

Súmula n. 163/TST: Cabe aviso prévio nas rescisões antecipadas dos contratos de experiência, na forma do art, 481 da CLT.

Súmula n. 188/TST: O contrato de experiência pode ser prorrogado, respeitado o limite máximo de 90 (noventa) dias.

Súmula n. 244, III/TST: Não há direito da empregada gestante à estabilidade provisória na hipótese de admissão mediante contrato de experiência, visto que a extinção da relação de emprego, em face do término do prazo, não constitui dispensa arbitrária ou sem justa causa.

Estabilidade Provisória

JURISPRUDÊNCIA
TRIBUNAL SUPERIOR DO TRABALHO — 15ª REGIÃO

EMENTA: CONTRATO DE EXPERIÊNCIA. ACIDENTE DE TRABALHO. INEXISTÊNCIA DE DIREITO À ESTABILIDADE PROVISÓRIA. A superveniência de acidente de trabalho, no curso do contrato de experiência, não confere ao trabalhador o direito à estabilidade provisória prevista no art. 118 da Lei n. 8.213/91, haja vista que tal modalidade contratual possui termo final prefixado, resolvendo-se naturalmente com o advento deste, caso qualquer das partes opte pelo não-prosseguimento do vínculo de emprego. A aludida estabilidade provisória pressupõe a existência de um contrato por prazo indeterminado, porquanto sua finalidade consiste em evitar que o empregado acidentado seja dispensado sem justa causa nos doze meses posteriores à cessação do auxílio-doença acidentário. Recurso de revista conhecido e desprovido. *(TST, RR n. 457516/1998, 15ª Região, 1ª Turma, 26.06.2002, Rel.Juiz Convocado Altino Pedrozo dos Santos, DJ, 09.08.2002).*

Dispensa antes do Término
CONSOLIDAÇÃO DAS LEIS DO TRABALHO — CLT

Art. 479. Nos contratos que tenham termo estipulado, o empregador que, sem justa causa, despedir o empregado, será obrigado a pagar-lhe, a título de indenização, e por metade, a remuneração a que teria direito até o termo do contrato.

Parágrafo único. Para a execução do que dispõe o presente artigo, o cálculo da parte variável ou incerta dos salários será feito de acordo com o prescrito para o cálculo da indenização referente à rescisão dos contratos por prazo indeterminado.

REGULAMENTO DO FGTS —
FUNDO DE GARANTIA DO TEMPO DE SERVIÇO
DECRETO N. 99.684, DE 8 DE NOVEMBRO DE 1990

Art. 9º Ocorrendo despedida sem justa causa, ainda que indireta, com culpa recíproca, por força maior ou extinção normal do contrato a termo, inclusive a do trabalhador temporário, deverá o empregador depositar, na conta vinculada do trabalhador o FGTS, os valores relativos aos depósitos referentes ao mês da rescisão e ao imediatamente anterior, que ainda não houver sido recolhido, sem prejuízo das cominações legais cabíveis.

§ 1º No caso de despedida sem justa causa, ainda que indireta, o empregador depositará na conta vinculada do trabalhador no FGTS, importância igual a quarenta por cento do montante de todos os depósitos realizados na conta vinculada durante a vigência do contrato de trabalho atualizados monetariamente e acrescidos dos respectivos juros, não sendo permitida, para este fim a dedução dos saques ocorridos.

§ 2º Ocorrendo despedida por culpa recíproca ou força maior, reconhecida pela Justiça do Trabalho, o percentual de que trata o parágrafo precedente será de vinte por cento.

Art. 14. No caso de contrato a termo, a rescisão antecipada, sem justa causa ou com culpa recíproca, equipara-se às hipóteses previstas nos §§ 1º e 2º do art. 9º, respectivamente, sem prejuízo do disposto no art. 479 da CLT.

Não cumprimento pelo empregado
CONSOLIDAÇÃO DAS LEIS DO TRABALHO — CLT

Art. 480. Havendo termo estipulado, o empregado não se poderá desligar do contrato, sem justa causa, sob pena de ser obrigado a indenizar o empregador dos prejuízos que desse fato lhe resultarem.

§ 1º A indenização, porém, não poderá exceder àquela a que teria direito o empregado em idênticas condições.

Art. 481. Aos contratos por prazo determinado, que contiverem cláusula assecuratória do direito recíproco de rescisão antes de expirado o termo ajustado, aplicam-se, caso seja exercido tal direito por qualquer das partes, os princípios que regem a rescisão dos contratos por prazo indeterminado.

Novo contrato de experiência
CONSOLIDAÇÃO DAS LEIS DO TRABALHO — CLT

Art. 445. ....

Parágrafo único. O contrato de experiência não poderá exceder de 90 (noventa) dias.

Art. 451. O contrato de trabalho por prazo determinado que, tácita ou expressamente, for prorrogado mais de uma vez, passará a vigorar sem determinação de prazo.

2.3. Contrato por Prazo Determinado

CONSOLIDAÇÃO DAS LEIS DO TRABALHO — CLT

Art. 442. Contrato individual de trabalho é o acordo tácito ou expresso, correspondente à relação de emprego.

Parágrafo único. Qualquer que seja o ramo de atividade da sociedade cooperativa, não existe vínculo empregatício entre ela e seus associados, nem entre estes e os tomadores de serviço daquela. (Parágrafo acrescentado pela Lei n. 8.949, de 9 de dezembro de 1994 — DOU 12.12.1994)

Art. 443. O contrato individual de trabalho poderá ser acordado tácita ou expressamente, verbalmente ou por escrito e por prazo determinado ou indeterminado.

§1º Considera-se como prazo determinado o contrato de trabalho cuja vigência dependa de termo prefixado ou da execução de serviços especializados ou ainda da realização de certo acontecimento suscetível de previsão aproximada.

§2º O contrato por prazo determinado só será valido em se tratando:

a) de serviço cuja natureza ou transitoriedade justifique a predeterminação do prazo;

b) de atividades empresariais de caráter transitório;

c) de contrato de experiência.

Art. 444. As relações contratuais de trabalho podem ser objeto de livre estipulação das partes interessadas em tudo quanto não contravenha às disposições de proteção ao trabalho, às convenções coletivas que lhes sejam aplicáveis e às decisões das autoridades competentes.

Art. 452. Considera-se por prazo indeterminado todo contrato que suceder, dentro de 6 (seis) meses, a outro contrato por prazo determinado, salvo se a expiração deste dependeu da execução de serviços especializados ou da realização de certos acontecimentos.

Art. 456. A prova do contrato individual do trabalho será feita pelas anotações constantes da Carteira de Trabalho e Previdência Social por instrumento escrito e suprida por todos os meios permitidos em direito.

Parágrafo único. À falta de prova ou inexistindo cláusula expressa a tal respeito, entender-se-á que o empregado se obrigou a todo e qualquer serviço compatível com a sua condição pessoal.

2.5. Contrato por Safra

LEI N. 5.889, DE 8 DE JUNHO DE 1973

Lei do Trabalho Rural

Art. 14. Expirando normalmente o contrato, a empresa pagará ao safrista, a título de indenização do tempo de serviço, importância correspondente a 1/12 (um doze avos) do salário mensal, por mês de serviço ou fração superior a 14 (quatorze) dias.

Parágrafo único. Considera-se contrato de safra o que tenha sua duração dependente de variações estacionais da atividade agrária.

DECRETO N. 73.626, DE 12 DE FEVEREIRO DE 1974

Art. 19. Considera-se safreiro ou safrista o trabalhador que se obriga à prestação de serviços mediante contrato de safra.

Parágrafo único. Contrato de safra é aquele que tenha sua duração dependente de variações estacionais das atividades agrárias assim entendidas as tarefas normalmente executadas no período compreendido entre o preparo do solo para o cultivo e a colheita.

Art. 20. Expirado normalmente o contrato de safra, o empregador pagará ao safreiro, a título de indenização do tempo de serviço, a importância correspondente a 1/12 (um doze avos) do salário mensal, por mês de serviço ou fração superior a 14 (quatorze) dias.

CONSOLIDAÇÃO DAS LEIS DO TRABALHO — CLT

Art. 479. Nos contratos que tenham termo estipulado, o empregador que, sem justa causa, despedir o empregado, será obrigado a pagar-lhe, a título de indenização, e por metade, a remuneração a que teria direito até o termo do contrato.

Parágrafo único. Para a execução do que dispõe o presente artigo, o cálculo da parte variável ou incerta dos salários será feito de acordo com o prescrito para o cálculo da indenização referente à rescisão dos contratos por prazo indeterminado.

REGULAMENTO DO FGTS
FUNDO DE GARANTIA DO TEMPO DE SERVIÇO
DECRETO N. 99.684, DE 8 DE NOVEMBRO DE 1990

Art. 14. No caso de contrato a termo, a rescisão antecipada, sem justa causa ou com culpa recíproca, equipara-se às hipóteses previstas nos §§ 1º e 2º do art. 9º, respectivamente sem prejuízo do disposto no art. 479 da CLT.

JURISPRUDÊNCIAS
TRIBUNAL REGIONAL DO TRABALHO — 3ª REGIÃO

EMENTA: CONTRATO DE SAFRA. MULTA DE 40% DO FGTS. Restando demonstrado nos autos que o reclamante foi dispensado antes do término da safra do café relativa ao ano de 2001, faz ele jus ao pagamento da multa de 40% do FGTS recolhido no período contratual, em consonância com o disposto no art. 14 do Decreto 99.684/90. (*TRT 3ª Região — Turma: 2 T. — Feito: RO n. 16031/01 — Relator: Juíza Alice Monteiro de Barros – Publicação no DJMG: 09.02.2002*)

TRIBUNAL REGIONAL DO TRABALHO — 6ª REGIÃO

EMENTA: O contrato de safra tem a sua duração dependente de variações sazonais da atividade agrária. A sua prorrogação para o exercício de atividade diversa daquela especificada no contrato principal transforma-o em contrato por prazo indeterminado e como tal deve ser indenizado. (*TRT 6ª Região — RO n. 1096/01 — 2ª Turma — Juiz Relator: Maria Helena Guedes Soares de Pinho — Publicado no DOE/PE: 16.5.2001*)

EMENTA: Acidente de trabalho. Estabilidade precária. Contrato por prazo certo. Inexistência. Não há que falar em estabilidade acidentária prevista na lei de benefícios da Previdência — Lei n. 8.213/91, em se tratando de contrato por prazo determinado. *In casu*, contrato de safra, cujo término foi previsto para 3.4.95. (*TRT 6ª Região — RO n. 5315/97 — 3ª Turma — Juiz Relator: GILVAN DE SÁ BARRETO*).

TRIBUNAL REGIONAL DO TRABALHO — 22ª REGIÃO

EMENTA: CONTRATO POR SAFRA. NÃO CARACTERIZAÇÃO. AGROINDÚSTRIA CANAVIEIRA. VERBAS ORIGINÁRIAS DO CONTRATO POR PRAZO INDETERMINADO. A atividade da reclamada, agroindústria canavieira, em que há um constante manuseio da plantação, ora com os cuidados indispensáveis ao roço, ora com a colheita da cana, leva a inferir-se que a empresa, para dar cabo de sua atividade, necessite de empregados permanentes, o que induz à descaracterização do contrato por tempo determinado (safra). A par desse fato, imperfeições de ordem técnica, corroboradas pela prova testemunhal, eivam de nulidade os ajustes de emprego a prazo, inseridos nos autos, restando em débito verbas originárias do contrato por tempo indeterminado. (*TRT-RO-RA n. 1480/94 — Ac: 0144/95 — Relator: Juiz Fausto Lustosa Neto — Data de Publicação: 23.3.1995*).

2.6. Contrato por Pequeno Prazo

LEI N. 5.889, DE 8 DE JUNHO DE 1973

Art. 14-A. O produtor rural pessoa física poderá realizar contratação de trabalhador rural por pequeno prazo para o exercício de atividades de natureza temporária.

§ 1º A contratação de trabalhador rural por pequeno prazo que, dentro do período de 1 (um) ano, superar 2 (dois) meses fica convertida em contrato de trabalho por prazo indeterminado, observando-se os termos da legislação aplicável.

§ 2º A filiação e a inscrição do trabalhador de que trata este artigo na Previdência Social decorrem, automaticamente, da sua inclusão pelo empregador na Guia de Recolhimento do Fundo de Garantia do Tempo de Serviço e Informações à Previdência Social — GFIP, cabendo à Previdência Social instituir mecanismo que permita a sua identificação.

§ 3º O contrato de trabalho por pequeno prazo deverá ser formalizado mediante a inclusão do trabalhador na GFIP, na forma do disposto no § 2º deste artigo, e:

I — mediante a anotação na Carteira de Trabalho e Previdência Social e em Livro ou Ficha de Registro de Empregados; ou

II — mediante contrato escrito, em 2 (duas) vias, uma para cada parte, onde conste, no mínimo:

a) expressa autorização em acordo coletivo ou convenção coletiva;

b) identificação do produtor rural e do imóvel rural onde o trabalho será realizado e indicação da respectiva matrícula;

c) identificação do trabalhador, com indicação do respectivo Número de Inscrição do Trabalhador — NIT.

§ 4º A contratação de trabalhador rural por pequeno prazo só poderá ser realizada por produtor rural pessoa física, proprietário ou não, que explore diretamente atividade agroeconômica.

§ 5º A contribuição do segurado trabalhador rural contratado para prestar serviço na forma deste artigo é de 8% (oito por cento) sobre o respectivo salário-de-contribuição definido no inciso I do *caput* do art. 28 da Lei n. 8.212, de 24 de julho de 1991.

§ 6º A não inclusão do trabalhador na GFIP pressupõe a inexistência de contratação na forma deste artigo, sem prejuízo de comprovação, por qualquer meio admitido em direito, da existência de relação jurídica diversa.

§ 7º Compete ao empregador fazer o recolhimento das contribuições previdenciárias nos termos da legislação vigente, cabendo à Previdência Social e à Receita Federal do Brasil instituir mecanismos que facilitem o acesso do trabalhador e da entidade sindical que o representa às informações sobre as contribuições recolhidas.

§ 8º São assegurados ao trabalhador rural contratado por pequeno prazo, além de remuneração equivalente à do trabalhador rural permanente, os demais direitos de natureza trabalhista.

§ 9º Todas as parcelas devidas ao trabalhador de que trata este artigo serão calculadas dia a dia e pagas diretamente a ele mediante recibo.

§ 10. O Fundo de Garantia do Tempo de Serviço — FGTS deverá ser recolhido e poderá ser levantado nos termos da Lei n. 8.036, de 11 de maio de 1990.

2.7. Contrato Temporário

DECRETO N. 73.841 — DE 13 DE MARÇO DE 1974

Regulamenta a Lei n. 6.019, de 3 de janeiro de 1974, que dispõe sobre o trabalho temporário.

O Presidente da República, no uso da atribuição que lhe confere o art. 81, item II, da Constituição, e tendo em vista Lei n. 6.019, de 3 de janeiro de 1974, decreta:

CAPÍTULO I

Do Trabalho Temporário

Art. 1º Trabalho temporário é aquele prestado por pessoa física a uma empresa, para atender necessidade transitória de substituição de pessoal regular e permanente ou a acréscimo extraordinário de serviços.

CAPÍTULO II
Da Empresa de Trabalho Temporário

Art. 2º A empresa de trabalho temporário tem por finalidade colocar pessoal especializado, por tempo determinado, à disposição de outras empresas que dele necessite.

Art. 3º A empresa de trabalho temporário, pessoa física ou jurídica, será necessariamente urbana.

Art. 4º O funcionamento da empresa de trabalho temporário está condicionado a prévio registro no Departamento Nacional de Mão-de-Obra do Ministério do Trabalho e Previdência Social.

§ 1º O pedido de registro deve ser acompanhado dos seguintes documentos:

I — prova de existência da firma individual ou da constituição de pessoa jurídica, com o competente registro na Junta Comercial da localidade em que tenham sede;

II — prova de nacionalidade brasileira do titular ou dos sócios;

III — prova de possuir capital social integralizado de, no mínimo, 500 (quinhentas) vezes o valor do maior salário mínimo vigente no País, à época do pedido do registro;

IV — prova de propriedade do imóvel, sede ou recibo referente ao último mês de aluguel;

V — prova de entrega da relação de trabalhadores a que se refere o art. 360 da Consolidação das Leis do Trabalho;

VI — prova de recolhimento da contribuição sindical;

VII — prova de inscrição no Cadastro Geral de Contribuintes do Ministério da Fazenda;

VIII — Certificado de Regularidade de Situação, fornecido pelo Instituto Nacional de Previdência Social.

§ 2º O pedido de registro a que se refere o parágrafo anterior é dirigido ao Diretor Geral do Departamento Nacional de Mão-de-Obra, e protocolado na Delegacia Regional do Trabalho no Estado em que se situe a sede da empresa.

Art. 5º No caso de mudança da sede ou de abertura de filiais, agências ou escritórios é dispensada a apresentação dos documentos de que trata o § 1º do artigo anterior, exigindo-se, no entanto, o encaminhamento prévio ao Departamento Nacional de Mão-de-Obra de comunicação por escrito com justificativa e endereço da nova sede ou das unidades operacionais da empresa.

Art. 6º No caso de alteração na constituição de empresa já registrada, seu funcionamento dependerá de prévia comunicação ao Departamento Nacional de Mão-de-Obra e apresentação dos documentos mencionados no item II do § 1º do art. 4º.

Art. 7º A empresa de trabalho temporário é obrigada a fornecer ao Departamento Nacional de Mão-de-Obra, quando solicitada, os elementos de informação julgados necessários ao estudo do mercado de trabalho.

Art. 8º Cabe à empresa de trabalho temporário remunerar e assistir os trabalhadores temporários relativamente aos seus direitos, consignados nos arts. 17 a 20 deste Decreto.

Art. 9º A empresa de trabalho temporário fica obrigada a registrar na Carteira de Trabalho e Previdência Social do trabalhador sua condição de temporário.

Art. 10. A empresa de trabalho temporário é obrigada a apresentar à empresa tomadora de serviço ou cliente, a seu pedido, Certificado de Regularidade de Situação, fornecido pelo Instituto Nacional de Previdência Social.

Art. 11. A empresa de trabalho temporário é obrigada a apresentar ao agente da fiscalização, quando solicitada, o contrato firmado com o trabalhador temporário, os comprovantes de recolhimento das contribuições previdenciárias, bem como os demais elementos probatórios do cumprimento das obrigações estabelecidas neste Decreto.

Art. 12. É vedado à empresa de trabalho temporário:

I — contratar estrangeiro portador de visto provisório de permanência no País;

II — ter ou utilizar em seus serviços trabalhador temporário, salvo o disposto no art. 16 ou quando contratado com outra empresa de trabalho temporário.

Art. 13. Executados os descontos previstos em lei, é defeso à empresa de trabalho temporário exigir do trabalhador pagamento de qualquer importância, mesmo a título de mediação, sob pena de cancelamento do registro para funcionamento, sem prejuízo de outras sanções cabíveis.

CAPÍTULO III
Da Empresa Tomadora de Serviço ou Cliente

Art. 14. Considera-se empresa tomadora de serviço ou cliente, para os efeitos deste Decreto, a pessoa física ou jurídica que, em virtude de necessidade transitória de substituição de seu pessoal regular e permanente ou de acréscimo extraordinário de tarefas, contrate locação de mão-de-obra com empresa de trabalho temporário.

Art. 15. A empresa tomadora de serviço ou cliente é obrigada a apresentar ao agente da fiscalização, quando solicitada, o contrato firmado com a empresa de trabalho temporário.

CAPÍTULO IV
Do Trabalhador Temporário

Art. 16. Considera-se trabalhador temporário aquele contratado por empresa de trabalho temporário, para prestação de serviço destinado a atender necessidade transitória de substituição de pessoal regular e permanente ou a acréscimo extraordinário de tarefas de outra empresa.

Art. 17. Ao trabalhador temporário são assegurados os seguintes direitos:

I — remuneração equivalente à percebida pelos empregados da mesma categoria da empresa tomadora ou cliente, calculada à base horária, garantido, em qualquer hipótese, o salário mínimo regional;

II — pagamento de férias proporcionais, em caso de dispensa sem justa causa ou término normal do contrato temporário de trabalho, calculado na base de 1/12 (um doze avos) do último salário percebido, por mês trabalhado, considerando-se como mês completo a fração igual ou superior a 15 (quinze) dias;

III — indenização do tempo de serviço em caso de dispensa sem justa causa, rescisão do contrato por justa causa do trabalhador ou término normal do contrato de trabalho temporário, calculada na base de 1/12 (um doze avos) do último salário percebido, por mês de serviço, considerando-se como mês completo a fração igual ou superior a 15 (quinze) dias;

IV — benefícios e serviços da Previdência Social, nos termos da Lei n. 3.807, de 26 de agosto de 1960, com as alterações introduzidas pela Lei n. 5.890, de 8 de junho de 1973, como segurado autônomo;

V — seguro de acidentes do trabalho, nos termos da Lei n. 5.316, de 14 de setembro de 1967.

Art. 18. A duração normal de trabalho, para os trabalhadores temporários é de, no máximo, 8 (oito) horas diárias, salvo disposições legais específicas concernentes a peculiaridades profissionais.

Parágrafo único. A duração normal do trabalho pode ser acrescida de horas suplementares, em número não excedente de 2 (duas), mediante acordo escrito entre a empresa de trabalho temporário e o trabalhador temporário, sendo a remuneração dessas horas acrescida de, pelo menos 20% (vinte por cento) em relação ao salário-horário normal.

Art. 19. O trabalho noturno terá remuneração superior a 20% (vinte por cento), pelo menos, em relação ao diurno.

Parágrafo único. Para os efeitos deste artigo, considera-se trabalho noturno o executado entre as 22 (vinte e duas) horas de um dia e às 5 (cinco) horas do dia seguinte.

Art. 20. É assegurado ao trabalhador temporário descanso semanal remunerado nos termos do disposto na Lei n. 605, de 5 de janeiro de 1949.

CAPÍTULO V
Do Contrato de Trabalho Temporário

Art. 21. A empresa de trabalho temporário é obrigada a celebrar contrato individual escrito de trabalho temporário com o trabalhador, no qual constem expressamente os direitos ao mesmo conferidos, decorrentes da sua condição de temporário.

Art. 22. É nula de pleno direito qualquer cláusula proibitiva da contratação do trabalhador pela empresa tomadora de serviço ou cliente.

Art. 23. Constituem justa causa para rescisão do contrato de trabalho temporário pela empresa:

I — ato de improbidade;

II — incontinência de conduta ou mau procedimento;

III — negociação habitual por conta própria ou alheia, sem permissão da empresa de trabalho temporário ou da empresa tomadora de serviço ou cliente e quando constituir ato de concorrência a qualquer delas, ou prejudicial ao serviço;

IV — condenação criminal do trabalhador, passado em julgado, caso não tenha havido suspensão da execução de pena;

V — desídia no desempenho das respectivas funções;

VI — embriaguez habitual ou em serviço;

VII — violação de segredo da empresa de serviço temporário ou da empresa tomadora de serviço ou cliente;

VIII — ato de indisciplina ou insubordinação;

IX — abandono do trabalho;

X — ato lesivo da honra ou da boa fama praticado no serviço contra qualquer pessoa ou ofensas físicas nas mesmas condições, salvo em caso de legítima defesa própria ou de outrem;

XI — ato lesivo da honra e boa fama ou ofensas físicas praticadas contra superiores hierárquicos, salvo em caso de legítima defesa própria ou de outrem;

XII — prática constante de jogos de azar;

XIII — atos atentatórios à segurança nacional, devidamente comprovados em inquérito administrativo.

Art. 24. O trabalhador pode considerar rescindido o contrato de trabalho temporário quando:

I — forem exigidos serviços superiores às suas forças, defesos por lei, contrários aos bons costumes ou alheios ao contrato;

II — for tratado pelos seus superiores hierárquicos com rigor excessivo;

III — correr perigo manifesto de mal considerável;

IV — não cumprir a empresa de trabalho temporário as obrigações do contrato;

V — praticar a empresa de trabalho temporário ou a empresa tomadora de serviços ou cliente, ou seus prepostos, contra ele ou pessoa de sua família, ato lesivo da honra e boa fama;

VI — for ofendido fisicamente por superiores hierárquicos da empresa de trabalho temporário ou da empresa tomadora de serviço ou cliente, ou seus prepostos, salvo em caso de legítima defesa própria ou de outrem;

VII — quando for reduzido seu trabalho, sendo este por peça ou tarefa, de forma a reduzir sensivelmente a importância dos salários;

VIII — falecer o titular de empresa de trabalho temporário constituída em firma individual.

§ 1º O trabalhador temporário poderá suspender a prestação dos serviços ou rescindir o contrato, quando tiver de desempenhar obrigações legais, incompatíveis com a continuação do serviço.

§ 2º Nas hipóteses dos itens IV e VII, deste artigo, poderá o trabalhador pleitear a rescisão do seu contrato de trabalho, permanecendo ou não no serviço até final decisão do processo.

Art. 25. Serão consideradas razões determinantes da rescisão, por justa causa, do contrato de trabalho temporário, os atos e circunstâncias mencionados nos arts. 23 e 24, ocorridos entre o trabalhador e a empresa de trabalho temporário e entre aquele e a empresa tomadora ou cliente, onde estiver prestando serviço.

CAPÍTULO VI
Do Contrato de Prestação de Serviço Temporário

Art. 26. Para a prestação de serviço temporário é obrigatória à celebração de contrato escrito entre a empresa de trabalho temporário e a empresa tomadora de serviço ou cliente, dele devendo constar expressamente:

I — o motivo justificador da demanda de trabalho temporário;

II — a modalidade de remuneração da prestação de serviço, onde estejam claramente discriminadas as parcelas relativas a salários e encargos sociais.

Art. 27. O contrato entre a empresa de trabalho temporário e a empresa tomadora ou cliente, com relação a um mesmo empregado, não poderá exceder de três meses, salvo autorização conferida pelo órgão local do Ministério do Trabalho e Previdência Social, segundo instruções a serem baixadas pelo Departamento Nacional de Mão-de-Obra.

Art. 28. As alterações que se fizerem necessárias, durante a vigência do contrato de prestação de serviços, relativas à redução ou ao aumento do número de trabalhadores colocados à disposição da empresa tomadora de serviço ou cliente, deverão ser objeto de termo aditivo ao contrato, observado o disposto nos arts. 26 e 27.

CAPÍTULO VII
Disposições Gerais

Art. 29. Compete à Justiça do Trabalho dirimir os litígios entre as empresas de serviço temporário e seus trabalhadores.

Art. 30. No caso de falência da empresa de trabalho temporário, a empresa tomadora de serviço ou cliente é solidariamente responsável pelo recolhimento das contribuições previdenciárias no tocante ao tempo em que o trabalhador esteve sob suas ordens, assim como em referência ao mesmo período, pela remuneração e indenização previstas neste Decreto.

Art. 31. A contribuição previdenciária é devida na seguinte proporcionalidade:

I — do trabalhador temporário, no valor de 8% (oito por cento) do salário efetivamente percebido, observado o disposto no art. 224 do Regulamento aprovado pelo Decreto n. 72.771, de 6 de setembro de 1973;

II — da empresa de trabalho temporário, em quantia igual à devida pelo trabalhador.

Art. 32. É devida pela empresa de trabalho temporário a taxa relativa ao custeio das prestações por acidente do trabalho.

Art. 33. O recolhimento das contribuições previdenciárias, inclusive as do trabalhador temporário, bem como da taxa de contribuição do seguro de acidente do trabalho, cabe à empresa de trabalho temporário, independentemente do acordo a que se refere o art. 237 do Regulamento aprovado pelo Decreto n. 72.771, de 6 de setembro de 1973, de conformidade com instruções expedidas pelo INPS.

Art. 34. Aplicam-se às empresas de trabalho temporário, no que se refere às suas relações com o trabalhador, e perante o INPS, as disposições da Lei n. 3.807, de 26 de agosto de 1960, com as alterações introduzidas pela Lei n. 5.890, de 8 de junho de 1973.

Art. 35. A empresa de trabalho temporário é obrigada a elaborar folha de pagamento especial para os trabalhadores temporários.

Art. 36. Para os fins da Lei n. 5.316, de 14 de setembro de 1967, considera-se local de trabalho para os trabalhadores temporários, tanto aquele onde se efetua a prestação do serviço, quanto a sede da empresa de trabalho temporário.

§ 1º A empresa tomadora de serviço ou cliente é obrigada a comunicar à empresa de trabalho temporário a ocorrência de acidente do trabalho cuja vítima seja trabalhador posto à sua disposição.

§ 2º O encaminhamento do acidentado ao Instituto Nacional de Previdência Social pode ser feito diretamente pela empresa tomadora de serviço, ou cliente, de conformidade com normas expedidas por aquele Instituto.

Art. 37. Ao término normal do contrato de trabalho, ou por ocasião de sua rescisão, a empresa de trabalho temporário deve fornecer ao trabalhador temporário atestado, de acordo com modelo instituído pelo INPS.

Parágrafo único. O atestado a que se refere este artigo valerá, para todos os efeitos, como prova de tempo de serviço e salário-de-contribuição, podendo, em caso de dúvida ser exigida pelo INPS a apresentação pela empresa de trabalho temporário, dos documentos que serviram de base para emissão do atestado.

Art. 38. O disposto neste Decreto não se aplica aos trabalhadores avulsos.

CAPÍTULO VIII
Disposições Transitórias

Art. 39. A empresa de trabalho temporário, em funcionamento em 5 de março de 1974, data da vigência da Lei n. 6.019, de 3 de janeiro de 1974, fica obrigada a atender os requisitos constantes do art. 4º deste Decreto até o dia 3 de junho de 1974, sob pena de suspensão de seu funcionamento, por ato do Diretor Geral do Departamento Nacional de Mão-de-Obra.

Parágrafo único. Do ato do Diretor Geral do Departamento Nacional de Mão-de-Obra que determinar a suspensão do funcionamento da empresa de trabalho temporários, nos termos deste artigo, cabe recurso ao Ministro do Trabalho e Previdência Social, no prazo de 10 (dez) dias, a contar da data da publicação do ato no "Diário Oficial".

Art. 40. Mediante proposta da Comissão de Enquadramento Sindical do Departamento Nacional do Trabalho, o Ministro do Trabalho e Previdência Social incluirá as empresas de trabalho temporário e os trabalhadores em categorias existentes ou criará categorias específicas no Quadro de Atividades e Profissões a que se refere o art. 577 da Consolidação das Leis do Trabalho.

Art. 41. O presente Decreto entrará em vigor na data de sua publicação, revogadas as disposições em contrário.

Emílio G. Medici — Presidente da República

Júlio Barata

JURISPRUDÊNCIAS
TRIBUNAL REGIONAL DO TRABALHO — 2ª REGIÃO

EMENTA: CONTRATO DE TRABALHO TEMPORÁRIO SEGUIDO DE CONTRATO DE EXPERIÊNCIA — Nulidade, face ao art. 9º da CLT. Quando se contrata um trabalhador temporário, presume-se que o mesmo foi selecionado pela empresa fornecedora da mão-de-obra e já é qualificado para a função, o que torna inadmissível a contratação posterior desse mesmo empregado a título de experiência para igual função. A experiência nesse caso visa, *a priori,* burlar a legislação trabalhista, diante da proibição contida no art. 10 da Lei n. 6.019, que veda a prorrogação do contrato temporário sem autorização do Ministério do Trabalho. O contrato de experiência neste caso é utilizado para contornar a proibição da Lei, sendo a burla mais evidente quando o empregado é dispensado ao fim da experiência. *(TRT 2ª R. — RS n. 35472200290202009 — (20020621617) — 9ª T. — Rel. Juiz Luiz Edgar Ferraz de Oliveira — DOESP 4.10.2002)*

TRIBUNAL REGIONAL DO TRABALHO — 15ª REGIÃO

EMENTA: TRABALHO TEMPORÁRIO — DO SAFRISTA — INADMISSÍVEL. Não apenas o art. 4ª da Lei n. 6.019/74 proíbe a contratação do trabalhador temporário no campo, mas também é vedada a terceirização da atividade-fim da empresa tomadora dos serviços, ao contratar safrista via interposta pessoa (empresa de trabalho temporário). *(TRT 15ª R. — Proc. n. 14766/03 — (23716/03) — 4ª T. — Relator: Juiz Flavio Allegretti de Campos Cooper — DOESP 24.10.2003 p. 4)*

TRIBUNAL SUPERIOR DO TRABALHO

EMENTA: CONTRATO DE TRABALHO TEMPORÁRIO — ACIDENTE DE TRABALHO. O contrato de trabalho temporário, na forma da Lei n. 6.019/74, não se transmuda em contrato indeterminado, pelo fato de o empregado ter sofrido acidente de trabalho durante seu período de vigência. Violação à Lei n. 6.019/74 caracterizada. Recurso de Revista conhecido e provido. (*TST — RR n. 578661 — 5ª T. — Rel. Min. Conv. Marcus Pina Mugnaini — DJU 30.5.2003*)

TRIBUNAL REGIONAL DO TRABALHO — 3ª REGIÃO

EMENTA: CONTRATO TEMPORÁRIO — ESTABILIDADE PROVISÓRIA — ACIDENTE DE TRABALHO. O acidente do trabalho ocorrido no curso do contrato de trabalho temporário não tem o condão de transmudar este último em contrato por prazo indeterminado, pois deve ser obedecida a regra de que referido contrato vence, inexoravelmente, em seu termo final (art. 443, § 2º, "a" da CLT). A estabilidade provisória prevista no art. 118 da Lei n. 8.213/91 visa restringir a despedida arbitrária ou sem justa causa nos contratos por prazo indeterminado, não se aplicando ao contrato por tempo determinado, no qual os contratantes já têm conhecimento da data de seu término. (*TRT 3ª R. — RO n. 5869/03 — 7ª T. — Relator: Juiz Luiz Ronan Neves Koury — DJMG 19.6.2003 — p. 19*).

TRIBUNAL REGIONAL DO TRABALHO — 2ª REGIÃO

EMENTA: TRABALHO TEMPORÁRIO — GARANTIA DE EMPREGO. Nos contratos de trabalho a prazo determinado não há suspensão ou interrupção do contrato, pois as partes contratantes sabem de antemão o termo final. O contrato a termo é excepcional e por isso mesmo, incompatível com qualquer tipo de garantia no emprego. A ocorrência de gravidez não tem o condão de transformar um trato de prazo determinado em indeterminado, como também não enseja a aplicação do art. 10, inciso II, alínea "b", do ADCT da CF/88. (*TRT 2ª R. — RO n. 00602 — (20030349863) — 4ª T. — Rel. Juiz Paulo Augusto Camara — DOESP 25.07.2003*)

TRIBUNAL REGIONAL DO TRABALHO — 3ª REGIÃO

EMENTA: SUCESSIVOS CONTRATOS DE TRABALHO TEMPORÁRIO — NULIDADE — CONSEQÜENTE RELAÇÃO DE EMPREGO. A prestação de serviços por longo tempo para o mesmo tomador, mediante sucessivos contratos com pequenas interrupções, descaracteriza-os como temporários, atraindo o reconhecimento do vínculo de emprego com aquele, por vulnerar o disposto no art. 2º da Lei n. 6.019/74, que define o contrato de trabalho temporário como aquele em que há prestação de serviço por pessoa física a uma empresa, para atender à necessidade transitória de substituição de seu pessoal regular e permanente ou a acréscimo extraordinário de serviços. (*TRT 3ª R. — RO n. 2589/03 — 8ª T. — Rel. Juiz José Miguel de Campos — DJMG 10.5.2003 — p. 22*)

2.8. Alteração de Contrato de Trabalho

CONSOLIDAÇÃO DAS LEIS DO TRABALHO — CLT

Art. 10. Qualquer alteração na estrutura jurídica da empresa não afetará os direitos adquiridos por seus empregados.

Art. 448. A mudança na propriedade ou na estrutura jurídica da empresa não afetará os contratos de trabalho dos respectivos empregados.

Art. 456. A prova do contrato individual do trabalho será feita pelas anotações constantes da Carteira de Trabalho e Previdência Social ou por instrumento escrito e suprida por todos os meios permitidos em direito.

Parágrafo único. À falta de prova ou inexistindo cláusula expressa a tal respeito, entender-se-á que o empregado se obrigou a todo e qualquer serviço compatível com a sua condição pessoal.

Art. 468. Nos contratos individuais de trabalho só é lícita a alteração das respectivas condições por mútuo consentimento e, ainda assim, desde que não resultem, direta ou indiretamente, prejuízos ao empregado, sob pena de nulidade da cláusula infringente desta garantia.

Parágrafo único. Não se considera alteração unilateral a determinação do empregador para que o respectivo empregado reverta ao cargo efetivo, anteriormente ocupado, deixando o exercício de função de confiança.

Art. 469. Ao empregador é vedado transferir o empregado, sem a sua anuência, para localidade diversa da que resultar do contrato, não se considerando transferência a que não acarretar necessariamente a mudança do seu domicílio.

§ 1º Não estão compreendidos na proibição deste artigo os empregados que exerçam cargos de confiança e aqueles cujos contratos tenham como condição, implícita ou explícita, a transferência, quando esta decorra de real necessidade de serviço.

§ 2º É lícita a transferência quando ocorrer extinção do estabelecimento em que trabalhar o empregado.

§ 3º Em caso de necessidade de serviço, o empregador poderá transferir o empregado para localidade diversa da que resultar do contrato, não obstante as restrições do artigo anterior, mas, nesse caso, ficará obrigado a um pagamento suplementar, nunca inferior a 25% (vinte e cinco por cento) dos salários que o empregado percebia naquela localidade, enquanto durar essa situação.

Art. 470. As despesas resultantes da transferência correrão por conta do empregador.

SÚMULA DO TST

Súmula n. 43/TST: Presume-se abusiva a transferência de que trata o § 1º do art. 469 da CLT, sem comprovação da necessidade de serviço.

Capítulo 3

PIS
Programa de Integração Social

LEI COMPLEMENTAR N. 7 — DE 7 DE SETEMBRO DE 1970

Art. 1º É instituído, na forma prevista nesta Lei, o Programa de Integração Social, destinado a promover a integração do empregado na vida e no desenvolvimento das empresas.

CONSTITUIÇÃO FEDERAL

Art. 239. A arrecadação decorrente das contribuições para o Programa de Integração Social, criado pela Lei Complementar n. 7, de 7 de setembro de 1970, e para o Programa de Formação do Patrimônio do Servidor Público, criado pela Lei Complementar n. 8, de 3 de dezembro de 1970, passa, a partir da promulgação desta Constituição, a financiar, nos termos que a lei dispuser, o programa do seguro-desemprego e o abono de que trata o § 3º deste artigo.

§ 1º ....

§ 2º Os patrimônios acumulados do Programa de Integração Social e do Programa de Formação do Patrimônio do Servidor Público são preservados, mantendo-se os critérios de saque nas situações previstas nas leis específicas, com exceção da retirada por motivo de casamento, ficando vedada a distribuição da arrecadação de que trata o *caput* deste artigo, para depósito nas contas individuais dos participantes.

§ 3º Aos empregados que percebam de empregadores que contribuem para o Programa de Integração Social ou para o Programa de Formação do Patrimônio do Servidor Público, até dois salários mínimos de remuneração mensal, é assegurado o pagamento de um salário mínimo anual, computado neste valor o rendimento das contas individuais, no caso daqueles que já participavam dos referidos programas, até a data da promulgação desta Constituição.

Capítulo 4

SEGURO-DESEMPREGO

Ministério do Trabalho e Emprego
Conselho Deliberativo do Fundo de Amparo ao Trabalhador

RESOLUÇÃO N. 529, DE 2 DE ABRIL DE 2007

Dispõe sobre a concessão do Seguro-Desemprego aos pescadores artesanais durante o período de proibição da pesca, estabelecida pela Instrução Normativa n. 157, de 28 de março de 2007, e dá outras providências.

RESOLUÇÃO N. 528, DE 30 DE MARÇO DE 2007

Dispõe sobre o reajuste do valor do benefício seguro-desemprego.

RESOLUÇÃO N. 525, DE 22 DE MARÇO DE 2007

Altera a Resolução n. 468, de 21 de dezembro de 2005, alterada pela Resolução n. 523, de 28 de dezembro de 2006, que estabelece e consolida critérios para a concessão do Seguro-Desemprego aos pescadores artesanais durante os períodos de defeso, instituído pela Lei n. 10.779, de 25 de novembro de 2003, e dá outras providências.

RESOLUÇÃO N. 523, DE 28 DEZEMBRO DE 2006

Altera a Resolução n. 468, de 21 de dezembro de 2005, que estabelece e consolida critérios para a concessão do Seguro- Desemprego aos pescadores artesanais durante os períodos de defeso, instituído pela Lei n. 10.779, de 25 de novembro de 2003, e dá outras providências.

RESOLUÇÃO N. 515, DE 20 DE NOVEMBRO DE 2006

Dispõe sobre a concessão do seguro-desemprego aos pescadores artesanais durante o período de proibição da pesca, estabelecida pela Instrução Normativa n. 121, de 18 de outubro de 2006, e dá outras providências.

RESOLUÇÃO N. 502, DE 18 DE JULHO DE 2006

Dispõe sobre o pagamento do benefício do Seguro-Desemprego aos beneficiários do setor de fabricação de tratores e de máquinas e equipamentos para a agricultura, avicultura e a de produção de animais.

RESOLUÇÃO N. 501, DE 18 DE JULHO DE 2006

Dispõe sobre o pagamento do benefício do Seguro-Desemprego aos beneficiários do setor de fabricação de móveis com predominância em madeira.

RESOLUÇÃO N. 500, DE 18 DE JULHO DE 2006

Dispõe sobre o pagamento do benefício do Seguro-Desemprego aos beneficiários do setor da indústria de calçados.

RESOLUÇÃO N. 469, DE 21 DE DEZEMBRO DE 2005

Aprova formulário para a concessão do Seguro-Desemprego do Pescador Artesanal.

RESOLUÇÃO N. 467, DE 21 DE DEZEMBRO DE 2005

Estabelece procedimentos relativos à concessão do Seguro-Desemprego.

RESOLUÇÃO N. 465, DE 22 DE DEZEMBRO DE 2005

Dispõe sobre o pagamento do benefício do Seguro-Desemprego aos beneficiários do setor da indústria de calçados.

RESOLUÇÃO N. 463, DE 1º DE DEZEMBRO DE 2005

Dispõe sobre o pagamento do benefício do seguro-desemprego aos segurados do setor da indústria de calçados.

RESOLUÇÃO N. 426, DE 12 DE ABRIL DE 2005

Dispõe sobre a concessão do seguro-desemprego aos pescadores artesanais durante o período de proibição da pesca, estabelecida pela Instrução Normativa n. 5, de 28 de março de 2005, e dá outras providências.

RESOLUÇÃO N. 417, DE 23 DE DEZEMBRO DE 2004

Dispõe sobre a concessão do Seguro-Desemprego aos pescadores artesanais durante o período de proibição da pesca, estabelecida pela Instrução Normativa n. 32 de 16 de dezembro de 2004, e dá outras providências.

RESOLUÇÃO N. 411, DE 23 DE NOVEMBRO DE 2004

Dispõe sobre a concessão do Seguro-Desemprego aos pescadores artesanais durante o período de proibição da pesca, estabelecida pela Instrução Normativa Conjunta IBAMA/IAP n. 025, de 22 de novembro de 2004, e dá outras providências.

RESOLUÇÃO N. 393, DE 8 DE JUNHO DE 2004

Aprova os formulários destinados ao requerimento do Seguro-Desemprego e compostos dos documentos a seguir, conforme modelos anexos a esta Resolução.

RESOLUÇÃO N. 388, DE 30 DE ABRIL DE 2004

Reajusta o valor do benefício do Seguro-Desemprego.

LEI N. 10.779, DE 25 DE NOVEMBRO DE 2003

Dispõe sobre a concessão do benefício de seguro-desemprego, durante o período de defeso, ao pescador profissional que exerce a atividade pesqueira de forma artesanal.

LEI N. 8.900, DE 30 DE JUNHO DE 1994

Dispõe sobre o benefício do seguro-desemprego, altera disposto da Lei n. 7.998, de 11 de janeiro de 1990, e dá outras providências.

LEI N. 7.998, DE 11 DE JANEIRO DE 1990

Regula o Programa do Seguro-Desemprego, o Abono Salarial, institui o Fundo de Amparo ao Trabalhador (FAT), e dá outras providências.

DECRETO N. 3.361, DE 10 DE FEVEREIRO DE 2000

Regulamenta dispositivos da Lei n. 5.859, de 11 de dezembro de 1972, que dispõe sobre a profissão de empregado doméstico, para facultar o acesso do empregado doméstico ao Fundo de Garantia do Tempo de Serviço — FGTS e ao Programa do Seguro-Desemprego.

LEI N. 10.208, DE 23 DE MARÇO DE 2001

Acresce dispositivos à Lei n. 5.859, de 11 de dezembro de 1972, que dispõe sobre a profissão de empregado doméstico, para facultar o acesso ao Fundo de Garantia do Tempo de Serviço — FGTS e ao Seguro-Desemprego.

SÚMULA DO TST

Súmula n. 389/TST: SEGURO-DESEMPREGO. COMPETÊNCIA DA JUSTIÇA DO TRABALHO. DIREITO À INDENIZAÇÃO POR NÃO LIBERAÇÃO DE GUIAS.

I — Inscreve-se na competência material da Justiça do Trabalho a lide entre empregado e empregador tendo por objeto indenização pelo não-fornecimento das guias do seguro-desemprego.

II — O não-fornecimento pelo empregador da guia necessária para o recebimento do seguro-desemprego dá origem ao direito à indenização.

JURISPRUDÊNCIAS
SEGURO-DESEMPREGO
TRIBUNAL SUPERIOR DO TRABALHO — 5ª REGIÃO

EMENTA: INDENIZAÇÃO PELA AUSÊNCIA DE ENTREGA DAS GUIAS DO SEGURO-DESEMPREGO. O seguro-desemprego é um direito do trabalhador, que somente poderá ter acesso ao seu recebimento mediante a apresentação da guia fornecida pelo empregador. Se, no entanto, a percepção desse seguro é obstada pelo empregador que se exime de cumprir sua obrigação de fornecer as guias, causando, em face da natureza alimentar do benefício, prejuízos irreparáveis ao empregado, deve aquele responder por perdas e danos, à luz do que estabelece o art. 159 do Código Civil. Recurso de revista desprovido. (*TST, RR n. 503187/1998, 5ª Região, 5ª Turma, 12.12.2001, Rel. Min. Rider Nogueira de Brito, DJ 8.3.2002*)

TRIBUNAL SUPERIOR DO TRABALHO — 3ª REGIÃO

EMENTA: SEGURO-DESEMPREGO — CONTROVÉRSIA SOBRE A EXISTÊNCIA DE VÍNCULO EMPREGATÍCIO — DEVIDO. É devido o seguro-desemprego mesmo nas hipóteses em que há controvérsia sobre a existência, ou não, de vínculo empregatício. A única exceção que se admite para o não-reconhecimento do débito é em relação à multa rescisória, pois, nessa hipótese, entende-se que não havia atraso do pagamento das verbas trabalhistas, à falta de vínculo empregatício formalizado. Recurso de revista parcialmente conhecido e desprovido. (*TST, RR n. 489972/1998, 3ª Região, 4ª Turma, 13.8.2003, Rel. Min. Ives Gandra Martins Filho, DJ 5.9.2003*)

TRIBUNAL REGIONAL DO TRABALHO — 2ª REGIÃO

EMENTA: Seguro-desemprego — ausência de registro na CTPS — Efeitos. Uma vez que diante da irregularidade maior da falta de registro, não havia como o trabalhador pretender exigir a produção de uma comunicação de dispensa quando sequer a admissão lhe era reconhecida. Além do mais, ainda que se trate de benefício vinculado à seguridade social, não há dúvida quanto ao fato de que a lei obriga o empregador a viabilizar o seu recebimento pelo empregado despedido imotivadamente e que tenha trabalhado ao menos nos seis meses anteriores à data da dispensa. Não o fazendo, descumpriu imposição de ordem pública, omissão que lhe acarreta o dever de reparar o prejuízo pecuniário experimentado pelo obreiro, por aplicação da regra geral abrigada no art. 159 do Código Civil Brasileiro. (*TRT 2ª Região, RO n. 0102970402763/1997, 8ª Turma, 27.7.1998, Rel. Juíza Wilma Nogueira de Araujo Vaz da Silva, DO 18.8.1998*)

TRIBUNAL REGIONAL DO TRABALHO — 3ª REGIÃO

EMENTA: PRESCRIÇÃO MENOR — HERDEIRO DO EMPREGADO FALECIDO — ART. 440 DA CLT. Não obstante o art. 440 da CLT disponha que contra os menores de 18 anos não corre prescrição, é certo que referido dispositivo legal está inserido no capítulo inerente à proteção ao trabalho do menor, não podendo, por isso, ser interpretado isoladamente. Assim, de se entender que aquele comando legal dirige-se ao empregado menor e não aos herdeiros menores do empregado falecido. Com efeito, quando a discussão se refere a direitos de menores herdeiros e não propriamente do empregado menor, compete ao inventariante, que o representa, exercer o direito do empregado falecido, observando-se o prazo prescricional. (*TRT 3ª Região, RO n. 00115-2003-096-03-00, 4ª Turma, 25.6.2003, Rel. Juiz Júlio Bernardo do Carmo, DJ 5.7.2003*)

TRIBUNAL REGIONAL DO TRABALHO — 6ª REGIÃO

EMENTA: Seguro-desemprego. Integração do aviso prévio. Embora decorra do vínculo empregatício, não tem o seguro-desemprego natureza trabalhista, mas assistencial. Assim, descabe falar-se em integração do aviso prévio para a implementação das condições necessárias à concessão do benefício. Além da dispensa imotivada, faz-se necessário que o empregado tenha, efetivamente, recebido salários de pessoa jurídica ou pessoa física a ela equiparada, relativos a cada um dos 6 (seis) meses imediatamente anteriores ao desfazimento do contrato (art. 3º, inciso I, da Lei n. 7.998/90). Recurso a que se dá provimento. (*TRT 6ª Região, RO n. 4431/2000, 2ª Turma, 20.9.2000, Rel. Juiz Ivanildo da Cunha Andrade, DO 7.10.2000*)

TRIBUNAL REGIONAL DO TRABALHO — 8ª REGIÃO

EMENTA: INDENIZAÇÃO — SEGURO-DESEMPREGO. Razão não assiste ao Recorrente. É do entendimento desta Corte que a empregadora quando exime-se da obrigação de fornecer ao empregado as guias de seguro-desemprego, causa-lhe prejuízo, devendo pois, ressarcir o dano na forma de indenização. Recurso a que se nega provimento. (*Processo: RR n. 272168/1996.4 — TRT da 8ª Região (Ac. 1ª Turma) — Relator: Min. Lourenço Ferreira do Prado — DJ n. 223, 20.11.1998 — p. 122*)

TRIBUNAL REGIONAL DO TRABALHO — 12ª REGIÃO

EMENTA: JORNALEIRO. VÍNCULO DE EMPREGO. Inviável o conhecimento do apelo se, para se chegar à conclusão pretendida, torna-se necessário o reexame do conjunto fático-probatório dos autos. INDENIZAÇÃO. SEGURO-DESEMPREGO. O seguro-desemprego é direito do trabalhador garantido pelas Leis ns. 7998/90 e 8900/94 e visa promover a assistência financeira temporária ao trabalhador desempregado em virtude de dispensa sem justa causa. Pode ser requerido a partir do sétimo dia subseqüente à rescisão do contrato de trabalho. O acesso do empregado ao seu recebimento está condicionado à apresentação da guia fornecida pelo empregador, conforme regulamenta a Resolução n. 64/94 (art. 9º). Apesar de a relação de trabalho formalmente ter sido reconhecida apenas judicialmente, impõe ao empregador todos os ônus decorrentes do contrato de trabalho, entre eles a obrigação de fornecer as guias relativas ao seguro-desemprego. Assim, se a conduta do empregador causou prejuízo pecuniário ao empregado, gerou obrigação a reparar o dano causado, à luz do art. 159 do Código Civil, aplicado subsidiariamente. (*TRT, RR n. 479007/1998, 12ª Região, 3ª Turma, 8.5.2002, Rel. Min. Carlos Alberto Reis de Paula, DJ 14.6.2002*)

TRIBUNAL REGIONAL DO TRABALHO — 13ª REGIÃO

EMENTA: SEGURO-DESEMPREGO. COMPETÊNCIA DA JUSTIÇA DO TRABALHO. Mesmo que o trabalhador postule apenas a liberação das guias do seguro-desemprego, compete à Justiça do Trabalho apreciar e julgar o pedido, extraindo dele a vontade do reclamante de receber a indenização compensativa, como conseqüência do princípio da extrapetição. (*TRT 13ª Região, REOR n. 2070/2000, 23.11.2000, Rel. Juíza Margarida Alves de Araújo Silva, DJ 23.11.2000*)

TRIBUNAL REGIONAL DO TRABALHO — 19ª REGIÃO

EMENTA: RECURSO ORDINÁRIO OBREIRO. DOMÉSTICO. HORAS EXTRAS. MULTA DO ART. 477, § 8º DA CLT. ADICIONAL DE TRANSFERÊNCIA. SEGURO-DESEMPREGO. INDEVIDOS. A lei ainda não equiparou o empregado doméstico ao empregado comum, para fins de aplicação das normas celetistas. Dessarte, não detém aquele empregado, mesmo na vigência da atual Carta Magna, direito a horas extras, multa do art. 477 da CLT, adicional de transferência e seguro-desemprego, salvo quanto a este, quando houver recolhimento do FGTS por seu empregador, facultativamente. Recurso desprovido. (*TRT 19ª R — RO n. 02039-2001-003-19-00-6 — TP — Rel. Juiz Antônio Catão — DOEAL 6.2.2004*)

Capítulo 5

FGTS — FUNDO DE GARANTIA DO TEMPO DE SERVIÇO

5.1. Direitos ao FGTS

DECRETO N. 99.684, DE 8 DE NOVEMBRO DE 1990

Art. 3º A partir de 5 de outubro de 1988, o direito ao regime do FGTS é assegurado aos trabalhadores urbanos e rurais, exceto aos domésticos, independentemente de opção.

Parágrafo único. Os trabalhadores domésticos poderão ter acesso ao regime do FGTS, na forma que vier a ser prevista em lei. Ver Lei n. 5.859 (Lei dos Domésticos)

Art. 4º A opção pelo regime de que trata este Regulamento somente é admitida para o tempo de serviço anterior a 5 de outubro de 1988, podendo os trabalhadores, a qualquer tempo, optar pelo FGTS com efeito retroativo a 1º de janeiro de 1967, ou à data de sua admissão, quando posterior.

Parágrafo único. O disposto neste artigo não se aplica ao trabalhador rural (Lei n. 5.889, de 8 de junho de 1973), bem assim àquele:

a) que tenha transacionado com o empregador o direito à indenização, quanto ao período que foi objeto da transação; ou

b) cuja indenização pelo tempo anterior à opção já tenha sido depositada em sua conta vinculada.

Art. 5º A opção com efeito retroativo será feita mediante declaração escrita do trabalhador, com indicação do período de retroação.

§ 1º O empregador, no prazo de quarenta e oito horas, fará as devidas anotações na Carteira de Trabalho e Previdência Social e no registro do trabalhador, comunicando ao banco depositário.

§ 2º O valor da conta vinculada em nome do empregador e individualizada em relação ao trabalhador, relativo ao período abrangido pela retroação, será transferido pelo banco depositário para a conta vinculada em nome do trabalhador.

Art. 6º O tempo de serviço anterior à opção ou a 5 de outubro de 1988 poderá ser transacionado entre empregador e empregado, respeitado o limite mínimo de sessenta por cento da indenização simples ou em dobro, conforme o caso.

Parágrafo único. Na hipótese de que trata este artigo, a transação deverá ser homologada pelo sindicato da categoria profissional, mesmo quando não houver extinção do contrato de trabalho.

5.2. Efeitos da Rescisão do Contrato de Trabalho

CONSOLIDAÇÃO DAS LEIS DO TRABALHO — CLT

Art. 479. Nos contratos que tenham termo estipulado, o empregador que, sem justa causa, despedir o empregado, será obrigado a pagar-lhe, a título de indenização e por metade, a remuneração a que teria direito até o termo do contrato.

DECRETO N. 99.684, DE 8 DE NOVEMBRO DE 1990

Art. 9º Deverá o empregador depositar, na conta vinculada do trabalhador o FGTS, os valores relativos aos depósitos referentes ao mês da rescisão e ao imediatamente anterior, que ainda não houver sido recolhido, sem prejuízo das cominações legais cabíveis.

§ 1º No caso de despedida sem justa causa, ainda que indireta, o empregador depositará na conta vinculada do trabalhador no FGTS, importância igual a quarenta por cento do montante de todos os depósitos realizados na conta vinculada durante a vigência do contrato de trabalho atualizados monetariamente e acrescidos dos respectivos juros, não sendo permitida, para este fim a dedução dos saques ocorridos.

§ 2º Ocorrendo despedida por culpa recíproca ou força maior, reconhecida pela Justiça do Trabalho, o percentual de que trata o parágrafo precedente será de vinte por cento.

§ 3º Na determinação da base de cálculo para a aplicação dos percentuais de que tratam os parágrafos precedentes, serão computados os valores dos depósitos relativos aos meses da rescisão e o imediatamente anterior, recolhidos na forma do *caput* deste artigo.

§ 4º O recolhimento das importâncias de que trata este artigo deverá ser comprovado quando da homologação das rescisões contratuais que exijam o pagamento da multa rescisória, bem como quando da habilitação ao saque, sempre que não for devida homologação da rescisão, observado o disposto no art. 477 da Consolidação das Leis do Trabalho — CLT, eximindo o empregador exclusivamente quanto aos valores discriminados.

§ 5º Os depósitos de que tratam o *caput* e os §§ 1º e 2º deste artigo deverão ser efetuados até o primeiro dia útil posterior à data de afastamento do empregado.

§ 6º O empregador que não realizar os depósitos previstos neste artigo, no prazo especificado no parágrafo anterior, sujeitar-se-á às cominações previstas no art. 30.

§ 7º O depósito dos valores previstos neste artigo deverá ser efetuado, obrigatoriamente, na CEF ou, nas localidades onde não existam unidades daquela empresa, os bancos conveniados, aplicando-se a estes depósitos no art. 32.

§ 8º A CEF terá prazo de dez dias úteis, após o recolhimento, para atender às solicitações de saque destes valores.

§ 9º A CEF, para fins de remuneração como Agente Operador do FGTS, considerará o recolhimento desses depósitos, da multa rescisória e dos saques desses valores como movimentações distintas.

Art. 10. Caberá ao banco depositário e, após a centralização, à Caixa Econômica Federal — CEF, prestar ao empregador, no prazo máximo de cinco dias úteis da solicitação, as informações necessárias ao cumprimento do disposto nos §§ 1º e 2º do artigo precedente.

§ 1º As informações deverão discriminar os totais de depósitos efetuados pelo empregador, acrescidos dos respectivos juros e correção monetária.

§ 2º Caberá ao empregador comprovar o efetivo depósito dos valores devidos que não tenham ingressado na conta até a data da rescisão do contrato de trabalho.

....

Art. 12. Ocorrendo rescisão do contrato de trabalho, para a qual não tenha o trabalhador dado causa, fica assegurado, na forma do disposto nos arts. 477 a 486 e 497 da CLT, o direito à indenização relativa ao tempo de serviço anterior a 5 de outubro de 1988, que não tenha sido objeto de opção.

Art. 13. No caso de rescisão ou extinção do contrato de trabalho de empregado que conte tempo de serviço anterior a 5 de outubro de 1988 na qualidade de não-optante, o empregador poderá levantar o saldo da respectiva conta individualizada, mediante:

I — comprovação do pagamento da indenização devida, quando for o caso; ou

II — autorização do Instituto Nacional de Seguro Social — INSS, quando não houver indenização a ser paga ou houver decorrido o prazo prescricional para reclamação de direitos por parte do trabalhador.

Parágrafo único. Nas hipóteses previstas neste artigo, os recursos serão liberados no prazo de cinco dias úteis, contando da apresentação do comprovante de pagamento da indenização ou da autorização conferida pelo INSS.

Art. 14. No caso de contrato a termo, a rescisão antecipada, sem justa causa ou com culpa recíproca, equipara-se às hipóteses previstas nos §§ 1º e 2º do art. 9º, respectivamente, sem prejuízo do disposto no art. 479 da CLT.

Art. 15. Ocorrendo rescisão do contrato de trabalho, pelo empregador, por justa causa, o trabalhador demitido somente terá direito ao saque de sua conta vinculada nas hipóteses previstas nos incisos III e VIII do art. 35.

RESOLUÇÃO N. 28, DE 6 DE FEVEREIRO DE 1991

I — Esclarece que, segundo o disposto no art. 18 da Lei n. 8.036, de 11 de maio de 1990, e no art. 9º do Decreto n. 99.684, de 8 de novembro de 1990, no caso de despedida sem justa causa, ainda que indireta, o empregador deve pagar diretamente ao trabalhador importância igual a quarenta por cento do montante de todos os depósitos realizados na conta vinculada durante a vigência do contrato de trabalho, atualizados monetariamente e acrescidos dos respectivos juros, não sendo permitida a dedução dos saques ocorridos.

5.3. Depósitos ao FGTS

CONSOLIDAÇÃO DAS LEIS DO TRABALHO — CLT

Art. 457. Compreendem-se na remuneração do empregado, para todos os efeitos legais, além do salário devido e pago diretamente pelo empregador, como contraprestação do serviço, as gorjetas que receber.

§ 1º Integram o salário, não só a importância fixa estipulada, como também as comissões, percentagens, gratificações ajustadas, diárias para viagem e abonos pagos pelo empregador.

§ 2º ....

§ 3º Considera-se gorjeta não só a importância espontaneamente dada pelo cliente ao empregado, como também aquela que for cobrada pela empresa ao cliente, como adicional nas contas a qualquer título, e destinada à distribuição aos empregados.

Art. 458. Além do pagamento em dinheiro, compreendem-se no sálario, para todos os efeitos legais, a alimentação, habitação, vestuário ou outras prestações *in natura* que a empresa, por força do contrato ou do costume, fornecer habitualmente ao empregado. Em caso algum será permitido pagamento com bebidas alcoólicas ou drogas nocivas.

DECRETO N. 99.684, DE 8 DE NOVEMBRO DE 1990

Art. 27. O empregador, ainda que entidade filantrópica, é obrigado a depositar, até o dia 7 de cada mês, em conta bancária vinculada, a importância correspondente a oito[(*)] por cento da remuneração paga ou devida no mês anterior, a cada trabalhador, incluídas as parcelas de que tratam os arts. 457 e 458 da CLT e a gratificação de Natal a que se refere a Lei n. 4.090, de 13 de julho de 1962, com as modificações da Lei n. 4.749, de 12 de agosto de 1965.

Parágrafo único. Não integram a base de cálculo para incidência do percentual de que trata este artigo:

a) contribuição do empregador para Vale-Transporte (Decreto n. 95.247, de 17 de novembro de 1987); e

b) os gastos efetuados com bolsas de aprendizagem (Lei n. 8.069, de 13 de julho de 1990, art. 64).

Art. 28. O depósito na conta vinculada do FGTS é obrigatório também nos casos de interrupção do contrato de trabalho prevista em lei, tais como:

I — prestação de serviço militar;

II — licença para tratamento de saúde de até quinze dias;

III — licença por acidente de trabalho;

(*) A partir de outubro de 2001.

IV — licença à gestante; e

V — licença-paternidade.

Parágrafo único. Na hipótese deste artigo, a base de cálculo será revista sempre que ocorrer aumento geral na empresa ou na categoria profissional a que pertencer o trabalhador.

LEI N. 6.919, DE 2 DE JUNHO DE 1981

Art. 1º As empresas sujeitas ao regime da legislação trabalhista poderão estender a seus Diretores não-empregados o regime do Fundo de Garantia por Tempo de Serviço — FGTS.

5.4. Saques ao FGTS

LEI N. 6.019, DE 3 DE JANEIRO DE 1974
(Trabalho temporário)

Art. 2º Trabalho temporário é aquele prestado por pessoa física a uma empresa para atender à necessidade transitória de substituição de seu pessoal regular e permanente ou a acréscimo extraordinário de serviços.

DECRETO N. 99.684, DE 8 DE NOVEMBRO DE 1990

Art. 35. A conta vinculada do trabalhador no FGTS poderá ser movimentada nas seguintes situações:

I — despedida sem justa causa, inclusive a indireta, de culpa recíproca e por força maior, comprovada com o depósito dos valores de que tratam os §§ 1º e 2º do art. 9º;

II — extinção da empresa, fechamento de quaisquer de seus estabelecimentos, filiais ou agências, supressão de parte de suas atividades, ou, ainda, falecimento do empregador individual, sempre que qualquer dessas ocorrências implique rescisão do contrato de trabalho, comprovada por declaração escrita da empresa, suprida, quando for o caso, por decisão judicial transitada em julgado;

III — aposentadoria concedida pela previdência social;

IV — falecimento do trabalhador;

V — pagamento de parte das prestações decorrentes de financiamento habitacional concedido no âmbito do Sistema Financeiro da Habitação — SFH, desde que:

a) o mutuário conte com o mínimo de três anos de trabalho sob o regime do FGTS, na mesma empresa ou em empresas diferentes;

b) o valor bloqueado seja utilizado, no mínimo, durante o prazo de doze meses; e

c) o valor de cada parcela a ser movimentada não exceda a oitenta por cento do montante da prestação;

VI — liquidação ou amortização extraordinária do saldo devedor de financiamento imobiliário concedido no âmbito do SFH, desde que haja interstício mínimo de dois anos para cada movimentação, sem prejuízo de outras condições estabelecidas pelo Conselho Curador;

VII — pagamento total ou parcial do preço de aquisição de moradia própria, observadas as seguintes condições:

a) conte o mutuário com o mínimo de três anos de trabalho sob o regime do FGTS, na mesma empresa ou empresas diferentes; e

b) seja a operação financiada pelo SFH ou, se realizada fora do Sistema, preencha os requisitos para ser por ele financiada;

VIII — quando permanecer três anos ininterruptos, a partir de 14 de maio de 1990, sem crédito de depósito;

IX — extinção normal de contrato a termo, inclusive o dos trabalhadores temporários regidos pela Lei n. 6.019, de 1974; e

X — suspensão do trabalho avulso por período igual ou superior a noventa dias;

XI — quando o trabalhador ou qualquer de seus dependentes for acometido de neoplastia maligna. (inciso introduzido pela Lei n. 8.922, de 27.7.1994).

§ 1º Os depósitos em conta vinculada em nome de aposentado, em razão de novo vínculo empregatício, poderão ser sacados também no caso de rescisão do contrato de trabalho a seu pedido.

§ 2º Nas hipóteses previstas nos incisos I e II, o trabalhador somente poderá sacar os valores relativos ao último contrato de trabalho.

§ 3º O Conselho Curador disciplinará o disposto no inciso V, visando a beneficiar os trabalhadores de baixa renda e a pres ervar o equilíbrio financeiro do FGTS.

5.5. Certificado de Regularidade

DECRETO N. 99.684, DE 8 DE NOVEMBRO DE 1990

Art. 43. A regularidade da situação do empregador perante a FGTS será comprovada pelo Certificado de Regularidade do FGTS, com validade em todo o Território Nacional, a ser fornecido pela CEF, mediante solicitação.

Art. 44. A apresentação do Certificado de Regularidade do FGTS é obrigatória para:

I — habilitação em licitação promovida por órgão da administração Pública direta, indireta ou fundacional e por empresas controladas direta ou indiretamente pela União, pelos Estados, pelo Distrito Federal e pelos Municípios;

II — obtenção de empréstimos ou financiamentos junto a quaisquer instituições financeiras públicas, por parte de órgão e entidades da Administração Pública direta, indireta ou fundacional, bem assim empresas controladas direta ou indiretamente pela União, pelos Estados, pelo Distrito Federal e pelos Municípios;

III — obtenção de favores creditícios, isenções, subsídios, outorga ou concessão de serviços ou quaisquer outros benefícios concedidos por órgão da Administração Pública Federal, dos Estados, do Distrito Federal e dos Municípios, salvo quando destinados a saldar débitos para com o FGTS.

IV — transferência de domicílio para o exterior; e

V — registro ou arquivamento, nos órgãos competentes, de alteração ou distrato de contrato social, de estatuto, ou de qualquer documento que implique modificação na estrutura jurídica do empregador ou na extinção da empresa.

Art. 45. Para obter o Certificado de Regularidade, o empregador deverá satisfazer as seguintes condições:

I — estar em dia com as obrigações para com o FGTS; e

II — estar em dia com o pagamento de prestação de empréstimos lastreados em recursos do FGTS.

5.6. Fiscalização

DECRETO N. 99.684, DE 8 DE NOVEMBRO DE 1990

Art. 54. Compete ao Ministério do Trabalho e da Previdência Social — MTPS, por intermédio do INSS, exercer a fiscalização do cumprimento do disposto na Lei n. 8.036, de 1990, de acordo com este regulamento e os arts. 626 a 642 da CLT, especialmente quanto à apuração dos débitos e das infrações praticadas pelos empregadores.

Art. 55. O processo de fiscalização, de autuação e de imposição de multas reger-se-á pelo disposto no Título VII da CLT, respeitado o privilégio do FGTS à prescrição trintenária.

Art. 56. A penalidade de multa será aplicada pelo Gerente de Atendimento de Relações de Emprego, do INSS, mediante decisão fundamentada, lançada em processo administrativo, assegurada ampla defesa ao autuado.

Parágrafo único. Na fixação de penalidade a autoridade administrativa levará em conta as circunstâncias e conseqüências da infração, bem como ser o infrator primário ou reincidente, a sua situação econômico-financeira e os meios ao seu alcance para cumprir a lei.

Art. 57. Quando julgado procedente recurso interposto na forma do art. 636 da CLT, os depósitos efetuados para garantia de instância serão restituídos com valores atualizados na forma da lei.

Art. 58. A rede arrecadadora e a CEF deverão prestar ao MTPS as informações necessárias à fiscalização.

5.7. FGTS de Empregado Doméstico
DECRETO N. 3.361, DE 10 DE FEVEREIRO DE 2000
DOU DE 11.2.2000

Regulamenta dispositivos da Lei n. 5.859, de 11 de dezembro de 1972, que dispõe sobre a profissão de empregado doméstico, para facultar o acesso do empregado doméstico ao Fundo de Garantia do Tempo de Serviço — FGTS e ao Programa do Seguro-Desemprego.

O PRESIDENTE DA REPÚBLICA, no uso da atribuição que lhe confere o art. 84, inciso IV, da Constituição, e tendo em vista o disposto na Lei n. 5.859, de 11 de dezembro de 1972, com as alterações introduzidas pela Medida Provisória n. 1.986-2, de 10 de fevereiro de 2000,

DECRETA:

Art. 1º O empregado doméstico poderá ser incluído no Fundo de Garantia do Tempo de Serviço — FGTS, de que trata a Lei n. 8.036, de 1990, mediante requerimento do empregador, a partir da competência março do ano 2000.

§ 1º Para efeito deste Decreto, o requerimento consistirá na apresentação da guia de recolhimento do FGTS, devidamente preenchida e assinada pelo empregador, na Caixa Econômica Federal — CEF ou na rede arrecadadora a ela conveniada.

§ 2º Efetivado o primeiro depósito na conta vinculada, o empregado doméstico será automaticamente incluído no FGTS.

Art. 2º A inclusão do empregado doméstico no FGTS é irretratável com relação ao respectivo vínculo contratual e sujeita o empregador às obrigações e penalidades previstas na Lei n. 8.036, de 1990.

Art. 3º O benefício do seguro-desemprego de que trata a Lei n. 5.859, de 11 de dezembro de 1972, será concedido ao trabalhador, vinculado ao FGTS, que tiver trabalhado como doméstico por um período mínimo de quinze meses nos últimos vinte e quatro meses, contados da data de sua dispensa sem justa causa.

Art. 4º Para se habilitar ao seguro-desemprego, o trabalhador deverá apresentar ao órgão competente do Ministério do Trabalho e Emprego:

I — Carteira de Trabalho e Previdência Social, na qual deverá constar a anotação do contrato de trabalho doméstico e a data da dispensa, de modo a comprovar o vínculo empregatício, como empregado doméstico, durante pelo menos quinze meses nos últimos vinte e quatro meses;

II — termo de rescisão do contrato de trabalho atestando a dispensa sem justa causa;

III — comprovantes do recolhimento da contribuição previdenciária e do FGTS, durante o período referido no inciso I, na condição de empregado doméstico;

IV — declaração de que não está em gozo de nenhum benefício de prestação continuada da Previdência Social, exceto auxílio-acidente e pensão por morte; e

V — declaração de que não possui renda própria de qualquer natureza, suficiente à sua manutenção e de sua família.

§ 1º Na contagem do tempo de serviço de que trata o inciso I deste artigo, serão considerados os meses em que foram efetuados depósitos no FGTS, em nome do trabalhador como empregado doméstico, por um ou mais empregadores.

§ 2º Considera-se um mês de atividade, para efeito do inciso I deste artigo, a fração igual ou superior a quinze dias.

Art. 5º. O valor do benefício do seguro-desemprego do empregado doméstico corresponderá a um salário mínimo e será concedido por um período máximo de três meses, de forma contínua ou alternada, a cada período aquisitivo de dezesseis meses.

Parágrafo único. O benefício do seguro-desemprego só poderá ser requerido novamente a cada período de dezesseis meses decorridos da dispensa que originou o benefício anterior, desde que satisfeitas as condições estabelecidas no artigo anterior.

Art. 6º A CEF definirá os procedimentos operacionais necessários à inclusão do empregado doméstico e seu empregador no FGTS.

Art. 7º Caberá ao Conselho Deliberativo do Fundo de Amparo ao Trabalhador — CODEFAT, mediante resolução, estabelecer as medidas operacionais que se fizerem necessárias à concessão do benefício do seguro-desemprego.

Art. 8º Este Decreto entra em vigor na data de sua publicação.

Brasília, 10 de fevereiro de 2000; 179º da Independência e 112º da República.

FERNANDO HENRIQUE CARDOSO
Francisco Dornelles

5.8. Prescrição do FGTS

CONSTITUIÇÃO FEDERAL

Art. 7º São direitos dos trabalhadores urbanos e rurais, além de outros que visem à melhoria de sua condição social:

XXIX — ação, quanto aos créditos resultantes das relações de trabalho, com prazo prescricional de cinco anos para os trabalhadores urbanos e rurais, até o limite de dois anos após a extinção do contrato de trabalho.

SÚMULA DO TST

Súmula n. 362/TST: É trintenária a prescrição do direito de reclamar contra o não-recolhimento da contribuição para o FGTS, observado o prazo de 2 (dois) anos após o término do contrato de trabalho.

SÚMULA DO STJ

Súmula n. 210/STJ: A ação de cobrança das contribuições para o FGTS prescreve em 30 (trinta) anos.

5.9. Códigos de Saque — Sacador — Motivo

CAIXA ECONÔMICA FEDERAL
Diretoria de Transferência de Benefícios
Superintendência Nacional de Fundo de Garantia
CIRCULAR CEF N. 427, DE 12 DE MARÇO DE 2008

Estabelece procedimentos para movimentação das contas vinculadas do FGTS e baixa instruções complementares.

A Caixa Econômica Federal — CAIXA, na qualidade de Agente Operador do Fundo de Garantia do Tempo de Serviço — FGTS e tendo em vista o disposto no artigo 7º, inciso II da Lei n. 8.036/90, de 11/05/90, regulamentada pelo Decreto n. 99.684/90, de 08/11/90, baixa a seguinte Circular disciplinando a movimentação das contas vinculadas do FGTS, pelos trabalhadores e seus dependentes, diretores não empregados e seus dependentes, e empregadores.

1. Nos termos desta Circular, as hipóteses de movimentação de conta vinculada, previstas nas Leis n. 7.670/88, de 08/09/88, 8.630/93, de 25/02/93 e 8.036/90, de 11/05/90, com redação alterada pelas Leis n. 8.678/93, de 13/07/93, 8.922/94, de 25/07/94, e 9.491/97, de 09/09/97, e ainda as regulamentações contidas nos Decretos 99.684/90, de 08/11/90, 2.430/97, de 17/12/97, 2.582/98, de 08/05/98, 5.113/04, de 22/06/2004, e 5.860/06, de 26/07/06; Medidas Provisórias números 2164-41 e 2197-43, ambas de 24/08/2001, com a vigência definida nos termos do artigo 2º da Emenda Constitucional n. 32, de 11/09/2001 e Portaria MTE 366/02, de 16/09/2002, são operacionalizadas na forma adiante indicada.

1.1. Às contas vinculadas que tenham saldo originado dos complementos de atualização monetária de que trata a Lei Complementar n. 110, de 29/06/2001, regulamentada pelo Dec. 3.913, de 11/09/2001, e ainda, em face do disposto na Medida Provisória n. 55, de 12/07/2002, convertida na Lei n. 10.555/01, de 13/11/2002, se aplicam as condições gerais elencadas nesta Circular, e, ressalvadas as situações atinentes a cada código, no que não ferir a legislação específica.

ESPECIFICAÇÕES DA MOVIMENTAÇÃO

CÓDIGO DE SAQUE — 01

BENEFICIÁRIO: Trabalhador ou diretor não empregado

MOTIVO

— Despedida, pelo empregador, sem justa causa, inclusive a indireta; ou

— Rescisão antecipada, sem justa causa, pelo empregador, do contrato de trabalho por prazo determinado, inclusive do temporário firmado nos termos da Lei n. 6.019/74, por obra certa ou do contrato de experiência; ou

— Rescisão antecipada, sem justa causa, pelo empregador, do contrato de trabalho firmado nos termos da Lei n. 9.601/98, de 21/01/98, conforme o disposto em convenção ou acordo coletivo de trabalho; ou

— Exoneração do diretor não empregado, sem justa causa, por deliberação da assembléia, dos sócios cotistas ou da autoridade competente.

DOCUMENTOS DE COMPROVAÇÃO

— Termo de Rescisão do Contrato de Trabalho — TRCT, homologado quando legalmente exigível; ou

— Termo de Audiência da Justiça do Trabalho ou Termo de Conciliação, devidamente homologado pelo Juízo do feito, reconhecendo a dispensa sem justa causa, quando esta resultar de conciliação em reclamação trabalhista; ou

— Termo lavrado pela Comissão de Conciliação Prévia, contendo os requisitos exigidos pelo Art. 625-E da Consolidação das Leis do Trabalho — CLT, nos casos em que os conflitos individuais de trabalho forem resolvidos no âmbito daquelas Comissões; ou

— Sentença irrecorrível da Justiça do Trabalho, quando a rescisão resultar de reclamação trabalhista; ou

— Cópia autenticada das atas das assembléias que deliberaram pela nomeação e pelo afastamento do diretor não empregado; cópia do Contrato Social e respectivas alterações registradas no Cartório de Registro de Títulos e Documentos ou na Junta Comercial, ou ato próprio da autoridade competente publicado em Diário Oficial.

DOCUMENTOS COMPLEMENTARES

— Documento de identificação do trabalhador ou diretor não empregado; e

— Carteira de Trabalho e Previdência Social — CTPS na hipótese de saque de trabalhador; e — Cartão do Cidadão ou Cartão de Inscrição PIS/PASEP; ou

— Inscrição de Contribuinte Individual junto ao INSS para o doméstico não inscrito no PIS/PASEP.

VALOR DO SAQUE

Saldo disponível na conta vinculada correspondente ao período trabalhado na empresa.

CÓDIGO DE SAQUE — 02

BENEFICIÁRIO: Trabalhador ou diretor não empregado

MOTIVO

— Rescisão do contrato de trabalho, inclusive por prazo determinado, por obra certa ou do contrato de experiência, por motivo de culpa recíproca ou de força maior.

DOCUMENTOS DE COMPROVAÇÃO

— Certidão ou cópia de sentença irrecorrível da Justiça do Trabalho, e apresentação de TRCT, quando houver; ou

— Certidão ou cópia de sentença judicial transitada em julgado, no caso de diretor não empregado.

DOCUMENTOS COMPLEMENTARES

— documento de identificação do trabalhador ou diretor não empregado; e

— CTPS, na hipótese de saque de trabalhador; e

— Cartão do Cidadão ou Cartão de inscrição PIS/PASEP; ou

— inscrição de Contribuinte Individual junto ao INSS para o doméstico não cadastrado no PIS/PASEP.

VALOR DO SAQUE

Saldo disponível na conta vinculada correspondente ao período trabalhado na empresa.

CÓDIGO DE SAQUE — 03

BENEFICIÁRIO: Trabalhador ou diretor não empregado

MOTIVO

— Rescisão do contrato de trabalho por extinção total da empresa, fechamento de quaisquer de seus estabelecimentos, filiais ou agências, supressão de parte de suas atividades, declaração de nulidade do contrato de trabalho por infringência ao inciso II do art. 37 da Constituição Federal, quando mantido o direito ao salário; ou

— Rescisão do contrato de trabalho por falecimento do empregador individual.

DOCUMENTOS DE COMPROVAÇÃO

— TRCT, homologado quando legalmente exigível, e apresentação de:

a) declaração escrita do empregador confirmando a rescisão do contrato em conseqüência de supressão de parte de suas atividades, ou

b) cópia autenticada da alteração contratual registrada no Cartório de Registro de Títulos e Documentos ou na Junta Comercial, ou ato próprio da autoridade competente publicado em Diário Oficial ou registrado no Cartório de Registro de Títulos e Documentos ou na Junta Comercial, deliberando pela extinção total da empresa, fechamento de quaisquer de seus estabelecimentos, filiais ou agências; ou

c) certidão de óbito do empregador individual; ou

d) decisão judicial transitada em julgado e documento de nomeação do síndico da massa falida pelo juiz, quando a rescisão do contrato for em conseqüência da falência; ou

e) documento emitido pela autoridade competente reconhecendo a nulidade do contrato de trabalho ou decisão judicial, transitada em julgado; ou

f) cópia autenticada das atas das assembléias que deliberaram pela nomeação e pelo afastamento do diretor não empregado em razão da extinção, fechamento ou supressão; cópia do Contrato Social e respectivas alterações registradas no Cartório de Registro de Títulos e Documentos ou na Junta Comercial, ou ato próprio da autoridade competente publicado em Diário Oficial ou registrado em Cartório ou Junta Comercial, deliberando pela extinção da empresa.

DOCUMENTOS COMPLEMENTARES

— documento de identificação do trabalhador ou diretor não empregado; e

— CTPS na hipótese de saque de trabalhador; e

— Cartão do Cidadão ou Cartão de inscrição PIS/PASEP; ou

— inscrição de Contribuinte Individual junto ao INSS para o doméstico não cadastrado no PIS/PASEP.

VALOR DO SAQUE

Saldo disponível na conta vinculada correspondente ao período trabalhado na empresa.

CÓDIGO DE SAQUE — 04

BENEFICIÁRIO: Trabalhador ou diretor não empregado

MOTIVO

— Extinção normal do contrato de trabalho por prazo determinado, inclusive do temporário firmado nos termos da Lei n. 6.019/74, por obra certa ou do contrato de experiência; ou

— Término do mandato do diretor não empregado que não tenha sido reconduzido ao cargo.

DOCUMENTOS DE COMPROVAÇÃO

— TRCT, homologado quando legalmente exigível, e apresentação de:

a) CTPS e cópia das páginas de identificação e do contrato de trabalho com duração de até 90 dias ou três meses, ou

b) CTPS e cópia das páginas de identificação e do contrato de trabalho firmado nos termos da Lei n. 6.019/74; ou

c) CTPS e cópia do instrumento contratual para os contratos de duração superior a 90 dias ou três meses; ou

— Cópia autenticada das atas das assembléias que comprovem a eleição, eventuais reconduções e do término do mandato, registradas no Cartório de Registro de Títulos e Documentos ou na Junta Comercial e, ainda, dos estatutos quando as atas forem omissas quanto às datas de nomeação e/ou afastamento, ou ato próprio da autoridade competente, quando se tratar de diretor não empregado.

DOCUMENTOS COMPLEMENTARES

— documento de identificação do trabalhador ou diretor não empregado; e

— Cartão do Cidadão ou Cartão de inscrição PIS-PASEP; ou

— inscrição de Contribuinte Individual junto ao INSS para o doméstico não cadastrado no PIS/PASEP.

VALOR DO SAQUE

Saldo disponível na conta vinculada correspondente ao período trabalhado na empresa.

CÓDIGO DE SAQUE — 05

BENEFICIÁRIO: Trabalhador ou diretor não empregado

MOTIVO

— Aposentadoria, inclusive por invalidez; ou

— Rescisão contratual do trabalhador, a pedido ou por justa causa, relativo a vínculo empregatício firmado após a aposentadoria; ou

— Exoneração do diretor não empregado, a pedido ou por justa causa, relativa a mandato exercido após a aposentadoria.

DOCUMENTOS DE COMPROVAÇÃO

— Documento fornecido por Instituto Oficial de Previdência Social, de âmbito federal, estadual ou municipal ou órgão equivalente que comprove a aposentadoria ou portaria publicada em Diário Oficial, e:

a) TRCT, homologado quando legalmente exigível, para contrato firmado após a DIB — Data de Início do Benefício da aposentadoria, ou

b) cópia autenticada da ata da Assembléia que comprove a exoneração a pedido ou por justa causa; cópia do Contrato Social e respectivas alterações registradas no Cartório de Registro de Títulos e Documentos ou na Junta Comercial, ou ato próprio da autoridade competente, publicado em Diário Oficial, no caso de mandato de Diretor não empregado firmado após a aposentadoria.

OBSERVAÇÃO

— No caso de trabalhador avulso, o código de saque deve ser acrescido da letra A.

DOCUMENTOS COMPLEMENTARES

— documento de identificação do trabalhador ou diretor não empregado; e

— CTPS na hipótese de saque de trabalhador, e

— Cartão do Cidadão ou Cartão de Inscrição PIS/PASEP; ou

— Inscrição de Contribuinte Individual junto ao INSS para o doméstico não cadastrado no PIS/PASEP.

VALOR DO SAQUE

— Saldo disponível nas contas vinculadas relativas a contratos de trabalho rescindidos/extintos antes da concessão da aposentadoria; e/ou

— Saldo havido na conta vinculada de contrato de trabalho não rescindido por ocasião da concessão de aposentadoria, cujo saque ocorrerá sempre que o trabalhador formalizar solicitação nesse sentido, ainda que permaneça na atividade laboral; ou

— Saldo havido na conta vinculada do contrato de trabalho firmado após a concessão de aposentadoria, hipótese em que o saque ocorrerá em razão da aposentadoria, por ocasião da rescisão do contrato de trabalho, ainda que a pedido ou por justa causa (art. 35, § 1º, do Regulamento do FGTS).

CÓDIGO DE SAQUE — 06

BENEFICIÁRIO: Trabalhador avulso

MOTIVO

— Suspensão total do trabalho avulso por período igual ou superior a noventa dias.

DOCUMENTO DE COMPROVAÇÃO

— Declaração assinada pelo sindicato representativo da categoria profissional, ou OGMO — Órgão Local de Gestão de Mão-de-Obra quando este já estiver constituído, comunicando a suspensão total do trabalho avulso, por período igual ou superior a noventa dias.

OBSERVAÇÃO

— Decorridos 90 dias de suspensão total do trabalho avulso e, de posse da Declaração, o trabalhador poderá solicitar o saque desde que, na data da solicitação, permaneça com suas atividades de avulso suspensas.

DOCUMENTOS COMPLEMENTARES

— documento de identificação do trabalhador; e

— Cartão do Cidadão ou Cartão de inscrição PIS/PASEP.

VALOR DO SAQUE

Saldo disponível na conta vinculada correspondente ao período trabalhado na condição de avulso.

CÓDIGO DE SAQUE — 07

BENEFICIÁRIO: Trabalhador avulso portuário

MOTIVO

— Cancelamento do registro profissional solicitado até o dia 31 de dezembro de 1994 ao órgão local de gestão de mão-de-obra.

DOCUMENTOS DE COMPROVAÇÃO

— Solicitação do cancelamento do registro profissional efetuada junto ao OGMO — Órgão Local de Gestão de Mão-de-Obra e declaração deste, contendo a data do cancelamento do registro profissional, e

— Comprovante de recebimento da indenização de que trata o artigo 59, inciso I, da Lei n. 8.630/93, de 25/02/93, cujo pagamento tenha ocorrido até 31/12/1998 e apresentação de TRCT, se for o caso.

DOCUMENTOS COMPLEMENTARES

— documento de identificação do trabalhador; e

— Cartão do Cidadão ou Cartão de inscrição PIS/PASEP.

VALOR DO SAQUE

Saldo disponível na conta vinculada correspondente ao período trabalhado na condição de avulso portuário.

CÓDIGO DE SAQUE — 10

BENEFICIÁRIO: Empregador

MOTIVO

— Rescisão do contrato de trabalho de trabalhador com tempo de serviço anterior a 05/10/88, na condição de não optante, tendo havido pagamento de indenização.

DOCUMENTOS DE COMPROVAÇÃO

— Rescisão contratual ou TRCT com código de saque 01, homologado na forma prevista nos parágrafos do art. 477 da CLT, da qual conste, em destaque, o pagamento da parcela correspondente à indenização, referente ao tempo de serviço trabalhado na condição de não optante e, para afastamentos ocorridos a partir de 16/02/98, inclusive, apresentação do comprovante de recolhimento dos depósitos rescisórios do FGTS correspondentes ao mês da rescisão, mês imediatamente anterior à rescisão, se não houver sido recolhido, e 40% do total dos depósitos relativos ao período trabalhado na condição de optante, acrescidos de atualização monetária e juros, se for o caso; ou

— Sentença irrecorrível da Justiça do Trabalho, quando a rescisão resultar de reclamação trabalhista ou termo de conciliação da Justiça do Trabalho, devidamente homologado pelo juízo do feito.

DOCUMENTOS COMPLEMENTARES

— identificação do empregador; e

— documento de identificação do representante legal do empregador.

VALOR DO SAQUE

Saldo disponível na conta vinculada individualizada em nome do trabalhador, referente ao período trabalhado na condição de não optante.

OBSERVAÇÃO

O valor do saque será, obrigatoriamente, creditado em conta bancária de titularidade do empregador e por ele formalmente indicada por ocasião da solicitação do saque.

A liberação do saque só será efetivada em favor dos empregadores que cumprirem os seguintes requisitos:

— não possuir saldos de Depósitos a Discriminar no cadastro do FGTS, devedores ou credores;

— estar em situação regular nos empréstimos lastreados com recursos do FGTS, em âmbito nacional.

É aplicado o instituto da compensação automática, quando o empregador fizer jus ao saque de valores, e possuir, ao mesmo tempo, débitos identificados junto ao FGTS.

O empregador deve promover a individualização dos débitos quitados, no caso destes se referirem aos valores de Depósito/JAM, não efetivados aos trabalhadores em época própria.

Excepciona-se a obrigatoriedade da regularização de depósitos a discriminar:

— quando da impossibilidade da individualização dos depósitos em virtude da inexistência de dados cadastrais, devidamente formalizada por meio de publicação de edital de convocação dos empregados da época, em jornal de grande circulação local;

— em caso de valores de depósitos a individualizar de até R$ 10,00 — atualizados, com base na Resolução do Conselho Curador do FGTS n. 318, de 31/08/1999.

CÓDIGO DE SAQUE — 19

BENEFICIÁRIO: Trabalhador ou diretor não empregado residente em áreas atingidas por desastre natural, cuja situação de emergência ou de estado de calamidade pública tenha sido formalmente reconhecido pelo Governo Federal.

MOTIVO

— Necessidade pessoal, urgente e grave, decorrente de desastre natural que tenha atingido a área de residência do trabalhador, quando a situação de emergência ou o estado de calamidade pública tenha sido reconhecido por meio de decreto do governo do Distrito Federal ou Município e publicado em prazo não superior a 30 dias do primeiro dia útil seguinte ao da ocorrência do desastre natural, se este for assim reconhecido, por meio de portaria do Ministro de Estado da Integração Nacional.

Para fins de saque com fundamento neste Código, considera-se desastre natural:

enchentes ou inundações graduais;

enxurradas ou inundações bruscas;

alagamentos; inundações litorâneas provocadas pela brusca invasão do mar;

granizos;

vendavais ou tempestades;

vendavais muito intensos ou ciclones extra tropicais; vendavais extremamente intensos, furacões, tufões ou ciclones tropicais; e tornados e trombas d'água.

DOCUMENTOS DE COMPROVAÇÃO (a ser fornecido pelo Governo Municipal ou do Distrito Federal à CAIXA):

— Declaração comprobatória, em consonância com a avaliação realizada pelos órgãos de Defesa Civil municipal ou do Distrito Federal, das áreas atingidas por desastres naturais, que deverá conter a descrição minuciosa da área afetada, evitando-se a generalização de toda a área geográfica do município ou do Distrito Federal, observando o seguinte padrão:

a) identificação da unidade residencial/nome do logradouro/ bairro ou distrito/cidade/unidade da federação, caso a área atingida se restrinja a determinada(s) unidade(s) residencial(is); ou

b) nome do Logradouro/Bairro ou Distrito/Cidade/UF, caso a área atingida se restrinja às unidades residenciais existentes naquele logradouro; ou

c) nome do Bairro/Cidade/UF, caso todas as unidades residenciais existentes no bairro tenham sido atingidas; ou

d) nome do Distrito/Cidade/UF, caso todas as unidades residenciais existentes no distrito tenham sido atingidas;

A Declaração deverá conter, ainda, a identificação do município atingido pelo desastre natural, informações relativas ao decreto municipal ou do Distrito Federal e à portaria do Ministro de Estado da Integração Nacional que reconheceu o estado de calamidade pública ou a situação de emergência e a Codificação de Desastre, Ameaças e Riscos — CODAR.

— Formulário de Avaliação de Danos — AVADAN;

— Mapa ou Croqui da(s) área(s) afetada(s) pelo desastre.

DOCUMENTOS DE COMPROVAÇÃO (a ser fornecido pelo Trabalhador):

— Comprovante de residência em nome do trabalhador (conta de luz, água, telefone, gás, extratos bancários, carnês de pagamentos, entre outros), emitido nos últimos 120 dias anteriores à decretação da emergência ou calamidade havida em decorrência do desastre natural.

— Na falta do comprovante de residência, o titular da conta vinculada poderá apresentar uma declaração emitida pelo Governo Municipal ou do Distrito Federal, atestando que o trabalhador é residente na área afetada. A declaração deverá ser firmada sobre papel timbrado e a autoridade emissora deverá apor nela data e assinatura. Também deverá ser mencionado na declaração: nome completo, data de nascimento, endereço residencial e número do PIS/PASEP do trabalhador.

DOCUMENTOS COMPLEMENTARES

— documento de identificação do trabalhador ou diretor não empregado; e

— Cartão do Cidadão ou Cartão de Inscrição PIS/PASEP; ou

— Inscrição de Contribuinte Individual junto ao INSS para o doméstico não cadastrado no PIS/PASEP; ou

— CTPS ou outro documento que contenha o número de inscrição PIS/PASEP.

VALOR DO SAQUE

O valor do saque será o saldo disponível na conta vinculada, na data da solicitação, limitado à quantia correspondente a R$ 2.600,00 para cada evento caracterizado como desastre natural, desde que o intervalo entre um saque e outro não seja inferior a doze meses.

OBSERVAÇÕES

— A solicitação ao saque fundamentada nesta hipótese de movimentação poderá ser apresentada até o 90º dia subseqüente ao da publicação da portaria do Ministério da Integração Nacional reconhecendo a situação de emergência ou o estado de calamidade pública.

— No caso dos saques realizados a partir do dia 09/06/2004, o código de saque deve ser acrescido da letra L.

CÓDIGO DE SAQUE — 23

BENEFICIÁRIO: Dependente do trabalhador, do diretor não empregado ou do trabalhador avulso falecido.

MOTIVO

— Falecimento do trabalhador, diretor não empregado ou trabalhador avulso.

DOCUMENTOS DE COMPROVAÇÃO

— Declaração de dependentes firmada por instituto oficial de Previdência Social, de âmbito federal, estadual ou municipal ou Declaração de dependentes habilitados à pensão, fornecida pelo Órgão pagador da pensão, custeada pelo Regime Jurídico Único; assinada pela autoridade competente, contendo, dentre outros dados, a logomarca/ timbre do órgão emissor; a data do óbito e o nome completo, a inscrição PIS/PASEP e o número da CTPS ou do Registro Geral da Carteira de Identidade do trabalhador que legou o benefício e discriminando, com o nome completo, vínculo de dependência e data de nascimento os dependentes habilitados ao recebimento da pensão.

OBSERVAÇÕES

— Na hipótese de saque por dependente de trabalhador avulso, o código de saque deve ser acrescido da letra A.

— Na falta de dependentes, farão jus ao recebimento do saldo da conta vinculada os seus sucessores previstos na lei civil, indicados em alvará judicial, expedido a requerimento do interessado, independente de inventário ou arrolamento.

DOCUMENTOS COMPLEMENTARES

— documento de identificação do solicitante; e

— Certidão de óbito;

— TRCT homologado quando legalmente exigível, para o contrato de trabalho extinto pelo óbito, se apresentado; e/ou

— CTPS ou declaração das empresas comprovando o vínculo laboral; e

— Cartão do Cidadão ou Cartão de inscrição PIS/PASEP do titular; ou

— inscrição de Contribuinte Individual junto ao INSS para o titular doméstico não cadastrado no PIS/PASEP.

VALOR DO SAQUE

Saldo total disponível nas contas vinculadas em nome do titular da conta falecido (*de cujus*), rateado em partes iguais entre os dependentes habilitados.

CÓDIGO DE SAQUE — 26

BENEFICIÁRIO: Empregador

MOTIVO

— Rescisão ou extinção do contrato de trabalho de trabalhador com tempo de serviço anterior a 05/10/88, na condição de não optante, não tendo havido pagamento de indenização, exclusivamente para o contrato de trabalho que vigeu por período igual ou superior a 01 (um) ano.

DOCUMENTOS DE COMPROVAÇÃO

— Requerimento do empregador, que deve ser acompanhado dos documentos a que alude o Art. 5º da Portaria MTE 366/02, de 16/09/2002 indicando o Banco, Agência e Conta Bancária, de titularidade do empregador, para crédito do valor do saque; e

— Relação das contas cujo saque esteja sendo pleiteado, em caso de autorização de saque de forma coletiva, devidamente datada, assinada e carimbada em todas as folhas pela autoridade competente da DRT, contendo:

a) identificação da empresa — razão social, nome de fantasia e CNPJ/CEI; e

b) nome dos empregados não optantes em ordem alfabética e numerados; e

c) número da conta vinculada do FGTS, cujo saque está sendo pleiteado; e

d) n. e série da CTPS de cada um dos trabalhadores; e

e) número da inscrição PIS/PASEP de cada um dos trabalhadores; e

f) datas de admissão, afastamento e nascimento de cada um dos trabalhadores; e

g) datas da opção ao regime do FGTS e da retroação, quando houver, de cada um dos trabalhadores.

DOCUMENTOS COMPLEMENTARES

— Identificação do empregador; e

— documento de identificação do representante legal do empregador.

DA AUTORIZAÇÃO DA DRT/SDT

— O empregador deve solicitar a autorização de saque à DRT/SDT, mediante a apresentação dos documentos que comprovem a rescisão/extinção do contrato e o motivo do não pagamento da indenização, observando os demais procedimentos constantes na Portaria MTE n. 366/02, de 16/09/2002.

VALOR DO SAQUE

Saldo disponível na conta vinculada, individualizada em nome de cada trabalhador, referente ao período trabalhado na condição de não optante por período igual ou superior a um ano.

OBSERVAÇÃO

— O valor do saque será, obrigatoriamente, creditado em conta bancária de titularidade do empregador e por ele formalmente indicada por ocasião da solicitação do saque.

A liberação do saque só será efetivada em favor dos empregadores que cumprirem os seguintes requisitos:

— não possuir saldos de Depósitos a Discriminar no cadastro do FGTS, devedores ou credores;

— estar em situação regular nos empréstimos lastreados com recursos do FGTS, em âmbito nacional.

É aplicado o instituto da compensação automática, quando o empregador, fizer jus ao saque de valores, e possuir, ao mesmo tempo, débitos identificados junto ao FGTS.

O empregador deve promover a individualização dos débitos quitados, no caso destes se referirem aos valores de Depósito/JAM, não efetivados aos trabalhadores em época própria.

Excepciona-se a obrigatoriedade da regularização de depósitos a discriminar:

— quando da impossibilidade da individualização dos depósitos em virtude da inexistência de dados cadastrais, devidamente formalizada por meio de publicação de edital de convocação dos empregados da época, em jornal de grande circulação local;

— em caso de valores de depósitos a individualizar de até R$ 10,00 — atualizados, com base na Resolução do Conselho Curador do FGTS No. 318, de 31/08/1999.

CÓDIGO DE SAQUE — 27

BENEFICIÁRIO: Empregador

MOTIVO

— Pagamento ao trabalhador, pelo empregador, da indenização relativa ao tempo de serviço em que permaneceu na condição de não optante, nos termos da transação homologada pela autoridade competente, durante a vigência do contrato de trabalho do trabalhador, conforme artigo 6º do Regulamento Consolidado do FGTS; aprovado pelo Decreto n. 99.684/1990; ou

— Recolhimento, pelo empregador, na conta optante do trabalhador, do valor correspondente à indenização referente ao tempo de serviço não optante, anterior a 05/10/1988, efetuado durante a vigência do contrato de trabalho do trabalhador, conforme artigo 73 do Regulamento Consolidado do FGTS; ou

— Rescisão do contrato de trabalho, por motivo de acordo, com pagamento de indenização.

DOCUMENTOS DE COMPROVAÇÃO

— Declaração de opção pelo regime do FGTS, se esta foi realizada antes de 05/10/1988 e apresentação de:

a) Termo de Transação do tempo de serviço, homologado pela autoridade competente, ou

b) GR — Guia de Recolhimento e RE

— Relação de Empregados ou GRE

— Guia de Recolhimento do FGTS ou GFIP

— Guia de Recolhimento do FGTS e Informações à Previdência Social, para recolhimento ocorrido a partir de FEV/1999, comprovando o recolhimento em conta optante do trabalhador; ou

c) Rescisão Contratual ou TRCT, homologado na forma do artigo 477 da CLT, em que conste, em destaque, o pagamento da parcela correspondente à indenização, referente ao tempo de serviço trabalhado na condição de não optante.

DOCUMENTOS COMPLEMENTARES

— identificação do empregador;

e — documento de identificação do representante legal do empregador.

VALOR DO SAQUE

Saldo disponível na conta vinculada, individualizada em nome do trabalhador, referente ao período trabalhado na condição de não optante.

OBSERVAÇÃO

O valor do saque será, obrigatoriamente, creditado em conta bancária de titularidade do empregador e por ele formalmente indicada por ocasião da solicitação do saque.

A liberação do saque só será efetivada em favor dos empregadores que cumprirem os seguintes requisitos:

— não possuir saldos de Depósitos a Discriminar no cadastro do FGTS, devedores ou credores;

— estar em situação regular nos empréstimos lastreados com recursos do FGTS, em âmbito nacional.

É aplicado o instituto da compensação automática, quando o empregador, fizer jus ao saque de valores, e possuir, ao mesmo tempo, débitos identificados junto ao FGTS.

O empregador deve promover a individualização dos débitos quitados, no caso destes se referirem aos valores de Depósito/JAM, não efetivados aos trabalhadores em época própria.

Excepciona-se a obrigatoriedade da regularização de depósitos a discriminar:

— quando da impossibilidade da individualização dos depósitos em virtude da inexistência de dados cadastrais, devidamente formalizada por meio de publicação de edital de convocação dos empregados da época, em jornal de grande circulação local;

— em caso de valores de depósitos a individualizar de até R$ 10,00

— atualizados, com base na Resolução do Conselho Curador do FGTS No. 318, de 31/08/1999.

CÓDIGO DE SAQUE — 50

BENEFICIÁRIO: Trabalhador, diretor não empregado ou trabalhador avulso.

MOTIVO

— Ter conta vinculada com o complemento de atualização monetária de que trata o artigo 4º da LC n. 110/01, cuja importância, em 10 de julho de 2001, seja igual ou inferior a R$ 100,00 (cem reais).

DOCUMENTO DE COMPROVAÇÃO

— Cartão do Cidadão ou Cartão de inscrição PIS/PASEP

DOCUMENTOS COMPLEMENTARES

— Documento de identificação do trabalhador ou diretor não empregado; e

— CTPS na hipótese de saque de trabalhador.

OBSERVAÇÕES

— Nos termos da Lei n. 10.555/2002, de 13/11/2002, a adesão de que trata o art. 4º da Lei Complementar n. 110/01, quando não manifesta em termo próprio, é caracterizada pelo recebimento do valor creditado na conta vinculada, passível de saque por este código até 30/12/2003;

— Ao titular que tenha formalizado a adesão no prazo previsto no Decreto n. 3.913/01, é assegurado o direito ao saque nas condições deste código, a qualquer tempo;

— A dispensa da comprovação de condição de saque, para o titular que deixou de efetuar o saque e formalizar a adesão, não excederá a data prevista no regulamento para a adesão.

VALOR DO SAQUE

Saldo disponível na conta vinculada do tipo optante ou optante transferida individualizada em nome do trabalhador, cujo valor total, apurado nos termos do art. 4º da LC n. 110/01, perfaça, em 10 de julho de 2001, importância igual ou inferior a R$ 100,00 (cem reais).

CÓDIGO DE SAQUE — 70

BENEFICIÁRIO: Trabalhador, diretor não empregado ou trabalhador avulso.

MOTIVO

— Ter o titular da conta vinculada idade igual ou superior a setenta anos.

DOCUMENTO DE COMPROVAÇÃO

— Documento que comprove a idade mínima de 70 anos do trabalhador, diretor não empregado ou trabalhador avulso.

DOCUMENTOS COMPLEMENTARES

— Documento de identificação do trabalhador ou diretor não empregado; e

— CTPS na hipótese de saque de trabalhador; ou

— Cópia autenticada da ata da assembléia que deliberou pela nomeação do diretor não empregado; cópia do Contrato Social registrado no Cartório de Registro de Títulos e Documentos ou na Junta Comercial, ou ato próprio da autoridade competente publicado em Diário Oficial; e

— Cartão do Cidadão ou Cartão de Inscrição PIS/PASEP; ou

— Inscrição de Contribuinte Individual junto ao INSS para o doméstico não cadastrado no PIS/PASEP.

VALOR DO SAQUE

Saldo disponível em todas as contas vinculadas do titular.

CÓDIGO DE SAQUE — 80

BENEFICIÁRIO: Trabalhador, diretor não empregado ou trabalhador avulso

MOTIVO

— Ser portador ou possuir dependente portador do vírus HIV — SIDA/AIDS.

DOCUMENTOS DE COMPROVAÇÃO

— Atestado médico fornecido pelo profissional que acompanha o tratamento do paciente, onde conste o nome da doença ou o código da Classificação Internacional de Doenças — CID respectivo, CRM e assinatura, sobre carimbo, do médico; e

— Documento hábil que comprove a relação de dependência, no caso de dependente do titular da conta acometido pela doença.

— Laudo ou exame laboratorial específico (vide observações).

DOCUMENTOS COMPLEMENTARES

— CTPS na hipótese de saque de trabalhador; ou

— Cópia autenticada da ata da assembléia que deliberou pela nomeação do diretor não empregado; cópia do Contrato Social registrado no Cartório de Registro de Títulos e Documentos ou na Junta Comercial, ou ato próprio da autoridade competente publicado em Diário Oficial; e

— Documento de identificação do trabalhador ou diretor não empregado; e

— Cartão do Cidadão ou Cartão de Inscrição PIS/PASEP; ou

— Inscrição de Contribuinte Individual junto ao INSS para o doméstico não cadastrado no PIS/PASEP.

OBSERVAÇÕES

— No caso de pedido decorrente de doença que acometeu o dependente do trabalhador, o código de saque deve ser acrescido da letra D;

— No caso de pedido decorrente de doença que acometeu o próprio trabalhador, o código de saque deve ser acrescido da letra T.

— Por força de liminar concedida pela 11ª Vara Federal de Porto Alegre — Ação Civil Pública n. 2001.71.00.030578-6, os trabalhadores estão dispensados da apresentação do laudo ou exame laboratorial específico.

— Nos casos de reincidência de saque dessa espécie pelo mesmo titular e ou em relação ao mesmo dependente, admitir-se-á a apresentação de cópia do atestado médico apresentado por ocasião do primeiro saque.

VALOR DO SAQUE

Saldo disponível em todas as contas vinculadas do titular.

CÓDIGO DE SAQUE — 81

BENEFICIÁRIO: Trabalhador, diretor não empregado ou trabalhador avulso.

MOTIVO — Estar acometido ou possuir dependente acometido de neoplasia maligna (câncer).

DOCUMENTOS DE COMPROVAÇÃO

— Atestado médico com validade não superior a trinta dias, contados de sua expedição, firmado com assinatura sobre carimbo e CRM do médico responsável pelo tratamento, contendo diagnóstico no qual relate as patologias ou enfermidades que molestam o paciente, o estágio clínico atual da moléstia e do enfermo. Na data da solicitação do saque, se o paciente estiver acometido de neoplasia maligna, no atestado médico deve constar, expressamente: "Paciente sintomático para a patologia classificada sob o CID_____"; ou "Paciente acometido de neoplasia maligna, em razão da patologia classificada sob o CID_____"; ou "Paciente acometido de neoplasia maligna nos termos da Lei n. 8.922/94", ou "Paciente acometido de neoplasia maligna nos termos do Decreto n. 5.860/2006"; e

— laudo do exame histopatológico ou anatomopatológico que serviu de base para a elaboração do atestado médico; e

— Documento hábil que comprove a relação de dependência, no caso de estar o dependente do titular da conta acometido pela doença.

DOCUMENTOS COMPLEMENTARES

— CTPS na hipótese de saque de trabalhador; ou

— Cópia autenticada da ata da assembléia que deliberou pela nomeação do diretor não empregado; cópia do Contrato Social registrado no Cartório de Registro de Títulos e Documentos ou na Junta Comercial, ou ato próprio da autoridade competente publicado em Diário Oficial; e

— Documento de identificação do trabalhador ou diretor não empregado; e

— Cartão do Cidadão ou Cartão de Inscrição PIS/PASEP; ou

Inscrição de Contribuinte Individual junto ao INSS para o doméstico não cadastrado no PIS/PASEP.

OBSERVAÇÕES

— No caso de pedido decorrente de doença que acometeu o dependente do trabalhador, o código de saque deve ser acrescido da letra D;

— No caso de pedido decorrente de doença que acometeu o próprio trabalhador, o código de saque deve ser acrescido da letra T.

VALOR DO SAQUE

Saldo disponível nas contas vinculadas do titular, enquanto estiver acometido pela moléstia.

CÓDIGO DE SAQUE — 82

BENEFICIÁRIO: Trabalhador, diretor não empregado ou trabalhador avulso.

MOTIVO

Estar o trabalhador ou qualquer de seus dependentes em estágio terminal de vida, em razão de doença grave.

DOCUMENTO DE COMPROVAÇÃO

Atestado contendo diagnóstico médico, claramente descritivo que, em face dos sintomas e do histórico patológico, caracterize estágio terminal de vida, em razão de doença grave consignada no Código Internacional de Doenças — CID, que tenha acometido o titular da conta vinculada do FGTS ou seu dependente, assinatura e carimbo com o nome/CRM do médico que assiste o paciente, indicando expressamente: "Paciente em estágio terminal de vida, em razão da patologia classificada sob o CID_____"; e

Documento hábil que comprove a relação de dependência, no caso de ser o dependente do titular da conta o paciente.

DOCUMENTOS COMPLEMENTARES

— CTPS na hipótese de saque de trabalhador; ou

— Cópia autenticada da ata da assembléia que deliberou pela nomeação do diretor não empregado; cópia do Contrato Social registrado no Cartório de Registro de Títulos e Documentos ou na Junta Comercial, ou ato próprio da autoridade competente publicado em Diário Oficial; e

— Cartão do Cidadão ou Cartão de Inscrição PIS/PASEP; ou

— Inscrição de Contribuinte Individual junto ao INSS para o doméstico não cadastrado no PIS/PASEP.

OBSERVAÇÕES

— No caso de pedido decorrente de doença que acometeu o dependente do trabalhador, o código de saque deve ser acrescido da letra D;

— No caso de pedido decorrente de doença que acometeu o próprio trabalhador, o código de saque deve ser acrescido da letra T.

VALOR

Saldo disponível nas contas vinculadas do titular.

CÓDIGO DE SAQUE — 86

BENEFICIÁRIO: Trabalhador ou diretor não empregado

MOTIVO

— Permanência do titular da conta, por três anos ininterruptos, fora do regime do FGTS, para os contratos de trabalho extintos a partir de 14/07/90, inclusive.

DOCUMENTOS DE COMPROVAÇÃO

— CTPS comprovando o desligamento da empresa e a inexistência de vínculo ao regime do FGTS por, no mínimo, três anos ininterruptos; ou

— CTPS onde conste o contrato de trabalho e anotação da mudança de regime trabalhista, publicada em Diário Oficial e a inexistência de vínculo ao regime do FGTS por, no mínimo, três anos ininterruptos; ou

— Cópia autenticada da ata da assembléia que deliberou pela nomeação do diretor não empregado e comprovando o desligamento, há, no mínimo, três anos, a partir de 14/07/90, inclusive; ou

— Declaração da sociedade anônima deliberando pela suspensão definitiva do recolhimento do FGTS para os diretores não empregados, ocorrida há, no mínimo, três anos, a partir de 14/07/90, inclusive; ou

— Cópia do Contrato Social registrado no Cartório de Registro de Títulos e Documentos ou na Junta Comercial, ou ato próprio da autoridade competente publicado em Diário Oficial, comprovando o desligamento, há, no mínimo, três anos, a partir de 14/07/90, inclusive.

OBSERVAÇÕES

— cumprido o prazo fora do regime do FGTS, a solicitação de saque poderá ser apresentada a partir do mês de aniversário do titular;

— uma vez adquirido o direito, este poderá ser exercido mesmo que o titular venha firmar novo contrato de trabalho sob o regime do FGTS.

DOCUMENTOS COMPLEMENTARES

— Documento de identificação do trabalhador ou diretor não empregado; e

— Cartão do Cidadão ou Cartão de inscrição PIS/PASEP; ou

— Inscrição de Contribuinte Individual junto ao INSS para o doméstico não cadastrado no PIS/PASEP.

VALOR DO SAQUE

Saldo disponível nas contas vinculadas do titular que tenha cumprido o interstício de três anos fora do regime do FGTS.

CÓDIGO DE SAQUE — 87

BENEFICIÁRIO: Trabalhador ou diretor não empregado

MOTIVO

— Permanência da conta vinculada sem crédito de depósito, por três anos ininterruptos, cujo afastamento do titular tenha ocorrido até 13/07/90, inclusive.

DOCUMENTOS DE COMPROVAÇÃO

— CTPS onde conste o contrato de trabalho cuja conta vinculada está sendo objeto de saque; ou

— Comprovante do afastamento do trabalhador, quando não constante da CTPS; ou

— Cópia autenticada da ata da assembléia que deliberou pela nomeação do diretor não empregado e comprovando o desligamento até 13/07/90, inclusive; ou

— Declaração da sociedade anônima deliberando pela suspensão definitiva do recolhimento do FGTS para os diretores não empregados, ocorrida há, no mínimo, três anos, até 13/07/90, inclusive; ou

— Cópia do Contrato Social registrado no Cartório de Registro de Títulos e Documentos ou na Junta Comercial, ou ato próprio da autoridade competente publicado em Diário Oficial, comprovando o desligamento até 13/07/90, inclusive.

DOCUMENTOS COMPLEMENTARES

— Documento de identificação do trabalhador ou diretor não empregado; e

— Cartão do Cidadão ou Cartão de inscrição PIS/PASEP; ou

— Inscrição de Contribuinte Individual junto ao INSS para o doméstico não cadastrado no PIS/PASEP.

OBSERVAÇÃO

— Código de saque deve ser acrescido da letra N.

VALOR DO SAQUE

Saldo disponível nas contas vinculadas do titular que satisfaçam os requisitos.

CÓDIGO DE SAQUE — 88

BENEFICIÁRIO: Pessoa indicada pelo Juiz

MOTIVO

— Determinação Judicial.

DOCUMENTO DE COMPROVAÇÃO

— Ordem Judicial.

DOCUMENTOS COMPLEMENTARES

— Documento de identificação do solicitante; e

— Cartão do Cidadão ou Cartão de inscrição PIS/PASEP do titular; ou

— Inscrição de Contribuinte Individual junto ao INSS para o doméstico não cadastrado no PIS/PASEP.

VALOR DO SAQUE

Valor ou percentual indicado na ordem judicial, limitado ao saldo disponível na conta vinculada.

CÓDIGO DE SAQUE — 91

BENEFICIÁRIO: Trabalhador, diretor não empregado ou trabalhador avulso.

MOTIVO

— Utilização do FGTS para aquisição de moradia própria, imóvel residencial concluído.

CONDIÇÕES BÁSICAS

— Contar o trabalhador com o mínimo de três anos, considerando todos os períodos, de trabalho sob o regime do FGTS;

— Não ser proprietário, cessionário, usufrutuário, comprador ou promitente comprador de outro imóvel residencial, concluído ou em construção:

a) Financiado pelo SFH — Sistema Financeiro de Habitação em qualquer parte do território nacional; ou

b) No município onde exerça sua ocupação principal, nos municípios limítrofes e integrantes da mesma região metropolitana; e

c) No atual município de residência.

— Não ser detentor de fração ideal de imóvel superior a 40%; e

— Ser a operação passível de financiamento no SFH.

OBSERVAÇÃO

— As condições gerais ou específicas, devidamente enquadradas nas normas pertinentes ao SFH, são obtidas junto aos Agentes Financeiros.

Faixas de Renda	Valor em Salário Mínimo	Comprometimento Mínimo de renda Familiar	Máximo de Utilização Possível
I	Até 4	5%	80%
II	Acima de 4 e até 12	10%	60%
III	Acima de 12	15%	40%

VALOR DO SAQUE

Saldo disponível nas contas vinculadas do trabalhador, desde que o valor do FGTS, acrescido da parcela financiada, quando houver, não exceda ao menor dos seguintes valores:

a) Limite máximo do valor de avaliação do imóvel estabelecido para as operações no SFH; ou

b) Da avaliação feita pelo agente financeiro; ou

c) De compra e venda.

CÓDIGO DE SAQUE — 92

BENEFICIÁRIO: Trabalhador, diretor não empregado, ou trabalhador avulso.

MOTIVO

— Utilização do FGTS para amortização extraordinária do saldo devedor decorrente de financiamento concedido pelo SFH, obtido pelo titular na aquisição de moradia própria.

CONDIÇÕES BÁSICAS

— Contar o trabalhador com o mínimo de três anos, considerando todos os períodos, de trabalho sob o regime do FGTS; e

— Estar em dia com o pagamento das prestações do financiamento; e

— Contar com o interstício mínimo de dois anos da movimentação anterior, quando se tratar de nova utilização para amortizar/ liquidar saldo devedor.

OBSERVAÇÃO

— As condições gerais ou específicas, devidamente enquadradas nas normas pertinentes ao SFH, são obtidas junto aos Agentes Financeiros.

VALOR DO SAQUE

Saldo disponível nas contas vinculadas do trabalhador, limitado ao saldo devedor atualizado do financiamento.

CÓDIGO DE SAQUE — 93

BENEFICIÁRIO: Trabalhador, diretor não empregado ou trabalhador avulso.

MOTIVO

— Utilização do FGTS para abatimento das prestações decorrentes de financiamento concedido pelo SFH.

CONDIÇÕES BÁSICAS

— Contar o trabalhador com o mínimo de três anos, considerando todos os períodos, de trabalho sob o regime do FGTS; e

— não pode o mutuário contar com mais de 3 (três) prestações em atraso.

OBSERVAÇÃO

— As condições gerais ou específicas, devidamente enquadradas nas normas pertinentes ao SFH, são obtidas junto aos Agentes Financeiros.

— A solicitação de utilização do FGTS poderá ser formalizada uma vez a cada período de, no mínimo, doze meses.

VALOR DO SAQUE

Saldo disponível nas contas vinculadas do trabalhador, limitado a 80% do valor das prestações a serem abatidas.

CÓDIGO DE SAQUE — 94

BENEFICIÁRIO: Trabalhador, diretor não empregado ou trabalhador avulso.

MOTIVO — Utilização do FGTS para aplicação em Fundos Mútuos de Privatização.

CONDIÇÕES BÁSICAS

— Formalização de pedido de aplicação junto ao administrador do Fundo Mútuo de Privatização FMP-FGTS ou do Clube de Investimento CI-FGTS, e

— Apresentação de extrato da conta vinculada que pretenda utilizar em FMP-FGTS, junto à Administradora do FMP-FGTS ou CI-FGTS e de documentação de identificação.

VALOR DO SAQUE

Até cinqüenta por cento do saldo disponível, de todas as contas vinculadas do titular, já consideradas as eventuais utilizações anteriores em FMP.

CÓDIGO DE SAQUE — 95

BENEFICIÁRIO: Trabalhador, diretor não empregado ou trabalhador avulso.

MOTIVO

— Utilização do FGTS para pagamento das parcelas de recursos próprios de imóvel residencial em fase de construção vinculado a programas de financiamento ou de autofinanciamento.

CONDIÇÕES BÁSICAS

— Contar o trabalhador com o mínimo de três anos, considerando todos os períodos de trabalho, sob o regime do FGTS; e

— Não ser proprietário, cessionário, usufrutuário, comprador ou promitente comprador de outro imóvel residencial, concluído ou em construção:

a) Financiado pelo SFH — Sistema Financeiro de Habitação em qualquer parte do território nacional; e/ou

b) No município onde exerça sua ocupação principal, nos municípios limítrofes e integrantes da mesma região metropolitana; e

c) No atual município de residência.

— Não ser detentor de fração ideal de imóvel superior a 40%; e

— Ser a operação financiável pelo SFH.

OBSERVAÇÃO

— As condições gerais ou específicas, devidamente enquadradas nas normas pertinentes ao SFH, são obtidas junto aos Agentes Financeiros.

VALOR DO SAQUE

Saldo disponível nas contas vinculadas do trabalhador, desde que o valor do FGTS, acrescido da parcela financiada, quando houver, não exceda ao menor dos seguintes valores:

a) Limite máximo do valor de avaliação do imóvel estabelecido para as operações no SFH; ou

b) Da avaliação feita pelo agente financeiro; ou

c) De compra e venda ou custo total da obra; ou

d) Somatório dos valores das etapas do cronograma físico-financeiro a realizar.

CÓDIGO DE SAQUE — 96

BENEFICIÁRIO: Trabalhador, diretor não empregado, ou trabalhador avulso.

MOTIVO

— Utilização do FGTS para liquidação do saldo devedor decorrente de financiamento concedido pelo SFH, obtido pelo titular na aquisição de moradia própria.

CONDIÇÕES BÁSICAS

— Contar o trabalhador com o mínimo de três anos, considerando todos os períodos, de trabalho sob o regime do FGTS; e

— Contar com o interstício mínimo de dois anos da movimentação anterior, quando se tratar de nova utilização para amortizar/ liquidar saldo devedor.

OBSERVAÇÃO

— As condições gerais ou específicas, devidamente enquadradas nas normas pertinentes ao SFH, são obtidas junto aos Agentes Financeiros.

VALOR DO SAQUE

Saldo disponível nas contas vinculadas do trabalhador limitado ao saldo devedor atualizado do financiamento.

3. DO FORMULÁRIO DE RESCISÃO CONTRATUAL

3.1. O Termo de Rescisão de Contrato de Trabalho — TRCT, formulário aprovado pela Portaria n. 302, de 26/06/2002, expedida pelo MTE, é o instrumento de quitação das verbas rescisórias, e será utilizado para o saque da conta vinculada do FGTS, nas hipóteses que exijam rescisão/extinção do contrato de trabalho, e deve ser apresentado em via original.

3.2. No campo 25 do TRCT o empregador deve consignar por extenso a causa da rescisão do contrato de trabalho e no campo 26, o código de saque correspondente, quando o motivo da rescisão ensejar direito ao saque em hipótese elencada nesta Circular.

3.2.1. Quando o afastamento for motivado por evento que não permita o saque da conta vinculada do FGTS, o campo 26 deverá ser grafado com a expressão "NÃO".

3.3. O TRCT deve, obrigatoriamente, ser assinado pelo empregador/ preposto, devidamente identificado(s) no campo 57 do formulário, preferencialmente por meio de carimbo identificador da empresa e do preposto, não sendo permitida a assinatura sobre carbono.

3.4. O TRCT deve, obrigatoriamente, ser assinado pelo trabalhador no campo 58, não sendo permitida a assinatura sobre folha carbono.

3.5. O recibo de quitação de rescisão de contrato de trabalho, TRCT, somente será válido quando formalizado de acordo com a legislação vigente, notadamente quanto à respectiva homologação.

4. DA COMUNICAÇÃO DE MOVIMENTAÇÃO POR MEIO ELETRÔNICO

4.1. Para os códigos de saque 01, 02, 03, ou 04, é facultado ao empregador, comunicar a movimentação dos trabalhadores pela Rede Mundial de Computadores — Internet, por meio do canal eletrônico de relacionamento Conectividade Social, utilizando-se de Certificação Eletrônica.

4.2. Compete ao usuário do Conectividade Social, ao se valer do canal, anotar a chave de identificação por este gerada, no canto superior direito do TRCT, objetivando o registro da homologação da rescisão contratual, via Internet, pela entidade sindical representativa da categoria profissional do trabalhador ou Delegacia Regional do Trabalho, se for o caso.

4.2.1. O registro da homologação da rescisão contratual por meio do Conectividade Social não altera ou substitui os procedimentos previstos pela CLT.

4.3. A comunicação de movimentação do trabalhador por meio da Internet não isenta o trabalhador da apresentação dos documentos necessários à liberação dos valores do FGTS, nos termos da legislação vigente.

4.3.1. Entretanto, para os códigos de saque iguais a 01, 03 ou 04, quando o valor a receber for igual ou menor que R$ 600,00 (seiscentos reais), é facultado ao trabalhador dirigir-se aos serviços de auto-atendimento da CAIXA ou em casa lotéricas, desde que este tenha o Cartão do Cidadão e senha válidos.

4.3.2. Para o código de saque igual a 02 de qualquer valor e para os códigos de saque iguais a 01, 03 e 04 de valor a ser recebido maior que R$ 600,00, permanece a exigência de ser apresentada a documentação comprobatória do saque ao atendente da CAIXA.

4.4. A faculdade de outorga da procuração eletrônica pelo empregador, na forma estabelecida para uso do canal eletrônico de relacionamento Conectividade Social, não o exime da responsabilidade civil e penal, respondendo o outorgante, solidariamente com o outorgado, por toda e qualquer informação prestada via Internet, bem como, pelo uso indevido da aplicação.

4.5. O empregador, a entidade homologadora ou a autoridade competente é responsável por toda e qualquer informação prestada via Internet, bem como, pelos efeitos decorrentes desta e pelo uso indevido do aplicativo.

5. DO USO DE INSTRUMENTO DE PROCURAÇÃO

5.1. Não é admissível a representação mediante instrumento de procuração, público ou particular, no pedido de movimentação e no pagamento do saldo da conta vinculada do FGTS para as modalidades previstas nos incisos I, II, III, VIII, IX e X do artigo 20 da Lei n. 8.036/1990, com as alterações introduzidas em legislação posterior.

5.1.1. Os citados incisos referem-se aos códigos de saque 01, 02, 03, 05, 05A, 86, 87N, 04 e 06.

5.2. Para esses códigos de saque, é admitida a representação por instrumento público de procuração, desde que este contenha poderes específicos para este fim, nos casos de grave moléstia, comprovada por perícia médica relatada em laudo, no qual conste a incapacidade de locomoção do titular da conta vinculada do FGTS.

5.2.1. Nos termos do Parecer emitido no Processo-Consulta CFM n. 752/2003, o relatório de uma Junta Médica ou o relatório circunstanciado do médico assistente são considerados como documentos médicos equivalentes ao laudo pericial exigido para a outorga de procuração no caso de doença grave que impeça o comparecimento do titular da conta, nos termos estabelecidos pela MP n. 2.197-43 ou no caso deste titular se encontrar em estágio terminal em razão da doença que o acometeu, consoante o contido no inciso IV do art. 5º do Decreto n. 3.913/2001.

5.3. Para os demais códigos de saque, é admissível a representação mediante instrumento de procuração, público ou particular, no pedido de movimentação e no pagamento do saldo da conta vinculada do FGTS, independente do tipo da conta vinculada, desde que contenha poderes específicos para este fim.

5.3.1. Para que o instrumento de procuração particular seja válido, a assinatura do outorgante deve ser reconhecida em cartório.

6. Fica revogada a Circular CAIXA n. 404/2007, de 29 de março de 2007.

7. Esta circular CAIXA entra em vigor na data de sua publicação.

W. Moreira Franco
Vice-Presidente

LEI N. 8.036, DE 11 DE MAIO DE 1990

Dispõe sobre o Fundo de Garantia do Tempo de Serviço, e dá outras providências.

DECRETO N. 99.684, DE 8 DE NOVEMBRO DE 1990

Consolida as normas regulamentares do Fundo de Garantia do Tempo de Serviço — FGTS

LEI COMPLEMENTAR N. 110, DE 29 DE JUNHO DE 2001

Institui contribuições sociais, autoriza créditos de complementos de atualização monetária em contas vinculadas do Fundo de Garantia do Tempo de Serviço — FGTS e dá outras providências.

LEI N. 10.208, DE 23 DE MARÇO DE 2001

Acresce dispositivos à Lei n. 5.859, de 11 de dezembro de 1972, que dispõe sobre a profissão de empregado doméstico, para facultar o acesso ao Fundo de Garantia do Tempo de Serviço — FGTS e ao seguro-desemprego.

JURISPRUDÊNCIAS

TRIBUNAL SUPERIOR DO TRABALHO — 11ª REGIÃO

EMENTA: RECURSO DE REVISTA — CAPITALIZAÇÃO DO FGTS — COMPETÊNCIA DA JUSTIÇA DO TRABALHO. A Lei n. 8.036/90, que dispõe sobre o Fundo de Garantia do Tempo de Serviço, prevê, em seu art. 13, a capitalização dos depósitos efetuados no citado fundo e, em seu art. 26, consigna, expressamente, que é competente a Justiça do Trabalho para julgar os dissídios, entre os trabalhadores e os empregadores decorrentes de aplicação dessa lei. Assim sendo, visto que a demanda foi ajuizada contra a Empregadora, e não contra o órgão gestor do FGTS, não há como afastar a competência desta Justiça Especializada, ainda que seja para julgar improcedente a reclamação. Recurso de revista não conhecido. (*TST, RR n. 611194/1999, 11ª Região, 4ª Turma, 13.8.2003, Rel. Min. Ives Gandra Martins Filho, DJ 5.9.2003*)

TRIBUNAL SUPERIOR DO TRABALHO — 12ª REGIÃO

EMENTA: COMPLEMENTAÇÃO DA MULTA DO FGTS. Se a multa de 40% (quarenta por cento) sobre os depósitos do FGTS somente foi instituída pela atual Carta Magna, promulgada em 5.10.88, ou seja, quando a rescisão contratual com a Carbonífera Próspera (20.4.88) já havia se constituído como ato jurídico perfeito, inexiste o direito à complementação postulada. Embargos providos para restabelecer a r. Sentença de 1º Grau, no particular. (*TST, ERR n. 173816/1995, 12ª Região, 1ª Turma, 7.4.1997, Rel. Min. Rider Nogueira de Brito, DJ 25.4.1997*)

TRIBUNAL REGIONAL DO TRABALHO — 12ª REGIÃO

EMENTA: FGTS. ACIDENTE DO TRABALHO. É devido o recolhimento dos depósitos relativos ao FGTS durante o período em que o empregado estiver em licença decorrente de acidente do trabalho, nos termos do art. 15, § 5º, da Lei n. 8.036/90 e do art. 28, inciso III, d o Decreto n. 99.684/90. (*TRT 12ª Região, RO-V n. 11059/2000, 2ª Turma, 3.7.2001, Rel. Juiz Telmo Joaquim Nunes, DJ 2.8.2001*)

TRIBUNAL REGIONAL DO TRABALHO — 2ª REGIÃO

EMENTA: EXPURGOS INFLACIONÁRIOS E A MULTA DE 40% DO FGTS. 1. Incompetência da Justiça do Trabalho. A matéria é controvérsia própria do contrato de trabalho (art. 114, CF). 2. Ilegitimidade de parte do empregador. Por lei, a multa dos 40% é obrigação do empregador, sendo uma verba própria e decorrente da rescisão contratual, portanto, típica controvérsia trabalhista afeta ao liame empregatício entre as partes. A CEF, como a responsável pelas contas, responde pelo principal (resíduos inflacionários e a recomposição do saldo da conta vinculada. O empregador, como o responsável pela dispensa imotivada, responde pelo acessório, ou seja, a multa. Rejeito. 3. Denunciação à lide da CEF. Se a obrigação da multa dos 40% é do empregador, não há como se falar em ação de regresso contra a CEF, portanto, descabe a denunciação pleiteada. Por outro lado, a mesma é incabível na Justiça do Trabalho (OJ n. 227, SDI-I, TST). Rejeito. 4. Impossibilidade jurídica. A base de cálculo da multa dos 40% é o saldo da conta vinculada, com os reajustes derivados da atualização, reputando-se uma imposição patronal por lei. Portanto, não vejo a temática da impossibilidade jurídica. Rejeito. 5. Prescrição total. A prescrição surge a partir do momento em que houve a lesão ao direito: a multa dos 40% é uma obrigação acessória, a qual decorre do principal, o qual é a recomposição do FGTS pelos expurgos inflacionários; esses expurgos, literalmente, foram reconhecidos pela Lei Complementar n. 110, após a decisão histórica do STF. Portanto, a prescrição surge a partir da publicação da Lei Complementar n. 110. Rejeito. 6. Mérito: O reclamante aposentou-se em dezembro/95. As diferenças, pelos resíduos inflacionários, são anteriores a essa data. Como a aposentadoria é causa natural da cessação do liame contratual, ante o teor do art. 453 da CLT, bem como em face do que dispõe o teor da OJ n. 177, da SDI-I, do TST, não há como se impor a multa dos 40%. Mantém-se a improcedência. (*TRT 2ª R — RS n. 01-01269-2003-472-02-00 — Ac. 20030510540 — 4ª T. — Rel. Juiz Francisco Ferreira Jorge — DOESP 3.10.2003*)

TRIBUNAL SUPERIOR DO TRABALHO — 4ª REGIÃO

EMENTA: INDENIZAÇÃO ADICIONAL — CÔMPUTO DO AVISO PRÉVIO INDENIZADO — RESCISÃO DO CONTRATO DE TRABALHO APÓS A DATA-BASE. Depreende-se dos autos que, com o cômputo do aviso prévio indenizado, o término do contrato de trabalho foi projetado para período posterior à data-base da categoria. Não há, portanto, direito ao benefício previsto no art. 9º da Lei n. 7238/84, pois a indenização adicional é atribuída apenas ao trabalhador demitido, sem justa causa, no período de 30 (trinta) dias que antecede à data do reajuste salarial. HORAS EXTRAS — ÔNUS DA PROVA. O Tribunal *a quo* consignou que o depoimento das testemunhas foi coerente e harmônico merecendo credibilidade. Considerou, ainda, que os cartões-de-ponto apresentados não correspondiam à real jornada de trabalho, haja vista distorções encontradas pela perícia nos registros apresentados. Os arestos indicados não examinam os mesmos fatos analisados pelo acórdão recorrido e tampouco infirmam os fundamentos da decisão regional. Incidência do Enunciado n. 296 do TST. HONORÁRIOS ADVOCATÍCIOS — ENUNCIADO N. 126 DO TST. Constatado que o Reclamante estava assistido por sindicato da categoria profissional e encontrava-se em situação econômica que não lhe permitia demandar sem prejuízo do próprio sustento ou de sua família, é devido o pagamento de honorários advocatícios, nos termos do Enunciado n. 219 do TST. FGTS — AVISO PRÉVIO — BASE DE CÁLCULO. Na forma do art. 487, § 1º, da CLT, o período de aviso prévio é considerado tempo de serviço para todos os efeitos legais. O pagamento antecipado, no momento da rescisão, não lhe retira o caráter salarial para efeito de apuração do saldo do FGTS e tampouco obsta que integre a base de cálculo da multa do Fundo de Garantia. DESCONTOS SALARIAIS — REPARAÇÃO DE DANOS. Não há falar em descontos salariais a título de reparação de danos quando não demonstrada a responsabilidade do empregado nos prejuízos causados à Empresa. Os arestos indicados são inespecíficos, atraindo a incidência do Enunciado n. 296 do TST. AJUDA-ALIMENTAÇÃO — INTEGRAÇÃO AO SALÁRIO. No tópico, o único aresto indicado é inservível à controvérsia, pois encontra o óbice do Enunciado n. 337 do TST. Recurso de Revista parcialmente conhecido e provido. (*TST, RR n. 422066/1998, 4ª Região, 3ª Turma, 5.2.2003, Rel. Min. Maria Cristina Irigoyen Peduzzi, DJ 7.3.2003*)

TRIBUNAL REGIONAL DO TRABALHO — 8ª REGIÃO

EMENTA: FGTS. MUDANÇA DO REGIME JURÍDICO. O art. 20, inciso VIII, da Lei n. 8.036/90, com a nova redação dada pela Lei n. 8.678/93, permitiu a liberação dos depósitos de todos os trabalhadores que permanecessem três anos ininterruptos, a partir de 1º de junho de 1990, fora do regime do FGTS. Decorrido esse prazo, não existe o impedimento legal que deu origem à lide. Recurso de revista prejudicado. (*Processo: RR n. 312674/1996.1 — TRT da 8ª Região — (Ac. 3ª Turma) — Relator: Min. Francisco Fausto — DJ n. 194, 8.10.1999 — p. 224*)

TRIBUNAL SUPERIOR DO TRABALHO — 9ª REGIÃO

EMENTA: 1. PRESCRIÇÃO. AVISO PRÉVIO INDENIZADO. A decisão regional apresenta-se em conformidade com a Orientação Jurisprudencial n. 83 da SBDI-1 do TST, o que afasta a possibilidade de violação legal ou constitucional, assim como resultam superados os arestos tidos por divergentes. Revista não conhecida, no tópico. 2. COMPENSAÇÃO DE HORAS EXTRAS. O próprio Regional reconheceu que se havia omitido na apreciação das normas coletivas que previam a compensação de horas extras, na forma do que exigido no art. 7º, XIII, da Constituição Federal, o que permitia imprimir-se efeito modificativo ao julgado, nos termos do Enunciado n. 278 do TST. Revista conhecida e provida, nesta matéria. 3. FGTS E MULTA. ÔNUS DA PROVA. É da Reclamada o ônus de comprovar haver efetuado o correto recolhimento dos valores alusivos ao Fundo de Garantia do Tempo de Serviço, pois o art. 17 da Lei n. 8.036/90 estabelece que os empregadores obrigam-se a comunicar, todos os meses, aos empregados os valores recolhidos ao FGTS, devendo, ainda, repassar-lhes todas as informações sobre suas contas vinculadas recebidas da Caixa Econômica Federal ou dos Bancos depositários. Não havendo o empregador demonstrado que cumpriu as exigências emanadas da norma jurídica que disciplina o Fundo de Garantia, teria o ônus de, no curso da lide, provar o correto recolhimento das quantias recolhidas para o FGTS. A existência dos depósitos do FGTS, nas quantias corretas e nos valores devidos, é fato extintivo da pretensão da parte em obter o reconhecimento judicial do direito perseguido. É o que se pode extrair do quanto agasalhado no art. 818 da CLT e no inciso II do art. 333 do CPC, combinados com a norma específica contida no art. 17 da Lei n. 8.036/90. Revista conhecida, mas a que se nega provimento, nesta matéria. (*TST, RR n. 460777/1998, 9ª Região, 3ª Turma, 22.5.2002, Rel. Juíza Convocada Eneida Melo, DJ 28.6.2002*)

TRIBUNAL SUPERIOR DO TRABALHO — 2ª REGIÃO

EMENTA: FGTS. DIFERENÇAS. RECOLHIMENTO. ÔNUS DA PROVA. 1. Incumbe ao Reclamado, por se cuidar de fato extintivo da pretensão de diferenças, o ônus de produzir prova do regular recolhimento dos depósitos do FGTS. 2. Não se desvencilhando de tal ônus, incensurável o acolhimento do pedido. 3. Recurso a que se nega provimento. (*TST, RR n. 590216/1999, 2ª Região, 1ª Turma, 30.4.2003, Rel. Min. João Oreste Dalazen, DJ 6.6.2003*)

TRIBUNAL REGIONAL DO TRABALHO — 12ª REGIÃO

EMENTA: FGTS. MULTA. COMPLEMENTAÇÃO. IMPLANTAÇÃO DO PERCENTUAL (40%) PELA CF/88. Empregado admitido pela empresa sucessora imediatamente após a rescisão contratual com a sucedida, ocasião em que recebeu o pagamento da multa de 10% sobre o valor dos depósitos do FGTS, em conformidade com a legislação vigente à época, qual seja, art. 6º da Lei n. 5.107/66. Inexistência de direito à complementação de 30% sobre os depósitos levantados, após despedido pela empresa sucessora, eis que consumado ato jurídico perfeito. Recurso de revista parcialmente conhecido e provido. (*Processo: RR n. 274555/1996.4 — TRT da 12ª Região (Ac. 1ª Turma) — Relator: Min. João Oreste Dalazen — DJ n. 223, 20.11.98 — p. 122*)

TRIBUNAL SUPERIOR DO TRABALHO — 4ª REGIÃO

EMENTA: FGTS — INCIDÊNCIA SOBRE LICENÇA-PRÊMIO — IMPROCEDÊNCIA. A Lei n. 8.036/90, no seu art. 15, entabula que os depósitos para o FGTS incidirão sobre as parcelas elencadas nos arts. 457 e 458 da CLT, bem assim sobre o décimo terceiro salário (Lei n. 4.090/72), do que se depreende que apenas as verbas de natureza salarial servem de base de cálculo dos depósitos fundiários. A licença-prêmio, como a denominação indica, consubstancia espécie do gênero atinente aos prêmios. Pela análise ontológica, o prêmio nasce como recompensa ao empregado pela demonstração de sua eficiência, assiduidade, produção, disciplina, etc., fatores relacionados à excelência no zeloso cumprimento do contrato de trabalho. Pelo prisma da análise teleológica, o prêmio destina-se a incentivar o melhor desempenho e, por conseguinte, a melhor produção laboral pelo obreiro. Desse panorama deflui que os prêmios guardam estrita relação com a ação pessoal do empregado perante a empresa, digna de reconhecimento por parte desta. Em regra, as condições estipuladas para o auferimento dos prêmios têm descrição detalhada, estando a concessão da benesse jungida, portanto, à verificação delas. Nessa esteira, os prêmios não possuem conotação salarial, já que esta se reserva apenas às verbas decorrentes da contraprestação direta pelo empregador dos serviços realizados pelo empregado. Revelam-se, portanto, como liberalidade do empregador, razão pela qual não podem integrar o salário. A licença-prêmio, que tem por fato gerador, geralmente, o tempo de serviço na empresa, à luz dessas considerações, não tem contorno salarial, mas tipicamente recompensador e, portanto, indenizatório, não podendo incidir sobre ela o FGTS. Note-se que possível descaracterização do prêmio pode advir da comprovação de que seu pagamento dá-se de forma habitual, circunstância que, no entanto, não restou reportada pela Corte de origem. Recurso de revista conhecido em parte e provido. (*TST, RR n. 647798/2000, 4ª Região, 4ª Turma, 28.5.2003, Rel. Min. Ives Gandra Martins Filho, DJ 13.6.2003*)

TRIBUNAL SUPERIOR DO TRABALHO — 1ª REGIÃO

EMENTA: FGTS. INCIDÊNCIA SOBRE LICENÇA-PRÊMIO. Por lei, o FGTS considera seu cálculo sobre verbas de natureza salarial. Sendo a licença-prêmio eminentemente indenizatória, não há falar em sua incidência sobre tal benefício, mesmo que indenizado. Revista conhecida e provida. (*TST, RR n. 530176/1999, 1ª Região, 2ª Turma, 6.8.2003, Rel. Min. José Luciano de Castilho Pereira, DJ 29.8.2003*)

TRIBUNAL SUPERIOR DO TRABALHO — 5ª REGIÃO

EMENTA: DIREITO DO TRABALHO. FUNDO DE GARANTIA DO TEMPO DE SERVIÇO. BASE DE CÁLCULO. Segundo os §§ 1º, 2º e 3º do art. 18 da Lei n. 8.036/90 a base de cálculo para efeito da incidência da multa do FGTS, ainda que o aviso prévio seja indenizado, é o montante dos depósitos corrigidos, apurado na época da quitação das verbas rescisórias. Assim, não há falar-se em ofensa ao citado dispositivo tendo em vista que o v. acórdão regional reconheceu que o montante dos depósitos do FGTS, foi corretamente quitado pela empregadora na data da rescisão contratual, eis que foi tomado por base o valor existente na conta vinculada do empregado, bem como o valor correspondente ao mês anterior ao da rescisão, ainda não lançado na conta. Recurso de revista não conhecido. (*TST, RR n. 416303/1998, 12ª Região, 5ª Turma, 3.4.2002, Rel. Juiz Convocado Aloysio Santos, DJ 26.4.2002*)

TRIBUNAL SUPERIOR DO TRABALHO — 15ª REGIÃO

EMENTA: RECURSO DE EMBARGOS. MULTA DE 40% DO FGTS. AVISO PRÉVIO INDENIZADO. Sem embargo do disposto nos arts. 487, § 1º, e 489 da CLT, cumpre reportar ao § 6º do art. 477 da CLT, segundo o qual o pagamento das parcelas constantes do instrumento de rescisão do contrato de trabalho ou do recibo de quitação deverá ser efetuado até o décimo dia, contado da data da notificação da demissão, quando da ausência do aviso prévio, indenização do mesmo ou dispensa de seu cumprimento. O § 1º do art. 18 da Lei n. 8.036/90 estabelece, por sua vez, que, na hipótese de despedida pelo empregador sem justa causa, pagará este diretamente ao empregado importância igual a quarenta por cento do montante de todos os depósitos realizados na conta vinculada durante a vigência do contrato de trabalho, atualizados monetariamente e acrescidos dos respectivos juros. Conjugando os dois dispositivos, conclui-se que, em relação à incidência da multa de 40% sobre a conta vinculada, a data que a deve balizar é a do efetivo pagamento das verbas rescisórias, excluída a ficção legal da duração residual do contrato pela projeção do aviso prévio indenizado. Embargos conhecidos e providos. (*TST, ERR n. 253934/1996, 15ª Região, 1ª Turma, 1.10.2001, Rel. Min. Antônio José de Barros Levenhagen, DJ 19.10.2001*)

TRIBUNAL REGIONAL DO TRABALHO — 2ª REGIÃO

EMENTA: FGTS. MULTA INDENIZATÓRIA. ART. 18, § 1º, DA LEI N. 8.036/90. INCIDÊNCIA. LEVANTAMENTO DA VIGÊNCIA DO CONTRATO DE TRABALHO. SAQUES. ATUALIZAÇÃO. RESOLUÇÃO N. 28/91 DO CONSELHO CURADOR DO FUNDO DE GARANTIA DO TEMPO DE SERVIÇO. Os saques de valores depositados na contra vinculada, na vigência do contrato de trabalho, é faculdade garantida legalmente ao trabalhador, cujo exercício não pode ser indicado como óbice ao recebimento da multa indenizatória devida pelo empregador na hipótese de ocorrer despedida sem justa causa. Assim, mesmo que o empregado faça uso total ou parcial de seu FGTS na vigência do vínculo empregatício, nas hipóteses autorizadas por lei, a multa indenizatória prevista no art. 18, § 1º, da Lei n. 8.036, de 11 de maio de 1990, é devida no caso de ocorrer despedida sem justa causa, sendo que o percentual de 40% (quarenta por cento incidirá sobre o montante dos depósitos realizados durante a vigência do contrato, inclusive sobre os valores referentes aos saques efetuados, devidamente atualizados monetariamente e acrescidos dos respectivos juros. Inteligência da Resolução n. 28, de 26.2.91, do Conselho Curador do FGTS, órgão competente para dirimir dúvidas quanto à aplicação das normas relativas ao Fundo de Garantia do Tempo de Serviço, nos termos do art. 5º, inciso VI, da Lei n. 8.036/90. (*Processo: RR n. 322153/1996.0 — TRT da 2ª Região — (Ac. 3ª Turma) — Relator: Min. Francisco Fausto — DJ n. 174, 10.9.1999 — p. 89*)

EMENTA: GRATIFICAÇÃO ESPECIAL — INCIDÊNCIA DO FGTS. A parcela em questão, concedida por mera liberalidade do empregador, reveste-se de natureza eminentemente indenizatória, o que torna inviável sua incidência sobre parcelas de natureza salarial. Indevida, portanto, a repercussão do FGTS e da multa de 40% sobre a gratificação especial. Recurso parcialmente conhecido e provido. (*Processo: RR n. 530373/1999.0 — TRT da 2ª Região — (Ac. 2ª Turma) — Relator: Min. Valdir Righetto — DJ n. 179, 17.9.1999 — p. 153*)

TRIBUNAL REGIONAL DO TRABALHO — 6ª REGIÃO

EMENTA: DEPÓSITOS DO FGTS. ÔNUS DA PROVA. O ônus de comprovar quando inocorreu depósito para o FGTS ou quando foi efetuado em valor inferior ao devido é do empregado, que pode, gratuitamente, obter extratos da conta vinculada na Caixa Econômica Federal, nos termos dos arts. 818 da CLT e 333, I do CPC. Revista parcialmente conhecida e provida. (*Processo: RR n. 312.554/1996.9 — TRT da 6ª Região — (Ac. 5ª Turma) — Relator: Min. Juraci Candeia de Souza — DJ n. 150, 6.8.1999 — p. 500*)

TRIBUNAL REGIONAL DO TRABALHO — 1ª REGIÃO

EMENTA: FGTS. OPÇÃO RETROATIVA. ENTIDADE FILANTRÓPICA. 1. A opção retroativa pelo FGTS só é possível mediante a concordância prévia do empregador. Tratando-se de entidade filantrópica, a obrigatoriedade para proceder ao recolhimento do FGTS só se deu a partir de 13.10.89, conforme estabelecido pelo Decreto n. 98.813/90 que veio a regulamentar a Lei n. 7.839/89. 2. Recurso de revista conhecido e parcialmente provido. (*Processo: RR n. 329951/1996.5 — TRT da 1ª Região — (Ac. 3ª Turma) — Relator: Min. Francisco Fausto — DJ n. 203, 22.10.1999 — p. 199*)

TRIBUNAL SUPERIOR DO TRABALHO — 15ª REGIÃO

EMENTA: SERVIDOR CELETISTA ESTÁVEL. COMPATIBILIDADE COM O REGIME DO FGTS. O art. 19 do Ato das Disposições Constitucionais Transitórias, ao conferir estabilidade a servidores celetistas, não determinou que esse benefício implicaria a modificação do regime jurídico para estatutário. Portanto, mantido o regime privado de contratação, a exclusão do direito ao Fundo de Garantia do Tempo de Serviço somente poderia ser admitida se houvesse ressalva expressa na legislação que regula a matéria. Recurso de revista de que se conhece e a que se nega provimento. (*TST, RR n. 412102/1997, 15ª Região, 1ª Turma, 2.5.2001, Rel. Juiz Convocado Altino Pedrozo dos Santos, DJ 8.6.2001*)

FGTS — EMPREGADO RURAL

TRIBUNAL REGIONAL DO TRABALHO — 6ª REGIÃO

EMENTA: FGTS — EMPREGADO RURAL. Desde a edição da atual Carta Magna, os rurícolas fazem jus ao Fundo de Garantia por Tempo de Serviço, nos termos da Lei n. 8.036/90, regulamentada pelo Decreto n. 99.684/90. Recurso a que se nega provimento. SEGURO-DESEMPREGO — INDENIZAÇÃO. O fato de ser o seguro-desemprego parcela decorrente do contrato de trabalho existente entre o empregado e o empregador, torna esta Justiça Especializada competente para processar e julgar o ligítio dela decorrente. Recurso de Revista a que se nega provimento. (*Processo: RR n. 294606/1996.7 — TRT da 6ª Região (Ac. 1ª Turma) — Relator: Min. Lourenço Ferreira do Prado — DJ n. 53, 19.3.1999 — p. 151*).

TRIBUNAL REGIONAL DO TRABALHO — 2ª REGIÃO

EMENTA: MULTA FUNDIÁRIA. COMPLEMENTAÇÃO. INCIDÊNCIA SOBRE O AVISO PRÉVIO. É devida a multa fundiária no período do aviso prévio, conforme se infere da Orientação Jurisprudencial sumulada no Verbete 305 do TST. Revista parcialmente conhecida e provida. (*Processo: RR n. 328242/1996.7 — TRT da 2ª Região (Ac. 3ª Turma) — Relator: Min. Antonio Fábio Ribeiro — DJ n. 38, 26.2.1999 — p. 140*).

TRIBUNAL REGIONAL DO TRABALHO — 6ª REGIÃO

EMENTA: INDENIZAÇÃO POR ANTIGÜIDADE — TEMPO ANTERIOR À APOSENTADORIA. A aposentadoria espontânea extingue automaticamente o contrato de trabalho, inexistindo, portanto, o direito à indenização por tempo de serviço. Recurso provido. RECOLHIMENTO DO FGTS — RURÍCOLA. Com a promulgação da atual Constituição Federal — art. 7º, inciso III , o trabalhador rural adquiriu, de imediato, o direito aos depósitos do FGTS. Recurso a que se nega provimento. PRESCRIÇÃO BIENAL. PRESCRIÇÃO QÜINQÜENAL. O recurso de revista, em face de sua natureza extraordinária, tem lugar apenas nas hipóteses elencadas no art. 896 da CLT. Recurso não conhecido nestes temas. (*Processo: RR n. 335747/1997.4 — TRT da 6ª Região — (Ac. 4ª Turma) — Relator: Min. Leonaldo Silva — DJ n. 194, 8.10.1999 — p. 271*)

FGTS — EMPREGADO DOMÉSTICO
TRIBUNAL REGIONAL DO TRABALHO — 14ª REGIÃO

EMENTA: EMPREGADO DOMÉSTICO — FGTS. O empregado doméstico somente fará jus ao recebimento do FGTS e ao seguro-desemprego se o empregador o tiver inscrito no Fundo de Garantia do Tempo de Serviço, nos termos estabelecidos no art. 1º da Lei n. 10.208/01 que acrescentou os arts. 3º-A e 6º-A à Lei n. 5.859, de 11.12.1972. Pedido improvido. (*TRT 14ª R. — RO n. 510/2003 — (00176.2003.001.14.00-2) — Relª Juíza Elana Cardoso Lopes Leiva de Faria — DOJT 15.10.2003*)

TRIBUNAL REGIONAL DO TRABALHO — 15ª REGIÃO

EMENTA: EMPREGADO DOMÉSTICO — FGTS — CABIMENTO. O FGTS somente é aplicável ao trabalhador doméstico por vontade expressa do empregador, ante a faculdade que lhe reserva o art. 3º da Lei n. 10.208/01. (*TRT 15ª R. — Proc. n. 19717/03 — (23230/03) — 1ª T. — Rel. Juiz Luiz Antonio Lazarim — DOESP 15.8.2003 — p. 82*)

TRIBUNAL SUPERIOR DO TRABALHO — 7ª REGIÃO

EMENTA: TRABALHO DOMÉSTICO — FGTS — MULTA RESCISÓRIA — FÉRIAS EM DOBRO E PROPORCIONAIS — *DE LEGE FERENDA*. Dada a peculiaridade do trabalho doméstico, regido por lei especial, não se lhe aplicam, dentre outros, os dispositivos consolidados que tratam do FGTS, das férias em dobro e da multa rescisória. RO parcialmente provido. (*TRT 7ª R. — RO n. 3565/9 — Ac. n. 6198/99-1 — Rel. p/o Ac. Juiz Francisco Tarcísio Guedes Lima Verde — j. 9.9.1999*)

Capítulo 6

HORÁRIO DE TRABALHO

6.1. Jornada de Trabalho

CONSTITUIÇÃO FEDERAL

Art. 7º São direitos dos trabalhadores urbanos e rurais, além de outros que visem à melhoria de sua condição social:

IX — remuneração do trabalho noturno superior à do diurno; (...)

XIII — duração do trabalho normal não superior a oito horas diárias e quarenta e quatro semanais, facultada a compensação de horários e a redução da jornada, mediante acordo ou convenção coletiva de trabalho; (...)

CONSOLIDAÇÃO DAS LEIS DO TRABALHO — CLT

Art. 62. Não são abrangidos pelo regime previsto neste capítulo:

I — os empregados que exercem atividade externa incompatível com a fixação de horário de trabalho, devendo tal condição ser anotada na Carteira de Trabalho e Previdência Social e no registro de empregados;

II — os gerentes, assim considerados os exercentes de cargos de gestão, aos quais se equiparam, para efeito do disposto neste artigo, os diretores e chefes de departamento ou filial.

Parágrafo único. O regime previsto neste capítulo será aplicável aos empregados mencionados no inciso II deste artigo, quando o salário do cargo de confiança, compreendendo a gratificação de função, se houver, for inferior ao valor do respectivo salário efetivo acrescido de 40% (quarenta por cento).

6.2. Quadro de Horário de Trabalho

CONSOLIDAÇÃO DAS LEIS DO TRABALHO — CLT

Art. 74. O horário do trabalho constará de quadro, organizado conforme modelo expedido pelo Ministro do Trabalho, e afixado em lugar bem visível. Esse quadro será discriminativo no caso de não ser o horário único para todos os empregados de uma mesma seção ou turma.

§ 2º Para os estabelecimentos de mais de dez trabalhadores será obrigatória a anotação da hora de entrada e de saída, em registro manual, mecânico ou eletrônico, conforme instruções a serem expedidas pelo Ministério do Trabalho, devendo haver pré-assinalação do período de repouso.

PORTARIA N. 3.626, DE 13 DE NOVEMBRO DE 1991

Art. 13. A empresa que adotar registros manuais, mecânicos ou eletrônicos individualizados de controle de horário de trabalho, contendo a hora de entrada e de saída, bem como a pré-assinalação do período de repouso ou alimentação, fica dispensada do uso de quadro de horário (art. 74/CLT).

Art. 14. Permanece como modelo único de quadro de horário de trabalho o aprovado pela Portaria n. 576, de 06 de janeiro de 1941.

6.3. Registro de Horário — Ponto

CONSOLIDAÇÃO DAS LEIS DO TRABALHO — CLT

Art. 58. ....

§ 1º Não serão descontadas nem computadas como jornada extraordinária as variações de horário no registro de ponto não excedentes de cinco minutos, observado o limite máximo de dez minutos diários.

Art. 74. ....

§ 2º Para os estabelecimentos de mais de dez trabalhadores, será obrigatória a anotação da hora de entrada e de saída, em registro manual, mecânico, ou eletrônico, conforme instruções a serem expedidas pelo Ministério do Trabalho, devendo haver pré-assinalação do período de repouso.

Art. 822. As testemunhas não poderão sofrer qualquer desconto pelas faltas ao serviço, ocasionadas pelo seu comparecimento para depor, quando devidamente arroladas ou convocadas.

PORTARIA N. 3.626, DE 13 DE NOVEMBRO DE 1991

Art. 13. A empresa que adotar registros manuais, mecânicos ou eletrônicos individualizados de controle de horário de trabalho, contendo a hora de entrada e de saída, bem como a pré-assinalação do período de repouso ou alimentação, fica dispensada do uso de quadro de horário (art. 74/CLT).

Parágrafo único. Quando a jornada de trabalho for executada integralmente fora do estabelecimento do empregador, o horário de trabalho constará também de ficha, papeleta ou registro de ponto, que ficará em poder do empregado.

6.4. Horas Extras

CONSOLIDAÇÃO DAS LEIS DO TRABALHO — CLT

Art. 59. A duração normal do trabalho poderá ser acrescida de horas suplementares, em número não excedente de duas, mediante acordo escrito entre empregador e empregado, ou mediante convenção coletiva de trabalho.

§ 1º Do acordo ou contrato coletivo de trabalho deverá constar, obrigatoriamente, a importância da remuneração da hora suplementar, que será pelo menos 50% (cinqüenta por cento) superior à hora normal.

§ 2º Poderá ser dispensado o acréscimo de salário se, por força de acordo ou convenção coletiva de trabalho, o excesso de horas em um dia for compensado pela correspondente diminuição em outro dia, de maneira que não exceda, no período máximo de um ano, à soma das jornadas semanais de trabalho previstas, nem seja ultrapassado o limite máximo dez horas diárias.

§ 3º Na hipótese de rescisão do contrato de trabalho sem que tenha havido a competente compensação integral da jornada extraordinária, na forma do parágrafo anterior, fará o trabalhador jus ao pagamento das horas extras não compensadas, calculadas sobre o valor da remuneração na data da recisão.

Art. 487. ....

§ 5º O valor das horas extraordinárias habituais integra o aviso prévio indenizado.

SÚMULAS DO TST

Súmula n. 338, I/TST: É ônus do empregador que conta com mais de 10 (dez) empregados o registro da jornada de trabalho na forma do art. 74, § 2º, da CLT. A não-apresentação injustificada dos controles de freqüência gera presunção relativa de veracidade da jornada de trabalho, a qual pode ser elidida por prova em contrário.

Súmula n. 366/TST: Cartão de ponto. Registro. Horas extras. Minutos que antecedem e sucedem a jornada de trabalho. Não serão descontados nem computadas como jornada extraordinária as variações de horário do registro de ponto não excedentes de cinco minutos, observado o limite máximo de dez minutos diários. Se ultrapassado esse limite, será considerada como extra a totalidade do tempo que exceder a jornada normal.

Súmula n. 291/TST: Horas extras — Supressão. A supressão, pelo empregador, do serviço suplementar prestado com habitualidade, durante pelo menos um ano, assegura ao empregado o direito à indenização correspondente ao valor de um mês das horas suprimidas para cada ano ou fração igual ou superior a seis meses de prestação de serviço acima da jornada normal. O cálculo observará a média das horas suplementares efetivamente trabalhadas nos últimos 12 meses, multiplicada pelo valor da hora extra do dia da supressão.

6.5. *Horas* In Itinere

CONSOLIDAÇÃO DAS LEIS DO TRABALHO — CLT

Art. 58. ....

§ 2º O tempo despendido pelo empregado até o local de trabalho e para o seu retorno, por qualquer meio de transporte, não será computado na jornada de trabalho, salvo quando, tratando-se de local de difícil acesso ou não servido por transporte público, o empregador fornecer a condução.

SÚMULA DO TST

Súmula n. 90/TST: HORAS *IN ITINERE*. TEMPO DE SERVIÇO.

I — O tempo despendido pelo empregado, em condução fornecida pelo empregador, até o local de trabalho de difícil acesso, ou não servido por transporte público regular, e para o seu retorno é computável na jornada de trabalho.

II — A incompatibilidade entre os horários de início e término da jornada do empregado e os do transporte público regular é circunstância que também gera o direito às horas *in itinere*.

III — A mera insuficiência de transporte público não enseja o pagamento de horas *in itinere*.

IV — Se houver transporte público regular em parte do trajeto percorrido em condução da empresa, as horas *in itinere* remuneradas limitam-se ao trecho não alcançado pelo transporte público.

V — Considerando que as horas *in itinere* são computáveis na jornada de trabalho, o tempo que extrapola a jornada legal é considerado como extraordinário e sobre ele deve incidir o adicional respectivo.

6.6. Serviço Intermitente

DECRETO N. 73.626, DE 12 DE FEVEREIRO DE 1974

Art. 10. Nos serviços intermitentes não serão computados, como de efetivo exercício, os intervalos entre uma e outra parte da execução da tarefa diária, devendo essa característica ser expressamente ressalvada na Carteira de Trabalho.

Parágrafo único. Considera-se serviço intermitente aquele que, por sua natureza, seja normalmente executado em duas ou mais etapas diárias distintas, desde que haja interrupção do trabalho de, no mínimo 5 (cinco) horas, entre uma e outra parte da execução da tarefa.

6.7. Trabalho Noturno

CONSOLIDAÇÃO DAS LEIS DO TRABALHO — CLT

Art. 73. Salvo nos casos de revezamento semanal ou quinzenal, o trabalho noturno terá remuneração superior à do diurno e, para esse efeito, sua remuneração terá um acréscimo de 20% (vinte por cento), pelo menos, sobre a hora diurna.

§ 1º A hora do trabalho noturno será computada como de 52 minutos e 30 segundos.

§ 2º Considera-se noturno, para os efeitos deste artigo, o trabalho executado entre as 22 horas de um dia e as 5 horas do dia seguinte.

LEI N. 5.889, DE 8 DE JUNHO DE 1973

Art.7º Para os efeitos desta Lei, considera-se trabalho noturno o executado entre as vinte e uma horas de um dia e as cinco horas do dia seguinte, na lavoura, e entre as vinte horas de um dia e as quatro horas do dia seguinte, na atividade pecuária.

Parágrafo único. Todo trabalho noturno será acrescido de 25% (vinte e cinco por cento) sobre a remuneração normal.

DECRETO N. 73.626, DE 12 DE FEVEREIRO DE 1974

Art. 11. Todo trabalho noturno acarretará, acréscimo de 25% (vinte e cinco por cento) sobre a remuneração normal da hora diurna.

Parágrafo único. Considera-se trabalho noturno, para os efeitos deste artigo, o executado entre as 21 (vinte e uma) horas de um dia e as 5 (cinco) horas do dia seguinte, na lavoura, e entre as 20 (vinte) horas de um dia e as 4 (quatro) horas do dia seguinte, na atividade pecuária.

SÚMULAS DO TST

Súmula n. 60/TST: ADICIONAL NOTURNO PAGO COM HABITUALIDADE. O adicional noturno, pago com habitualidade, integra o salário do empregado para todos os efeitos.

I — O adicional noturno, pago com habitualidade, integra o salário do empregado para todos os efeitos.

II — Cumprida integralmente a jornada no período noturno e prorrogada esta, devido é também o adicional quanto às horas prorrogadas. Exegese do art. 73, § 5º, da CLT.

Súmula n. 265/TST: Adicional noturno — Alteração de turno de trabalho — Possibilidade de supressão. A transferência para o período diurno de trabalho implica na perda do direito ao adicional noturno.

6.8. Períodos de Descanso

CONSOLIDAÇÃO DAS LEIS DO TRABALHO — CLT

Art. 66. Entre duas jornadas de trabalho haverá um período mínimo de onze horas consecutivas para descanso.

Art. 67. Será assegurado a todo empregado um descanso semanal de vinte e quatro horas consecutivas, o qual, salvo motivo de conveniência pública ou necessidade imperiosa do serviço, deverá coincidir com o domingo, no todo ou em parte.

Art. 71. Em qualquer trabalho contínuo, cuja duração exceda de seis horas, é obrigatória a concessão de um intervalo para repouso ou alimentação, o qual será, no mínimo, de uma hora e, salvo acordo escrito ou convenção coletiva em contrário, não poderá exceder de duas horas.

§ 1º Não excedendo de seis horas o trabalho, será, entretanto, obrigatório um intervalo de quinze minutos quando a duração ultrapassar quatro horas.

§ 2º Os intervalos de descanso não serão computados na duração do trabalho.

§ 3º O limite mínimo de uma hora para repouso ou refeição poderá ser reduzido por ato do Ministro do Trabalho e da Previdência Social, quando, ouvida a Secretaria de Segurança e Saúde do Trabalhador (SSMT), verificar-se que o estabelecimento atende integralmente às exigências concernentes à organização dos refeitórios e quando os respectivos empregados não estiverem sob regime de trabalho prorrogado a horas suplementares.

§ 4º Quando o intervalo para repouso e alimentação, previsto neste artigo, não for concedido pelo empregador, este ficará obrigado a remunerar o período correspondente com um acréscimo de, no mínimo, cinqüenta por cento sobre o valor da remuneração da hora normal de trabalho.

Art. 72. Nos serviços permanentes de mecanografia (datilografia, escrituração ou cálculo), a cada período de noventa minutos de trabalho consecutivo corresponderá um repouso de dez minutos não deduzidos da duração normal do trabalho. (Os arts. 71, 72 e 73 da CLT, não têm aplicabilidade no trabalho rural)

DECRETO N. 73.626, DE 12 DE FEVEREIRO DE 1974

Art. 5º Os contratos de trabalho, individuais ou coletivos, estipularão, conforme os usos, praxes e costumes de cada região, o início e o término normal da jornada de trabalho, que não poderá exceder de 8 (oito) horas por dia.

§ 1º Será obrigatória, em qualquer trabalho contínuo de duração superior a 6 (seis) horas, a concessão de um intervalo mínimo de 1 (uma) hora para repouso ou alimentação, observados os usos e costumes da região.

LEI N. 5.889, DE 8 DE JUNHO DE 1973

Art. 5º Em qualquer trabalho contínuo de duração superior a seis horas, será obrigatória a concessão de um intervalo para repouso ou alimentação, observados os usos e costumes da região, não se computando este intervalo na duração do trabalho. Entre duas jornadas de trabalho haverá um período mínimo de onze horas consecutivos para descanso.

SÚMULAS DO TST

Súmula n. 155/TST: FALTAS AO SERVIÇO PARA COMPARECIMENTO À JUSTIÇA DO TRABALHO. As horas em que o empregado faltar ao serviço para comparecimento necessário, como parte, à Justiça do Trabalho, não serão descontadas de seus salários (ex-Prejulgado n. 30).

Súmula n. 346/TST: DIGITADOR. INTERVALOS INTRAJORNADA. APLICAÇÃO ANALÓGICA DO ART. 72 DA CLT. Os digitadores, por aplicação analógica do art. 72 da CLT, equiparam-se aos trabalhadores nos serviços de mecanografia (datilografia, escrituração ou cálculo), razão pela qual têm direito a intervalos de descanso de 10 (dez) minutos a cada 90 (noventa) de trabalho consecutivo.

6.9. Descanso Semanal Remunerado — DSR

LEI N. 605, DE 5 DE JANEIRO DE 1949

Art. 1º Todo empregado tem direito ao repouso semanal remunerado de vinte e quatro horas consecutivas, preferentemente aos domingos e, nos limites das exigências técnicas das empresas, nos feriados civis e religiosos, de acordo com a tradição local.

Art. 2º Entre os empregados a que se refere esta lei, incluem-se os trabalhadores rurais, salvo os que operem em qualquer regime de parceria, meação ou forma semelhante de participação na produção.

Art. 6º Não será devida a remuneração quando, sem motivo justificado, o empregado não tiver trabalhado durante toda a semana anterior, cumprindo integralmente o seu horário de trabalho.

Art. 7º A remuneração do repouso semanal corresponderá:

a) para os que trabalham por dia, semana, quinzena ou mês, à de um dia de serviço, computadas as horas extraordinárias habitualmente prestadas;

b) para os que trabalham por hora, à sua jornada de trabalho, computadas as horas extraordinárias habitualmente prestadas;

c) para os que trabalham por tarefa ou peça, o equivalente ao salário correspondente às tarefas ou peças feitas durante a semana, no horário normal de trabalho, dividido pelos dias de serviço efetivamente prestados ao empregador;

d) para o empregado em domicílio, o equivalente ao quociente da divisão por 6 (seis) da importância total da sua produção na semana.

§ 2º Consideram-se já remunerados os dias de repouso semanal do empregado mensalista ou quinzenalista, cujo cálculo de salário mensal ou quinzenal, ou cujos descontos por falta sejam efetuados na base do número de dias do mês ou de 30 (trinta) e 15 (quinze) diárias, respectivamente.

Art. 11. São feriados civis os declarados em lei federal. São feriados religiosos os dias de guarda declarados em lei municipal, de acordo com a tradição local e em número não superior a quatro, neste incluída a Sexta-feira da Paixão.

DECRETO N. 27.048, DE 12 DE AGOSTO DE 1949

Art. 6º Excetuados os casos em que a execução dos serviços for imposta pelas exigências técnicas das empresas, é vedado o trabalho nos dias de repouso a que se referem o art. 1º, garantida, entretanto, a remuneração respectiva.

§ 2º Nos serviços que exigem trabalho em domingo, com exceção dos elencos teatrais e congêneres, será estabelecida escala de revezamento, previamente organizada e constante de quadro sujeito à fiscalização.

§ 3º Nos serviços em que for permitido o trabalho nos feriados civis e religiosos, a remuneração dos empregados que trabalharem nesses dias será paga em dobro, salvo se a empresa determinar outro dia de folga.

LEI N. 662, DE 6 DE ABRIL DE 1949

Art. 1º São feriados nacionais os dias 1º de janeiro, 21 de abril, 1º de maio, 7 de setembro, 2 de novembro, 15 de novembro e 25 de dezembro.

LEI N. 1.266, DE 8 DE DEZEMBRO DE 1950

Art. 1º Será feriado nacional o dia em que se realizarem eleições gerais em todo o país.

Art. 3º É feriado nacional o dia 21 de abril, consagrado à glorificação de Tiradentes e anseios de independência do país e liberdade individual.

SÚMULAS DO TST

Súmula n. 172/TST: HORAS EXTRAS — REPOUSO REMUNERADO. Computam-se no cálculo do repouso remunerado as horas extras habitualmente prestadas. (ex-Prejulgado n. 52)

Súmula n. 146/TST: TRABALHO EM DOMINGOS E FERIADOS, NÃO COMPENSADO. O trabalho prestado em domingos e feriados, não compensado, deve ser pago em dobro, sem prejuízo da remuneração relativa ao repouso semanal.

Capítulo 7

SALÁRIOS

7.1. Vantagens que Integram o Salário
CONSOLIDAÇÃO DAS LEIS DO TRABALHO — CLT

Art. 457. Compreendem-se na remuneração do empregado, para todos os efeitos legais, além do salário devido e pago diretamente pelo empregador, como contraprestação do serviço, as gorjetas que receber.

§ 3º Considera-se gorjeta não só a importância espontaneamente dada pelo cliente ao empregado, como também aquela que for cobrada pela empresa ao cliente, como adicional nas contas, a qualquer título, e destinada à distribuição aos empregados.

Art. 458. Além do pagamento em dinheiro, compreendem-se no salário, para todos os efeitos legais, a alimentação, habitação, vestuário ou outras prestações *in natura* que a empresa, por força do contrato ou do costume, fornecer habitualmente ao empregado. Em caso algum será permitido o pagamento com bebidas alcoólicas ou drogas nocivas.

§ 1º Os valores atribuídos às prestações *in natura* deverão ser justos e razoáveis, não podendo exceder, em cada caso, os dos percentuais das parcelas componentes do salário mínimo (arts. 81 e 82).

§ 2º Para os efeitos previstos neste artigo, não serão consideradas como salário as seguintes utilidades concedidas pelo empregador:

I — vestuários, equipamentos e outros acessórios fornecidos aos empregados e utilizados no local de trabalho, para a prestação do serviço;

II — educação, em estabelecimento de ensino próprio ou de terceiros, compreendendo os valores relativos a matrícula, mensalidade, anuidade, livros e material didático;

III — transporte destinado ao deslocamento para o trabalho e retorno, em percurso servido ou não por transporte público;

IV — assistência médica, hospitalar e odontológica, prestada diretamente ou mediante seguro-saúde;

V — seguros de vida e de acidentes pessoais;

VI — previdência privada;

VII — (VETADO).

LEI N. 5.889, DE 8 DE JUNHO DE 1973

Art. 9º Salvo as hipóteses de autorização legal ou decisão judiciária, só poderão ser descontadas do empregado rural as seguintes parcelas, calculadas sobre o salário mínimo:

a) até o limite de 20% (vinte por cento) pela ocupação da morada;

§ 1º ....

§ 2º Sempre que mais de um empregado residir na mesma morada, o desconto, previsto na letra "a" deste artigo, será dividido proporcionalmente ao número de empregados, vedada, em qualquer hipótese, a moradia coletiva de famílias.

§ 3º Rescindido ou findo o contrato de trabalho, o empregado será obrigado a desocupar a casa dentro de trinta dias.

§ 4º O Regulamento desta Lei especificará os tipos de moradia para fins de dedução.

§ 5º Cessão pelo empregador, de moradia e de sua infra-estrutura básica, assim como bens destinados à produção para sua subsistência e de sua família, não integram o salário do trabalhador rural, desde que caracterizados como tais, em contrato escrito celebrado entre as partes, com testemunhas e notificação obrigatória ao respectivo sindicato de trabalhadores rurais.(*)

(*) Parágrafo introduzido pela Lei n. 9.300, de 29 de agosto de 1996.

SÚMULAS DO TST

Súmula n. 354/TST: GORJETAS. NATUREZA JURÍDICA. REPERCUSSÕES. As gorjetas, cobradas pelo empregador na nota de serviço ou oferecidas espontaneamente pelos clientes, integram a remuneração do empregado, não servindo de base de cálculo para as parcelas de aviso prévio, adicional noturno, horas extras e repouso semanal remunerado.

Súmula n. 367/TST: UTILIDADES *IN NATURA*. HABITAÇÃO. ENERGIA ELÉTRICA. VEÍCULO. CIGARRO. NÃO INTEGRAÇÃO AO SALÁRIO.

I — A habitação, a energia elétrica e veículo fornecidos pelo empregador ao empregado, quando indispensáveis para a realização do trabalho, não têm natureza salarial, ainda que, no caso de veículo, seja ele utilizado pelo empregado também em atividades particulares.

II — O cigarro não se considera salário-utilidade em face de sua nocividade à saúde.

7.3. Pagamentos

CONSOLIDAÇÃO DAS LEIS DO TRABALHO — CLT

Art. 459. O pagamento do salário, qualquer que seja a modalidade do trabalho, não deve ser estipulado por período superior a um mês, salvo no que concerne a comissões, percentagens e gratificações.

§ 1º Quando o pagamento houver sido estipulado por mês, deverá ser efetuado, o mais tardar, até o quinto dia útil do mês subseqüente ao vencido. (Redação dada pela Lei n. 7.855/89)

LEI N. 7.855, DE 24 DE OUTUBRO DE 1989

Art. 4º O salário pago fora dos prazos previstos em lei, acordos ou convenções coletivas e sentenças normativas sujeitará o infrator à multa administrativa de 160 BTN por trabalhador prejudicado, salvo motivo de força maior. (art. 501 da CLT)

7.4. Descontos

CONSOLIDAÇÃO DAS LEIS DO TRABALHO — CLT

Art. 82. Quando o empregador fornecer, *in natura*, uma ou mais das parcelas do salário mínimo, o salário em dinheiro será determinado pela fórmula Sd = Sm — P, em que Sd representa o salário em dinheiro, Sm o salário mínimo e P a soma dos valores daquelas parcelas.

Parágrafo único. O salário mínimo pago em dinheiro não será inferior a 30% (trinta por cento) do salário mínimo.

Art. 462. Ao empregador é vedado efetuar qualquer desconto nos salários do empregado, salvo quando este resultar de adiantamento, de dispositivos de lei ou de convenção coletiva.

§ 1º Em caso de dano causado pelo empregado, o desconto será lícito, desde que esta possibilidade tenha sido acordada ou na ocorrência de dolo do empregado.

LEI N. 605, DE 5 DE JANEIRO DE 1949

Art. 6º Não será devida a remuneração quando, sem motivo justificado, o empregado não tiver trabalhado durante toda a semana anterior, cumprindo integralmente o seu horário de trabalho.

Art. 7º..

§ 2º Consideram-se já remunerados os dias de repouso semanal do empregado mensalista ou quinzenalista, cujo cálculo de salário mensal ou quinzenal, ou cujos descontos por falta sejam efetuados na base do número de dias do mês ou de 30 (trinta) e 15 (quinze) diárias, respectivamente.

LEI N. 5.889, DE 8 DE JUNHO DE 1973

Art. 9º Salvo as hipóteses de autorização legal ou decisão judiciária, só poderão ser descontadas do empregado rural as seguintes parcelas, calculadas sobre o salário mínimo:

b) até 25% (vinte e cinco por cento), pelo fornecimento de alimentação sadia e farta, atendidos os preços vigentes na região;

c) adiantamentos em dinheiro.

7.5. Recibo de Pagamento

CONSOLIDAÇÃO DAS LEIS DO TRABALHO — CLT

Art. 464. O pagamento do salário deverá ser efetuado contra recibo, assinado pelo empregado; em se tratando de analfabeto, mediante sua impressão digital, ou, não sendo esta possível, a seu rogo.

7.6. Salário-Família

DECRETO N. 3.048, 6 DE MAIO DE 1999
Regulamento da Previdência Social

Art. 81. O salário-família será devido, mensalmente, ao segurado empregado, exceto o doméstico, e ao trabalhador avulso que tenham salário-de-contribuição inferior ou igual a R$ 360,00 (trezentos e sessenta reais), na proporção do respectivo número de filhos ou equiparados, nos termos no art. 16, observado o disposto no art. 83.

Art. 82. O salário-família será pago mensalmente:

I — ao empregado, pela empresa, com o respectivo salário, e ao trabalhador avulso, pelo sindicato ou órgão gestor de mão-de-obra, mediante convênio;

II — ao empregado e trabalhador avulso aposentados por invalidez ou em gozo de auxílio-doença, pelo Instituto Nacional do Seguro Social, juntamente com o benefício;

III — ao trabalhador rural aposentado por idade aos sessenta anos, se de sexo masculino, ou cinqüenta e cinco anos, se do sexo feminino, pelo Instituto Nacional do Seguro Social, juntamente com a aposentadoria; e

IV — aos demais empregados e trabalhadores avulsos aposentados aos sessenta e cinco anos de idade, se do sexo masculino, ou sessenta anos, se do sexo feminino, pelo Instituto Nacional do Seguro Social, juntamente com a aposentadoria.

§ 1º No caso do inciso I, quando o salário do empregado não for mensal, o salário-família será pago juntamente com o último pagamento relativo ao mês.

§ 2º O salário-família do trabalhador avulso independe do número de dias trabalhados no mês, devendo o seu pagamento corresponder ao valor integral da cota.

§ 3º Quando o pai e a mãe são segurados empregados ou trabalhadores avulsos, ambos têm direito ao salário-família.

§ 4º As cotas do salário-família, pagas pela empresa, deverão ser deduzidas quando do recolhimento das contribuições sobre a folha de salário.

Art. 83. A partir de 1º de maio de 2004, o valor da cota do salário-família por filho ou equiparado de qualquer condição, até quatorze anos de idade ou inválido, é de:

I — R$ 20,00 (vinte reais), para o segurado com remuneração mensal não superior a R$ 390,00 (trezentos e noventa reais); e

II — R$ 14,09 (quatorze reais e nove centavos), para o segurado com remuneração mensal superior a R$ 390,00 (trezentos e noventa reais) e igual ou inferior a R$ 586,19 (quinhentos e oitenta e seis reais e dezenove centavos).

Art. 84. O pagamento do salário-família será devido a partir da data da apresentação da certidão de nascimento do filho ou da documentação relativa ao equiparado, estando condicionado à apresentação anual de atestado de vacinação obrigatória, até seis anos de idade, e de comprovação semestral de freqüência à escola do filho ou equiparado, a partir dos sete anos de idade. (Redação dada pelo Decreto n. 3.265, de 29.11.1999)

§ 1º A empresa deverá conservar, durante dez anos, os comprovantes dos pagamentos e as cópias das certidões correspondentes, para exame pela fiscalização do Instituto Nacional do Seguro Social, conforme o disposto no § 7º do art. 225. (Parágrafo acrescentado pelo Decreto n. 3.265, de 29.11.1999)

§ 2º Se o segurado não apresentar o atestado de vacinação obrigatório e a comprovação de freqüência escolar do filho e equiparado, nas datas definidas pelo Instituto Nacional do Seguro Social, o benefício do salário-família será suspenso, até que a documentação seja apresentada. (Parágrafo acrescentado pelo Decreto n. 3.265, de 29.11.1999)

§ 3º Não é devido salário-família no período entre a suspensão do benefício motivada pela falta de comprovação da freqüência escolar e o seu reativamento, salvo se provada a freqüência escolar regular no período. (Parágrafo acrescentado pelo Decreto n. 3.265, de 29.11.1999)

§ 4º A comprovação de freqüência escolar será feita mediante apresentação de documento emitido pela escola, na forma de legislação própria, em nome do aluno, onde consta o registro de freqüência regular ou de atestado do estabelecimento de ensino e freqüência escolar do aluno. (Parágrafo acrescentado pelo Decreto n. 3.265, 29.11.1999)

Art. 85. A invalidez do filho ou equiparado maior de quatorze anos de idade deve ser verificada em exame médico-pericial a cargo da previdência social.

Art. 86. O salário-família correspondente ao mês de afastamento do trabalho será pago integralmente pela empresa, pelo sindicato ou órgão gestor de mão-de-obra, conforme o caso, e o do mês da cessação de benefício pelo Instituto Nacional do Seguro Social.

Art. 87. Tendo havido divórcio, separação judicial ou de fato dos pais, ou em caso de abandono legalmente caracterizado ou perda do pátrio poder, o salário-família passará a ser pago diretamente àquele a cujo cargo ficar o sustento do menor, ou a outra pessoa, se houver determinação judicial nesse sentido.

Art. 88. O direito ao salário-família cessa automaticamente:

I — por morte do filho ou equiparado, a contar do mês seguinte ao do óbito;

II — quando o filho ou equiparado completar quatorze anos de idade, salvo se inválido, a contar do mês seguinte ao da data do aniversário;

III — pela recuperação da capacidade do filho ou equiparado inválido, a contar do mês seguinte ao da cessação da incapacidade; ou

IV — pelo desemprego do segurado.

Art. 89. Para efeito de concessão e manutenção do salário-família, o segurado deve firmar termo de responsabilidade, no qual se comprometa a comunicar à empresa ou ao Instituto Nacional do Seguro Social qualquer fato ou circunstância que determine a perda do direito ao benefício, ficando sujeito, em caso do não cumprimento, às sanções penais e trabalhistas.

Art. 90. A falta de comunicação oportuna de fato que implique cessação do salário-família, bem como a prática, pelo empregado, de fraude de qualquer natureza para o seu recebimento, autoriza a empresa, o Instituto Nacional do Seguro Social, o sindicato ou órgão gestor de mão-de-obra, conforme o caso, a descontar dos pagamentos de cotas devidas com relação a outros filhos ou, na falta delas, do próprio salário do empregado ou da renda mensal do seu benefício, o valor das cotas indevidamente recebidas, sem prejuízo das sanções penais cabíveis, observado o disposto no § 2º do art. 154.

Art. 91. O empregado deve dar quitação à empresa, sindicato ou órgão gestor de mão-de-obra de cada recebimento mensal do salário-família, na própria folha de pagamento ou por outra forma admitida, de modo que a quitação fique plena e claramente caracterizada.

Art. 92. As cotas do salário-família não serão incorporadas, para qualquer efeito, ao salário ou ao benefício.

7.7. Vale-Transporte
DECRETO N. 95.247, DE 17 DE NOVEMBRO DE 1987

Art. 1º São beneficiários do Vale-Transporte, nos termos da Lei n. 7.418, de 16 de dezembro de 1985, alterada pela Lei n. 7.619, de 30 de setembro de 1987, os trabalhadores em geral e os servidores públicos federais, tais como:

I — os empregados, assim definidos no art. 3º da Consolidação das Leis do Trabalho;

II — os empregados domésticos, assim definidos na Lei n. 5.859, de 11 de dezembro de 1972;

III — os trabalhadores de empresas de trabalho temporário, de que trata a Lei n. 6.019, de 3 de janeiro de 1974;

IV — os empregados a domicílio, para os deslocamentos indispensáveis à prestação do trabalho, percepção de salários e os necessários ao desenvolvimento das relações com o empregador;

V — os empregados do subempreiteiro, em relação a este e ao empreiteiro principal, nos termos do art. 455 da Consolidação das Leis do Trabalho;

VI — os atletas profissionais de que trata a Lei n. 6.354, de 2 de setembro de 1976;

VII — os servidores da União, do Distrito Federal, dos Territórios e suas autarquias, qualquer que seja o regime jurídico, a forma de remuneração e da prestação de serviços.

Parágrafo único. Para efeito deste Decreto adotar-se-á a denominação beneficiário para identificar qualquer uma das categorias mencionadas nos diversos incisos deste artigo.

Art. 2º O Vale-Transporte constitui benefício que o empregador antecipará ao trabalhador para utilização efetiva em despesas de deslocamento residência-trabalho e vice-versa.

Parágrafo único. Entende-se como deslocamento a soma dos segmentos componentes da viagem do beneficiário, por um ou mais meios de transporte, entre sua residência e o local de trabalho.

Art. 3º O Vale-Transporte é utilizável em todas as formas de transporte coletivo público urbano ou, ainda, intermunicipal e interestadual com características semelhantes ao urbano, operado diretamente pelo poder público ou mediante delegação, em linhas regulares e com tarifas fixadas pela autoridade competente.

Parágrafo único. Excluem-se do disposto neste artigo os serviços seletivos e os especiais.

Art. 4º Está exonerado da obrigatoriedade do Vale-Transporte o empregador que proporcionar, por meios próprios ou contratados, em veículos adequados ao transporte coletivo, o deslocamento, residência-trabalho e vice-versa de seus trabalhadores.

Parágrafo único. Caso o empregador forneça ao beneficiário transporte próprio ou fretado que não cubra integralmente os deslocamentos deste, o Vale-Transporte deverá ser aplicado para os segmentos da viagem não abrangidos pelo referido transporte.

Art. 5º É vedado ao empregador substituir o Vale-Transporte por antecipação em dinheiro ou qualquer outra forma de pagamento, ressalvado o disposto no parágrafo único deste artigo.

Parágrafo único. No caso de falta ou insuficiência de estoque de Vale-Transporte, necessário ao atendimento da demanda e ao funcionamento do sistema, o beneficiário será ressarcido pelo empregador, na folha de pagamento imediata, da parcela correspondente, quando tiver efetuado, por conta própria, a despesa para seu deslocamento.

Art. 6º O Vale-Transporte, no que se refere à contribuição do empregador:

I — não tem natureza salarial, nem se incorpora à remuneração do beneficiário para quaisquer efeitos;

II — não constitui base de incidência de contribuição previdenciária ou de Fundo de Garantia do Tempo de Serviço;

III — não é considerado para efeito de pagamento da Gratificação de Natal (Lei n. 4.090, de 13 de julho de 1962, e art. 7º do Decreto-lei n. 2.310, de 22 de dezembro de 1986);

IV — não configura rendimento tributável do beneficiário.

Art. 7º Para o exercício do direito de receber o Vale-Transporte o empregado informará ao empregador, por escrito:

I — seu endereço residencial;

II — os serviços e meios de transporte mais adequados ao seu deslocamento residência-trabalho e vice-versa.

§ 1º A informação de que trata este artigo será atualizada anualmente ou sempre que ocorrer alteração das circunstâncias mencionadas nos itens I e II, sob pena de suspensão do benefício até o cumprimento dessa exigência.

§ 2º O beneficiário firmará compromisso de utilizar o Vale-Transporte exclusivamente para seu efetivo deslocamento residência-trabalho e vice-versa.

§ 3º A declaração falsa ou o uso indevido do Vale-Transporte constituem falta grave.

Art. 8º É vedada a acumulação do benefício com outras vantagens relativas ao transporte do beneficiário, ressalvado o disposto no parágrafo único do art. 4º deste Decreto.

Art. 9º O Vale-Transporte será custeado:

I — pelo beneficiário, na parcela equivalente a 6% (seis por cento) de seu salário básico ou vencimento, excluídos quaisquer adicionais ou vantagens;

II — pelo empregador, no que exceder à parcela referida no item anterior.

Parágrafo único. A concessão do Vale-Transporte autorizará o empregador a descontar, mensalmente, do beneficiário que exceder o respectivo direito, o valor da parcela de que trata o item I deste artigo.

Art. 10. O valor da parcela a ser suportada pelo beneficiário será descontada proporcionalmente à quantidade de Vale-Transporte concedida para o período a que se refere o salário ou vencimento e por ocasião de seu pagamento, salvo estipulação em contrário, em convenção ou acordo coletivo de trabalho, que favoreça o beneficiário.

Art. 11. No caso em que a despesa com o deslocamento do beneficiário for inferior a 6% (seis por cento) do salário básico ou vencimento, o empregado poderá optar pelo recebimento antecipado do Vale-Transporte, cujo valor será integralmente descontado por ocasião do pagamento do respectivo salário ou vencimento.

Art. 12. A base de cálculo para determinação da parcela a cargo do beneficiário será:

I — o salário básico ou vencimento mencionado no Item I do art. 9º deste Decreto; e

II — o montante percebido no período, para os trabalhadores remunerados por tarefa ou serviço feito ou quando se tratar de remuneração constituída exclusivamente de comissões, percentagens, gratificações, gorjetas ou equivalentes.

Art. 13. ....

Art. 14. A empresa operadora do sistema de transporte coletivo público fica obrigada a emitir e comercializar o Vale-Transporte ao preço da tarifa vigente, colocando-o à disposição dos empregadores em geral e assumindo os custos dessa obrigação, sem repassá-los para a tarifa dos serviços.

§ 1º A emissão e a comercialização do Vale-Transporte poderão também ser efetuadas pelo órgão de gerência ou pelo poder concedente, quando este tiver a competência legal para emissão de passes.

§ 2º Na hipótese do parágrafo precedente, é vedada a emissão e comercialização de Vale-Transporte simultaneamente pelo poder concedente e pelo órgão de gerência.

§ 3º A delegação ou transferência da atribuição de emitir e comercializar o Vale-Transporte não elide a proibição de repassar os custos respectivos para a tarifa dos serviços.

Art. 15. ....

Art. 16. ....

Art. 17. O responsável pela emissão e comercialização do Vale-Transporte deverá manter estoques compatíveis com os níveis de demanda.

Art. 18. ....

Art. 19. A concessão do benefício obriga o empregador a adquirir Vale-Transporte em quantidade e tipo de serviço que melhor se adequar ao deslocamento do beneficiário.

Parágrafo único. A aquisição será feita antecipadamente e à vista, proibidos quaisquer descontos e limitada à quantidade estritamente necessária ao atendimento dos beneficiários.

Art. 20. Para cálculo do valor do Vale-Transporte será adotada a tarifa integral, relativa ao deslocamento do beneficiário, por um ou mais meios de transporte, mesmo que a lesgislação local preveja descontos.

Parágrafo único. Para fins do disposto neste artigo, não são consideradas desconto as reduções tarifárias decorrentes de integração de serviços.

Art. 21. A venda do Vale-Transporte será comprovada mediante recibo seqüencialmente numerado, emitido pela vendedora em duas vias, uma das quais ficará com a compradora, contendo:

I — o período a que se referem;

II — a quantidade de Vale-Transporte vendida e de beneficiários a quem se destina;

III — o nome, endereço e número de inscrição da compradora no Cadastro Geral de Contribuintes no Ministério da Fazenda — CGCMF.

Art. 22. O Vale-Transporte poderá ser emitido conforme as peculiaridades e as conveniências locais, para utilização por:

I — linha;

II — empresa;

III — sistema;

IV — outros níveis recomendados pela experiência local.

Art. 26. No caso de alteração na tarifa de serviços, o Vale-Transporte poderá:

I — ser utilizado pelo beneficiário, dentro do prazo a ser fixado pelo poder concedente; e

II — ser trocado, sem ônus, pelo empregador, no prazo de trinta dias, contados da data em que a tarifa sofrer alteração.

Capítulo 8

13º SALÁRIO

CONSTITUIÇÃO FEDERAL

Art.7º São direitos dos trabalhadores urbanos e rurais, além de outros que visem à melhoria de sua condição social:

....

VIII — décimo terceiro salário com base na remuneração integral ou no valor da aposentadoria;

LEI N. 4.090, DE 13 DE JULHO DE 1962

Art. 1º No mês de dezembro de cada ano, a todo empregado será pago, pelo empregador, uma gratificação salarial independentemente da remuneração a que fizer jus.

8.1. *13º Salário Proporcional*

LEI N. 4.090, DE 13 DE JULHO DE 1962

Art. 1º No mês de dezembro de cada ano, a todo empregado será paga, pelo empregador, uma gratificação salarial independentemente da remuneração a que fizer jus.

§ 1º A gratificação corresponderá a 1/12 avos da remuneração devida em dezembro, por mês de serviço, do ano correspondente.

§ 2º A fração igual ou superior a 15 (quinze) dias de trabalho será havida como mês integral para os efeitos do parágrafo anterior.

§ 3º A gratificação será proporcional:

I — na extinção dos contratos a prazo, entre estes incluídos os de safra, ainda que a relação de emprego haja findado antes de dezembro; e

II — na cessação da relação de emprego resultante da aposentadoria do trabalhador, ainda que verificada antes de dezembro.

Art. 3º Ocorrendo rescisão sem justa causa, do contrato de trabalho, o empregado receberá a gratificação devida nos termos dos §§ 1º e 2º do art. 1º desta Lei, calculada sobre a remuneração do mês da rescisão.

DECRETO N. 57.155, DE 3 DE NOVEMBRO DE 1965

Art. 7º Ocorrendo a extinção do contrato de trabalho, salvo na hipótese de rescisão com justa causa, o empregado receberá a gratificação devida, nos termos do art. 1º, calculada sobre a remuneração do respectivo mês.

SÚMULA DO TST

Súmula n.14/TST: Reconhecida a culpa recíproca na rescisão do contrato de trabalho (art. 484 da CLT), o empregado tem direito a 50% (cinquenta por cento) do valor do aviso prévio, do décimo terceiro salário e das férias proporcionais.

8.2. *Salário Variável*

DECRETO N. 57.155, DE 3 DE NOVEMBRO DE 1965

Art. 2º Para os empregados que recebem salário variável, a qualquer título, a gratificação será calculada na base de 1/11 (um onze avos) da soma das importâncias variáveis devidas nos meses trabalhados até novembro de cada ano. A essa gratificação se somará a que corresponder à parte do salário contratual fixo.

Parágrafo único. Até o dia 10 de janeiro de cada ano, computada a parcela do mês de dezembro, o cálculo da gratificação será revisto para 1/12 (um doze avos) do total devido no ano anterior, processando-se a correção do valor da respectiva gratificação com o pagamento ou compensação das possíveis diferenças.

Art. 3º Entre os meses de fevereiro e novembro de cada ano, o empregador pagará como adiantamento da gratificação, de uma só vez, metade do salário recebido pelo empregado no mês anterior.

§ 1º Tratando-se de empregados que recebem apenas salário variável, a qualquer título, o adiantamento será calculado na base da soma das importâncias variáveis devidas nos meses trabalhados até o anterior àquele em que se realizar o mesmo adiantamento.

8.3. Adiantamento do 13º Salário

LEI N. 4.749, DE 12 DE AGOSTO DE 1965

Art. 1º A gratificação salarial instituída pela Lei n. 4.090, de 13 de julho de 1962, será paga pelo empregador até o dia 20 de dezembro de cada ano, compensada a importância que, a título de adiantamento, o empregado houver recebido na forma do artigo seguinte.

Art. 2º Entre os meses de fevereiro e novembro de cada ano, o empregador pagará como adiantamento da gratificação referida no artigo precedente, de uma só vez, metade do salário recebido pelo respectivo empregado no mês anterior.

§ 1º O empregador não estará obrigado a pagar o adiantamento, no mesmo mês, a todos os seus empregados.

§ 2º O adiantamento será pago ao ensejo das férias do empregado, sempre que este o requerer no mês de janeiro do correspondente ano.

Capítulo 9
SINDICALISMO

CONSTITUIÇÃO FEDERAL

Art. 8º É livre a associação profissional ou sindical, observado o seguinte:

I — a lei não poderá exigir autorização do Estado para a fundação de sindicato, ressalvado o registro no órgão competente, vedadas ao Poder Público a interferência e a intervenção na organização sindical;

II — é vedada a criação de mais de uma organização sindical, em qualquer grau, representativa de categoria profissional ou econômica, na mesma base territorial, que será definida pelos trabalhadores ou empregadores interessados, não podendo ser inferior à área de um Município;

III — ao sindicato cabe a defesa dos direitos e interesses coletivos ou individuais da categoria, inclusive em questões judiciais ou administrativas;

IV — ....

V — ninguém será obrigado a filiar-se ou manter-se filiado a sindicato;

VI — é obrigatória a participação dos sindicatos nas negociações coletivas de trabalho;

VII — o aposentado filiado tem direito a votar e ser votado nas organizações sindicais;

9.1. Sindicalista — Estabilidade Provisória

CONSTITUIÇÃO FEDERAL

Art. 8º É livre a associação profissional ou sindical, observado o seguinte:

....

VIII — é vedada a dispensa do empregado sindicalizado a partir do registro da candidatura a cargo de direção ou representação sindical e, se eleito, ainda que suplente, até um ano após o final do mandato, salvo se cometer falta grave nos termos da lei.

Parágrafo único. As disposições deste artigo aplicam-se à organização de sindicatos rurais e de colônias de pescadores, atendidas as condições que a lei estabelecer.

SÚMULA DO TRIBUNAL SUPERIOR DO TRABALHO

Súmula n. 369 /TST: DIRIGENTE SINDICAL. ESTABILIDADE PROVISÓRIA.

I — É indispensável a comunicação, pela entidade sindical, ao empregador, na forma do § 5º do art. 543 da CLT.

II — O art. 522 da CLT, que limita a sete o número de dirigentes sindicais, foi recepcionado pela Constituição Federal de 1988.

III — O empregado de categoria diferenciada eleito dirigente sindical só goza de estabilidade se exercer na empresa atividade pertinente à categoria profissional do sindicato para o qual foi eleito dirigente.

IV — Havendo extinção da atividade empresarial no âmbito da base territorial do sindicato, não há razão para subsistir a estabilidade.

V — O registro da candidatura do empregado a cargo de dirigente sindical durante o período de aviso prévio, ainda que indenizado, não lhe assegura a estabilidade, visto que inaplicável a regra do § 3º do art. 543 da Consolidação das Leis do Trabalho.

9.2. Enquadramento Sindical

SÚMULA DO TST

Súmula n. 374/TST: NORMA COLETIVA. CATEGORIA DIFERENCIADA. ABRANGÊNCIA. Empregado integrante de categoria profissional diferenciada não tem o direito de haver de seu empregador vantagens previstas em instrumento coletivo no qual a empresa não foi representada por órgão de classe de sua categoria.

JURISPRUDÊNCIAS

TRIBUNAL SUPERIOR DO TRABALHO — 2ª REGIÃO

EMENTA: Bancário — Pintor. O empregado que exerce a função de pintor e trabalha em Banco, não pertence a categoria diferenciada, motivo pelo qual tem direito às vantagens da categoria dos bancários, inclusive jornada reduzida de 6 horas. As atividades elencadas no art. 226 consolidado, são apenas exemplificativas e não restritas aos termos prescritos. Recurso conhecido e desprovido. *(RR n. 8946/90.5 — (Ac. 1ªT-2955/90.1) — 2ªRegião — Relatora: Min. Cnéa Moreira — DJ 22.2.1991 — p. 1.393, in BIT-Revista n. 3/91)*

TRIBUNAL SUPERIOR DO TRABALHO — 4ª REGIÃO

EMENTA: ENQUADRAMENTO SINDICAL — ENGENHEIRO — CATEGORIA — DIFERENCIADA — ARTS. 511, § 3º E 577/CLT. O enquadramento sindical é dado, em regra, pela atividade preponderante da empresa, à exceção do contido no § 3º, do art. 511, da CLT, que deve ser interpretado sistematicamente com o art. 577. A lei trabalhista, entretanto, não inclui os engenheiros entre as categorias diferenciadas, no quadro a que alude o art. 577, citado. Dessa forma, o engenheiro, quando contratado por estabelecimento bancário, deve adequar-se ao enquadramento sindical dos demais empregados, respeitada a regulamentação própria que lhe proporciona situação especial. *(Proc. n. TST, RR n. 7123/89.5 — (Ac. 2ªT. -2393/90.1) — 4ªRegião — Relator: Min. Hylo Gurgel — DJ 26.4.1991 — p. 5.208, in BIT-Revista n. 4/91)*

TRIBUNAL SUPERIOR DO TRABALHO — 2ª REGIÃO

EMENTA: MOTORISTA — CATEGORIA DIFERENCIADA. O entendimento predominante da notória, atual e iterativa jurisprudência deste eg. Tribunal, revela-se no sentido de que não se deve admitir a incidência do instrumento coletivo negociado por categorias profissionais e econômicas distintas, do qual não participou, diretamente ou mediante representação (sindicato patronal), o empregador, acionado em sede de dissídio individual. O simples fato de o trabalhador ser integrante de uma categoria diferenciada não basta, por si só, para gerar obrigações a uma empresa que não foi suscitada em dissídio coletivo pelo sindicato-profissional. Recurso de Revista conhecido e provido. *(Proc. RR n. 210528/1995-2 — TRT da 2ª Região — Relator: Min. Moacyr Roberto T. Auersvald — DJ n. 49, 13.3.1998 — p. 291)*

TRIBUNAL SUPERIOR DO TRABALHO — 15ª REGIÃO

EMENTA: ABRANGÊNCIA DA NORMA COLETIVA — MOTORISTA — CATEGORIA DIFERENCIADA. O entendimento predominante da notória, atual e iterativa jurisprudência deste Egrégio Tribunal revela-se no sentido de que não se deve admitir a incidência de instrumento coletivo negociado por categorias profissionais e econômicas distintas, do qual não participou, diretamente ou mediante representação (sindicato patronal), o empregador acionado em sede de dissídio individual. Recurso não conhecido. *(Proc. RR n. 241700/1996-6 — TRT da 15ª Região — Relator: Min. Lourenço Ferreira do Prado — DJ n. 73, 17.4.1997 — p. 326)*

EMENTA: MOTORISTA. CATEGORIA DIFERENCIADA. APLICAÇÃO DE NORMAS COLETIVAS DA CATEGORIA À EMPRESA QUE NÃO PARTICIPOU DO ACORDO OU CONVENÇÃO COLETIVAS. IMPOSSIBILIDADE. Se a empresa não foi parte, mesmo que se trate de categoria diferenciada, não está obrigada aos efeitos da norma coletiva que beneficiou os prestadores de serviços pertencentes àquela categoria profissional. Isto porque a reclamada não participou da relação processual e muito menos se fez representar via respectiva categoria econômica. Assim, a empresa que não participa de negociação em acordo coletivo celebrado não pode sofrer os efeitos dele decorrentes. Recurso de revista patronal conhecido e provido. *(Proc. TST-RR n. 147984/94.3 — (Ac. 3ª T-6.110/96) — 15ª Região — Relator Designado: Ministro José Luiz Vasconcellos — DJ n. 184, 20.9.1996 — p. 34.859)*

TRIBUNAL SUPERIOR DO TRABALHO — 4ª REGIÃO

EMENTA: Norma Coletiva. Categoria diferenciada. Abrangência. O empregado integrante de categoria profissional diferenciada não tem o direito de haver de seu empregador vantagens previstas em instrumento coletivo, no qual a empresa não foi representada por órgão de classe de sua categoria. Revista conhecida e provida. *(Proc. TST-RR n. 225.703/95.3 — (Ac. 2ª T.-3196/97) — 4ª Região — Relator: Min. Ângelo Mário — DJ n. 116, 20.6.1997 — p. 28.799)*

TRIBUNAL SUPERIOR DO TRABALHO — 15ª REGIÃO

EMENTA: CATEGORIA DIFERENCIADA. O empregado integrante de categoria profissional diferenciada não tem o direito de haver, de seu empregador, vantagens previstas em instrumento coletivo, no qual a Empresa não foi representada pelo órgão de classe de sua categoria. Recurso de Embargos conhecido e provido. *(Proc. TST-E-RR n. 239.448/96.1 — (Ac. SBDI-1—3192/97) — 15ª Região — Relator: Ministro Nelson Daiha — DJ n. 151, 8.8.1996 — p. 34.236)*

EMENTA: INSTRUMENTO NORMATIVO. CATEGORIA DIFERENCIADA. APLICAÇÃO. O entendimento que tem prevalecido neste C.TST é no sentido de que o enquadramento sindical faz-se pelo princípio da atividade preponderante da empresa. Recurso de revista da reclamante conhecido e não provido. *(Proc. TST-RR n. 241.997/96.6 — (Ac. 5ª T.-5111/97) — 15ª Região — Relator: Ministro Antonio Maria Thaumaturgo Cortizo — DJ n. 166, 29.8.1997 — p. 40.588)*

9.3. Contribuição Confederativa — Só Sindicalizados

CONSTITUIÇÃO FEDERAL

Art. 8º É livre a associação profissional ou sindical, observado o seguinte:

IV — a assembléia geral fixará a contribuição que, em se tratando de categoria profissional, será descontada em folha, para custeio do sistema confederativo da representação sindical respectiva, independentemente da contribuição prevista em lei.

TRIBUNAL SUPERIOR DO TRABALHO

Precedente Normativo n. 119 — Contribuições Sindicais — Inobservância de preceitos constitucionais. A Constituição da República, em seus arts. 5º, XX e 8º, V, assegura o direito de livre associação e sindicalização. É ofensiva a essa modalidade de liberdade cláusula constante de acordo, convenção coletiva ou sentença normativa estabelecendo contribuição em favor de entidade sindical a título de taxa para custeio do sistema confederativo, assistencial, revigoramento ou fortalecimento sindical e outras espécies, obrigando trabalhadores não sindicalizados. Sendo nulas as estipulações que inobservem tal restrição, tornam-se passíveis de devolução os valores irregularmente descontados.

9.5. Contribuição Sindical

CONSOLIDAÇÃO DAS LEIS DO TRABALHO — CLT

Art. 578. As contribuições devidas aos sindicatos pelos que participem das categorias econômicas ou profissionais ou das profissões liberais representadas pelas referidas entidades, serão, sob a denominação de "Contribuição Sindical", pagas, recolhidas e aplicadas na forma estabelecida neste Capítulo.

Art. 579. A contribuição sindical é devida por todos aqueles que participarem de uma determinada categoria econômica ou profissional, ou de uma profissão liberal, em favor do sindicato representativo da mesma categoria ou profissão ou, inexistindo este, na conformidade do disposto no art. 591.

Art. 580. A contribuição sindical será recolhida, de uma só vez, anualmente, e consistirá:

I — na importância correspondente à remuneração de um dia de trabalho, para os empregados, qualquer que seja a forma da referida remuneração;

II — para os agentes ou trabalhadores autônomos e para os profissionais liberais, numa importância correspondente a 30% (trinta por cento) do valor-de-referência fixado pelo Poder Executivo, vigente à época em que é devida a contribuição sindical, arredondada para Cr$ 1,00 (um cruzeiro) a fração porventura existente;

III — para os empregadores, numa importância proporcional ao capital social da firma ou empresa, registrado nas respectivas Juntas Comerciais ou órgãos equivalentes, mediante a aplicação de alíquotas, conforme a seguinte tabela progressiva:

Classe de capital	Alíquota
1 até 150 vezes o valor-de-referência	0,8%
2 acima de 150 até 1.500 vezes o valor-de-referência	0,2%
3 acima de 1.500 até 150.00 vezes o valor-de-referência	0,1%
4 acima de 150.000 até 800.000 vezes o valor-de-referência	0,02%

§ 1º A contribuição sindical prevista na tabela constante do item III deste artigo corresponderá à soma da aplicação das alíquotas sobre a porção do capital distribuído em cada classe, observados os respectivos limites.

§ 2º Para efeito do cálculo de que trata a tabela progressiva inserta no item III deste artigo, considerar-se-á o valor-de-referência fixado pelo Poder Executivo, vigente à data de competência da contribuição, arredondando-se para Cr$ 1,00 (um cruzeiro) a fração porventura existente.

§ 3º É fixada em 60% (sessenta por cento) do valor-de-referência a que alude o parágrafo anterior, a contribuição mínima devida pelos empregadores, independentemente do capital social da firma ou empresa, ficando, do mesmo modo, estabelecido o capital social equivalente a 800.000 (oitocentas mil) vezes o valor-de-referência, para efeito do cálculo da contribuição máxima, respeitada a tabela progressiva constante do item III.

§ 4º Os agentes ou trabalhadores autônomos e os profissionais liberais, organizados em firmas ou empresas, com capital social registrado, recolherão a contribuição sindical de acordo com a tabela progressiva a que se refere o item III.

§ 5º As entidades ou instituições que não estejam obrigadas ao registro de capital social, considerarão, como capital, para efeito do cálculo de que trata a tabela progressiva constante do item III deste artigo, o valor resultante da aplicação do percentual de 40% (quarenta por cento) sobre o movimento econômico registrado no exercício imediatamente anterior, do que darão conhecimento à respectiva entidade sindical ou à Delegacia Regional do Trabalho, observados os limites estabelecidos no § 3º deste artigo.

§ 6º Excluem-se da regra do § 5º as entidades ou instituições que comprovarem, através de requerimento dirigido ao Ministério do Trabalho, que não exercem atividade econômica com fins lucrativos.

Art. 581. Para os fins do item III do artigo anterior, as empresas atribuirão parte do respectivo capital às suas sucursais, filiais ou agências, desde que localizadas fora da base territorial da entidade sindical representativa da atividade econômica do estabelecimento principal, na proporção das correspondentes operações econômicas, fazendo a devida comunicação às Delegacias Regionais do Trabalho, conforme a localidade da sede da empresa, sucursais, filiais ou agências.

§ 1º Quando a empresa realizar diversas atividades econômicas, sem que nenhuma delas seja preponderante, cada uma dessas atividades será incorporada à respectiva categoria econômica, sendo a contribuição sindical devida à entidade sindical representativa da mesma categoria, procedendo-se, em relação às correspondentes sucursais, agências ou filiais, na forma do presente artigo.

§ 2º Entende-se por atividade preponderante a que caracterizar a unidade de produto, operação ou objetivo final, para cuja obtenção todas as demais atividades convirjam, exclusivamente, em regime de conexão funcional.

Art. 582. Os empregadores são obrigados a descontar, da folha de pagamento de seus empregados relativa ao mês de março de cada ano, a contribuição sindical por estes devida aos respectivos sindicatos.

§ 1º Considera-se um dia de trabalho, para efeito de determinação da importância a que alude o item I do art. 580, o equivalente:

a) a uma jornada normal de trabalho, se o pagamento ao empregado for feito por unidade de tempo;

b) a 1/30 (um trinta avos) da quantia percebida no mês anterior, se a remuneração for paga por tarefa, empreitada ou comissão.

§ 2º Quando o salário for pago em utilidades, ou nos casos em que o empregado receba, habitualmente, gorjetas, a contribuição sindical corresponderá a 1/30 (um trinta avos) da importância que tiver servido de base, no mês de janeiro, para a contribuição do empregado à Previdência Social.

Art. 583. O recolhimento da contribuição sindical referente aos empregados e trabalhadores avulsos será efetuado no mês de abril de cada ano, e o relativo aos agentes ou trabalhadores autônomos e profissionais liberais realizar-se-á no mês de fevereiro.

§ 1º O recolhimento obedecerá ao sistema de guias, de acordo com as instruções expedidas pelo Ministro do Trabalho.

§ 2º O comprovante de depósito da contribuição sindical será remetido ao respectivo sindicato; na falta deste, à correspondente entidade sindical de grau superior e, se for o caso, ao Ministério do Trabalho.

Art. 584. Servirá de base para o pagamento da contribuição sindical, pelos agentes ou trabalhadores autônomos e profissionais liberais, a lista de contribuintes organizada pelos respectivos sindicatos e, na falta destes, pelas federações ou confederações coordenadoras da categoria.

Art. 585. Os profissionais liberais poderão optar pelo pagamento da contribuição sindical unicamente à entidade sindical representativa da respectiva profissão, desde que exerça, efetivamente, na firma ou empresa e como tal sejam nelas registrados.

Parágrafo único. Na hipótese referida neste artigo, à vista da manifestação do contribuinte e da exibição da prova de quitação da contribuição, dada por sindicato de profissionais liberais, o empregador deixará de efetuar, no salário do contribuinte, o desconto a que se refere o art. 582.

Art. 586. A contribuição sindical será recolhida, nos meses fixados no presente Capítulo, à Caixa Econômica Federal, ao Banco do Brasil, ou aos estabelecimentos bancários nacionais integrantes do sistema de arrecadação dos tributos federais, os quais, de acordo com instruções expedidas pelo Conselho Monetário Nacional, repassarão à Caixa Econômica Federal as importâncias arrecadadas.

§ 1º Integrarão a rede arrecadadora as Caixas Econômicas Estaduais, nas localidades onde inexistam os estabelecimentos previstos no *caput* deste artigo.

§ 2º Tratando-se de empregador, agentes ou trabalhadores autônomos ou profissionais liberais, o recolhimento será efetuado pelos próprios, diretamente ao estabelecimento arrecadador.

§ 3º A contribuição sindical devida pelos empregadores e trabalhadores avulsos será recolhida pelo empregador e pelo sindicato, respectivamente.

Art. 587. O recolhimento da contribuição sindical dos empregadores efetuar-se-á no mês de janeiro de cada ano, ou, para os que venham a estabelecer-se após aquele mês, na ocasião em que requeiram às repartições o registro ou a licença para o exercício da respectiva atividade.

Art. 588. A Caixa Econômica Federal manterá conta corrente intitulada "Depósitos de Arrecadação da Contribuição Sindical", em nome de cada uma das entidades sindicais beneficiadas, cabendo ao Ministério do Trabalho cientificá-la das ocorrências pertinentes à vida administrativa dessas entidades.

§ 1º Os saques na conta corrente referida no *caput* deste artigo far-se-ão mediante ordem bancária ou cheque com as assinaturas conjuntas do presidente e do tesoureiro da entidade sindical.

§ 2º A Caixa Econômica Federal remeterá, mensalmente, a cada entidade sindical, um extrato da respectiva conta corrente, e, quando solicitado, aos órgãos do Ministério do Trabalho.

Art. 589. Da importância da arrecadação da contribuição sindical serão feitos os seguintes créditos pela Caixa Econômica Federal, na forma das instruções que forem expedidas pelo Ministro do Trabalho:

I — 5% (cinco por cento) para a confederação correspondente;

II — 15% (quinze por cento) para a federação;

III — 60% (sessenta por cento) para o sindicato respectivo;

IV — 20% (vinte por cento) para a "Conta Especial Emprego e Salário".

Art. 590. Inexistindo confederação, o percentual previsto no item I do artigo anterior caberá à federação representativa do grupo.

§ 1º Na falta de federação, o percentual a ela destinado caberá à confederação correspondente à mesma categoria econômica ou profissional.

§ 2º Na falta de entidades sindicais de grau superior, o percentual que àquelas caberia será destinado à "Conta Especial Emprego e Salários".

§ 3º Não havendo sindicato, nem entidade sindical de grau superior, a contribuição sindical será creditada, integralmente, à "Conta Especial Emprego e Salários".

Art. 591. Inexistindo sindicato, o percentual previsto no item III do art. 589 será creditado à federação correspondente à mesma categoria econômica ou profissional.

Parágrafo único. Na hipótese prevista neste artigo, caberão à confederação os percentuais previstos nos itens I e II do art. 589.

DECRETO-LEI N.73.626, DE 13 DE FEVEREIRO DE 1974
Regulamento da Lei do Trabalho Rural

Art. 24. Aplicam-se ao empregado e empregador rural as normas referentes ao enquadramento e contribuição sindical constantes do Decreto-lei n. 1.166, de 15 de abril de 1971.

DECRETO-LEI N. 1.166, DE 15 DE ABRIL DE 1971
Sindical Rural

Art. 4º ....

§ 2º A contribuição devida às entidades sindicais de categoria profissional, será lançada e cobrada dos empregadores rurais e por estes descontados dos respectivos salários, tomando-se por base **um dia de salário mínimo regional** pelo número máximo de assalariados que trabalhem nas épocas de maiores serviços, conforme declarado no cadastramento do imóvel. (negritamos)

Capítulo 10
FÉRIAS

10.1. Direito às Férias

CONSOLIDAÇÃO DAS LEIS DO TRABALHO — CLT

Art. 129. Todo empregado terá direito anualmente ao gozo de um período de férias, sem prejuízo da remuneração.

Art. 130. Após cada período de 12 (doze) meses de vigência do contrato de trabalho, o empregado terá direito a férias, na seguinte proporção:

I — 30 (trinta) dias corridos, quando não houver faltado ao serviço mais de 5 (cinco) vezes;

II — 24 (vinte e quatro) dias corridos, quando houver tido de 6 (seis) a 14 (quatorze) faltas;

III — 18 (dezoito) dias corridos, quando houver tido de 15 (quinze) a 23 (vinte e três) faltas;

IV — 12 (doze) dias corridos, quando houver tido de 24 (vinte e quatro) a 32 (trinta e duas) faltas.

Art. 131. Não será considerada falta ao serviço, para os efeitos do artigo anterior, a ausência do empregado:

I — nos casos referidos no art. 473;

II — durante o licenciamento compulsório da empregada por motivo de maternidade ou aborto, observados os requisitos para percepção do salário-maternidade custeado pela Previdência Social; (inciso II, com nova redação dada pela Lei n. 8.921, de 25.7.1994)

III — por motivo de acidente do trabalho ou de incapacidade que propicie concessão de auxílio-doença pela Previdência Social, excetuada a hipótese do inciso IV do art. 133;

IV — justificada pela empresa, entendendo-se como tal a que não tiver determinado o desconto do correspondente salário;

V — durante a suspensão preventiva para responder a inquérito administrativo ou de prisão preventiva, quando for impronunciado ou absolvido; e

VI — nos dias em que não tenha havido serviço, salvo na hipótese do inciso III do art. 133.

VII — nos dias em que estiver comprovadamente realizando provas de exames vestibular para ingresso em estabelecimento de ensino superior.

Art. 132. O tempo de trabalho anterior à apresentação do empregado para serviço militar obrigatório será computado no período aquisitivo, desde que ele compareça ao estabelecimento dentro de 90 (noventa) dias da data em que se verificar a respectiva baixa.

Faltas Justificadas

Art. 473. O empregado poderá deixar de comparecer ao serviço sem prejuízo do salário:

I — até 2 (dois) dias consecutivos, em caso de falecimento do cônjuge, ascendente, descendente, irmão ou pessoa que, declarada em sua Carteira de Trabalho e Previdência Social, viva sob sua dependência econômica;

II — até 3 (três) dias consecutivos, em virtude de casamento;

III — por 5 (cinco) dias, em caso de nascimento de filho, no decorrer da primeira semana;

IV — por um dia, em cada 12 (doze) meses de trabalho, em caso de doação voluntária de sangue devidamente comprovada;

V — até 2 (dois) dias consecutivos ou não, para o fim de se alistar eleitor, nos termos da lei respectiva;

VI — no período de tempo em que tiver de cumprir as exigências do Serviço Militar referidas na letra "c" do art. 65 da Lei n. 4.375, de 17 de agosto de 1964 (Lei do Serviço Militar);

VII — no dias em que estiver comprovadamente realizando provas de exame vestibular para ingresso em estabelecimento de ensino superior;

VIII — pelo tempo que se fizer necessário, quando tiver que comparecer em juízo;

IX — pelo tempo que se fizer necessário, quando, na qualidade de representante de entidade sindical, estiver participando de reunião oficial de organismo internacional do qual o Brasil seja membro.

SÚMULAS DO TST

Súmula n. 6/TST: A indenização pelo não deferimento das férias no tempo oportuno será calculada com base na remuneração devida ao empregado à época da reclamação ou, se for o caso, à da extinção do contrato.

Súmula n. 46/TST. ACIDENTE DE TRABALHO. As faltas ou ausências decorrentes de acidente do trabalho não são consideradas para os efeitos de duração de férias e cálculo da gratificação natalina.

10.2. Um terço a mais

CONSTITUIÇÃO FEDERAL

Art. 7º São direitos dos trabalhadores urbanos e rurais, além de outros que visem à melhoria de sua condição social:

XVII — gozo de férias anuais remuneradas com, pelo menos, um terço a mais do que o salário normal; (...).

SÚMULA DO TST

Súmula n. 328/TST: FÉRIAS — TERÇO CONSTITUCIONAL. O pagamento das férias, integrais ou proporcionais, gozadas ou não, na vigência da Constituição da República de 1988, sujeita-se ao acréscimo do terço previsto em seu art. 7º, inciso XVII. (DJU, 21, 18.12.1993 e 4.1.1994)

10.3. Concessão das Férias

CONSOLIDAÇÃO DAS LEIS DO TRABALHO — CLT

Art. 134. As férias serão concedidas por ato do empregador, em um só período, nos 12 (doze) meses subseqüentes à data em que o empregado tiver adquirido o direito.

§ 1º Somente em casos excepcionais serão as férias concedidas em dois períodos, um dos quais não poderá ser inferior a 10 (dez) dias corridos.

§ 2º Aos menores de 18 (dezoito) anos e aos maiores de 50 (cinqüenta) anos de idade, as férias são sempre concedidas de uma só vez.

Art. 135. A concessão das férias será participada, por escrito, com antecedência de, no mínimo, 30 (trinta) dias. Dessa participação o interessado dará recibo.

§ 1º O empregado não poderá entrar em gozo das férias sem que apresente ao empregador sua CTPS, para que nela seja anotada a respectiva concessão.

§ 2º A concessão das férias será igualmente anotada no livro ou nas fichas de registro dos empregados.

Art. 136. A época da concessão das férias será a que melhor consulte os interesses do empregador.

§ 1º Os membros de uma família, que trabalharem no mesmo estabelecimento ou empresa, terão direito a gozar férias no mesmo período, se assim o desejarem e se disto não resultar prejuízo para o serviço.

§ 2º O empregado estudante, menor de 18 (dezoito) anos, terá direito a fazer coincidir suas férias com as férias escolares.

Art. 137. Sempre que as férias forem concedidas após o prazo de que trata o art. 134, o empregador pagará em dobro a respectiva remuneração.

Art. 138. Durante as férias, o empregado não poderá prestar serviços a outro empregador, salvo se estiver obrigado a fazê-lo em virtude de contrato de trabalho regularmente mantido com aquele.

10.4. Férias Coletivas

CONSOLIDAÇÃO DAS LEIS DO TRABALHO — CLT

Art. 139. Poderão ser concedidas férias coletivas a todos os empregados de uma empresa ou de determinados estabelecimentos ou setores da empresa.

§ 1º As férias poderão ser gozadas em dois períodos anuais, desde que nenhum deles seja inferior a 10 (dez) dias corridos.

§ 2º Para os fins previstos neste artigo, o empregador comunicará ao órgão local do Ministério do Trabalho e da Previdência Social, com a antecedência mínima de 15 (quinze) dias, as datas de início e fim das férias, precisando quais os estabelecimentos ou setores abrangidos pela medida.

§ 3º Em igual prazo o empregador enviará cópia da aludida comunicação aos sindicatos representativos da respectiva categoria profissional, e providenciará a fixação de aviso nos locais de trabalho.

Art. 140. Os empregados contratados há menos de 12 (doze) meses gozarão, na oportunidade, férias proporcionais, iniciando-se, então, novo período aquisitivo.

Art. 141. Quando o número de empregados contemplados com as férias coletivas for superior a 300 (trezentos), a empresa poderá promover, mediante carimbo, as anotações de que trata o art. 135, § 1º.

10.5. Remuneração das Férias
CONSOLIDAÇÃO DAS LEIS DO TRABALHO — CLT

Art. 142. O empregado perceberá, durante as férias, a remuneração que lhe for devida na data da sua concessão.

§ 1º Quando o salário for pago por hora, com jornadas variáveis, apurar-se-á a média do período aquisitivo aplicando-se o valor do salário na data da concessão das férias.

§ 2º Quando o salário for pago por tarefa, tomar-se-á por base a média da produção no período aquisitivo do direito a férias, aplicando-se o valor da remuneração da tarefa na data da concessão das férias.

§ 3º Quando o salário for pago por percentagem, comissão ou viagem, apurar-se-á a média percebida pelo empregado nos 12 (doze) meses que precederem à concessão das férias.

§ 4º ....

§ 5º Os adicionais por trabalho extraordinário, noturno, insalubre ou perigoso serão computados no salário que servirá de base ao cálculo da remuneração das férias.

Art. 143. É facultado ao empregado converter 1/3 (um terço) do período de férias a que tiver direito em abono pecuniário, no valor da remuneração que lhe seria devida nos dias correspondentes.

§ 1º O abono de férias deverá ser requerido até 15 (quinze) dias antes do término do período aquisitivo.

Art. 145. O pagamento da remuneração das férias e, se for o caso, o abono referido no art.143, serão efetuados até 2 (dois) dias antes do início do respectivo período.

Paragrafo único. O empregado dará quitação do pagamento, com indicação do início e do término das férias.

10.6. Quando não tem Direito às Férias
CONSOLIDAÇÃO DAS LEIS DO TRABALHO — CLT

Art. 133. Não terá direito a férias o empregado que, no curso do período aquisitivo:

I — deixar o emprego e não for readmitido dentro dos 60 (sessenta) dias subseqüentes à sua saída;

II — permanecer em gozo de licença, com percepção de salários, por mais de 30 (trinta) dias;

III — deixar de trabalhar, com percepção do salário, por mais de 30 (trinta) dias em virtude da paralisação parcial ou total dos serviços da empresa; e

IV — tiver percebido da Previdência Social prestações de acidente de trabalho ou de auxílio-doença por mais de 6 (seis) meses, embora, descontínuos.

§ 1º A interrupção da prestação de serviços deverá ser anotada na Carteira de Trabalho e Previdência Social.

§ 2º Iniciar-se-á o decurso de novo período aquisitivo quando o empregado, após o implemento de qualquer das condições previstas neste artigo, retornar ao serviço.

10.7. Férias — Rescisão do Contrato
CONSOLIDAÇÃO DAS LEIS DO TRABALHO — CLT

Art. 146. Na cessação do contrato de trabalho, qualquer que seja a sua causa, será devida ao empregado a remuneração simples ou em dobro, conforme o caso, correspondente ao período de férias cujo direito tenha adquirido.

Parágrafo único. Na cessação do contrato de trabalho, após 12 (doze) meses de serviço, o empregado, desde que não haja sido demitido por justa causa, terá direito à remuneração relativa ao período incompleto de férias, de acordo com o art. 130, na proporção de 1/12 (um doze avos) por mês de serviço ou fração superior a 14 (quatorze) dias.

Art. 147. O empregado que for despedido sem justa causa, ou cujo contrato de trabalho se extinguir em prazo predeterminado, antes de completar 12 (doze) meses de serviço, terá direito à remuneração relativa ao período incompleto de férias, de conformidade com o disposto no artigo anterior.

Art. 484. Havendo culpa recíproca no ato que determinou a rescisão do contrato de trabalho, o tribunal do trabalho reduzirá a indenização à que seria devida em caso de culpa exclusiva do empregador, por metade.

SÚMULAS DO TST

Súmula n.14/TST: Culpa recíproca. Reconhecida a culpa recíproca na rescisão do contrato de trabalho (art. 484 da CLT), o empregado tem direito a 50% (cinqüenta por cento) do valor do aviso prévio, do décimo terceiro salário e das férias proporcionais.

Súmula n. 261: FÉRIAS PROPORCIONAIS. PEDIDO DE DEMISSÃO. CONTRATO VIGENTE HÁ MENOS DE UM ANO. O empregado que se demite antes de complementar 12 (doze) meses de serviço tem direito a férias proporcionais.

10.8. Prescrição das Férias
CONSTITUIÇÃO FEDERAL

Art. 7º São direitos dos trabalhadores urbanos e rurais, além de outros que visem à melhoria de sua condição social:

XXIX — ação, quando aos créditos resultantes das relações de trabalho, com prazo prescricional de cinco anos para trabalhadores urbanos e rurais, até o limite de dois anos após a extinção do contrato de trabalho; (NR)

Capítulo 11

SEGURANÇA E HIGIENE DO TRABALHO

PORTARIA N. 3.214, DE 8 DE JUNHO DE 1978

Art. 1º Aprovar as Normas Regulamentadoras — NR — do Capítulo V, Título II, da Consolidação das Leis do Trabalho, relativas à Segurança e Medicina do Trabalho:

NORMAS REGULAMENTADORAS

NR-1 — Disposições Gerais

NR-2 — Inspeção Prévia

NR-3 — Embargo ou Interdição

NR-4 — Serviços Especializados em Engenharia de Segurança e em Medicina do Trabalho — SSMT

NR-5 — Comissão Interna de Prevenção de Acidentes

NR-6 — Equipamentos de Proteção Individual — EPI

NR-7 — Programas de Controle Médico de Saúde Ocupacional

NR-8 — Edificações

NR-9 — Programas de Prevenção de Riscos Ambientais

NR-10 — Segurança em Instalações e Serviços em Eletricidade

NR-11 — Transporte, Movimentação, Armazenagem e Manuseio de Materiais

NR-12 — Máquinas e Equipamentos

NR-13 — Caldeiras e Vasos de Pressão

NR-14 — Fornos

NR-15 — Atividades e Operações Insalubres

NR-16 — Atividades e Operações Perigosas

NR-17 — Ergonomia

NR-17 Anexo I — Trabalho dos Operadores de *Checkouts*

NR-17 Anexo II — Trabalho em Teleatendimento/*Telemarketing*

NR-18 — Condições e Meio Ambiente de Trabalho na Indústria da Construção

NR-19 — Explosivos

NR-19 Anexo I — Segurança e Saúde na Indústria de Fogos de Artifício e outros Artefatos Pirotécnicos

NR-20 — Líquidos Combustíveis e Inflamáveis

NR-21 — Trabalho a Céu Aberto

NR-22 — Segurança e Saúde Ocupacional na Mineração

NR-23 — Proteção contra Incêndios

NR-24 — Condições Sanitárias e de Conforto nos Locais de Trabalho

NR-25 — Resíduos Industriais

NR-26 — Sinalização

NR-27 — Registro Profissional do Técnico de Segurança do Trabalho no Ministério do Trabalho

NR-28 — Fiscalização e Penalidades

NR-29 — Norma Regulamentadora de Segurança e Saúde no Trabalho Portuário

NR-30 — Norma Regulamentadora de Segurança e Saúde no Trabalho Aquaviário

NR-31 — Norma Regulamentadora de Segurança e Saúde no Trabalho na Agricultura, Pecuária Silvicultura, Exploração Florestal e Aqüicultura

NR-32 — Segurança e Saúde no Trabalho em Estabelecimentos de Saúde

NR-33 — Segurança e Saúde no Trabalho em Espaços Confinados

11.3. CIPA — Trabalho Urbano

ATO DAS DISPOSIÇÕES CONSTITUCIONAIS

Art. 10. Até que seja promulgada a lei complementar a que se refere o art. 7º, I, da Constituição:

II — Fica vedada a dispensa arbitrária ou sem justa causa:

a) do empregado eleito para cargo de direção de comissões internas de prevenção de acidentes, desde o registro de sua candidatura até um ano após o final do mandato.

SÚMULA DO TST

Súmula n. 339/TST: CIPA. SUPLENTE. GARANTIA DE EMPREGO. CF/1988.

I — O suplente da CIPA goza da garantia de emprego prevista no art. 10, II, "a", do ADCT a partir da promulgação da Constituição Federal de 1988.

II — A estabilidade provisória do cipeiro não constitui vantagem pessoal, mas garantia para as atividades dos membros da CIPA, que somente tem razão de ser quando em atividade a empresa. Extinto o estabelecimento, não se verifica a despedida arbitrária, sendo impossível a reintegração e indevida a indenização do período estabilitário.

11.5. Insalubridade

CONSOLIDAÇÃO DAS LEIS DO TRABALHO — CLT

Art. 189. Serão consideradas atividades ou operações insalubres aquelas que, por sua natureza, condições ou métodos de trabalho, exponham os empregados a agentes nocivos à saúde, acima dos limites de tolerância fixados em razão da natureza e da intensidade do agente e do tempo de exposição aos seus efeitos.

Art. 191. A eliminação ou a neutralização da insalubridade ocorrerá:

I — com a adoção de medidas que conservem o ambiente de trabalho dentro dos limites de tolerância;

II — com a utilização de equipamentos de proteção individual ao trabalhador, que diminuam a intensidade do agente agressivo a limites de tolerância.

Parágrafo único. Caberá às Delegacias Regionais do Trabalho, comprovada a insalubridade, notificar as empresas, estipulando prazos para sua eliminação ou neutralização, na forma deste artigo.

Art. 192. O exercício de trabalho em condições insalubres, acima dos limites de tolerância estabelecidos pelo Ministério do Trabalho e da Previdência Social, assegura a percepção de adicional respectivamente até 40% (quarenta por cento), 20% (vinte por cento) e 10% (dez por cento) do salário mínimo, segundo se classifiquem nos graus máximo, médio e mínimo.

Art. 194. O direito do empregado ao adicional de insalubridade ou de periculosidade cessará com a eliminação do risco à sua saúde ou integridade física, nos termos desta Seção e das normas expedidas pelo Ministério do Trabalho e da Previdência Social.

Art. 195. A caracterização e a classificação da insalubridade e da periculosidade, segundo as normas do Ministério do Trabalho, far-se-ão através de perícia a cargo de Médico do Trabalho ou Engenheiro do Trabalho, registrados no Ministério do Trabalho.

SÚMULAS DO TST

Súmula n. 47/TST: INSALUBRIDADE. O trabalho executado em condições insalubres, em caráter intermitente, não afasta, só por essa circunstância, o direito à percepção do respectivo adicional.

Súmula n. 80/TST: INSALUBRIDADE. A eliminação da insalubridade mediante fornecimento de aparelhos protetores aprovados pelo órgão competente do Poder Executivo exclui a percepção do respectivo adicional.

Súmula n. 139/TST: ADICIONAL DE INSALUBRIDADE. Enquanto percebido, o adicional de insalubridade integra a remuneração para todos os efeitos legais.

Súmula n. 228/TST: ADICIONAL DE INSALUBRIDADE. BASE DE CÁLCULO. A partir de 9 de maio de 2008, data da publicação da Súmula Vinculante n. 4 do Supremo Tribunal Federal, o adicional de insalubridade será calculado sobre o salário básico, salvo critério mais vantajoso fixado em instrumento coletivo.

Súmula n. 248/TST: ADICIONAL DE INSALUBRIDADE — DIREITO ADQUIRIDO. A reclassificação ou descaracterização da insalubridade, por ato da autoridade competente, repercute na satisfação do respectivo adicional, sem ofensa a direito adquirido ou ao princípio da irredutibilidade salarial.

Súmula n. 289/TST: INSALUBRIDADE. ADICIONAL. FORNECIMENTO DO APARELHO DE PROTEÇÃO. EFEITO. O simples fornecimento do aparelho de proteção pelo empregador não o exime do pagamento do adicional de insalubridade. Cabe-lhe tomar as medidas que conduzam à diminuição ou eliminação da nocividade, entre as quais as relativas ao uso efetivo do equipamento pelo empregado.

Súmula n. 293/TST: ADICIONAL DE INSALUBRIDADE. CAUSA DE PEDIR. AGENTE NOCIVO DIVERSO DO APONTADO NA INICIAL. A verificação mediante perícia de prestação de serviços em condições nocivas, considerado agente insalubre diverso do apontado na inicial, não prejudica o pedido de adicional de insalubridade.

11.6. Periculosidade

CONSOLIDAÇÃO DAS LEIS DO TRABALHO — CLT

Art. 193. São consideradas atividades ou operações perigosas, na forma de regulamentação aprovada pelo Ministério do Trabalho e da Previdência Social, aquelas que, por sua natureza ou métodos de trabalho, impliquem o contato permanente com inflamáveis ou explosivos em condições de risco acentuado.

§ 1º O trabalho em condições de periculosidade assegura ao empregado um adicional de 30% (trinta por cento) sobre o salário sem os acréscimos resultantes de gratificações, prêmios ou participações nos lucros da empresa.

§ 2º O empregado poderá optar pelo adicional de insalubridade que porventura lhe seja devido.

Art. 194. O direito do empregado ao adicional de insalubridade ou de periculosidade cessará com a eliminação do risco à sua saúde ou integridade física, nos termos desta Seção e das normas expedidas pelo Ministério do Trabalho e da Previdência Social.

Art. 195. A caracterização e a classificação da insalubridade e da periculosidade, segundo as normas do Ministério do Trabalho e da Previdência Social, far-se-ão através de perícia a cargo de Médico do Trabalho ou Engenheiro do Trabalho, registrados no Ministério do Trabalho e da Previdência Social.

§ 1º É facultado às empresas e aos sindicatos das categorias profissionais interessadas requererem ao Ministério do Trabalho a realização de perícia em estabelecimento ou setor deste, com o objetivo de caracterizar e classificar ou delimitar as atividades insalubres ou perigosas. (Redação dada ao parágrafo pela Lei n. 6.514, de 22.12.1977)

§ 2º Argüida em juízo insalubridade ou periculosidade, seja por empregado, seja por Sindicato em favor de grupo de associados, o juiz designará perito habilitado na forma deste artigo, e, onde não houver, requisitará perícia ao órgão competente do Ministério do Trabalho. (Redação dada ao parágrafo pela Lei n. 6.514, de 22.12.1977)

§ 3º O disposto nos parágrafos anteriores não prejudica a ação fiscalizadora do Ministério do Trabalho, nem a realização *ex officio* da perícia. (Redação dada ao parágrafo pela Lei n. 6.514, de 22.12.1977)

SÚMULAS DO TST

Súmula n. 39/TST: PERICULOSIDADE. Os empregados que operam em bomba de gasolina têm direito ao adicional de periculosidade. (Lei n. 2.573, de 15.08.1955)

Súmula n. 132/TST: ADICIONAL DE PERICULOSIDADE. INTEGRAÇÃO.

I — O adicional de periculosidade, pago em caráter permanente, integra o cálculo de indenização e de horas extras. (ex-Prejulgado n. 3)

II — Durante as horas de sobreaviso, o empregado não se encontra em condições de risco, razão pela qual é incabível a integração do adicional de periculosidade sobre as mencionadas horas.

Súmula n. 191/TST: PERICULOSIDADE — ADICIONAL. O adicional de periculosidade incide, apenas, sobre o salário básico, e não sobre este acrescido de outros adicionais. Em relação aos eletricitários, o cálculo do adicional de periculosidade deverá ser efetuado sobre a totalidade das parcelas de natureza salarial.

Súmula n. 361/TST: ADICIONAL DE PERICULOSIDADE. ELETRICITÁRIOS. EXPOSIÇÃO INTERMITENTE. O trabalho exercido em condições perigosas, embora de forma intermitente, dá direito ao empregado a receber o adicional de periculosidade de forma integral, porque a Lei n. 7.369, de 20.9.1985, não estabeleceu nenhuma proporcionalidade em relação ao seu pagamento.

Súmula n. 364/TST: ADICIONAL DE PERICULOSIDADE. EXPOSIÇÃO EVENTUAL, PERMANENTE E INTERMITENTE.

I — Faz jus ao adicional de periculosidade o empregado exposto permanentemente ou que, de forma intermitente, sujeita-se a condições de risco. Indevido, apenas, quando o contato dá-se de forma eventual, assim considerado o fortuito, ou o que, sendo habitual, dá-se por tempo extremamente reduzido.

II — A fixação do adicional de periculosidade, em percentual inferior ao legal e proporcional ao tempo de exposição ao risco, deve ser respeitada, desde que pactuada em acordos ou convenções coletivos.

Capítulo 12
ACIDENTE DE TRABALHO E DOENÇA PROFISSIONAL

LEI N. 8.213, DE 24 DE JULHO DE 1991
PROMULGAÇÃO EM 24.7.1991
PUBLICAÇÃO NO DOU DE 25.7.1991
REPUBLICAÇÃO EM 14.8.1998

Art. 19. Acidente do trabalho é o que ocorre pelo exercício do trabalho a serviço da empresa ou pelo exercício do trabalho dos segurados referidos no inciso VII do art. 11 desta Lei, provocando lesão corporal ou perturbação funcional que cause a morte ou a perda ou redução, permanente ou temporária, da capacidade para o trabalho.

§ 1º A empresa é responsável pela adoção e uso das medidas coletivas e individuais de proteção e segurança da saúde do trabalhador.

§ 2º Constitui contravenção penal, punível com multa, deixar a empresa de cumprir as normas de segurança e higiene do trabalho.

§ 3º É dever da empresa prestar informações pormenorizadas sobre os riscos da operação a executar e do produto a manipular.

§ 4º O Ministério do Trabalho e da Previdência Social fiscalizará e os sindicatos e entidades representativas de classe acompanharão o fiel cumprimento do disposto nos parágrafos anteriores, conforme dispuser o Regulamento.

Art. 20. Consideram-se acidente do trabalho, nos termos do artigo anterior, as seguintes entidades mórbidas:

I — doença profissional, assim entendida a produzida ou desencadeada pelo exercício do trabalho peculiar a determinada atividade e constante da respectiva relação elaborada pelo Ministério do Trabalho e da Previdência Social;

II — doença do trabalho, assim entendida a adquirida ou desencadeada em função de condições especiais em que o trabalho é realizado e com ele se relacione diretamente, constante da relação mencionada no inciso I.

§ 1º Não são consideradas como doença do trabalho:

a) a doença degenerativa;

b) a inerente a grupo etário;

c) a que não produza incapacidade laborativa;

d) a doença endêmica adquirida por segurado habitante de região em que ela se desenvolva, salvo comprovação de que é resultante de exposição ou contato direto determinado pela natureza do trabalho.

§ 2º Em caso excepcional, constatando-se que a doença não incluída na relação prevista nos incisos I e II deste artigo resultou das condições especiais em que o trabalho é executado e com ele se relaciona diretamente, a Previdência Social deve considerá-la acidente do trabalho.

12.1. Equiparam-se ao Acidente de Trabalho

LEI N. 8.213, DE 24 DE JULHO DE 1991
PROMULGAÇÃO EM 24.7.1991
PUBLICAÇÃO NO DOU DE 25.7.1991
REPUBLICAÇÃO EM 14.8.1998

Art. 21. Equiparam-se também ao acidente do trabalho, para efeitos desta Lei:

I — o acidente ligado ao trabalho que, embora não tenha sido a causa única, haja contribuído diretamente para a morte do segurado, para redução ou perda da sua capacidade para o trabalho, ou produzido lesão que exija atenção médica para a sua recuperação;

II — o acidente sofrido pelo segurado no local e no horário do trabalho, em conseqüência de:

a) ato de agressão, sabotagem ou terrorismo praticado por terceiro ou companheiro de trabalho;

b) ofensa física intencional, inclusive de terceiro, por motivo de disputa relacionada ao trabalho;

c) ato de imprudência, de negligência ou de imperícia de terceiro ou de companheiro de trabalho;

d) ato de pessoa privada do uso da razão;

e) desabamento, inundação, incêndio e outros casos fortuitos ou decorrentes de força maior;

III — a doença proveniente de contaminação acidental do empregado no exercício de sua atividade;

IV — o acidente sofrido pelo segurado ainda que fora do local e horário de trabalho:

a) na execução de ordem ou na realização de serviço sob a autoridade da empresa;

b) na prestação espontânea de qualquer serviço à empresa para lhe evitar prejuízo ou proporcionar proveito;

c) em viagem a serviço da empresa, inclusive para estudo quando financiada por esta dentro de seus planos para melhor capacitação da mão-de-obra, independentemente do meio de locomoção utilizado, inclusive veículo de propriedade do segurado;

d) no percurso da residência para o local de trabalho ou deste para aquela, qualquer que seja o meio de locomoção, inclusive veículo de propriedade do segurado.

§ 1º Nos períodos destinados a refeição ou descanso, ou por ocasião da satisfação de outras necessidades fisiológicas, no local do trabalho ou durante este, o empregado é considerado no exercício do trabalho.

§ 2º Não é considerada agravação ou complicação de acidente do trabalho a lesão que, resultante de acidente de outra origem, se associe ou se superponha às conseqüências do anterior.

Art. 21-A. A perícia médica do INSS considerará caracterizada a natureza acidentária da incapacidade quando constatar ocorrência de nexo técnico epidemiológico entre o trabalho e o agravo, decorrente da relação entre a atividade da empresa e a entidade mórbida motivadora da incapacidade elencada na Classificação Internacional de Doenças — CID, em conformidade com o que dispuser o regulamento.

§ 1º A perícia médica do INSS deixará de aplicar o disposto neste artigo quando demonstrada a inexistência do nexo de que trata o *caput* deste artigo.

§ 2º A empresa poderá requerer a não aplicação do nexo técnico epidemiológico, de cuja decisão caberá recurso com efeito suspensivo, da empresa ou do segurado, ao Conselho de Recursos da Previdência Social.

12.2. Comunicação do Acidente de Trabalho

LEI N. 8.213, DE 24 DE JULHO DE 1991
PROMULGAÇÃO EM 24.7.1991
PUBLICAÇÃO NO DOU DE 25.7.1991
REPUBLICAÇÃO EM 14.8.1998

Art. 22. A empresa deverá comunicar o acidente do trabalho à Previdência Social até o 1º (primeiro) dia útil seguinte ao da ocorrência e, em caso de morte, de imediato, à autoridade competente, sob pena de multa variável entre o limite mínimo e o limite máximo do salário-de-contribuição, sucessivamente aumentada nas reincidências, aplicada e cobrada pela Previdência Social.

§ 1º Da comunicação a que se refere este artigo receberão cópia fiel o acidentado ou seus dependentes, bem como o sindicato a que corresponda a sua categoria.

§ 2º Na falta de comunicação por parte da empresa, podem formalizá-la o próprio acidentado, seus dependentes, a entidade sindical competente, o médico que o assistiu ou qualquer autoridade pública, não prevalecendo nestes casos o prazo previsto neste artigo.

§ 3º A comunicação a que se refere o § 2º não exime a empresa de responsabilidade pela falta do cumprimento do disposto neste artigo.

§ 4º Os sindicatos e entidades representativas de classe poderão acompanhar a cobrança, pela Previdência Social, das multas previstas neste artigo.

§ 5º A multa de que trata este artigo não se aplica na hipótese do *caput* do art. 21-A.

12.4. Auxílio-Doença

LEI N. 8.213, DE 24 DE JULHO DE 1991
PROMULGAÇÃO EM 24.7.1991
PUBLICAÇÃO NO DOU DE 25.7.1991
REPUBLICAÇÃO EM 14.8.1998

Art. 61. O auxílio-doença, inclusive o decorrente de acidente do trabalho, consistirá numa renda mensal correspondente a 91% (noventa e um por cento) do salário-de-benefício, observado o disposto na Seção III, especialmente no art. 33 desta Lei.

12.5. Aposentadoria por Invalidez

LEI N. 8.213, DE 24 DE JULHO DE 1991
PROMULGAÇÃO EM 24.7.1991
PUBLICAÇÃO NO DOU DE 25.7.1991
REPUBLICAÇÃO EM 14.8.1998

Art. 44. A aposentadoria por invalidez, inclusive a decorrente de acidente do trabalho, consistirá numa renda mensal correspondente a 100% (cem por cento) do salário-de-benefício, observado o disposto na Seção III, especialmente no art. 33 desta Lei.

Art. 45. O valor da aposentadoria por invalidez do segurado que necessitar da assistência permanente de outra pessoa será acrescido de 25% (vinte e cinco por cento).

Parágrafo único. O acréscimo de que trata este artigo:

a) será devido ainda que o valor da aposentadoria atinja o limite máximo legal;

b) será recalculado quando o benefício que lhe deu origem for reajustado;

c) cessará com a morte do aposentado, não sendo incorporável ao valor da pensão.

12.6. Pensão por Morte

DECRETO-LEI N. 3.048, DE 06 DE MAIO DE 1999
PROMULGAÇÃO EM 6.5.1999
PUBLICAÇÃO NO DOU DE 7.5.1999
REPUBLICAÇÃO EM 12.5.1999

Art. 32. O salário-de-benefício consiste:

§ 8º Para fins de apuração do salário-de-benefício de qualquer aposentadoria precedida de auxílio-acidente, o valor mensal deste será somado ao salário-de-contribuição antes da aplicação da correção a que se refere o art. 33, não podendo o total apurado ser superior ao limite máximo do salário-de-contribuição.

Art. 39. A renda mensal do benefício de prestação continuada será calculada aplicando-se sobre o salário-de-benefício os seguintes percentuais:

§ 3º O valor mensal da pensão por morte ou do auxílio-reclusão será de cem por cento do valor da aposentadoria que o segurado recebia ou daquela a que teria direito se estivesse aposentado por invalidez na data de seu falecimento, observado o disposto no § 8º do art. 32.

Art. 113. A pensão por morte, havendo mais de um pensionista, será rateada entre todos, em partes iguais.

Parágrafo único. Reverterá em favor dos demais dependentes a parte daquele cujo direito à pensão cessar.

Art. 114. O pagamento da cota individual da pensão por morte cessa:

I — pela morte do pensionista;

II — para o pensionista menor de idade, ao completar vinte e um anos, salvo se for inválido, ou pela emancipação, ainda que inválido, exceto, neste caso, se a emancipação for decorrente de colação de grau científico em curso de ensino superior; ou

III — para o pensionista inválido, pela cessação da invalidez, verificada em exame médico-pericial a cargo da previdência social.

§ 1º Com a extinção da cota do último pensionista, a pensão por morte será encerrada.

12.7. Auxílio-Acidente

DECRETO-LEI N. 3.048, DE 6 DE MAIO DE 1999
PROMULGAÇÃO EM 6.5.1999
PUBLICAÇÃO NO DOU DE 7.5.1999
REPUBLICAÇÃO EM 12.5.1999

Art. 104. O auxílio-acidente será concedido, como indenização, ao segurado empregado, exceto o doméstico, ao trabalhador avulso e ao segurado especial quando, após a consolidação das lesões decorrentes de acidente de qualquer natureza, resultar seqüela definitiva, conforme as situações discriminadas no anexo III, que implique:

I — redução da capacidade para o trabalho que habitualmente exerciam;

II — redução da capacidade para o trabalho que habitualmente exerciam e exija maior esforço para o desempenho da mesma atividade que exerciam à época do acidente; ou

III — impossibilidade de desempenho da atividade que exerciam à época do acidente, porém permita o desempenho de outra, após processo de reabilitação profissional, nos casos indicados pela perícia médica do Instituto Nacional do Seguro Social.

§ 1º O auxílio-acidente mensal corresponderá a cinqüenta por cento do salário-de-benefício que deu origem ao auxílio-doença do segurado, corrigido até o mês anterior ao do início do auxílio-acidente e será devido até a véspera de início de qualquer aposentadoria ou até a data do óbito do segurado.

§ 2º O auxílio-acidente será devido a contar do dia seguinte ao da cessação do auxílio-doença, independentemente de qualquer remuneração ou rendimento auferido pelo acidentado, vedada sua acumulação com qualquer aposentadoria.

§ 3º O recebimento de salário ou concessão de outro benefício, exceto de aposentadoria, não prejudicará a continuidade do recebimento do auxílio-acidente.

§ 4º Não dará ensejo ao benefício a que se refere este artigo o caso:

I — que apresente danos funcionais ou redução da capacidade funcional sem repercussão na capacidade laborativa; e

II — de mudança de função, mediante readaptação profissional promovida pela empresa, como medida preventiva, em decorrência de inadequação do local de trabalho.

§ 5º A perda da audição, em qualquer grau, somente proporcionará a concessão do auxílio-acidente, quando, além do reconhecimento do nexo de causa entre o trabalho e a doença, resultar, comprovadamente, na redução ou perda da capacidade para o trabalho que o segurado habitualmente exerce.

§ 6º No caso de reabertura de auxílio-doença por acidente de qualquer natureza que tenha dado origem a auxílio-acidente, este será suspenso até a cessação do auxílio-doença reaberto, quando será reativado.

§ 7º Não cabe a concessão de auxílio-acidente quando o segurado estiver desempregado, podendo ser concedido o auxílio-doença previdenciário, desde que atendidas as condições inerentes à espécie.

§ 8º Para fins do disposto no *caput* considerar-se-á a atividade exercida na data do acidente.

12.8. Estabilidade Provisória

LEI ORDINÁRIA N. 8.213, DE 6 DE JULHO DE 1991
PROMULGAÇÃO EM 24.7.1991
PUBLICAÇÃO NO DOU DE 25.7.1991
REPUBLICAÇÃO EM 14.8.1998

Art. 118. O segurado que sofreu acidente de trabalho tem garantida, pelo prazo mínimo de doze meses, a manutenção de seu contrato de trabalho na empresa, após a cessação do auxílio-doença acidentário, desde que, após a consolidação das lesões, resulte seqüela que implique redução da capacidade para o trabalho que exercia habitualmente.

SÚMULA DO TST

Súmula n. 378/TST: ESTABILIDADE PROVISÓRIA. ACIDENTE DO TRABALHO. ART. 118 DA LEI N. 8.213/1991. CONSTITUCIONALIDADE. PRESSUPOSTOS.

I — É constitucional o art. 118 da Lei n. 8.213/1991 que assegura o direito à estabilidade provisória por período de 12 meses após a cessação do auxílio-doença ao empregado acidentado.

II — São pressupostos para a concessão da estabilidade o afastamento superior a 15 dias e a conseqüente percepção do auxílio-doença acidentário, salvo se constatada, após a despedida, doença profissional que guarde relação de causalidade com a execução do contrato de emprego.

12.9. Medidas de Proteção e Segurança

DECRETO-LEI N. 3.048, DE 6 DE MAIO DE 1999
PROMULGAÇÃO EM 6.5.1999
PUBLICAÇÃO NO DOU DE 7.5.1999
REPUBLICAÇÃO EM 12.5.1999

Art. 338. A empresa é responsável pela adoção e uso de medidas coletivas e individuais de proteção à segurança e saúde do trabalhador sujeito aos riscos ocupacionais por ela gerados.

§ 1º É dever da empresa prestar informações pormenorizadas sobre os riscos da operação a executar e do produto a manipular do CNIS, bem como o cumprimento das obrigações relativas ao acidente de trabalho.

Art. 341. Nos casos de negligência quanto às normas de segurança e saúde do trabalho indicadas para a proteção individual e coletiva, a previdência social proporá ação regressiva contra os responsáveis.

Art. 343. Constitui contravenção penal, punível com multa, deixar a empresa de cumprir as normas de segurança e saúde do trabalho.

LEI ORDINÁRIA N. 8.213, DE 6 DE JULHO DE 1991
PROMULGAÇÃO EM 24.7.1991
PUBLICAÇÃO NO DOU DE 25.7.1991
REPUBLICAÇÃO EM 14.8.1998

Art. 120. Nos casos de negligência quanto às normas-padrão de segurança a higiene do trabalho indicados para a proteção individual e coletiva, a Previdência Social proporá ação regressiva contra os responsáveis.

12.10. Litígios e Medidas Cautelares

DECRETO-LEI N. 3.048, DE 6 DE MAIO DE 1999
PROMULGAÇÃO EM 6.5.1999
PUBLICAÇÃO NO DOU DE 7.5.1999
REPUBLICAÇÃO EM 12.5.1999

Art. 344. Os lítigios e medidas cautelares relativos aos acidentes de que trata o art. 336 serão apreciados:

I — na esfera administrativa, pelos orgãos da previdência social, segundo as regras e prazos aplicáveis às demais prestações, com prioridade para conclusão; e

II — na via judicial, pela Justiça dos Estados e do Distrito Federal, segundo o rito sumaríssimo, inclusive durante as férias forenses, mediante petição instruída pela prova de efetiva notificação do evento à previdência social, através da Comunicação de Acidente de Trabalho.

Parágrafo único. O procedimento judicial de que trata o inciso II é isento do pagamento de quaisquer custas e de verbas relativas à sucumbência.

Capítulo 13

AUXÍLIO-DOENÇA

LEI N. 8.213, DE 24 DE JULHO DE 1991
PROMULGAÇÃO EM 24.7.1991
PUBLICAÇÃO NO DOU DE 25.7.1991
REPUBLICAÇÃO EM 14.8.1998

Art. 59. O auxílio-doença será devido ao segurado que, havendo cumprido, quando for o caso, o período de carência exigido nesta Lei, ficar incapacitado para o seu trabalho ou para a sua atividade habitual por mais de 15 (quinze) dias consecutivos.

JURISPRUDÊNCIA
TRIBUNAL REGIONAL FEDERAL — 1ª REGIÃO

EMENTA: PEDIDO DE AUXÍLIO-DOENÇA — LAUDO PERICIAL — INCAPACIDADE LABORATIVA — QUALIDADE DE SEGURADO — 1. O auxílio-doença será devido ao segurado que havendo cumprido, quando for o caso, o período de carência exigido nesta lei, ficar incapacitado para o seu trabalho ou para a sua atividade habitual por mais de 15 (quinze) dias consecutivos (art. 59 da Lei n. 8.213/91). 2. O perito judicial, por uma vez, ao ser questionado se a atividade profissional do autor de servente de construção civil é incompatível com seu atual estado de saúde, respondeu afirmativamente. 3. A Lei n. 8.213/91 dispõe que mantém a qualidade de segurado independentemente de contribuições, até 12 (doze) meses após a cessação destas, o segurado que deixar de exercer atividade remunerada abrangida pela Previdência Social, quando estiver em gozo de benefício a condição de segurado é mantida sem limite de prazo (art. 15, incisos I e II). 4. Apelação e remessa oficial a que se nega provimento. 5. Sentença confirmada. (*TRF1ª R. — AC n. 1998.01.00.068711-8/MG — 1ª T. Suplementar — Rel. Juiz Conv. Derivaldo de Figueiredo Bezerra Filho — DJU 4.7.2002*)

13.1. Já Portador de Doença

LEI N. 8.213, DE 24 DE JULHO DE 1991
PROMULGAÇÃO EM 24.7.1991
PUBLICAÇÃO NO DOU DE 25.7.1991
REPUBLICAÇÃO EM 14.8.1998

Art. 59. O auxílio-doença será devido ao segurado que, havendo cumprido, quando for o caso, o período de carência exigido nesta Lei, ficar incapacitado para o seu trabalho ou para a sua atividade habitual por mais de 15 (quinze) dias consecutivos.

Parágrafo único. Não será devido auxílio-doença ao segurado que se filiar ao Regime Geral de Previdência Social já portador da doença ou da lesão invocada como causa para o benefício, salvo quando a incapacidade sobrevier por motivo de progressão ou agravamento dessa doença ou lesão.

13.2. Valor do Benefício

LEI N. 8.213, DE 24 DE JULHO DE 1991
PROMULGAÇÃO EM 24.7.1991
PUBLICAÇÃO NO DOU DE 25.7.1991
REPUBLICAÇÃO EM 14.8.1998

Art. 61. O auxílio-doença, inclusive o decorrente de acidente do trabalho, consistirá numa renda mensal correspondente a 91% (noventa e um por cento) do salário-de-benefício, observado o disposto na Seção III, especialmente no art. 33 desta Lei.

13.3. Início do Benefício

LEI N. 8.213, DE 24 DE JULHO DE 1991
PROMULGAÇÃO EM 24.7.1991
PUBLICAÇÃO NO DOU DE 25.7.1991
REPUBLICAÇÃO EM 14.8.1998

Art. 60. O auxílio-doença será devido ao segurado empregado a contar do décimo sexto dia do afastamento da atividade, e, no caso dos demais segurados, a contar da data do início da incapacidade e enquanto ele permanecer incapaz.

§ 1º Quando requerido por segurado afastado da atividade por mais de 30 (trinta) dias, o auxílio-doença será devido a contar da data da entrada do requerimento.

§ 3º Durante os primeiros quinze dias consecutivos ao do afastamento da atividade por motivo de doença, incumbirá à empresa pagar ao segurado empregado o seu salário integral.

§ 4º A empresa que dispuser de serviço médico, próprio ou em convênio, terá a seu cargo o exame médico e o abono das faltas correpondentes ao período referido no § 3º, somente devendo encaminhar o segurado à perícia médica da Previdência Social quando a incapacidade ultrapassar 15 (quinze) dias.

DECRETO-LEI N. 3.048, DE 06 DE MAIO DE 1999

Art. 72. O auxílio-doença consiste numa renda mensal calculada na forma do inciso I do *caput* do art. 39 e será devido:

I — a contar do décimo sexto dia do afastamento da atividade para o segurado empregado, exceto o doméstico;

§ 3º O auxílio-doença será devido durante o curso de reclamação trabalhista relacionada com a rescisão do contrato de trabalho, ou após a decisão final, desde que implementadas as condições mínimas para a concessão do benefício, observado o disposto nos §§ 2º e 3º do art. 36.

13.4. Primeiros 15 Dias de Afastamento

LEI N. 8.213, DE 24 DE JULHO DE 1991
PROMULGAÇÃO EM 24.7.1991
PUBLICAÇÃO NO DOU DE 25.7.1991
REPUBLICAÇÃO EM 14.8.1998

Art. 75. Durante os primeiros quinze dias consecutivos de afastamento da atividade por motivo de doença, incumbe à empresa pagar ao segurado empregado o seu salário.

§ 1º Cabe à empresa que dispuser de serviço médico próprio ou em convênio o exame médico e o abono das faltas correspondentes aos primeiros quinze dias de afastamento.

§ 2º Quando a incapacidade ultrapassar quinze dias consecutivos, o segurado será encaminhado à perícia médica do Instituto Nacional do Seguro Social.

§ 3º Se concedido novo benefício decorrente da mesma doença dentro de sessenta dias contados da cessação do benefício anterior, a empresa fica desobrigada do pagamento relativo aos quinze primeiros dias de afastamento, prorrogando-se o benefício anterior e descontando-se os dias trabalhados, se for o caso.

§ 4º Se o segurado empregado, por motivo de doença, afastar-se do trabalho durante quinze dias, retornando à atividade no décimo sexto dia, e se dela voltar a se afastar dentro de sessenta dias desse retorno, em decorrência da mesma doença, fará jus ao auxílio-doença a partir da data do novo afastamento.

§ 5º Na hipótese do § 4º, se o retorno à atividade tiver ocorrido antes de quinze dias do afastamento, o segurado fará jus ao auxílio-doença a partir do dia seguinte ao que completar aquele período.

JURISPRUDÊNCIAS
TRIBUNAL REGIONAL FEDERAL — 4ª REGIÃO

EMENTA: EXECUÇÃO FISCAL — EMBARGOS — INSS — LEI N. 3.807/60, ART. 25 — LEI N. 8.213/91, ART. 59 — DOENÇA — PRIMEIROS 15 DIAS DE AFASTAMENTO — PAGAMENTO

DA EMPRESA — NATUREZA SALARIAL — CONTRIBUIÇÃO AO INSS DEVIDA. 1 — Auxílio-doença é apenas aquela prestação a cargo da entidade previdenciária, devida a partir de quinze dias de incapacidade do segurado, nos termos do art. 59 da Lei n. 8.213/91 que reprisa o art. 25 da Lei n. 3.807, de 26 de agosto de 1960. 2 — Em certos casos em que não há trabalho por motivos independentes da vontade do empregado, o salário dos dias de repouso ou de inatividade é devido pelo empregador. É um traço peculiar ao contrato de trabalho, que o distingue claramente dos demais contratos de atividade. Essas prestações (sejam consideradas indenizatórias ou salariais) recebem da lei um tratamento jurídico idêntico ao salário. 3 — No caso em apreço, há expressa disposição legal estabelecendo que durante os primeiros 15 (quinze) dias consecutivos do afastamento da atividade por motivo de doença, incumbirá, à empresa, pagar ao segurado empregado o seu salário integral. Portanto, devida a exação. 4 — Honorários pela embargante, em 10% sobre o valor da causa. 5 — Apelação e remessa oficial providas. (*TRF 4ª R. — AC n. 2001.04.01.022592-8 — RS — 2ª T. — Rel. Juiz Federal Alcides Vettorazzi — DJU 26.2.2003*)

TRIBUNAL REGIONAL FEDERAL — 1ª REGIÃO

EMENTA: DIREITO TRABALHISTA, PREVIDENCIÁRIO E PROCESSUAL CIVIL — QUANTIA PAGA PELO EMPREGADOR AO EMPREGADO NOS PRIMEIROS 15 DIAS DE AFASTAMENTO POR MOTIVO DE DOENÇA — NATUREZA JURÍDICA — INCIDÊNCIA DA CONTRIBUIÇÃO PREVIDENCIÁRIA — AÇÃO DE REPETIÇÃO DE INDÉBITO. 1. A quantia paga pelo empregador ao seu empregado, correspondente aos primeiros 15 (quinze) dias consecutivos de afastamento do serviço por motivo de doença tem natureza salarial, e não do auxílio-doença definido em lei como benefício previdenciário, integrando o salário-de-contribuição, sujeito, portanto, à incidência da contribuição previdenciária (Lei n. 8.213/91, arts. 59 e 60, § 3º). 2. Na ação de repetição de indébito, constitui pressuposto inafastável do acolhimento do pedido a prova do pagamento indevido, não cabendo protrair essa prova para a fase de execução do julgado. 3 — Apelação do INSS provida. 4 — Apelação das autoras prejudicada. (*TRF1ª R. — AC n. 96.01.03095-6 — DF — 3ª T. — Rel. Juiz Antônio Ezequiel — Unânime — DJU 16.3.2001*)

TRIBUNAL REGIONAL DO TRABALHO — 15ª REGIÃO

EMENTA: ESTABILIDADE POR ACIDENTE DE TRABALHO — INOCORRÊNCIA DO AFASTAMENTO SUPERIOR A QUINZE DIAS — INVIABILIDADE. O benefício contemplado no art. 118 da Lei n. 8.213/91, que assegura ao trabalhador que sofreu acidente de trabalho garantia de emprego por doze meses, só é devida se houver a percepção de "auxílio acidentário", ou de prova de afastamento dos serviços por mais de quinze dias consecutivos ao do afastamento, em conseqüência do acidente. Inteligência do art. 60 *caput* da Lei n. 8.213/91 não deixa dúvida: "auxílio-doença será devido ao segurado empregado a contar do 16º (décimo sexto) dia do afastamento da atividade ...". É que, conforme o § 3º do mesmo art. 160, "durante os primeiros 15 (quinze) dias consecutivos ao do afastamento da atividade por motivo de doença incumbirá à empresa pagar ao segurado "empregado o seu salário integral" (grifei). Nos primeiros quinze dias, quando ocorre mera interrupção do contrato individual de trabalho, percebe o empregado salário e não "auxílio-doença acidentário", pois enquanto aquele tem natureza salarial e é pago diretamente pelo empregador, este tem natureza de benefício previdenciário, cuja responsabilidade pelo pagamento é do órgão segurador. É intuitivo que somente nos casos em que o empregado se afastar do serviço por mais de 15 dias, em razão de acidente de trabalho, ou quando perceber "auxílio-doença acidentário", terá garantia pela estabilidade acidentária. (*TRT 15ª R. — Proc. n. 31.764/95 — Ac. 2ª T. 29.885/97 — Rel. Juiz José Antônio Pancotti — DOESP 29.9.1997*)

TRIBUNAL REGIONAL DO TRABALHO — 9ª REGIÃO

EMENTA: 234/50 — ACIDENTE DE TRABALHO — ÔNUS DA PROVA — ESTABILIDADE PROVISÓRIA. Basta a prova de que o reclamante tenha direito ao afastamento por mais de quinze dias, em razão de doença ou incapacidade decorrente de acidente de trabalho, para lhe ser assegurado o direito à estabilidade. Isto porque, não pode o reclamante, hipossuficiente, ser penalizado pela ausência de concessão do auxílio-doença acidentário, decorrente da não comunicação pelo empregador ao INSS, conduta fraudulenta que não pode reverter em favor daquele que deixa de cumprir obrigação legal e se beneficiaria com a inocorrência da estabilidade do empregado pelo período de doze meses. Entretanto, a produção da prova deve ser robusta. Não se desvencilhando o reclamante do ônus que lhe competia, por representar fato constitutivo de seu direito, nos termos do art. 818 da CLT c/c. art. 333 do CPC, nega-se provimento ao recurso. (*TRT 9ª R. — 00542-2002-071-09-00-0(RO-12121-2002) — Ac. n. 10825/ 2003 — 3ª T. — Rel. Juiz Roberto Dala Barba — DJPR 23.5.2003*)

13.5. Auxílio-Doença em Duas Atividades

LEI N. 8.213, DE 24 DE JULHO DE 1991
PROMULGAÇÃO EM 24.7.1991
PUBLICAÇÃO NO DOU DE 25.7.1991
REPUBLICAÇÃO EM 14.8.1998

Art. 73. O auxílio-doença do segurado que exercer mais de uma atividade abrangida pela previdência social será devido mesmo no caso de incapacidade apenas para o exercício de uma delas, devendo a perícia médica ser conhecedora de todas as atividades que o mesmo estiver exercendo.

§ 1º Na hipótese deste artigo, o auxílio-doença será concedido em relação à atividade para a qual o segurado estiver incapacitado, considerando-se para efeito de carência somente as contribuições relativas a essa atividade.

§ 2º Se nas várias atividades o segurado exercer a mesma profissão, será exigido de imediato o afastamento de todas.

§ 3º Constatada, durante o recebimento do auxílio-doença concedido nos termos deste artigo, a incapacidade do segurado para cada uma das demais atividades, o valor do benefício deverá ser revisto com base nos respectivos salários-de-contribuição, observado o disposto nos incisos I a III do art. 72.

§ 4º Ocorrendo a hipótese do § 1º, o valor do auxílio-doença poderá ser inferior ao salário mínimo desde que somado às demais remunerações recebidas resultar valor superior a este.

13.6. Cessação dos Benefícios

LEI N. 8.213, DE 24 DE JULHO DE 1991
PROMULGAÇÃO EM 24.7.1991
PUBLICAÇÃO NO DOU DE 25.7.1991
REPUBLICAÇÃO EM 14.8.1998

Art. 78. O auxílio-doença cessa pela recuperação da capacidade para o trabalho, pela transformação em aposentadoria por invalidez ou auxílio-acidente de qualquer natureza, neste caso se resultar seqüela que implique redução da capacidade para o trabalho que habitualmente exerce.

Capítulo 14

PROTEÇÃO DO TRABALHO DA MULHER

14.1. Horário de Trabalho

CONSOLIDAÇÃO DAS LEIS DO TRABALHO — CLT

Art. 58. A duração normal do trabalho, para os empregados em qualquer atividade privada, não excederá de 8 (oito) horas diárias, desde que não seja fixado expressamente outro limite.

Art. 59. A duração normal do trabalho poderá ser acrescida de horas suplementares, em número não excedente de 2 (duas), mediante acordo escrito entre empregador e empregado, ou mediante contrato coletivo de trabalho.

§ 1º Do acordo ou do contrato coletivo de trabalho deverá constar, obrigatoriamente, a importância da remuneração da hora suplementar, que será, pelo menos, 50% (cinqüenta por cento) superior à da hora normal.

§ 2º Poderá ser dispensado o acréscimo de salário se, por força de acordo ou convenção coletiva de trabalho, o excesso de horas em um dia for compensado pela correspondente diminuição em outro dia, de maneira que não exceda, no período máximo de um ano, à soma das jornadas semanais de trabalho previstas, nem seja ultrapassado o limite máximo de dez horas diárias.

§ 3º Na hipótese de rescisão do contrato de trabalho sem que tenha havido a compensação integral da jornada extraordinária, na forma do parágrafo anterior, fará o trabalhador jus ao pagamento das horas extras não compensadas, calculadas sobre o valor da remuneração na data da rescisão.

§ 4º Os empregados sob o regime de tempo parcial não poderão prestar horas extras.

Art. 73. Salvo nos casos de revezamento semanal ou quinzenal, o trabalho noturno terá remuneração superior à do diurno e, para esse efeito, sua remuneração terá um acréscimo de 20% (vinte por cento), pelo menos, sobre a hora diurna.

§ 1º A hora do trabalho noturno será computada como de 52 (cinqüenta e dois) minutos e 30 (trinta) segundos.

§ 2º Considera-se noturno, para os efeitos deste artigo, o trabalho executado entre as 22 (vinte e duas) horas de um dia e as 5 (cinco) horas do dia seguinte.

§ 3º O acréscimo a que se refere o presente artigo, em se tratando de empresas que não mantêm, pela natureza de suas atividades, trabalho noturno habitual, será feito tendo em vista os quantitativos pagos por trabalhos diurnos de natureza semelhante. Em relação às empresas cujo trabalho noturno decorra da natureza de suas atividades, o aumento será calculado sobre o salário mínimo geral vigente na região, não sendo devido quando exceder desse limite, já acrescido da percentagem.

§ 4º Nos horários mistos, assim entendidos os que abrangem períodos diurnos e noturnos, aplica-se às horas de trabalho noturno o disposto neste artigo e seus parágrafos.

§ 5º Às prorrogações do trabalho noturno aplica-se o disposto neste Capítulo.

Art. 390. Ao empregador é vedado empregar a mulher em serviço que demande o emprego de força muscular superior a 20 (vinte) quilos, para o trabalho contínuo, ou 25 (vinte e cinco) quilos, para o trabalho ocasional.

Parágrafo único. Não está compreendida na determinação deste artigo a remoção de material feito por impulsão ou tração de vagonetes sobre trilhos, de carros de mão ou quaisquer aparelhos mecânicos.

14.3. Proteção à Maternidade

CONSTITUIÇÃO FEDERAL

Art. 7º São direitos dos trabalhadores urbanos e rurais, além de outros que visem à melhoria de sua condição social:

XVIII — licença à gestante, sem prejuízo do emprego e do salário, com a duração de cento e vinte dias;

CONSOLIDAÇÃO DAS LEIS DO TRABALHO — CLT

Art. 391. Não constitui justo motivo para a rescisão do contrato de trabalho da mulher o fato de haver contraído matrimônio ou de encontrar-se em estado de gravidez.

Parágrafo único. Não são permitidos em regulamentos de qualquer natureza, convenções coletivas ou contratos individuais de trabalho, restrições ao direito da mulher ao seu emprego, por motivo de casamento ou de gravidez.

Art. 392. ....

§ 1º Para os fins previstos neste artigo, o início do afastamento da empregada de seu trabalho será determinado por atestado médico nos termos do art. 375, o qual deverá ser visado pela empresa.

§ 2º Em casos excepcionais, os períodos de repouso antes e depois do parto poderão ser aumentados em mais 2 (duas) semanas cada um, mediante atestado médico, na forma do § 1º.

Art. 393. Durante o período a que se refere o art. 392, a mulher terá direito ao salário integral e, quando variável, calculado de acordo com a média dos 6 (seis) últimos meses de trabalho, bem como os direitos e vantagens adquiridos, sendo-lhe ainda facultado reverter à função que anteriormente ocupava.

Art. 395. Em caso de aborto não criminoso, comprovado por atestado médico oficial, a mulher terá um repouso remunerado de 2 (duas) semanas, ficando-lhe assegurado o direito de retornar à função que ocupava antes de seu afastamento.

Art. 396. Para amamentar o próprio filho, até que este complete 6 (seis) meses de idade, a mulher terá direito, durante a jornada de trabalho, a dois descansos especiais, de meia hora cada um.

Parágrafo único. Quando o exigir a saúde do filho, o período de 6 (seis) meses poderá ser dilatado, a critério da autoridade competente.

14.4. Estabilidade Provisória da Gestante

CONSTITUIÇÃO FEDERAL
ATO DAS DISPOSIÇÕES CONSTITUCIONAIS TRANSITÓRIAS

Art. 10. Até que seja promulgada a lei complementar a que se refere o art. 7º, I, da Constituição:

II — fica vedada a dispensa arbitrária ou sem justa causa:

b) da empregada gestante, desde a confirmação da gravidez até cinco meses após o parto.

SÚMULA DO TST

Súmula n. 244/TST: GESTANTE. ESTABILIDADE PROVISÓRIA.

I — O desconhecimento do estado gravídico pelo empregador não afasta o direito ao pagamento da indenização decorrente da estabilidade (art. 10, II, "b" do ADCT).

II — A garantia de emprego à gestante só autoriza a reintegração se esta se der durante o período de estabilidade. Do contrário, a garantia restringe-se aos salários e demais direitos correspondentes ao período de estabilidade.

III — Não há direito da empregada gestante à estabilidade provisória na hipótese de admissão mediante contrato de experiência, visto que a extinção da relação de emprego, em face do término do prazo, não constitui dispensa arbitrária ou sem justa causa.

JURISPRUDÊNCIAS
TRIBUNAL REGIONAL DO TRABALHO — 12ª REGIÃO

EMENTA: GESTANTE. GARANTIA DE EMPREGO. CONTRATO A TERMO. A estabilidade provisória instituída constitucionalmente tem por escopo obstar a dispensa arbitrária ou sem justa causa em face do estado gravídico da obreira. A garantia prevista no art. 10, inc. II, alínea "b", do ADCT não se estende aos contratos a termo porque nestes não há dispensa, mas tão-somente extinção normal do pacto. (*TRT 12ª R. — RO-V n. 01111-2002-020-12-00-2 — Ac. 3ª T. 10727/03, 07.10.03. Proc. Unânime. Relª Juíza Lourdes Dreyer — DJSC 7.11.2003, p.193*)

TRIBUNAL SUPERIOR DO TRABALHO

EMENTA: RECURSO DE REVISTA — ESTABILIDADE DA GESTANTE — CIÊNCIA DO SEU ESTADO GRAVÍDICO ANTES DO TÉRMINO DO PACTO LABORAL. A circunstância de a empregada não ter ciência do seu estado gravídico antes do término do pacto laboral não interfere na existência do direito à estabilidade gestante. A intenção do constituinte foi preservar, além de tudo, as condições de sobrevivência do nascituro. O art. 10, II, "b", do ADCT não contém menção ao conhecimento, pelo empregador ou pela empregada, do estado gravídico como pré-requisito para o alcance da estabilidade provisória, salvo quando há previsão a respeito em norma coletiva, sendo suficiente a confirmação da gravidez quando da ruptura do pacto laboral. Entretanto, embora se reconheça à reclamante o direito à garantia do emprego, ainda que o empregador não tivesse ciência do estado gravídico, com base na teoria da responsabilidade objetiva; de acordo com a jurisprudência consagrada, não se lhe reconhece, no entanto, o direito aos salários dos meses que antecederam o ajuizamento da ação. Recurso de revista conhecido e parcialmente provido. HORAS EXTRAS — INTEGRAÇÃO DAS COMISSÕES NA BASE DE CÁLCULO. Os arestos transcritos à comprovação de divergência jurisprudencial não se prestam ao confronto, ou porque oriundo do egrégio STJ (óbice da alínea "a" do art. 896 da CLT), ou porque inespecífico (Enunciado n. 296 do TST). De outra parte, não se vislumbra as alegadas violações legais, vez que o egrégio Tribunal Regional decidiu dentro dos limites da lide. Recurso de revista não conhecido. AVISO PRÉVIO PROPORCIONAL. Decisão regional proferida em consonância com o disposto na Orientação Jurisprudencial n. 84 da SBDI-1 do TST que dispõe: "a proporcionalidade do aviso prévio, com base no tempo de serviço, depende da legislação regulamentadora, posto que o art. 7º, XXI, da Constituição da República não é auto-aplicável." Incidência do Enunciado n. 333 do TST e do § 4º do art. 896 da CLT. Recurso de revista não conhecido. HONORÁRIOS ADVOCATÍCIOS. Recurso de revista fundamentado na transcrição de um julgado que se encontra superado pelo disposto nos Enunciados ns. 219 e 329 do TST. Recurso de revista não conhecido. (*TST — RR n. 480.750/1998.3 — 2ªT. — Rel. Min. Renato de Lacerda Paiva — DJU 4.4.2003*)

EMENTA: RECURSO DE REVISTA — GESTANTE — ESTABILIDADE PROVISÓRIA. Nos termos da Orientação Jurisprudencial n. 88 da SBDI-1, o desconhecimento do estado gravídico pelo empregador, salvo previsão contrária em norma coletiva, não afasta o direito ao pagamento da indenização decorrente da estabilidade (art. 10, II, "b", ADCT). E, ainda, de acordo com o Enunciado n. 244 do TST: "Gestante — Garantia de emprego — A garantia de emprego à gestante não autoriza a reintegração, assegurando-lhe apenas o direito a salários e vantagens correspondentes ao período e seus reflexos." Recurso de Revista parcialmente conhecido e provido. (*TST — RR n. 464.107/1998.4 — 5ª T. — Rel. Juiz Conv. Walmir Oliveira da Costa — DJU 13.12.2002*)

EMENTA: GESTANTE — ESTABILIDADE PROVISÓRIA. O fato de o empregador desconhecer o estado gravídico de sua empregada, quando a despede imotivadamente, não o desonera dos encargos trabalhistas. Inteligência do art. 10, II , "a", do ADCT . Recurso de embargos não conhecido. (*TST — E-RR n. 471.096/1998.4 — SBDI-1 — Rel. Min. Milton De Moura França — DJU 7.2.2003*)

14.5. Assistência aos Filhos e Dependentes
CONSTITUIÇÃO FEDERAL

Art. 7º São direitos dos trabalhadores urbanos e rurais, além de outros que visem à melhoria de sua condição social:

XXV — assistência gratuita aos filhos e dependentes desde o nascimento até seis anos de idade em creches e pré-escolas;

14.6. Proteção do Mercado de Trabalho
CONSTITUIÇÃO FEDERAL

Art. 7º São direitos dos trabalhadores urbanos e rurais, além de outros que visem à melhoria de sua condição social:

XX — proteção do mercado de trabalho da mulher, mediante incentivos específicos, nos termos da lei.

Capítulo 15

SALÁRIO-MATERNIDADE

CONSOLIDAÇÃO DAS LEIS DO TRABALHO — CLT

Art. 395. Em caso de aborto não criminoso, comprovado por atestado médico oficial, a mulher terá um repouso remunerado de 2 (duas) semanas, ficando-lhe assegurado o direito de retornar à função que ocupava antes de seu afastamento.

15.1. 120 Dias de Licença-Gestante

LEI N. 8.213, DE 24 DE JULHO DE 1991

Art. 71. O salário-maternidade é devido à segurada da Previdência Social, durante 120 (cento e vinte) dias, com início no período entre 28 (vinte e oito) dias antes do parto e a data de ocorrência deste, observadas as situações e condições previstas na legislação no que concerne à proteção à maternidade.

Art. 71-A. À segurada da Previdência Social que adotar ou obtiver guarda judicial para fins de adoção de criança é devido salário-maternidade pelo período de 120 (cento e vinte) dias, se a criança tiver até 1 (um) ano de idade, de 60 (sessenta) dias, se a criança tiver entre 1 (um) e 4 (quatro) anos de idade, e de 30 (trinta) dias, se a criança tiver de 4 (quatro) a 8 (oito) anos de idade.

Parágrafo único. O salário-maternidade de que trata este artigo será pago diretamente pela Previdência Social.

DECRETO-LEI N. 3.048, DE 06 DE MAIO DE 1999

Art. 93. O salário-maternidade é devido à segurada da previdência social, durante cento e vinte dias, com início vinte e oito dias antes e término noventa e um dias depois do parto, podendo ser prorrogado na forma prevista no § 3º.

§ 1º Para a segurada empregada, inclusive a doméstica, observar-se-á, no que couber, as situações e condições previstas na legislação trabalhista relativas à proteção à maternidade.

§ 2º Será devido o salário-maternidade à segurada especial, desde que comprove o exercício de atividade rural nos últimos dez meses imediatamente anteriores à data do parto ou do requerimento do benefício, quando requerido antes do parto, mesmo que de forma descontínua, aplicando-se, quando for o caso, o disposto no parágrafo único do art. 29.

§ 3º Em casos excepcionais, os períodos de repouso anterior e posterior ao parto podem ser aumentados de mais duas semanas, mediante atestado médico específico.

§ 4º Em caso de parto antecipado ou não, a segurada tem direito aos cento e vinte dias previstos neste artigo.

§ 5º Em caso de aborto não criminoso, comprovado mediante atestado médico, a segurada terá direito ao salário-maternidade correspondente a duas semanas.

Art. 93-A. O salário-maternidade é devido à segurada da Previdência Social que adotar ou obtiver guarda judicial para fins de adoção de criança com idade:

I — até um ano completo, por cento e vinte dias;

II — a partir de um ano até quatro anos completos, por sessenta dias; ou

III — a partir de quatro anos até completar oito anos, por trinta dias.

§ 1º O salário-maternidade é devido à segurada independentemente de a mãe biológica ter recebido o mesmo benefício quando do nascimento da criança.

§ 2º O salário-maternidade não é devido quando o termo de guarda não contiver a observação de que é para fins de adoção ou só contiver o nome do cônjuge ou companheiro.

§ 3º Para a concessão do salário-maternidade é indispensável que conste da nova certidão de nascimento da criança, ou do termo de guarda, o nome da segurada adotante ou guardiã, bem como, deste último, tratar-se de guarda para fins de adoção.

§ 4º Quando houver adoção ou guarda judicial para adoção de mais de uma criança, é devido um único salário-maternidade relativo à criança de menor idade, observado o disposto no art. 98.

§ 5º A renda mensal do salário-maternidade é calculada na forma do disposto nos arts. 94, 100 ou 101, de acordo com a forma de contribuição da segurada à Previdência Social.

§ 6º O salário-maternidade de que trata este artigo é pago diretamente pela previdência social.

JURISPRUDÊNCIAS
TRIBUNAL REGIONAL DO TRABALHO — 12ª REGIÃO

EMENTA: SALÁRIO-MATERNIDADE. NATUREZA SALARIAL. A teor do § 12 do art. 214 do Decreto n. 3.048/99, "o valor pago à empregada gestante, inclusive à doméstica, em função do disposto na alínea 'b' do inc. II do art. 10 do Ato das Disposições Constitucionais Transitórias da Constituição Federal, integra o salário de contribuição, excluídos os casos de conversão em indenização previstos nos arts. 496 e 497 da Consolidação das Leis do Trabalho". (*TRT 12ª R. — RO-V n. 03802-2002-035-12-00-0 — Ac. 1ª T. 01846/03 — Relª Juíza Licélia Ribeiro — DJSC 21.2.2003, p.162*)

TRIBUNAL SUPERIOR DO TRABALHO

EMENTA: Gestante — Salário-Maternidade — É devido o salário-maternidade, de 120 dias, desde a promulgação da CF/88, ficando a cargo do empregador o pagamento do período acrescido pela Carta. (*Orientação Jurisprudencial 44 da SBDI-1 do TST*)

15.2. Valor do Salário-Maternidade

LEI N. 8.213, DE 24 DE JULHO DE 1991

Art. 72. O salário-maternidade para a segurada empregada ou trabalhadora avulsa consistirá numa renda mensal igual a sua remuneração integral.

§ 1º Cabe à empresa pagar o salário-maternidade devido à respectiva empregada gestante, efetivando-se a compensação, observado o disposto no art. 248 da Constituição Federal, quando do recolhimento das contribuições incidentes sobre a folha de salários e demais rendimentos pagos ou creditados, a qualquer título, à pessoa física que lhe preste serviço.

§ 2º A empresa deverá conservar durante 10 (dez) anos os comprovantes dos pagamentos e os atestados correspondentes para exame pela fiscalização da Previdência Social.

§ 3º O salário-maternidade devido à trabalhadora avulsa será pago diretamente pela Previdência Social.

Art. 73. Assegurado o valor de um salário mínimo, o salário-maternidade para as demais seguradas, pago diretamente pela Previdência Social, consistirá:

I — em um valor correspondente ao do seu último salário-de-contribuição, para a segurada empregada doméstica;

II — em um doze avos do valor sobre o qual incidiu sua última contribuição anual, para a segurada especial;

III — em um doze avos da soma dos doze últimos salários-de-contribuição, apurados em um período não superior a quinze meses, para as demais seguradas.

DECRETO-LEI N. 3.048, DE 6 DE MAIO DE 1999

Art. 94. O salário-maternidade para a segurada empregada consiste numa renda mensal igual à sua remuneração integral e será pago pela empresa, efetivando-se a compensação, observado o disposto no art. 248 da Constituição, quando do recolhimento das contribuições incidentes sobre a folha de salários e demais rendimentos pagos ou creditados, a qualquer título, à pessoa física que lhe preste serviço, devendo aplicar-se à renda mensal do benefício o disposto no art. 198.

§ 3º A empregada deve dar quitação à empresa dos recolhimentos mensais do salário-maternidade na própria folha de pagamento ou por outra forma admitida, de modo que a quitação fique plena e claramente caracterizada.

§ 4º A empresa deve conservar, durante dez anos, os comprovantes dos pagamentos e os atestados ou certidões correspondentes para exame pela fiscalização do INSS, conforme o disposto no § 7º do art. 225.

Art. 97. O salário-maternidade da segurada empregada será devido pela previdência social enquanto existir relação de emprego, observadas as regras quanto ao pagamento desse benefício pela empresa.

Parágrafo único. Durante o período de graça a que se refere o art. 13, a segurada desempregada fará jus ao recebimento do salário-maternidade nos casos de demissão antes da gravidez, ou, durante a gestação, nas hipóteses de dispensa por justa causa ou a pedido, situações em que o benefício será pago diretamente pela previdência social.

Art. 98. No caso de empregos concomitantes, a segurada fará jus ao salário-maternidade relativo a cada emprego.

Art. 99. Nos meses de início e término do salário-maternidade da segurada empregada, o salário-maternidade será proporcional aos dias de afastamento do trabalho.

Art. 100. O salário-maternidade da segurada trabalhadora avulsa, pago diretamente pela previdência social, consiste numa renda mensal igual à sua remuneração integral equivalente a um mês de trabalho, devendo aplicar-se à renda mensal do benefício o disposto no art. 198.

Art. 101. O salário-maternidade, observado o disposto nos arts. 35 e 198 ou 199, pago diretamente pela previdência social, consistirá:

I — em valor correspondente ao do seu último salário-de-contribuição, para a segurada empregada doméstica;

II — em um salário mínimo, para a segurada especial;

III — em um doze avos da soma dos doze últimos salários-de-contribuição, apurados em período não superior a quinze meses, para as seguradas contribuinte individual, facultativa e para as que mantenham a qualidade de segurada na forma do art. 13.

§ 3º O documento comprobatório para requerimento do salário-maternidade da segurada que mantenha esta qualidade é a certidão de nascimento do filho, exceto nos casos de aborto espontâneo, quando deverá ser apresentado atestado médico, e no de adoção ou guarda para fins de adoção, casos em que serão observadas as regras do art. 93-A, devendo o evento gerador do benefício ocorrer, em qualquer hipótese, dentro do período previsto no art. 13.

Art. 102. O salário-maternidade não pode ser acumulado com benefício por incapacidade.

Parágrafo único. Quando ocorrer incapacidade em concomitância com o período de pagamento do salário-maternidade, o benefício por incapacidade, conforme o caso, deverá ser suspenso enquanto perdurar o referido pagamento, ou terá sua data de início adiada para o primeiro dia seguinte ao término do período de cento e vinte dias.

Art. 103. A segurada aposentada que retornar à atividade fará jus ao pagamento do salário-maternidade, de acordo com o disposto no art. 93.

15.3. Exames e Atestados Médicos
DECRETO-LEI N. 3.048, DE 06 DE MAIO DE 1999

Art. 95. Compete à interessada instruir o requerimento do salário-maternidade com os atestados médicos necessários.

Parágrafo único. Quando o benefício for requerido após o parto, o documento comprobatório é a Certidão de Nascimento, podendo, no caso de dúvida, a segurada ser submetida à avaliação pericial junto ao Instituto Nacional do Seguro Social.

Art. 96. O início do afastamento do trabalho da segurada empregada será determinado com base em atestado médico ou certidão de nascimento do filho.

Capítulo 16

SALÁRIO-FAMÍLA

16.1. Quem tem Direito ao Salário-Família

DECRETO-LEI N. 3.048, DE 6 DE MAIO DE 1999
PROMULGAÇÃO EM 6.5.1999
PUBLICAÇÃO NO DOU DE 7.5.1999
REPUBLICAÇÃO EM 12.5.1999

Art. 81. O salário-família será devido, mensalmente, ao segurado empregado, exceto o doméstico, e ao trabalhador avulso que tenham salário-de-contribuição inferior ou igual a R$ 360,00 (trezentos e sessenta reais), na proporção do respectivo número de filhos ou equiparados, nos termos do art. 16, observado o disposto no art. 83.

Art. 82. O salário-família será pago mensalmente:

I — ao empregado, pela empresa, com o respectivo salário, e ao trabalhador avulso, pelo sindicato ou órgão gestor de mão-de-obra, mediante convênio;

II — ao empregado e trabalhador avulso aposentados por invalidez ou em gozo de auxílio-doença, pelo Instituto Nacional do Seguro Social, juntamente com o benefício;

III — ao trabalhador rural aposentado por idade aos sessenta anos, se do sexo masculino, ou cinqüenta e cinco anos, se do sexo feminino, pelo Instituto Nacional do Seguro Social, juntamente com a aposentadoria; e

IV — aos demais empregados e trabalhadores avulsos aposentados aos sessenta e cinco anos de idade, se do sexo masculino, ou sessenta anos, se do sexo feminino, pelo Instituto Nacional do Seguro Social, juntamente com a aposentadoria.

§ 1º No caso do inciso I, quando o salário do empregado não for mensal, o salário-família será pago juntamente com o último pagamento relativo ao mês.

§ 2º O salário-família do trabalhador avulso independe do número de dias trabalhados no mês, devendo o seu pagamento corresponder ao valor integral da cota.

§ 3º Quando o pai e a mãe são segurados empregados ou trabalhadores avulsos, ambos têm direito ao salário-família.

§ 4º As cotas do salário-família, pagas pela empresa, deverão ser deduzidas quando do recolhimento das contribuições sobre a folha de salário.

Art. 83. A partir de 1º de maio de 2004, o valor da cota do salário-família por filho ou equiparado de qualquer condição, até quatorze anos de idade ou inválido, é de:

I — R$ 20,00 (vinte reais), para o segurado com remuneração mensal não superior a R$ 390,00 (trezentos e noventa reais); e

II — R$ 14,09 (quatorze reais e nove centavos), para o segurado com remuneração mensal superior a R$ 390,00 (trezentos e noventa reais) e igual ou inferior a R$ 586,19 (quinhentos e oitenta e seis reais e dezenove centavos).

Art. 87. Tendo havido divórcio, separação judicial ou de fato dos pais, ou em caso de abandono legalmente caracterizado ou perda do pátrio poder, o salário-família passará a ser pago diretamente àquele a cujo cargo ficar o sustento do menor, ou a outra pessoa, se houver determinação judicial nesse sentido.

16.2. Pagamento do Salário-Família

DECRETO-LEI N. 3.048, DE 6 DE MAIO DE 1999
PROMULGAÇÃO EM 6.5.1999
PUBLICAÇÃO NO DOU DE 7.5.1999
REPUBLICAÇÃO EM 12.5.1999

Art. 91. O empregado deve dar quitação à empresa, sindicato ou órgão gestor de mão-de-obra de cada recebimento mensal do salário-família, na própria folha de pagamento ou por outra forma admitida, de modo que a quitação fique plena e claramente caracterizada.

16.3. Valor e Início do Pagamento

DECRETO-LEI N. 3.048, DE 6 DE MAIO DE 1999
PROMULGAÇÃO EM 6.5.1999
PUBLICAÇÃO NO DOU DE 7.5.1999
REPUBLICAÇÃO EM 12.5.1999

Art. 84. O pagamento do salário-família será devido a partir da data da apresentação da certidão de nascimento do filho ou da documentação relativa ao equiparado, estando condicionado à apresentação anual de atestado de vacinação obrigatória, até seis anos de idade, e de comprovação semestral de freqüência à escola do filho ou equiparado, a partir dos sete anos de idade.

§ 1º A empresa deverá conservar, durante dez anos, os comprovantes dos pagamentos e as cópias das certidões correspondentes, para exame pela fiscalização do Instituto Nacional do Seguro Social, conforme o disposto no § 7º do art. 225.

§ 2º Se o segurado não apresentar o atestado de vacinação obrigatória e a comprovação de freqüência escolar do filho ou equiparado, nas datas definidas pelo Instituto Nacional do Seguro Social, o benefício do salário-família será suspenso, até que a documentação seja apresentada.

§ 3º Não é devido salário-família no período entre a suspensão do benefício motivada pela falta de comprovação da freqüência escolar e o seu reativamento, salvo se provada a freqüência escolar regular no período.

§ 4º A comprovação de freqüência escolar será feita mediante apresentação de documento emitido pela escola, na forma de legislação própria, em nome do aluno, onde consta o registro de freqüência regular ou de atestado do estabelecimento de ensino, comprovando a regularidade da matrícula e freqüência escolar do aluno.

Art. 85. A invalidez do filho ou equiparado maior de quatorze anos de idade deve ser verificada em exame médico-pericial a cargo da previdência social.

Art. 86. O salário-família correspondente ao mês de afastamento do trabalho será pago integralmente pela empresa, pelo sindicato ou órgão gestor de mão-de-obra, conforme o caso, e o do mês da cessação de benefício pelo Instituto Nacional do Seguro Social.

JURISPRUDÊNCIA
TRIBUNAL SUPERIOR DO TRABALHO — 15ª REGIÃO

EMENTA: 215/106 — SALÁRIO-FAMÍLIA — INICIATIVA DO EMPREGADO — O salário-família é benefício assegurado pela Previdência Social ao empregado que tenha prole. Assim, implementa a condição para percepção da referida vantagem, o obreiro que comprovar documentalmente nascimento de filho, perante o empregador. Destarte, a iniciativa para a concessão do direito deve partir do empregado, pois o empregador não tem interesse em sonegar a prestação, visto que o encargo é da Previdência Social. A postulação obreira nesse sentido, só teria lugar se restasse comprovada não só a entrega da documentação pertinente, mas também a recusa do empregador em oferecer o benefício. (*TRT 15ª R. — Proc. n. 37331/00 — Ac. n. 35039/01 — 5ª T. — Rel. Juiz Nildemar da Silva Ramos — DOESP 6.8.2001*)

16.4. Quando cessa o Direito

> ***DECRETO-LEI N. 3.048, DE 6 DE MAIO DE 1999***
> ***PROMULGAÇÃO EM 6.5.1999***
> ***PUBLICAÇÃO NO DOU DE 7.5.1999***
> ***REPUBLICAÇÃO EM 12.5.1999***

Art. 88. O direito ao salário-família cessa automaticamente:

I — por morte do filho ou equiparado, a contar do mês seguinte ao do óbito;

II — quando o filho ou equiparado completar quatorze anos de idade, salvo se inválido, a contar do mês seguinte ao da data do aniversário;

III — pela recuperação da capacidade do filho ou equiparado inválido, a contar do mês seguinte ao da cessação da incapacidade; ou

IV — pelo desemprego do segurado.

16.5. Providência para a Manutenção

> ***DECRETO-LEI N. 3.048, DE 6 DE MAIO DE 1999***
> ***PROMULGAÇÃO EM 6.5.1999***
> ***PUBLICAÇÃO NO DOU DE 7.5.1999***
> ***REPUBLICAÇÃO EM 12.5.1999***

Art. 89. Para efeito de concessão e manutenção do salário-família, o segurado deve firmar termo de responsabilidade, no qual se comprometa a comunicar à empresa ou ao Instituto Nacional do Seguro Social qualquer fato ou circunstância que determine a perda do direito ao benefício, ficando sujeito, em caso do não cumprimento, às sanções penais e trabalhistas.

Art. 90. A falta de comunicação oportuna de fato que implique cessação do salário-família, bem como a prática, pelo empregado, de fraude de qualquer natureza para o seu recebimento, autoriza a empresa, o Instituto Nacional do Seguro Social, o sindicato ou órgão gestor de mão-de-obra, conforme o caso, a descontar dos pagamentos de cotas devidas com relação a outros filhos ou, na falta delas, do próprio salário do empregado ou da renda mensal do seu benefício, o valor das cotas indevidamente recebidas, sem prejuízo das sanções penais cabíveis, observado o disposto no § 2º do art. 154.

Art. 91. O empregado deve dar quitação à empresa, sindicato ou órgão gestor de mão-de-obra de cada recebimento mensal do salário-família, na própria folha de pagamento ou por outra forma admitida, de modo que a quitação fique plena e claramente caracterizada.

Art. 92. As cotas do salário-família não serão incorporadas, para qualquer efeito, ao salário ou ao benefício.

Capítulo 17

PROTEÇÃO DO TRABALHO DO MENOR

17.1. Idade Mínima para o Trabalho

CONSTITUIÇÃO FEDERAL

Art. 7º São direitos dos trabalhadores urbanos e rurais, além de outros que visem à melhoria de sua condição social:

XXXIII — proibição de trabalho noturno, perigoso ou insalubre a menores de dezoito e de qualquer trabalho a menores de dezesseis anos, salvo na condição de aprendiz, a partir de quatorze anos; (Redação dada ao inciso pela Emenda Constitucional n. 20/98, DOU 16.12.1998)

CONSOLIDAÇÃO DAS LEIS DO TRABALHO — CLT

Art. 404. Ao menor de 18 anos é vedado o trabalho noturno, considerado este o que for executado no período compreendido entre as 22 (vinte e duas) horas e as 5 (cinco) horas.

17.2. Mudança de Função

CONSOLIDAÇÃO DAS LEIS DO TRABALHO — CLT

Art. 407. Verificado pela autoridade competente que o trabalho executado pelo menor é prejudicial à sua saúde, ao seu desenvolvimento físico ou à sua moralidade, poderá ela obrigá-lo a abandonar o serviço, devendo a respectiva empresa, quando for o caso, proporcionar ao menor todas as facilidades para mudar de funções.

Parágrafo único. Quando a empresa não tomar as medidas possíveis e recomendadas pela autoridade competente para que o menor mude de função, configurar-se-á rescisão do contrato de trabalho, na forma do art. 483.

Art. 408. Ao responsável legal do menor é facultado pleitear a extinção do contrato de trabalho, desde que o serviço possa acarretar para ele prejuízo de ordem física ou moral.

17.3. Outras Obrigações do Empregador

CONSOLIDAÇÃO DAS LEIS DO TRABALHO — CLT

Art. 134. ....

§ 2º Aos menores de 18 (dezoito) anos e aos maiores de 50 (cinqüenta) anos de idade, as férias são sempre concedidas de uma só vez.

Art. 136. ....

§ 2º O empregado estudante, menor de 18 (dezoito) anos, terá direito a fazer coincidir suas férias com as férias escolares.

Art. 425. Os empregadores de menores de 18 anos são obrigados a velar pela observância, nos seus estabelecimentos ou empresas, dos bons costumes e da decência pública, bem como das regras de higiene e medicina do trabalho.

Art. 427. O empregador, cuja empresa ou estabelecimento ocupar menores, será obrigado a conceder-lhes o tempo que for necessário para a freqüência às aulas.

17.4. Nos Documentos, a Assinatura do Pai

CONSOLIDAÇÃO DAS LEIS DO TRABALHO — CLT

Art. 439. É lícito ao menor firmar recibo pelo pagamento dos salários. Tratando-se, porém, de rescisão do contrato de trabalho, é vedado ao menor de 18 (dezoito) anos dar, sem assistência dos seus responsáveis legais, quitação ao empregador pelo recebimento da indenização que lhe for devida.

Art. 440. Contra os menores de 18 (dezoito) anos não corre nenhum prazo de prescrição.

Capítulo 18

JUSTA CAUSA

CONSOLIDAÇÃO DAS LEIS DO TRABALHO — CLT

Art. 482. Constituem justa causa para rescisão do contrato de trabalho pelo empregador:

a) ato de improbidade;

b) incontinência de conduta ou mau procedimento;

c) negociação habitual por conta própria ou alheia sem permissão do empregador e quando constituir ato de concorrência à empresa para a qual trabalha o empregado, ou for prejudicial ao serviço;

d) condenação criminal do empregado, passada em julgado, caso não tenha havido suspensão da execução penal;

e) desídia no desempenho das respectivas funções;

f) embriaguez habitual ou em serviço;

g) violação de segredo da empresa;

h) ato de indisciplina ou de insubordinação;

i) abandono de emprego;

j) ato lesivo da honra ou da boa fama praticado no serviço contra qualquer pessoa, ou ofensas físicas, nas mesmas condições, salvo em caso de legítima defesa, própria ou de outrem;

k) ato lesivo da honra e da boa fama ou ofensas físicas praticadas contra o empregador e superiores hierárquicos, salvo em caso de legítima defesa, própria ou de outrem;

l) prática constante de jogos de azar.

Parágrafo único. Constitui igualmente justa causa para dispensa de empregado a prática, devidamente comprovada em inquérito administrativo, de atos atentatórios à segurança nacional.

18.2 — Ato de Improbidade (Alínea "a")

JURISPRUDÊNCIAS
TRIBUNAL REGIONAL DO TRABALHO — 3ª REGIÃO

EMENTA: JUSTA CAUSA. ATO DE IMPROBIDADE. Pratica ato de improbidade o empregado que viola um dever geral de conduta ou age de forma desonesta em relação ao seu emprego, isto é, comete um ato comissivo ou omissivo e provoca o rompimento instantâneo do vínculo de confiança mínimo que há de se ter presente no seu contrato, o que torna dispensável falar-se em observação da gradação da pena, dada a impossibilidade de continuação do liame empregatício. (*TRT 3ª R., 00639-2006-005-03-00-4 RO, 5ª T., Rel. Juiz Convocado Emerson José Alves Lage, DJMG, 19.5.2007*)

EMENTA: JUSTA CAUSA — ATO DE IMPROBIDADE. Apropriação de valores que compõem o patrimônio do empregador, através de procedimentos escusos consubstanciados em maquiagem dos documentos financeiros de que obteve guarda e acesso livre em razão do ofício, mesclada às despesas próprias cobertas com lastro da empresa, tudo apto a configurar ato de improbidade, conforme delineado no art. 482, alínea "a" da CLT. (*TRT 3ª R., 01443-2006-084-03-00-9 RO, 6ª T., Rel. Juiz Convocado João Bosco Pinto Lara, DJMG, 26.4.2007*)

TRIBUNAL REGIONAL DO TRABALHO — 15ª REGIÃO

EMENTA: JUSTA CAUSA — IMPROBIDADE — CARACTERIZAÇÃO. A alteração culposa de dados com o fito de beneficiar-se, implica em ato de improbidade, justificador da resilição contratual por justa causa — art. 482, letra "a" da CLT. (*TRT 15ª R., 01222-2002-066-15-00-0 ROPS, Rel. Juiz Luiz Antonio Lazarim*)

TRIBUNAL REGIONAL DO TRABALHO — 2ª REGIÃO

EMENTA: JUSTA CAUSA — IMPROBIDADE. Constitui ato de improbidade o empregado requerer e receber vale-transporte quando ia trabalhar de motocicleta. O ato desonesto do reclamante abala a confiança existente na relação de emprego, além de fazer com que o empregador tenha de pagar parte do vale-transporte. (*TRT2ªR. — RO n. 02458200247102002 — Ac. 10ª T. 20040591489 — Rel. Juiz Sérgio Pinto Martins — DOE 16.11.2004*)

TRIBUNAL REGIONAL DO TRABALHO — 8ª REGIÃO

EMENTA: I — JUSTA CAUSA NÃO CONFIGURADA — NÃO EVIDENCIADO O ATO DE IMPROBIDADE. A improbidade, sabidamente, é das faltas capituladas no art. 482 da CLT a de maior gravidade, a pressupor a prova comprida e robusta, pois, o estigma da desonestidade acompanha o trabalhador pela vida toda, a refletir-se sobremaneira em suas relações familiares e sociais. No presente caso, a instrução processual esteve carente da produção probatória indispensável à comprovação de falta da maior envergadura, não ensejando, portanto, a dispensa por justa causa. (...) (*TRT 8ª R. — RO n. 0972/2003 — 2ª T. — Rel. Dr. Herbert Tadeu Pereira de Matos — j. 75.2003*)

TRIBUNAL REGIONAL DO TRABALHO — 24ª REGIÃO

EMENTA: 214/117 — JUSTA CAUSA — IMPROBIDADE — COMPROVAÇÃO POR INDÍCIOS E PRESUNÇÕES — POSSIBILIDADE. A prova da justa causa não se resume necessariamente, à testemunhal ou à documental, podendo ser utilizados, para tanto, todos os meios de prova em direito admitidos, inclusive as presunções e indícios, que constituem prova indireta. Considerando a vida pregressa da reclamante, bem como a circunstância que, das pessoas que viajavam com o reclamado, só a ela é que poderia o furto beneficiar, não é difícil presumir que foi realmente a obreira quem furtou a carteira do filho do reclamado, ato que realmente ensejava a despedida com justa causa. Também não se pode desprezar a circunstância de a reclamante ter sido denunciada pelo Ministério Público como incursa nas sanções do art. 155, § 4º, inciso II (lª figura), c/c. o art. 71, *caput*, ambos do Código Penal Brasileiro, o que vem corroborar o entendimento de que a justa causa foi bem aplicada. Recurso provido parcialmente, por maioria. (*TRT 24ª R. — RO n. 0135/2001 — Ac. n. 1947/2001 — TP — Rel. Juiz Márcio Eurico Vitral Amaro — DJMS 29.8.2001*)

EMENTA: 204/90 — JUSTA CAUSA — ATO DE IMPROBIDADE — CONFIGURAÇÃO. Não há falar que a atitude da autora não atingiu seu objetivo, não causando efetivo dano econômico à reclamada, pois basta que exista o risco, a possibilidade do dano, para que se caracterize a improbidade, fazendo desaparecer a confiança e a boa-fé que deve haver entre as partes no contrato de trabalho. Aliás, pouco importa se o prejuízo causado pelo ato foi ou não economicamente relevante, pois, mesmo havendo prejuízo ínfimo, a falta estará configurada. (*TRT 24ª R. — Ac. n. 1586/2000 — MS-RO n. 118/2000 — Rel. Juiz Abdalla Jallad — j. em 13.7.2000 — DJMS 23.8.2000*)

TRIBUNAL REGIONAL DO TRABALHO — 4ª REGIÃO

EMENTA: 201/64 — JUSTA CAUSA — IMPROBIDADE. Desnecessário o efetivo prejuízo ao empregador para que se configure o ato de improbidade. Basta que o ato praticado pelo empregado seja desonesto, desmerecendo a confiança que é ínsita ao contrato de trabalho. (*TRT 4ª R. — Ac. n. 01417.402/96-2 RO — 3ª T. — Rel. Juiz José Cesário Figueiredo Teixeira — j. em 2.12.1999 — DOERS 24.1.2000*)

TRIBUNAL REGIONAL DO TRABALHO — 10ª REGIÃO

EMENTA: 182/55 — IMPROBIDADE — NECESSIDADE DE PROVAS INDUBITÁVEIS — DESCARACTERIZAÇÃO. "O reconhecimento da prática de ato de improbidade produz graves conseqüências na vida de quem o comete. Logo, desnecessário dizer da imprescindibilidade de prova robusta e insofismável, demonstrando a materialidade e a autoria do delito, que transcende a própria esfera do Direito do Trabalho, alcançando a órbita penal" (Juiz Gilberto Augusto Leitão Martins). Deixando a Reclamada de evidenciar a veracidade de seu relato (CLT, art. 818; CPC, art. 333, II), o despedimento assume forma de resilição de iniciativa patronal, restando devidas as parcelas da condenação. Recurso desprovido. (*TRT10ª R. — RO n. 2627/98 — 3ª T. — Rel. Juiz Alberto Luiz Bresciani de Fontan Pereira — DJU 18.9.1998*)

18.3. Incontinência de Conduta (Alínea "b")

JURISPRUDÊNCIAS
TRIBUNAL REGIONAL DO TRABALHO — 3ª REGIÃO

EMENTA: JUSTA CAUSA "INCONTINÊNCIA DE CONDUTA". Caracteriza incontinência de conduta o procedimento desregrado do trabalhador que, no âmbito do trabalho, pratica ato de homossexualismo, em franca libertinagem, traduzindo-se em falta grave que autoriza a dispensa por justa causa, no termos do art. 482, b, da CLT. Uma vez comprovada a falta, escoa a fidúcia que deve permear a justa pactuação. Nesse caso, não pode mesmo lograr êxito o recorrente em se ver novamente integrado nos quadros do recorrido, mesmo que aprovado em concurso público. (*TRT 3ª R., 00448-2006-061-03-00-0 RO, 7ª T., Rel. Juiz Paulo Roberto de Castro, DJMG 19.6.2007, p. 17*)

EMENTA: JUSTA CAUSA — INCONTINÊNCIA DE CONDUTA — ART. 482, "b" DA CLT" — GRADAÇÃO PEDAGÓGICA DO EXERCÍCIO DO PODER DISCIPLINAR DO EMPREGADOR" — DESNECESSIDADE. Segundo a conceituação da doutrina, incontinência de conduta "é um ato faltoso que se configura pela carência de pudor. Exterioriza-se pela prática, em serviço, de gestos, palavras e atos obscenos contra qualquer pessoa." (cf. Barros, Alice Monteiro de, *in* "Curso de Direito do Trabalho", LTr, 2005, p. 841). Trata-se de conduta que, por sua gravidade, autoriza a imediata resolução do contrato, pois enseja a quebra da fidúcia que deve permear a relação de trabalho, sem necessidade de observância da gradação pedagógica no exercício do poder disciplinar do empregador. Desse modo, demonstrada a falta legalmente tipificada, legítima a dispensa do laborista, por justa causa, sem que se cogite de qualquer excesso de parte do empregador. (*TRT 3ª R., 02313-2006-148-03-00-8 RO, 8ª T., Relatora Juíza Denise Alves Horta, DJMG 24.3.2007, p. 53*)

TRIBUNAL REGIONAL DO TRABALHO — 2ª REGIÃO

EMENTA: JUSTA CAUSA. INCONTINÊNCIA DE CONDUTA. A sentença condenatória criminal, ainda que não transitada em julgado, é elemento bastante para testificar fatos que configuram incontinência de conduta no curso do contrato de trabalho (art. 482, "b", da CLT). (*TRT 2ª R. — 48672200290202001 — RO — Ac. 6ª T. 20030025120 — Rel. Juiz RAFAEL E. PUGLIESE RIBEIRO — DOESP 14.2.2003*)

TRIBUNAL REGIONAL DO TRABALHO — 8ª REGIÃO

EMENTA: JUSTA CAUSA — MULTIPLICIDADE — INCONTINÊNCIA DE CONDUTA OU MAU PROCEDIMENTO — VIOLAÇÃO DE SEGREDO DA EMPRESA — ATO LESIVO DA HONRA OU DA BOA FAMA PRATICADO NO SERVIÇO CONTRA QUALQUER PESSOA OU CONTRA O EMPREGADOR E SUPERIORES HIERÁRQUICOS. A alegação de multiplicidade de motivos justos, em que pese de rara ocorrência, é possível no ordenamento jurídico. Há, no entanto, que se atentar para a regra distributiva de que o ônus incumbe ao empregador, por se tratar de fato extraordinário, vez que milita a favor do empregado o princípio da continuidade do contrato de trabalho, segundo o qual não é razoável que o obreiro abra mão de sua fonte de sustento. Recurso a que se nega provimento. (*TRT 8ª R. — RO n. 0780/2003 — 1ª T. — Rel. Dr. Luis José de Jesus Ribeiro — j. 15.4.2003*)

18.4. Negociação Habitual (Alínea "c")

JURISPRUDÊNCIAS
TRIBUNAL REGIONAL DO TRABALHO — 3ª REGIÃO

EMENTA: JUSTA CAUSA — NEGOCIAÇÃO HABITUAL — CONCORRÊNCIA DESLEAL. Configura-se em conduta irregular do empregado a atividade dolosa, às ocultas, de constituir negócio de concorrência ao empreendimento de seu empregador, mostrando-se correta a pena máxima aplicada com o rompimento do pacto laboral por justo motivo. (*TRT 3ª R., 00314-2003-036-03-00-7 RO, 5ª T., Rel. Juiz Convocado João Bosco Pinto Lara, DJMG 21.2.2004*)

TRIBUNAL REGIONAL DO TRABALHO — 4ª REGIÃO

EMENTA: 214/73 — JUSTA CAUSA — NEGOCIAÇÃO HABITUAL. Caracterizam-se como justa causa para resolução do contrato os atos de assessoramento à empresa diversa, da qual o reclamante é sócio, cuja atividade é idêntica à da reclamada, ainda mais quando o trabalho do autor diz respeito aos projetos de sua empregadora. Inteligência da norma contida no item c do art. 482 da CLT. Apelo do reclamante que não se acolhe. (*TRT4ª R. — Ac. 01123.221/97-9 RO — 2ª T. — Rel. Juiz Juraci Galvão Júnior — DOERS 23.4.2001*)

18.5. Condenação Criminal (Alínea "d")

JURISPRUDÊNCIAS
TRIBUNAL REGIONAL DO TRABALHO — 3ª REGIÃO

EMENTA: JUSTA CAUSA. CONDENAÇÃO CRIMINAL TRANSITADA EM JULGADO. "De acordo com o disposto no art. 482, alínea "d", da CLT, constitui justa causa para a rescisão do contrato de trabalho pelo empregador a "condenação criminal do empregado, passada em julgado, caso não tenha havido suspensão da execução da pena". Diante disso, deve-se ressaltar que a justa causa só se justifica após o trânsito em julgado da sentença penal condenatória. O simples fato de o empregado encontrar-se preso não autoriza a dispensa por justa causa, mas apenas a suspensão do contrato. Todavia, sobrevindo a condenação criminal transitada em julgado, com pena privativa de liberdade, encontra-se configurada a justa causa tipificada no art. 482, alínea "d", da CLT, pela impossibilidade física de o empregado continuar trabalhando. (*TRT 3ª R., 00043-2006-148-03-00-0 RO, 2ª T., Rel. Juiz Sebastião Geraldo de Oliveira, DJMG 31.5.2006*)

TRIBUNAL REGIONAL DO TRABALHO — 15ª REGIÃO

EMENTA: 201/97 — PRISÃO E POSTERIOR CONDENAÇÃO CRIMINAL DO EMPREGADO. A mera prisão do empregado não resolve o contrato de trabalho, que fica suspenso, por impossibilidade de sua execução. Advindo condenação em pena privativa de liberdade, sem *sursis*, por decisão final do juízo criminal, tal fato acarreta ipso iure a dissolução do pacto por justa causa. (*TRT 15 ª R. — Proc. n. 6688/98 — Ac. n. 13418/99 — 4ª T. — Rel. Juiz Flávio Allegretti de Campos Cooper — DOESP 2.08.2000*)

18.6. Desídia (Alínea "e")

JURISPRUDÊNCIAS
TRIBUNAL REGIONAL DO TRABALHO — 3ª REGIÃO

EMENTA: JUSTA CAUSA. DESÍDIA. A obrigação primeira do empregado está na prestação de trabalho ao empregador, sendo certo que este não está obrigado a suportar, em seus quadros funcionais, empregado que falta injustificadamente e não cumpre, de forma satisfatória, seus deveres. Nesse passo, a reincidência nas faltas, inclusive após penas disciplinares de advertência e de suspensão, adquire relevo para robustecer a gravidade do ato e caracterizar a desídia. (*TRT 3ª R., 00794-2006-027-03-00-8 RO, 8ª T., Relatora Juíza Denise Alves Horta, DJMG 30.6.2007*)

TRIBUNAL REGIONAL DO TRABALHO — 3ª REGIÃO

EMENTA: MOTORISTA RODOVIÁRIO — JUSTA CAUSA — DESÍDIA — NÃO OBSERVÂNCIA DAS NORMAS GERAIS DE CIRCULAÇÃO E CONDUTA — GRADATIVOS DESLIZES. A prudência e a direção defensiva de motorista rodoviário dever de ofício, conforme Normas Gerais de Circulação e Conduta estabelecidas pelo Detran, não sendo razoável manter uma distância média de 2,5 m de outro veículo, em rodovia interestadual, em horário noturno, quando a norma específica recomenda seja mantida "uma distância segura frontal e lateral dos demais veículos compatível com o clima, velocidade, piso e as condições locais", evitando-se, assim a ocorrência dos indesejáveis acidentes de trânsito. Olvidando-se o recorrente dessas diretrizes, além de ter sido comprovado nos autos, que o mesmo já estivera envolvido em situações que colocaram em risco não só a segurança dos usuários do transporte coletivo por ele dirigido, bem como daqueles que trafegavam em carros particulares nas referidas estradas, correta a penalidade que lhe foi aplicada, porquanto fruto do somatório de ações imprudentes e negligentes efetivadas nas rodovias interestaduais. Certo que as advertências recebidas pelo motorista em face das irregularidades detectadas, por si só, não servem como causa definitiva capaz de ensejar a justa causa aplicada. No entanto, dão a exata dimensão da responsabilidade do autor, enquanto motorista de coletivo interestadual, e levam a concluir que sua dispensa não decorreu de um simples acidente, por negligência, que em sede trabalhista configura desídia nos termos do art. 483, "e" da CLT. Em verdade, seus gradativos deslizes permitiram à reclamada aplicar-lhe a drástica punição, que ora resta mantida. Recurso desprovido. (*TRT 3ª R. — 3ª T. — 01149-2002-032-03-00-4 RO — Rel. Juíza Maria Cristina Diniz Caixeta — DJMG 26.7.2003*)

EMENTA: JUSTA CAUSA — DESÍDIA — CONFIGURAÇÃO. Da leitura da defesa, da documentação que a acompanhou e depoimentos colhidos na audiência de instrução, verifica-se o acerto do raciocínio sufragado no julgamento guerreado. De fato, há prova robusta produzida pela reclamada no sentido de que o autor, no desempenho de suas funções, as realizava com desídia, prevista no art. 482, "e", da CLT, ou seja, com negligência, como magistra Amauri Mascaro Nascimento, na obra "Iniciação ao Direito do Trabalho", LTr, 27ª ed., 2001, p. 450, e ainda com pouco zelo ou má-vontade, como leciona Eduardo Gabriel Saad, "CLT Comentada", LTr, 36ª ed., 2003, p. 336, nota 11. Ademais, a desídia foi perpetrada por meio de atos repetidos, ou seja, inúmeros abandonos do local de trabalho, sendo certo que a aplicação de penas disciplinares por parte da empregadora não logrou sucesso na recuperação do reclamante, talvez, como exposto na sentença recorrida, "valendo-se de uma possível garantia de emprego advinda do fato de ser membro suplente da CIPA ...", ensejando, portanto, a ruptura do pacto laboratorial através da incidência da sanção capital, a dispensa por justa causa, não se verificando, por fim, o alegado perdão tácito. Recurso ordinário conhecido e desprovido. (*TRT3ª R. — RO n. 3942/03 01667-2002-012-03-00-3 — 4ª T. — Rel. Juiz Julio Bernardo do Carmo — DJMG 10.5.2003*)

TRIBUNAL REGIONAL DO TRABALHO — 15ª REGIÃO

EMENTA: JUSTA CAUSA — CARACTERIZAÇÃO. O empregado que advertido por motivo de desídia, rebela-se proferindo ameaças e impropérios ao superior hierárquico incide em justa causa motivadora da rescisão contratual sem ônus para o empregador. (*TRT 15ª R. — Proc. n. 11.042/96 — Ac. 1ª T. 37.524/97 — Rel. Juiz Luiz Antônio Lazarim — DOESP 24.11.1997*)

EMENTA: JUSTA CAUSA — DESÍDIA — SANGRIA DE CAIXA — CONFIGURAÇÃO. Comprovada a desatenção do empregado para com as regras estabelecidas pela reclamada (sangria de caixa e cofre, de modo a serem providenciados depósitos bancários, de forma fracionada, várias vezes ao dia, permanecendo no estabelecimento valores ínfimos para o troco, com o fito de se contornarem os prejuízos de prováveis furtos), configura-se a desídia ensejadora da demissão por justa causa. (*TRT 15ª R. — Proc. n. 25325/01 — Ac. n. 5687/02 — 5ª T. — Relª Desig. Juíza Olga Aida Joaquim Gomieri — DOESP 20.06.2002*)

TRIBUNAL REGIONAL DO TRABALHO — 4ª REGIÃO

EMENTA: JUSTA CAUSA. Considera-se negligente o procedimento do motorista que não observa os controles do painel do veículo, em especial o ponteiro da temperatura, não evitando o superaquecimento do motor de ônibus coletivo. Falta grave caracterizada nos termos da letra "e" do art. 482 da CLT (desídia). (*TRT 4ª R. — RO n. 96.016871-0 — 4ª T. — Rel. Juiz Sebastião Alves de Messias — DOERS 26.1.1998*)

EMENTA: JUSTA CAUSA. DESÍDIA. CONFIGURAÇÃO. EMPREGADO MOTORISTA QUE COMETE REITERADAS INFRAÇÕES. O empregado motorista que, por falta de diligência, comete várias infrações de trânsito, em quantidade tal que levaria à suspensão do seu direito de dirigir, incorre em comportamento desidioso, caracterizador da justa causa prevista pelo art. 482, "e", da CLT. (*TRT 8ª R. — RO n. 1609/2004 — 4ª T. — Relª Juíza Alda Maria de Pinho Couto — DJ 4.5.2004*)

TRIBUNAL REGIONAL DO TRABALHO — 10ª REGIÃO

EMENTA: RESCISÃO CONTRATUAL — JUSTA CAUSA — DESÍDIA — CARACTERIZAÇÃO. A desídia caracteriza-se pela prática habitual de atos que infringem o bom andamento das tarefas a serem executadas, tais como a impontualidade, faltas ao serviço, imperfeições na execução do trabalho, abandono do local de trabalho durante a sua jornada, etc. (*TRT 10ª R. — RO n. 4.147/97 — 1ª T. — Relª Juíza Terezinha Célia Kneipp Oliveira — DJU 24.4.1998*)

18.7 — Embriaguez (Alínea "f")

JURISPRUDÊNCIAS
TRIBUNAL REGIONAL DO TRABALHO — 3ª REGIÃO

EMENTA: JUSTA CAUSA. MOTORISTA EMBRIAGADO. "Dirigir embriagado é crime inafiançável que autoriza a justa causa (art. 482, "f", da CLT). A embriaguez é sim, uma doença, que deve ser tratada, mas não retira do empregado que é motorista a responsabilidade pelo risco ao qual submete não só os demais empregados que transporta, mas também todos aqueles, pedestres e condutores de outros veículos, que cruzam o seu caminho. (*TRT 3ª R. 00689-2005-060-03-00-2 RO, 8ª T., Rel. Juiz Cleube de Freitas Pereira, DJMG 11.3.2006*)

TRIBUNAL REGIONAL DO TRABALHO — 2ª REGIÃO

EMENTA: EMBRIAGUEZ. DOENÇA. FALTA GRAVE NÃO CARACTERIZADA. Não obstante a velha (e boa) CLT ainda mantenha em sua redação — art. 482, alínea "f" —, a anacrônica referência à falta grave da "embriaguez habitual ou em serviço", tanto a doutrina como a jurisprudência, em face da evolução das pesquisas no campo das ciências médicas, têm entendido que o empregado que sofre da doença do alcoolismo, catalogada no Código Internacional de Doenças com a nomenclatura de "síndrome de dependência do álcool" (CID-303), não pode ser sancionado com a despedida por justa causa. (*TRT 2ª R., 00095-2001-031-02-00-8 RO, 4ª T., Rel. Juiz Ricardo Artur Costa e Trigueiros, DOESP 3.12.2004*)

TRIBUNAL REGIONAL DO TRABALHO — 15ª REGIÃO

EMENTA: JUSTA CAUSA — EMBRIAGUEZ EM SERVIÇO. Demonstrado pela prova dos autos que o reclamante estava em dia de serviço e somente foi dispensado de trabalhar depois de verificado o seu estado de embriaguez, caracterizada a justa causa, sendo que o fato de não ter sido o mesmo despedido imediatamente, dado o seu estado de alteração no momento, mas apenas no dia seguinte, não retira a imediatidade da punição. (*TRT 15ª R. — Proc. n. 27390/99 — Ac. n. 12029/01 — SE — Rel. Juiz Carlos Alberto Moreira Xavier — DOESP 2.4.2001*)

EMENTA: FALTA GRAVE — EMBRIAGUEZ NO SERVIÇO — MOTORISTA. Comete falta excessivamente grave o motorista que se embriaga em serviço, tendo em vista que a sua função requer atenção e sobriedade, pois além de colocar em risco a integridade física de terceiros, coloca em risco o patrimônio do empregador, ensejando a quebra do contrato de trabalho com justa causa. (*TRT 15ª R. — Proc. n. 15.666/95 — Ac. 3ª T. n. 23.793/97 — Rel. Juiz Luiz Carlos de Araújo — DOESP 1.9.1997*)

TRIBUNAL REGIONAL DO TRABALHO — 10ª REGIÃO

EMENTA: DEMISSÃO POR JUSTA CAUSA — EMBRIAGUEZ. A demonstração de que o empregado ingeriu alguma quantidade de álcool não tem o condão de caracterizar, por si só, a embriaguez, capaz de ensejar a justa causa na forma capitulada na letra "f" do art. 482 da CLT, mormente quando o teste de bafômetro realizado pela própria empregadora revelou que a graduação alcoólica na corrente sangüínea do empregado se encontrava muito aquém daquela estipulada pelo Código Brasileiro de Trânsito como característica da embriaguez. (*TRT 12ª R. — Proc. RO-V n. 06722/01 — Ac. n. 04383/02 — 1ª T. — Rel. Juiz Gerson Paulo Taboada Conrado — DJSC 2.5.2002*)

18.8 — Violação de Segredo (Alínea "g")

JURISPRUDÊNCIAS
TRIBUNAL REGIONAL DO TRABALHO — 8ª REGIÃO

EMENTA: JUSTA CAUSA — MULTIPLICIDADE — INCONTINÊNCIA DE CONDUTA OU MAU PROCEDIMENTO — VIOLAÇÃO DE SEGREDO DA EMPRESA — ATO LESIVO DA HONRA OU DA BOA FAMA PRATICADO NO SERVIÇO CONTRA QUALQUER PESSOA OU CONTRA O EMPREGADOR E SUPERIORES HIERÁRQUICOS. A alegação de multiplicidade de motivos justos, em que pese de rara ocorrência, é possível no ordenamento jurídico. Há, no entanto, que se atentar para a regra distributiva de que o ônus incumbe ao empregador, por se tratar de fato extraordinário, vez que milita a favor do empregado o princípio da continuidade do contrato de trabalho, segundo o qual não é razoável que o obreiro abra mão de sua fonte de sustento. Recurso a que se nega provimento. (*TRT 8ª R. — RO n. 0780/2003 — 1ª T. — Rel. Dr. Luis José de Jesus Ribeiro — j. 15.4.2003*)

TRIBUNAL REGIONAL DO TRABALHO — 15ª REGIÃO

EMENTA: 195/70 — JUSTA CAUSA — VIOLAÇÃO DE SEGREDO DA EMPRESA — CONCORRÊNCIA DESLEAL. Caracteriza justa causa por violação de segredo da empresa e concorrência desleal a prática de atos consistentes em apropriação e comercialização irregular de programas de informática desenvolvidos pela empresa. (*TRT 15ª R. — Ac. n. 644/00 — Proc. n. 29388/98 — 1ª T. — Rel. Juiz Eduardo Benedito de Oliveira Zanella — DOESP 18.1.2000*)

TRIBUNAL SUPERIOR DO TRABALHO

EMENTA: Empregado que subtrai da empresa documentos sigilosos, com o intuito de deles se utilizar em empresa concorrente para a qual passou a trabalhar, comete falta grave a ensejar a rescisão do contrato de trabalho. (*TST, 2ª T., RR n. 1.780/74, Rel. Min. Thélio da Costa Monteiro, Ac. n. 1.317/74, DJU 22.10.1974, p. 7.810*)

18.9. Ato de Indisciplina (Alínea "h")

JURISPRUDÊNCIAS

TRIBUNAL REGIONAL DO TRABALHO — 3ª REGIÃO

EMENTA: JUSTA CAUSA. ATO DE INDISCIPLINA. CONFIGURAÇÃO. Indisciplina é o reiterado desrespeito, pelo empregado, a normas, regras e diretrizes gerais da empresa, autorizando a dispensa por justa causa, com fulcro no art. 482, alínea "h" da CLT. Tal comportamento revela-se incompatível com a confiança que deve merecer o empregado, mormente quando o laborista, reincidente, desrespeita as normas da empresa relativas a depósito de numerário decorrente de vendas realizadas e acertos de contas, gerando prejuízo para o empregador, sem que surtissem efeito as punições de caráter pedagógico a ele anteriormente aplicadas. (*TRT 3ª R., 01183-2006-040-03-00-7 RO, 8ª T., Relatora Juíza Denise Alves Horta, DJMG 24.3.2007, p. 51*)

EMENTA: RESCISÃO DO CONTRATO DE TRABALHO. JUSTA CAUSA. O empregado que deixa abandonado seu posto de trabalho, desrespeitando uma ordem que lhe foi pessoalmente endereçada por superior hierárquico, para que assuma suas funções, comete ato de indisciplina e insubordinação, violando uma obrigação contratual, permitindo ao empregador a rescisão do contrato por justa causa, com fundamento no art. 482, alínea "h", da CLT. (*TRT 3ª R., 00807-2006-044-03-00-4 RO, 3ª T., Rel. Juiz Bolívar Viégas Peixoto, DJMG 18.11.2006*)

TRIBUNAL REGIONAL DO TRABALHO — 4ª REGIÃO

EMENTA: JUSTA CAUSA — INDISCIPLINA. Incorre em ato de indisciplina o empregado que, durante o expediente, abandona suas tarefas para dedicar-se à leitura de revista. Tal procedimento, agravado por recentes advertências à sua conduta negligente, dá ensejo à despedida por justa causa. (*TRT 4ª R. — RO n. 96.003136-7 — 4ª T. — Rel. Juiz Denis Marcelo de Lima Molarinho — DOERS 26.1.1998*)

TRIBUNAL REGIONAL DO TRABALHO — 9ª REGIÃO

EMENTA: JUSTA CAUSA — INDISCIPLINA — INSUBORDINAÇÃO. Mostra-se própria a imediata rescisão por justa causa quando o empregado, já admoestado anteriormente, provoca tumulto na oportunidade em que lhe é dirigida carta de advertência por nova falta cometida, rasgando-a totalmente após recusar-se a assiná-la e manifestando revolta contra o empregador na presença de colegas de trabalho. A seriedade e as repercussões do ato de destempero do empregado implica na fratura no liame de subordinação e fidúcia para com os seus superiores. (*TRT 9ª R. — RO n. 7.273/96 — Ac. 5ª T. 2.614/97 — Rel. Juiz Luiz Felipe Haj Mussi — DJPR 31.01.1997*)

TRIBUNAL REGIONAL DO TRABALHO — 15ª REGIÃO

EMENTA: JUSTA CAUSA — ATO DE INDISCIPLINA — ÚNICA FALTA DO EMPREGADO — POSSIBILIDADE. Ainda que ausente qualquer punição anterior ao empregado, no caso concreto, diante da gravidade do fato praticado pelo autor, ao descumprir norma interna da empresa, da qual tinha pleno conhecimento, incorreu em falta grave autorizadora da rescisão contratual sem ônus para o empregador. Ademais, diante da confissão ficta aplicada ao obreiro, tais fatos restaram incontroversos nos autos. Recurso a que se dá provimento para acolher a justa causa e julgar improcedentes os pedidos. (*TRT 15ª R. — Proc. n. 32143/00 — Ac. n. 28047/01 — 4ª T. — Rel. Juiz Levi Ceregato — DOESP 10.7.2001*)

18.10 — Abandono de Emprego (Alínea "i")

JURISPRUDÊNCIAS

TRIBUNAL REGIONAL DO TRABALHO — 3ª REGIÃO

EMENTA. JUSTA CAUSA. ABANDONO DE EMPREGO. A jurisprudência cristalizada na Súmula 32/TST fixa, como elemento material do abandono de emprego, o prazo de 30 dias de ausência injustificada do empregado, como presunção, sendo certo que o prazo inferior também pode configurá-lo, quando sobejamente provado o elemento intencional do abandono, consistente no ânimo de não mais voltar. Configurada a hipótese legal, é de ser mantida, pelo acerto, a r. sentença de 1º grau. (*TRT 3ª R., 00042-2007-131-03-00-5 RO, 4ª T., Rel. Juiz Convocado Fernando Luiz Gonçalves Rios Neto, DJMG 19.5.2007*)

EMENTA: JUSTA CAUSA — ABANDONO DE EMPREGO — AUSÊNCIA PROLONGADA E SEM JUSTIFICATIVA. O abandono de emprego caracteriza-se pela presença dos elementos objetivo e subjetivo. O elemento de ordem objetiva refere-se à ausência do trabalhador no emprego por um extenso período, já o de ordem subjetiva se confirma através de prova inequívoca de que o trabalhador se ausentou com a intenção de não mais comparecer ao trabalho. Logo, se há nos autos prova de ausência prolongada ao trabalho e sem justificativa apresentada pelo empregado, fica comprovado o abandono de emprego que autoriza a resolução do contrato de trabalho. (*TRT 3ª R., 01226-2006-011-03-00-9 RO, 3ª T., Relatora Juíza Maria Lúcia Cardoso de Magalhães, DJMG. 28.4.2007*)

TRIBUNAL REGIONAL DO TRABALHO — 2ª REGIÃO

EMENTA: ABANDONO DE EMPREGO — PUBLICAÇÃO EM JORNAL. O fato de o empregado não atender a comunicação publicada na imprensa pelo empregador, pedindo seu retorno ao serviço, sob pena de caracterização da justa causa, não revela ânimo de abandonar o emprego. O ideal é que a comunicação seja feita por meio de carta registrada, informando que o empregado deve retornar imediatamente ao serviço, sob pena de ser caracterizada a justa causa. O empregador tem, inclusive, o endereço do empregado, podendo enviar-lhe comunicação postal com aviso de recebimento. Se o empregado tem endereço certo, deve a empresa notificá-lo pelo correio com aviso de recebimento ou por telegrama, que podem indicar o recebimento no endereço indicado e não por comunicação em jornal. (*TRT 2ª R. — 01623200046502005-RO — Ac. n. 20040493690 — 3ª T. — Rel. Juiz Sérgio Pinto Martins — DOESP 28.9.2004*)

TRIBUNAL SUPERIOR DO TRABALHO

EMENTA: ABANDONO DE EMPREGO — CONFIGURAÇÃO. Configura abandono de emprego o ato de o empregado, depois de ficar afastado por 15 dias, não retornar ao trabalho, formular proposta de acordo e ainda confessar por tomara conhecimento de anúncio publicado em jornal, convocando-o para o retorno ao serviço, sob pena de abandono, e, não obstante, não manifestar sua vontade de atender à convocação. Agravo de instrumento não provido. (*TST — AIRR n. 1345 — 4ª Turma — Rel. Min. Milton de Moura França — DJ 19.3.2004*)

TRIBUNAL REGIONAL DO TRABALHO — 1ª REGIÃO

EMENTA: ABANDONO DE EMPREGO — ÔNUS DA PROVA — DISPENSA — JUSTA CAUSA. A alegação pelo reclamado de abandono de emprego inverte o ônus de prova, que passa a ser do empregador. Dele não se desincumbindo, tem-se que a dispensa se deu sem justa causa, observando-se, ainda, o princípio da continuidade da relação de emprego. Em tempos de recessão não parece crível que o empregado deliberadamente abandone o emprego. Sentença mantida no particular. (*TRT 1ª R. — RO n. 25270-99 — 9ª T. — Rel. Juiz José Leopoldo Félix de Souza — DORJ 19.12.2001*)

TRIBUNAL REGIONAL DO TRABALHO — 3ª REGIÃO

EMENTA: JUSTA CAUSA — ABANDONO DO EMPREGO — CARACTERIZAÇÃO. É certo que a doutrina e a jurisprudência pátria, exigem prova robusta do *animus abandonandi*, isto é, a alegada falta grave há de ser demonstrada por prova firme e convincente, uma vez que foi ordinário é presumir ter o empregado interesse na manutenção do emprego. Outrossim, publicação de edital de convocação do obreiro ao serviço, de per si, não constitui prova da falta grave. Assim, se os atestados colacionados não demonstram a incapacidade física ou mental da laborista ao trabalho, e tendo a prova testemunhal demonstrando o não retorno da reclamante ao trabalho para justificar as suas ausências, correto o reconhecimento da justa causa. (*TRT 3ª R. — RO n. 12.425/97 — 2ª T. — Rel. Juiz Sebastião G. de Oliveira — DJMG 20.2.1998*)

TRIBUNAL REGIONAL DO TRABALHO — 12ª REGIÃO

EMENTA: ABANDONO DE EMPREGO — CONVOCAÇÃO DO EMPREGADO POR EDITAL EM NOTICIOSO IMPRESSO. Incumbe ao empregador convocar ao trabalho o empregado faltoso, e a mera publicação de edital convocatório em noticioso impresso não elide a obrigação daquele de procurar o empregado relapso em seu paradeiro habitual, sobremaneira quando certo e determinado. (*TRT 12ª R. — Proc. RO-V n. 00303-2001-006-12-00-4 — Ac. n. 13913/02 — 2ª T. — Rel. Juiz Dilnei Ângelo Biléssimo — DJSC 12.12.2002*)

EMENTA: ABANDONO DE EMPREGO — ÔNUS DA PROVA. Compete ao empregador demonstrar a sua alegação de abandono de emprego cometido pelo empregado, sob pena de pagamento das verbas rescisórias, a teor do disposto no art. 818 consolidado. (*TRT 12ª R. — RO-V n. 08563/00 — Ac. n. 02760/01 — 2ª T — Rel.: Juiz Telmo Joaquim Nunes — DJSC 27.3.2001*) (Ref. Legislativa: CLT, art. 818)

TRIBUNAL REGIONAL DO TRABALHO — 17ª REGIÃO

EMENTA: JUSTA CAUSA. Para configuração da justa causa por abandono de emprego, é necessária a comprovação do elemento material, que é a ausência injustificada do trabalhador, e a do elemento psicológico, que é a intenção de abandonar. Tendo o empregado endereço certo e conhecido pelo empregador, não presta à prova de "abandono de emprego" a convocação do obreiro através de edital publicado em jornal, mormente quando o trabalhador não tem acesso a jornais e nem mesmo é sabido se sabe ler. Por outro lado, o empregado apresentou justo motivo para ausentar ao serviço, ou seja, doença de sua esposa e posterior falecimento, afastando, assim, o elemento psicológico, que é a intenção de abandonar. Logo, não há que se falar em justa causa. (*TRT 17ª R. — RO n. 2.717/96 — TP — Rel. Juiz José Carlos Rizk — DJES 5.6.1997*)

TRIBUNAL REGIONAL DO TRABALHO — 15ª REGIÃO

EMENTA: 217/83 — JUSTA CAUSA — ABANDONO DE EMPREGO — PRESENÇA DO ELEMENTO VOLITIVO — CARACTERIZAÇÃO. A justa causa para a despedida de qualquer trabalhador, por constituir pecha que irá acompanhar a sua vida profissional, deve restar induvidosamente demonstrada. Os elementos que a caracterizam devem ser concretos e objetivos. Considerando que o aplicador da lei deve buscar a distribuição da Justiça frente a um dado de realidade concreta, imprescindível que na análise do caso posto à apreciação sejam devidamente sopesados a pessoa do prestador, a sua qualificação, profissional, o seu *status*, a natureza do seu serviço, condições absolutamente essenciais. Nesse passo, na hipótese de justa causa tipificada como abandono do emprego devemos perquirir sobre a presença do elemento volitivo, sob pena de caracterizar-se o chamado abandono de serviço, que poderia implicar em outra figura tipificadora. Presentes os elementos probatórios convincentes de que houve o *animus* de não continuar a prestar serviços mesmo antes do término do contrato a termo, deve ser reputada justa a despedida. (*TRT 15ª R. — Proc. n.17182/00 — Ac. n. 47392/01 — 2ª T. — Rel. Juiz Luís Carlos Cândido Martins Sotero da Silva — DOESP 6.11.2001*)

SÚMULA DOS TST

Súmula n. 32/TST: Presume-se o abandono de emprego se o trabalhador não retornar ao serviço no prazo de 30 dias após a cessação do benefício previdenciário nem justificar o motivo de não fazer.

18.11. Ato Lesivo à Honra (Alíneas "j" e "k")

JURISPRUDÊNCIAS
TRIBUNAL REGIONAL DO TRABALHO — 3ª REGIÃO

EMENTA: JUSTA CAUSA — CARACTERIZAÇÃO — PROVA. Restando comprovada a prática de ato faltoso revestido de gravidade suficiente para inviabilizar a continuidade do contrato laboral, ato esse enquadrado como "ato lesivo da honra ou da boa fama contra superiores hierárquicos", resta configurada a quebra da fidúcia essencial à subsistência do contrato de emprego. Nesse panorama, entende-se lídima, via de conseqüência, a rescisão do contrato de trabalho, sem ônus para o empregador, nos termos do art. 482, "k", da CLT. (*TRT 3ª R., 01395-2005-104-03-00-8 RO, 1ª T., Rel. Juiz Maurício José Godinho Delgado, DJMG 30.6.2006*)

TRIBUNAL REGIONAL DO TRABALHO — 8ª REGIÃO

EMENTA: JUSTA CAUSA — MULTIPLICIDADE — INCONTINÊNCIA DE CONDUTA OU MAU PROCEDIMENTO — VIOLAÇÃO DE SEGREDO DA EMPRESA — ATO LESIVO DA HONRA OU DA BOA FAMA PRATICADO NO SERVIÇO CONTRA QUALQUER PESSOA OU CONTRA O EMPREGADOR E SUPERIORES HIERÁRQUICOS. A alegação de multiplicidade de motivos justos, em que pese de rara ocorrência, é possível no ordenamento jurídico. Há, no entanto, que se atentar para a regra distributiva de que o ônus incumbe ao empregador, por se tratar de fato extraordinário, vez que milita a favor do empregado o princípio da continuidade do contrato de trabalho, segundo o qual não é razoável que o obreiro abra mão de sua fonte de sustento. Recurso a que se nega provimento. (*TRT 8ª R. — RO n. 0780/2003 — 1ª T. — Rel. Dr. Luis José de Jesus Ribeiro — j. 15.4.2003*)

18.12. Prática de Jogos de Azar (Alínea "l")

JURISPRUDÊNCIA
TRIBUNAL REGIONAL DO TRABALHO — 3ª REGIÃO

EMENTA: O jogo de baralho, entre colegas de serviço, configura a falta grave prevista na alínea "l" do art. 482 da CLT, se sua prática for constante. (*TRT 3ª R., RO n. 4.377/85, Rel. Juiz Fiúza Goutheir, DJMG 84/86*)

18.13. Participação Em Greve

LEI N. 7.783, DE 28 DE JUNHO DE 1989

Art. 2º Para os fins desta Lei, considera-se legítimo exercício do direito de greve a suspensão coletiva, temporária e pacífica, total ou parcial, de prestação pessoal de serviços a empregador.

Art. 14. Constitui abuso do direito de greve a inobservância das normas contidas na presente Lei, bem como a manutenção da paralisação após a celebração de acordo, convenção ou decisão da Justiça do Trabalho.

Parágrafo único. Na vigência de acordo, convenção ou sentença normativa não constitui abuso do exercício do direito de greve a paralisação que:

I — tenha por objetivo exigir o cumprimento de cláusula ou condição;

II — seja motivada pela superveniência de fato novo ou acontecimento imprevisto que modifique substancialmente a relação de trabalho.

18.18. Sanções Aplicáveis ao Empregado Infrator

CONSOLIDAÇÃO DAS LEIS DO TRABALHO — CLT

Art. 474. A suspensão do empregado por mais de 30 (trinta) dias consecutivos importa na rescisão injusta do contrato de trabalho.

SÚMULA DO TST

Súmula n. 77/TST: Nula é a punição do empregado se não precedida de inquérito ou sindicância internos a que se obrigou a empresa por norma regulamentar.

Capítulo 19
DESPEDIDA INDIRETA

CONSOLIDAÇÃO DAS LEIS DO TRABALHO — CLT

Art. 483. O empregado poderá considerar rescindido o contrato e pleitear a devida indenização quando:

a) forem exigidos serviços superiores às suas forças, defesos por lei, contrários aos bons costumes, ou alheios ao contrato;

b) for tratado pelo empregador ou por seus superiores hierárquicos com rigor excessivo;

c) correr perigo manifesto de mal considerável;

d) não cumprir o empregador as obrigações do contrato;

e) praticar o empregador, ou seus prepostos, contra ele ou pessoas de sua família, ato lesivo da honra e boa fama;

f) o empregador ou seus prepostos ofenderem-no fisicamente, salvo em caso de legítima defesa, própria ou de outrem;

g) o empregador reduzir o seu trabalho, sendo este por peça ou tarefa, de forma a afetar sensivelmente a importância dos salários.

19.1. Serviços Superiores (Alínea "a")

JURISPRUDÊNCIA
TRIBUNAL SUPERIOR DO TRABALHO — 3ª REGIÃO

EMENTA: RESILIÇÃO INDIRETA DO CONTRATO DE TRABALHO. Dispõe a alínea "a" do art. 483 da CLT que o empregado poderá considerar rescindido o pacto laboral e pleitear a devida indenização quando "forem exigidos serviços superiores às suas forças, defesos por lei, contrários aos bons costumes, ou alheios ao contrato", o que ocorre quando é exigido o labor em extensa e ininterrupta jornada extraordinária. (*TRT 3ª R., 01143-2004-098-03-00-0 RO, 5ª T., Rel. Juiz José Murilo de Morais, DJMG 30.4.2005*)

19.2. Tratar com Rigor Excessivo (Alínea "b")

JURISPRUDÊNCIAS
TRIBUNAL SUPERIOR DO TRABALHO — 3ª REGIÃO

EMENTA: JUSTA CAUSA — RIGOR EXCESSIVO — INEXISTÊNCIA. Não existe rigor excessivo por parte da empresa que, utilizando o critério pedagógico para recuperar o empregado, aplicou penas de advertência e suspensão, vindo a despedi-lo somente após a reincidência das faltas capituladas como atos de desídia e indisciplina no desempenho das funções de cobrador, incidindo nas hipóteses das letras "e" e "h" do art. 482 da CLT. (*TRT 3ª R., 01114-2006-011-03-00-8 RO, 6ª T., Relatora Juíza Emília Facchini, DJMG 17.5.2007, p. 15*)

EMENTA: RESCISÃO INDIRETA — RIGOR EXCESSIVO DA EMPREGADORA. Em face da comprovação de que a empregadora tratava o empregado com rigor excessivo, tem-se cabível a rescisão indireta do contrato de trabalho, nos termos do art. 483, "b", da CLT. (*TRT 3ª R., 00665-2006-099-03-00-3 RO, 6ª T., Rel. Juiz Antônio Fernando Guimarães, DJMG 30.1.2007*)

19.3. Correr o Perigo (Alínea"c")

JURISPRUDÊNCIAS
TRIBUNAL SUPERIOR DO TRABALHO — 3ª REGIÃO

EMENTA: RESCISÃO INDIRETA DO CONTRATO DE TRABALHO. Pratica falta grave o empregador que, ignorando recomendação médica, exige do obreiro serviços superiores às suas forças, expondo-o ao perigo de agravar a sua enfermidade, o que justifica a rescisão indireta do contrato de trabalho com fundamento nas alíneas "a" e "c" do art. 483/CLT. Recurso patronal desprovido. (*TRT 3ª R., RO n. 15947/00, 4ª T., Rel. Juiz Convocado Rogério Valle Ferreira, DJMG 21.04.2001, p. 21*)

EMENTA: RESCISÃO INDIRETA. O art. 483, alínea "c", da CLT autoriza a rescisão indireta quando o trabalhador "correr perigo manifesto de mal considerável". Alegando a autora que o ambiente de trabalho apresentava condições ergonômicas adversas a ponto de provocar-lhe doença profissional, competia-lhe comprovar esses fatos, a fim de ver atendido o pleito de rescisão indireta fundado no dispositivo legal já referido. Se os elementos dos autos evidenciam a ausência da moléstia relacionada ao trabalho, além de inexistir comprovação quanto à inadequação do mobiliário utilizado pela obreira, há de ser rejeitado o pleito de rescisão indireta. (*TRT 3ª R., 01429-2002-070-03-00-9 RO, 2ª T., Alice Monteiro de Barros, DJMG 16.7.2003*)

19.4. Não Cumprir as Obrigações (Alínea "d")

JURISPRUDÊNCIAS
TRIBUNAL SUPERIOR DO TRABALHO — 3ª REGIÃO

EMENTA: RESILIÇÃO INDIRETA DO CONTRATO DE TRABALHO. Dispõe a alínea "d" do art. 483 da CLT que o empregado poderá considerar rescindido o pacto laboral e pleitear a devida indenização quando "não cumprir o empregador as obrigações do contrato", podendo fazê-lo permanecendo ou não no serviço até o final da decisão do processo, consoante o permissivo do § 3º do mesmo artigo. (*TRT 3ª R., 01773-2003-114-03-00-9 RO, 5ª T., Rel. Juiz José Murilo de Morais, DJMG 15.6.2004*)

EMENTA: RESCISÃO INDIRETA — CONFIGURAÇÃO. Comprovado nos autos que a reclamada não vem cumprindo as obrigações elementares do contrato de trabalho, atrasando o pagamento dos salários, além de deixar de recolher os valores devidos a título de FGTS, resta configurada a falta grave do empregador, na forma do art. 483, alínea "d" da CLT, de molde a justificar a rescisão oblíqua do pacto laboral. (*TRT 3ª R., 00007-2007-027-03-00-9 RO, 2ª T., Rel. Juiz Márcio Flávio Salem Vidigal, DJMG 22.6.2007*)

EMENTA: RESCISÃO INDIRETA. AUSÊNCIA DO RECOLHIMENTO DO FGTS E DAS CONTRIBUIÇÕES PREVIDENCIÁRIAS. IMEDIATIDADE. O não-recolhimento dos depósitos do FGTS e das contribuições previdenciárias, no decorrer do contrato de trabalho, constitui falta grave autorizadora da rescisão indireta, capitulada no art. 483, alínea "d", da CLT, não se havendo falar em perdão tácito e/ou falta de imediatidade, tendo em vista a natureza do contrato, de trato sucessivo, em que o descumprimento das obrigações era renovado mês a mês, caracterizando, destarte, a atualidade e a contemporaneidade das faltas, tal como ocorre com as infrações continuadas, aliado ao fato de que somente o empregado poderia sopesar o melhor momento para denunciar o contrato. (*TRT 3ª R., 00886-2006-027-03-00-8 RO, 1ª T., Relatora Juíza Convocada Taísa Maria Macena de Lima, DJMG 15.6.2007, p. 6*)

EMENTA: RESCISÃO INDIRETA DO CONTRATO DE TRABALHO. FALTA DE ASSINATURA DA CTPS, DO RECOLHIMENTO DO FGTS, DAS CONTRIBUIÇÕES PREVIDENCIÁRIAS E ATRASO NO PAGAMENTO DOS SALÁRIOS. A primeira providência do empregador é assinar a CTPS do empregado contratado, devendo cumprir as suas obrigações mensais concernentes ao pagamento dos salários a tempo e modo, com o correspondente recolhimento das contribuições previdenciárias e dos depósitos relativos ao Fundo de Garantia por Tempo de Serviço. Tais omissões comprometem a continuidade do contrato por se tratarem de infrações graves e de natureza continuada, autorizando a rescisão indireta do contrato. (*TRT 3ª R., 01250-2006-004-03-00-0 RO, 2ª T., Rel. Juiz Vicente de Paula Maciel Júnior, DJMG 15.6.2007*)

19.5. Ato Lesivo à Honra (Alínea "e")

JURISPRUDÊNCIA
TRIBUNAL SUPERIOR DO TRABALHO — 3ª REGIÃO

EMENTA: RESCISÃO INDIRETA DO CONTRATO DE TRABALHO — COMPROVAÇÃO DO ATO LESIVO PRATICADO PELO EMPREGADOR. O reconhecimento da rescisão indireta do contrato exige que falta cometida pelo empregador, além de inequivocamente comprovada, seja de tal gravidade que inviabilize a continuidade da relação empregatícia. Ausente tal demonstração, o pedido deve ser julgado improcedente. (*TRT 3ª R., 01337-2005-003-03-00-0 RO, 1ª T., Rel. Juiz Marcus Moura Ferreira, DJMG 15.12.2006*)

19.7. Reduzir as Tarefas do Empregado (Alínea "g")

JURISPRUDÊNCIA

TRIBUNAL SUPERIOR DO TRABALHO — 3ª REGIÃO

EMENTA: PROFESSOR — REDUÇÃO DE CARGA HORÁRIA — DIFERENÇA SALARIAL — RESCISÃO INDIRETA. A redução do número de horas-aula, sem que tenha havido a homologação sindical e pagamento de indenização, conforme previsto nos instrumentos coletivos aplicáveis à instituição de ensino e aos docentes, importa em ofensa ao princípio da irredutibilidade salarial e dá ensejo à rescisão indireta, expressamente, previstos por aqueles instrumentos. (*TRT 3ª R., 00724-2005-098-03-00-6 RO, 3ª T., Relatora Juíza Maria Lúcia Cardoso de Magalhães, DJMG 30.9.2006*)

Capítulo 20

AVISO PRÉVIO

20.1. Quando é Cabível

CONSTITUIÇÃO FEDERAL

Art. 7º São direitos dos trabalhadores urbanos e rurais, além de outros que visem à melhoria de sua condição social:

XXI — aviso prévio proporcional ao tempo de serviço, sendo no mínimo de trinta dias, nos termos da lei; (...).

CONSOLIDAÇÃO DAS LEIS DO TRABALHO — CLT

Art. 481. Aos contratos por prazo determinado, que contiverem cláusula assecuratória do direito recíproco de rescisão antes de expirado o termo ajustado, aplicam-se, caso seja exercido tal direito por qualquer das partes, os princípios que regem a rescisão dos contratos por prazo indeterminado.

Art. 487. Não havendo prazo estipulado, a parte que, sem justo motivo, quiser rescindir o contrato, deverá avisar a outra da sua resolução, com a antecedência mínima de:

I — oito dias, se o pagamento for efetuado por semana ou tempo inferior;

II — trinta dias aos que perceberem por quinzena ou mês, ou que tenham mais de doze meses de serviço na empresa.

SÚMULA DO TST

Súmula n. 163/TST: Cabe aviso prévio nas rescisões antecipadas dos contratos de experiência, na forma do art. 481 da CLT. (ex-Prejulgado n. 42)

20.2. Falta de Aviso Prévio pelo Empregador

CONSOLIDAÇÃO DAS LEIS DO TRABALHO — CLT

Art. 487. ....

§ 1º A falta do aviso prévio por parte do empregador dá ao empregado o direito aos salários correspondentes ao prazo do aviso, garantida sempre a integração desse período no seu tempo de serviço.

20.3. Falta de Aviso Prévio pelo Empregado

CONSOLIDAÇÃO DAS LEIS DO TRABALHO — CLT

Art. 487. ....

§ 2º A falta do aviso prévio por parte do empregado dá ao empregador o direito de descontar os salários correspondentes ao prazo respectivo.

20.4. Redução do Aviso Prévio

CONSOLIDAÇÃO DAS LEIS DO TRABALHO — CLT

Art. 484. Havendo culpa recíproca no ato que determinou a rescisão do contrato de trabalho, o Tribunal do Trabalho reduzirá a indenização à que seria devida em caso de culpa recíproca do empregador, por metade.

§ 2º A falta do aviso prévio por parte do empregado dá ao empregador o direito de descontar os salários correspondentes ao prazo respectivo.

SÚMULA DO TST

Súmula n. 14/TST: Reconhecida a culpa recíproca na rescisão do contrato de trabalho (art. 484 da CLT), o empregado tem direito a 50% (cinqüenta por cento) do valor do aviso prévio, do décimo terceiro salário e das férias proporcionais.

20.6. Tempo para Procurar Outro Emprego
CONSOLIDAÇÃO DAS LEIS DO TRABALHO — CLT
Art. 488. O horário normal de trabalho do empregado, durante o prazo do aviso, e se a rescisão tiver sido promovida pelo empregador, será reduzido de duas horas diárias, sem prejuízo do salário integral.

SÚMULA DO TST
Súmula n. 230/TST: É ilegal substituir o período que se reduz da jornada de trabalho, no aviso prévio, pelo pagamento das horas correspondentes.

LEI N. 5.889, DE 8 DE JUNHO DE 1973
Art. 15. Durante o prazo do aviso prévio, se a rescisão tiver sido promovida pelo empregador, o empregado rural terá direito a um dia por semana, sem prejuízo do salário integral, para procurar outro trabalho.

20.7. Reconsideração do Aviso Prévio
CONSOLIDAÇÃO DAS LEIS DO TRABALHO — CLT
Art. 489. Dado o aviso prévio, a rescisão torna-se efetiva depois de expirado o respectivo prazo mas, se a parte notificante reconsiderar o ato, antes de seu termo, à outra parte é facultado aceitar ou não a reconsideração.

Parágrafo único. Caso seja aceita a reconsideração ou continuando a prestação depois de expirado o prazo, o contrato continuará a vigorar, como se o aviso prévio não tivesse sido dado.

20.8. Renúncia do Aviso Prévio
SÚMULA DO TST
Súmula n. 276/TST: O direito ao aviso prévio é irrenunciável pelo empregado. O pedido de dispensa de cumprimento não exime o empregador de pagar o valor respectivo, salvo comprovação de haver o prestador dos serviços obtido novo emprego.

20.9. Na Despedida Indireta é Cabível o Aviso Prévio
CONSOLIDAÇÃO DAS LEIS DO TRABALHO — CLT
Art. 487. ....

§ 4º É devido o aviso prévio na despedida indireta.

20.10. Justa Causa no Aviso Prévio
CONSOLIDAÇÃO DAS LEIS DO TRABALHO — CLT
Art. 491. O empregado que, durante o prazo do aviso prévio, cometer qualquer das faltas consideradas pela lei como justa causa para a rescisão, perde o direito ao restante do respectivo prazo.

20.11. Quando o Empregador Comete Falta
CONSOLIDAÇÃO DAS LEIS DO TRABALHO — CLT
Art. 490. O empregador que, durante o prazo do aviso prévio dado ao empregado, praticar ato que justifique a rescisão imediata do contrato, sujeita-se ao pagamento da remuneração correspondente ao prazo do referido aviso, sem prejuízo da indenização que for devida.

20.12. Aviso Prévio Indenizado
CONSOLIDAÇÃO DAS LEIS DO TRABALHO — CLT
Art. 487. ....

§ 5º O valor das horas extraordinárias habituais integra o aviso prévio indenizado.

§ 6º O reajustamento salarial coletivo, determinado no curso do aviso prévio, beneficia o empregado pré-avisado da despedida, mesmo que tenha recebido antecipadamente os salários correspondentes ao período do aviso, que integra seu tempo de serviço para todos os efeitos legais.

Capítulo 21

PRESCRIÇÃO

21.1. Prescrição — Trabalho Urbano e Rural

EMENDA CONSTITUCIONAL N. 28, DE 25 DE MAIO DE 2000

Art. 1º O inciso XXIX do art. 7º da Constituição Federal passa a vigorar com a seguinte redação:

XXIX — ação, quanto aos créditos resultantes das relações de trabalho, com prazo prescricional de cinco anos para os trabalhadores urbanos e rurais, até o limite de dois anos após a extinção do contrato de trabalho.

21.2. Contra o Menor não Corre Prescrição

CONSOLIDAÇÃO DAS LEIS DO TRABALHO — CLT

Art. 440. Contra os menores de 18 anos não corre nenhum prazo de prescrição.

LEI N. 5.889, DE 8 DE JUNHO DE 1973

Art. 10. A prescrição dos direitos assegurados por esta Lei aos trabalhadores rurais só ocorrerá após dois anos de cessação do contrato de trabalho.

Parágrafo único. Contra o menor de dezoito anos não corre qualquer prescrição.

21.4. Prescrição na Aposentadoria por Invalidez

CONSOLIDAÇÃO DAS LEIS DO TRABALHO — CLT

Art. 475. O empregado que for aposentado por invalidez terá suspenso o seu contrato de trabalho durante o prazo fixado pelas leis da previdência social para efetivação do benefício.

SÚMULAS DO TST

Súmula n. 160/TST: Cancelada a aposentadoria por invalidez, mesmo após 5 (cinco) anos, o trabalhador terá direito de retornar ao emprego, facultado, porém, ao empregador, indenizá-lo na forma da lei. (ex-Prejulgado n. 37, de 21.9.1971)

ORIENTAÇÃO JURISPRUDENCIAL DO TRT 3ª REGIÃO TURMAS

"1. APOSENTADORIA POR INVALIDEZ. SUSPENSÃO DO CONTRATO DE TRABALHO. PRESCRIÇÃO BIENAL. A aposentadoria por invalidez é causa de suspensão do contrato de trabalho e impede a aplicação da prescrição bienal extintiva prevista art. 7º, XXIX, da Constituição da República."

JURISPRUDÊNCIAS

TRIBUNAL SUPERIOR DO TRABALHO — 15ª REGIÃO

EMENTA: PRESCRIÇÃO QÜINQÜENAL — SUSPENSÃO — EMPREGADO AFASTADO EM VIRTUDE DE ACIDENTE DE TRABALHO — NÃO OCORRÊNCIA. A licença previdenciária concedida à reclamante, em decorrência de acidente de trabalho, não suspende o contrato laboral (o tempo de afastamento contado como serviço efetivo) nem a contagem do prazo prescricional: as previsões de suspensão do fluxo prescricional insculpidas em lei visam precipuamente excluir da contagem aqueles períodos em que o titular do direito, por qualquer razão, esteja impedido de postulá-lo em juízo, o que não ocorre, por si só, em razão de acidente de trabalho. Não se pode olvidar, ademais, que as causas suspensivas estão expressamente elencadas em lei, sendo defeso ao interprete criar hipóteses não previstas. Mantém-se. (TRT 15ª R. — RO n. 845-2003-018-15-00-2 (19745/05) — 12ª C. — Rel.ª Juíza Olga Ainda Joaquim Gomieri — DOESP 6.5.2005 — p. 52)

TRIBUNAL SUPERIOR DO TRABALHO — 3ª REGIÃO

EMENTA: APOSENTADORIA — PRESCRIÇÃO. A aposentadoria por invalidez acarreta tão-somente a suspensão do contrato de trabalho, não havendo que se falar em ruptura ou extinção do contrato de mesmo, o que afasta a prescrição total bienal. (TRT 3ª R. — RO n. 00519-2003-013-03-00-9 — 7ª T. — Rel. Juiz Paulo Roberto de Castro — DJMG 25.9.2003)

Capítulo 22
ESTABILIDADE PROVISÓRIA

CONSTITUIÇÃO FEDERAL
ATO DAS DISPOSIÇÕES CONSTITUCIONAIS TRANSITÓRIAS

Art. 10. Até que seja promulgada a lei complementar a que se refere o art. 7º, I, da Constituição:

II — fica vedada a dispensa arbitrária ou sem justa causa:

a) do empregado eleito para cargo de direção de comissões internas de prevenção de acidentes, desde o registro de sua candidatura até um ano após mandato;

b) da empregada gestante, desde a confirmação da gravidez até cinco meses após o parto.

SÚMULAS DO TST

Súmula n. 244/TST: GESTANTE. ESTABILIDADE PROVISÓRIA.

I — O desconhecimento do estado gravídico pelo empregador não afasta o direito ao pagamento da indenização decorrente da estabilidade (art. 10, II, "b" do ADCT).

II — A garantia de emprego à gestante só autoriza a reintegração se esta se der durante o período de estabilidade. Do contrário, a garantia restringe-se aos salários e demais direitos correspondentes ao período de estabilidade.

III — Não há direito da empregada gestante à estabilidade provisória na hipótese de admissão mediante contrato de experiência, visto que a extinção da relação de emprego, em face do término do prazo, não constitui dispensa arbitrária ou sem justa causa.

Súmula n. 339/TST: CIPA. SUPLENTE. GARANTIA DE EMPREGO. CF/1988.

I — O suplente da CIPA goza da garantia de emprego prevista no art. 10, II, "a", do ADCT a partir da promulgação da Constituição Federal de 1988.

II — A estabilidade provisória do cipeiro não constitui vantagem pessoal, mas garantia para as atividades dos membros da CIPA, que somente tem razão de ser quando em atividade a empresa. Extinto o estabelecimento, não se verifica a despedida arbitrária, sendo impossível a reintegração e indevida a indenização do período estabilitário.

Súmula n. 378/TST: ESTABILIDADE PROVISÓRIA. ACIDENTE DO TRABALHO. ART. 118 DA LEI N. 8.213/1991. CONSTITUCIONALIDADE. PRESSUPOSTOS.

I — É constitucional o art. 118 da Lei n. 8.213/1991 que assegura o direito à estabilidade provisória por período de 12 meses após a cessação do auxílio-doença ao empregado acidentado.

II — São pressupostos para a concessão da estabilidade o afastamento superior a 15 dias e a conseqüente percepção do auxílio-doença acidentário, salvo se constatada, após a despedida, doença profissional que guarde relação de causalidade com a execução do contrato de emprego.

LEI N. 8.213, DE 24 DE JULHO DE 1991

Art. 118. O segurado que sofreu acidente do trabalho tem garantida, pelo prazo mínimo de doze meses, a manutenção do seu contrato de trabalho na empresa, após a cessação do auxílio-doença acidentário, independentemente de percepção de auxílio-acidente.

22.1. Falta Grave — Despedida

CONSOLIDAÇÃO DAS LEIS DO TRABALHO — CLT

Art. 482. Constituem justa causa para rescisão do contrato de trabalho pelo empregador:

a) ato de improbidade;

b) incontinência de conduta ou mau procedimento;

c) negociação habitual por conta própria ou alheia sem permissão do empregador, e quando constituir ato de concorrência à empresa para a qual trabalha o empregado, ou for prejudicial ao serviço;

d) condenação criminal do empregado, passada em julgado, caso não tenha havido suspensão da execução da pena;

e) desídia no desempenho das respectivas funções;

f) embriaguez habitual ou em serviço;

g) violação de segredo da empresa;

h) ato de indisciplina ou de insubordinação;

i) abandono de emprego;

j) ato lesivo da honra ou da boa fama praticado no serviço contra qualquer pessoa,ou ofensas físicas, nas mesmas condições, salvo em caso de legítima defesa, própria ou de outrem;

k) ato lesivo da honra ou da boa fama praticadas contra o empregador e superiores hierárquicos, salvo em caso de legítima defesa, própria ou de outrem;

l) prática constante de jogos de azar.

Parágrafo único. Constitui igualmente justa causa para dispensa de empregado, a prática, devidamente comprovada em inquérito administrativo, de atos atentatórios à segurança nacional.

Art. 853. Para a instauração do inquérito para apuração de falta grave contra empregado garantido com estabilidade, o empregador apresentará reclamação por escrito à Junta ou Juízo de Direito, dentro de 30 (trinta) dias, contados da data da suspensão do empregado.

Capítulo 23

RESCISÃO DE CONTRATO DE TRABALHO

23.1. Mais de um Ano de Emprego — Homologação

CONSOLIDAÇÃO DAS LEIS DO TRABALHO — CLT

Art. 477. É assegurado a todo empregado, não existindo prazo estipulado para a terminação do respectivo contrato, e quando não haja ele dado motivo para cessação das relações do trabalho, o direito de haver do empregador uma indenização, paga na base da maior remuneração que tenha percebido na mesma empresa.

§ 1º O pedido de demissão ou recibo de quitação de rescisão do contrato de trabalho, firmado por empregado com mais de 1 (um) ano de serviço, só será válido quando feito com a assistência do respectivo Sindicato ou perante a autoridade do Ministério do Trabalho.

....

§ 6º O pagamento das parcelas constantes do instrumento de rescisão ou recibo de quitação deverá ser efetuado nos seguintes prazos:

a) até o primeiro dia útil imediato ao término do contrato; ou

b) até o décimo dia, contado da data da notificação da demissão, quando da ausência do aviso prévio, indenização do mesmo ou dispensa de seu cumprimento.

MODELOS DE IMPRESSOS RURAIS

1. CONTRATO DE EXPERIÊNCIA

Pelo presente instrumento, ... doravante denominado EMPREGADOR e .... doravante denominado EMPREGADO, têm justo e contratado o seguinte:

1. Fica o EMPREGADO admitido a título de experiência a partir de ..../..../20...., para exercer a função de .... devendo encerrar-se no dia ..../..../20...., independentemente de qualquer notificação.

2. Não havendo interesse em continuar a relação empregatícia, o contrato encerrar-se-á na data prevista na cláusula 1ª, podendo as partes rescindi-lo sem qualquer indenização ou aviso prévio.

3. Havendo interesse em continuar a relação empregatícia após o prazo de experiência, este passará a vigorar por prazo indeterminado, respeitando, contudo, as cláusulas seguintes.

4. O salário ajustado é de .... por ......, podendo ser efetuados os seguintes descontos, com os quais o empregado desde já concorda, autorizando-os:

a) importância correspondente aos prejuízos que causar à propriedade, inclusive quanto à casa que ocupará, o que fará com fundamento no § 1º do art. 462 da CLT, já que essa possibilidade fica expressamente prevista em contrato;

b) adiantamentos salariais;

5. O EMPREGADO se obriga a executar todos os serviços determinados pelo EMPREGADOR, não podendo chamar terceiros (esposa, filhos, irmãos etc.), para auxiliá-lo, com a exceção de quando contratados por escrito e com competente registro em carteira pelo EMPREGADOR.

6. A moradia será cedida, gratuitamente ao empregado e sua família, sem a integração de quaisquer importância ao seu salário, nos termos do § 5º do art. 9º da Lei do Trabalho Rural — Lei n. 5.889/73.

a) O EMPREGADO se obriga a conservar a casa com os cuidados indispensáveis, ficando entendido que deverá desocupá-la durante os 30 (trinta) dias após a data da rescisão do contrato de trabalho, independentemente de qualquer notificação judicial ou extrajudicial.

b) Durante os 30 (trinta) dias, conforme letra "a", o EMPREGADOR poderá transferir o EMPREGADO desligado para outra casa, dentro ou fora da propriedade, sem quaisquer despesas para o EMPREGADO, até que se complete o período de 30 dias. Tal transferência se dará quando a ocupação da primeira moradia pelo EMPREGADO, vier a causar transtornos ao bom desenvolvimento dos trabalhos.

c) Fica entendido que caracteriza Justa Causa para a rescisão do contrato de trabalho, a prática de ato intencional ou culposo em prejuízo da propriedade rural, aí incluída a casa fornecida para habitação.

7. Os serviços deverão ser executados no horário normal, de acordo com a legislação trabalhista em vigor. Se houver necessidade de serviços extraordinários (horas extras) as horas trabalhadas a mais em um dia deverão ser compensadas nos 12 (doze) meses seguintes (Banco de Horas), observado o prazo de vigência deste contrato, com o repouso correspondente, salvo determinação por escrito, em contrário, do EMPREGADOR.

8. O EMPREGADO toma conhecimento, neste ato, das normas regulamentares do EMPREGADOR, que ficam fazendo parte integrante deste, importando, a sua infringência, em justa causa para dispensa.

9. Fica ajustado, nos termos do § 1º do art. 469 da CLT, que o EMPREGADO acatará ordem emanada do EMPREGADOR para a prestação de serviços, tanto na localidade de celebração do contrato de trabalho, como em qualquer outra cidade ou estado, quer essa transferência seja transitória, quer seja definitiva.

10. Fica estabelecido que as infrações contratuais por parte do EMPREGADO importarão em penas sucessivas de advertência (verbal ou escrita), suspensão e demissão, salvo se a falta for tão grave que justifique rescisão imediata (como a prática de ato de improbidade, agressão em serviço, a colega, superior ou visitante, comparecimento ao serviço em estado de embriaguez etc.).

E, por estarem assim justos e contratados, assinam o presente, em duas vias, com as duas testemunhas abaixo.

Uberlândia, ... de .... de 20 .....

....
EMPREGADOR
....
EMPREGADO

TESTEMUNHAS:

....

....

2. CONTRATO DE TRABALHO POR PRAZO INDETERMINADO

Pelo presente instrumento, ... doravante denominado EMPREGADOR e .... doravante denominado EMPREGADO, têm justo e contratado o seguinte:

1. Fica o EMPREGADO admitido a partir de .... /..... / 20 ..., para exercer a função de ...., aceitando, desde já, exercer outras funções ou executar outros serviços determinados pelo empregador, compatíveis com suas condições pessoais, na vigência deste contrato.

2. O EMPREGADO se obriga a executar todos os serviços determinados pelo EMPREGADOR, não podendo chamar terceiros (esposa, filhos, irmãos etc.), para auxiliá-lo, com exceção de quando contratados por escrito e com o competente registro em carteira pelo EMPREGADOR.

3. O presente contrato é por prazo indeterminado, porém, os primeiros ...... (..............) dias serão considerados como experiência, podendo as partes rescindi-lo no final desse prazo, sem qualquer indenização ou aviso prévio.

4. O salário ajustado é de R$ .... (.......................) por ...., podendo ser efetuados os seguintes descontos, com os quais o empregado desde já concorda, autorizando-os:

a) importância correspondente aos prejuízos que causar à propriedade, inclusive quanto à casa que ocupará, o que fará com fundamento no § 1º do Art. 462 da CLT, já que essa possibilidade fica expressamente prevista em contrato;

b) adiantamentos salariais;

c) ....

5. A moradia será cedida, gratuitamente ao EMPREGADO e sua família, sem a integração de qualquer importância aos seus salários, nos termos do § 5º do Art. 9º da Lei do Trabalho Rural — Lei n. 5.889/73.

a) O EMPREGADO se obriga a conservar a casa com os cuidados indispensáveis, ficando entendido que deverá desocupá-la durante os 30 (trinta) dias após a data da cessação do contrato de trabalho, independentemente de qualquer notificação judicial ou extrajudicial;

b) Durante os 30 (trinta) dias, conforme letra "a", o EMPREGADOR poderá transferir o EMPREGADO desligado para outra casa, dentro ou fora da propriedade, sem quaisquer despesas para o EMPREGADO, até que se complete o período de 30 dias. Tal transferência dar-se-á quando a ocupação da primeira moradia pelo EMPREGADO vier a causar transtornos ao bom desenvolvimento dos trabalhos.

c) Fica entendido que caracteriza Justa Causa para a rescisão do contrato de trabalho a prática de ato intencional ou culposo em prejuízo da propriedade rural, aí incluída a casa fornecida para habitação.

6. Os serviços deverão ser executados no horário normal, de acordo com a legislação trabalhista em vigor. Se houver necessidade de trabalho extraordinário (horas extras), as horas trabalhadas a mais em um dia deverão ser compensadas nos 12 (doze) meses seguintes (Banco de Horas), observado o prazo de vigência deste contrato com o repouso correspondente, salvo determinação POR ESCRITO, em contrário, do EMPREGADOR.

7. O EMPREGADO toma conhecimento neste ato das normas regulamentares do EMPREGADOR, que ficam fazendo parte integrante deste, importando a sua infringência em JUSTA CAUSA para dispensa.

8. Fica ajustado nos termos do § 1º do Art. 469 da CLT que o EMPREGADO acatará ordem emanada do EMPREGADOR para a prestação de serviços, tanto na localidade de celebração do contrato de trabalho, como em qualquer outra cidade ou estado, quer essa transferência seja transitória, quer seja definitiva.

9. Fica estabelecido que as infrações contratuais por parte do EMPREGADO importarão em penas sucessivas de Advertência (verbal ou por escrito), Suspensão e Demissão, salvo se a falta for tão grave que justifique a demissão imediata (como a prática de atos de improbidade, agressão em serviço a colega, superior ou visitante, comparecimento ao serviço em estado de embriaguez etc.).

E, por estarem assim justos e contratados, assinam o presente, em duas vias, na presença de duas testemunhas.

Uberlândia, ... de . . . . de 20 . . .

. . . .
EMPREGADOR

. . . .
EMPREGADO

TESTEMUNHAS:

. . . .

. . . .

3. CONTRATO DE TRABALHO POR PRAZO DETERMINADO

Pelo presente instrumento . . . . doravante denominado EMPREGADOR e . . . . doravante denominado EMPREGADO, têm justo e contratado o seguinte:

1. Fica o EMPREGADO admitido por prazo determinado a partir de ..../..../20...., para exercer a função de . . . . , devendo encerrar-se no dia . . . . . / . . . . / 20 . . . , independentemente de qualquer notificação.

2. Não havendo interesse em continuar a relação empregatícia, o contrato encerra-se na data prevista na cláusula 1ª, podendo as partes rescindi-lo sem qualquer indenização ou aviso prévio.

3. Havendo interesse em continuar a relação empregatícia após o prazo determinado, este passará a vigorar por prazo indeterminado, respeitando, contudo, as cláusulas seguintes.

4. O salário ajustado é de R$ . . . . por . . . ., podendo ser efetuados os seguintes descontos, com os quais o empregado desde já concorda, autorizando-os:

a) importância correspondente aos prejuízos que causar à propriedade, inclusive quanto à casa que ocupará, o que fará com fundamento no § 1º do art. 462 da CLT, já que essa possibilidade fica expressamente prevista em contrato;

b) adiantamentos salariais;

5. O EMPREGADO se obriga a executar todos os serviços determinados pelo EMPREGADOR, não podendo chamar terceiros (esposa, filhos, irmãos, etc.), para auxiliá-lo, com exceção de quando contratados por escrito e com o competente registro em carteira pelo EMPREGADOR.

6. A moradia será cedida, gratuitamente ao empregado e sua família, sem a integração de quaisquer importâncias ao seu salário, nos termos do § 5º do art. 9º da Lei do Trabalho Rural (Lei n. 5.889/73).

a) O EMPREGADO obriga-se a conservar a casa com os cuidados indispensáveis, ficando entendido que deverá desocupá-la durante os 30 (trinta) dias após a data da cessação do contrato de trabalho, independentemente de qualquer notificação judicial ou extrajudicial;

b) Durante os 30 (trinta) dias, conforme letra "a", o EMPREGADOR poderá transferir o EMPREGADO desligado para outra casa, dentro ou fora da propriedade, sem quaisquer despesas para o EMPREGADO, até que se complete o período de 30 dias. Tal transferência dar-se-á quando a ocupação da primeira moradia pelo EMPREGADO, vier a causar transtornos ao bom desenvolvimento dos trabalhos.

7. O EMPREGADO se obriga a executar todos os serviços determinados pelo EMPREGADOR, não podendo chamar terceiros (esposa, filhos, irmãos, etc.), para auxiliá-lo, com exceção de quando contratados por escrito e com o competente registro em carteira pelo EMPREGADOR.

8. Os serviços deverão ser executados no horário normal, de acordo com a legislação trabalhista em vigor. Se houver necessidade de serviços extraordinários (horas extras), as horas trabalhadas a mais em um dia, deverão ser compensadas nos 12 (doze) meses seguintes (Banco de Horas), observado o prazo de vigência deste contrato com o repouso correspondente, salvo determinação por escrito, em contrário, do EMPREGADOR.

9. O EMPREGADO toma conhecimento, neste ato, das normas regulamentares do EMPREGADOR, que ficam fazendo parte integrante deste, importando, a sua infringência, em justa causa para dispensa.

10. Fica ajustado nos termos do § 1º do art. 469 da CLT, que o EMPREGADO acatará ordem emanada do EMPREGADOR para a prestação de serviços, tanto na localidade de celebração do contrato de trabalho, como em qualquer outra cidade ou estado, quer essa transferência seja transitória, quer seja definitiva.

11. Fica estabelecido que as infrações contratuais pelo EMPREGADO importarão em penas sucessivas de advertência (verbal ou escrita), suspensão e demissão, salvo se a falta for tão grave que justifique demissão imediata (como a prática de ato de improbidade, agressão em serviço, a colega, superior, comparecimento ao serviço em estado de embriaguez, etc.).

E, por estarem assim justos e contratados, assinam o presente, em duas vias, com as duas testemunhas abaixo.

Uberlândia, ... de .... de 20 ...

....
EMPREGADOR

....
EMPREGADO

TESTEMUNHAS:

....

....

4. CONTRATO DE TRABALHO POR OBRA CERTA OU PARA EXECUÇÃO DE DETERMINADO SERVIÇO

Pelo presente instrumento .... doravante denominado EMPREGADOR e .... doravante denominado EMPREGADO, têm justo e contratado o seguinte:

1. Fica o EMPREGADO contratado, para exercer as funções ...., para executar ...., findo o qual este contrato ficará automaticamente rescindido, independentemente de qualquer notificação.

2. O salário ajustado é de R$ .... por ...., podendo ser efetuados os seguintes descontos, com os quais o empregado desde já concorda, autorizando-os:

a) importância correspondente aos prejuízos que causar à propriedade, inclusive quanto à casa que ocupará, o que fará com fundamento no § 1º do art. 462 da CLT, já que essa possibilidade fica expressamente prevista em contrato;

b) adiantamentos salariais.

3. O EMPREGADO se obriga a executar todos os serviços constantes da cláusula 1ª, não podendo chamar terceiros (esposa, filhos, irmãos, etc.), para auxiliá-lo, com exceção de quando contratados por escrito e com o competente registro em carteira pelo EMPREGADOR.

4. A moradia será cedida, gratuitamente ao empregado e sua família, sem a integração de qualquer importância ao seu salário, nos termos do § 5º do art. 9º da Lei do Trabalho Rural — Lei n. 5.889/73).

a) O EMPREGADO se obriga a conservar a casa com os cuidados indispensáveis, ficando entendido que deverá desocupá-la durante os 30 (trinta) dias após a data da cessação do contrato de trabalho, independentemente de qualquer notificação judicial ou extrajudicial;

b) Durante os 30 (trinta) dias, conforme letra "a", o EMPREGADOR poderá transferir o EMPREGADO desligado para outra casa, dentro ou fora da propriedade, sem quaisquer despesas para o EMPREGADO, até que se complete o período de 30 dias. Tal transferência dar-se-á quando a ocupação da primeira moradia pelo EMPREGADO, vier a causar transtornos ao bom desenvolvimento dos trabalhos.

c) Fica entendido que caracteriza Justa Causa, para a rescisão do contrato de trabalho, a prática de ato intencional ou culposo em prejuízo da propriedade rural, aí incluída a casa fornecida para habitação.

5. Os serviços deverão ser executados no horário normal, de acordo com a legislação trabalhista em vigor. Se houver necessidade de serviços extraordinários (horas extras), as horas trabalhadas a mais em um dia, deverão ser compensadas nos 12 (doze) meses seguintes (Banco de Horas), observado o prazo de vigência deste contrato com o repouso correspondente, salvo determinação por escrito, em contrário, do EMPREGADOR.

6. O EMPREGADO toma conhecimento, neste ato, das normas regulamentares do EMPREGADOR, que ficam fazendo parte integrante deste, importando, a sua infringência, em justa causa para dispensa.

7. Fica estabelecido que as infrações contratuais por parte do EMPREGADO importarão em penas sucessivas de advertência (verbal ou escrita), suspensão e demissão, salvo se a falta for tão grave que justifique demissão imediata (como a prática de ato de improbidade, agressão em serviço, a colega, superior ou visitante, comparecimento ao serviço em estado de embriaguez, etc.).

E, por estarem assim justos e contratados, assinam o presente, em duas vias, com as duas testemunhas abaixo.

Uberlândia, ... de .... de 20 ...

....
EMPREGADOR

....
EMPREGADO

TESTEMUNHAS:

....

....

5. CONTRATO DE TRABALHO POR SAFRA

Pelo presente instrumento .... doravante denominado EMPREGADOR e .... doravante denominado EMPREGADO, têm justo e contratado o seguinte:

1. Fica o EMPREGADO contratado, para exercer a função de ...., durante a safra de .... finda a qual este contrato ficará automaticamente rescindido, independentemente de qualquer notificação.

2. O salário é de R$ .... por ......, podendo ser efetuados os seguintes descontos, com os quais o empregado desde já concorda, autorizando-os:

a) importância correspondente aos prejuízos que causar à propriedade, inclusive quanto à casa que ocupará, o qual fará com fundamento no § 1º do art. 462 da CLT, já que essa possibilidade fica expressamente prevista em contrato;

b) adiantamentos salariais.

3. O EMPREGADO se obriga a executar os serviços constantes da cláusula 1ª, não podendo chamar terceiros (esposa, filhos, irmãos, etc.), para auxiliá-lo, com exceção de quando contratados por escrito e com o competente registro em carteira pelo EMPREGADOR.

4. A moradia será cedida, gratuitamente ao empregado e sua família, sem a integração de qualquer importância ao seu salário, nos termos do § 5º do art. 9º da Lei do Trabalho Rural — Lei n. 5.889/73.

a) O EMPREGADO se obriga a conservar a casa com os cuidados indispensáveis, ficando entendido que deverá desocupá-la durante os 30 (trinta) dias após a data da rescisão do contrato de trabalho, independentemente de qualquer notificação judicial ou extrajudicial;

b) Durante os 30 (trinta) dias, conforme letra "a", o EMPREGADOR poderá transferir o EMPREGADO desligado para outra casa, dentro ou fora da propriedade, sem quaisquer despesas para o EMPREGADO, até que se complete o período de 30 dias. Tal transferência se dará quando a ocupação da primeira moradia pelo EMPREGADO, vier a causar transtornos ao bom desenvolvimento dos trabalhos.

c) Fica entendido que caracteriza Justa Causa, para a rescisão do contrato de trabalho, a prática de ato intencional ou culposo em prejuízo da propriedade rural, aí incluída a casa fornecida para habitação.

5. Os serviços deverão ser executados no horário normal, de acordo com a legislação trabalhista em vigor. Se houver necessidade de serviços extraordinários, as horas trabalhadas a mais em um dia, deverão ser compensadas nos 12 (doze) meses seguintes (Banco de Horas), observado o prazo de vigência deste contrato com o repouso correspondente, salvo determinação por escrito, em contrário, do EMPREGADOR.

6. O EMPREGADO toma conhecimento, neste ato, das normas regulamentares do EMPREGADOR, que ficam fazendo parte integrante deste, importando, a sua infringência, justa causa para a dispensa.

7. Fica estabelecido que as infrações contratuais por parte do EMPREGADO importarão em penas sucessivas de advertência (verbal ou escrita), suspensão e demissão, salvo se a falta for tão grave que justifique demissão imediata (como a prática de ato de improbidade, agressão em serviço, a colega, superior ou visitante, comparecimento ao serviço em estado de embriaguez etc.).

E, por estarem assim justos e contratados, assinam o presente, em duas vias, com as duas testemunhas abaixo.

Uberlândia, ... de . . . . de 20 . . .

. . . .
EMPREGADOR

. . . .
EMPREGADO

TESTEMUNHAS:

. . . .

. . . .

6. REGULAMENTO INTERNO DOS EMPREGADOS DE ....

CAPÍTULO I
Do Regulamento

Art. 1º Este Regulamento contém normas específicas que disciplinam as relações entre o empregador .... e seus empregados.

Parágrafo único. São empregados desta propriedade, todos aqueles que integram o quadro de pessoal, observados os requisitos da relação de emprego (habitualidade, pessoalidade, subordinação e salário).

Art. 2º Este regulamento se aplica a todos os empregados desta propriedade.

CAPÍTULO II
Da Admissão dos Empregados Rurais

Art. 3º A admissão e a demissão dos empregados rurais são atos privativos do empregador, ou de seu preposto, e serão executados de acordo com a legislação em vigor.

Art. 4º O candidato a qualquer vaga no quadro de empregados, além de apresentar todos os documentos legais, deverá ainda:

a) preencher a ficha de "solicitação de emprego", caso lhe seja apresentada pelo empregador;

b) quando solicitado, apresentar atestado de antecedentes, fornecido pela autoridade competente;

c) submeter-se ao exame médico, previsto em lei, executado por médicos credenciados pelo empregador;

d) submeter-se às provas ou testes de avaliações propostos pelo empregador;

e) fornecer e apresentar outras informações e documentos que por acaso lhe sejam solicitados.

Art. 5º Não serão admitidos empregados rurais que, anteriormente, fizeram parte do quadro de pessoal do próprio empregador e que foram despedidos ou, mesmo que tenham pedido demissão, não revelaram boa capacidade profissional.

Art. 6º O contrato de trabalho do empregado rural admitido em substituição de outro que for aposentado por invalidez, tem caráter de interinidade, podendo ser rescindido sem indenização, caso se verifique a volta do aposentado.

Art. 7º O empregador rural poderá, de acordo com a necessidade, transferir seus empregados rurais de um serviço para outro, assim como de uma propriedade para outra, quer no mesmo município, estado ou país.

Art. 8º O presente regulamento, com todas as suas partes, integra o contrato de trabalho realizado entre empregador e empregado rural que deverá declarar o recebimento do presente regulamento em impresso próprio.

CAPÍTULO III
Do Horário de Trabalho e da sua observância

Art. 9º O horário de trabalho será estabelecido pelo empregador rural ou seu preposto, de acordo com as leis em vigor e os serviços a serem prestados pelos empregados, podendo ser alterado, a qualquer momento, conforme a necessidade.

Art. 10. O início e o fim de cada jornada de trabalho serão registrados na forma estabelecida pelo empregador.

§ 1º Ao fazer o registro de seu horário de trabalho no início das atividades, o empregado não poderá ir para casa ou sair do serviço sem a autorização do empregador ou preposto.

§ 2º O empregado não poderá fazer qualquer anotação, emenda ou rasura no registro de seu horário de trabalho.

§ 3º O registro do horário de trabalho feito por ou para terceiros, constitui justa causa para dispensa do empregado e, se tal registro foi praticado por engano, o empregado deverá imediatamente comunicar o fato ao empregador.

Art. 11. O empregado deverá permanecer em seu local de trabalho desde o início até ao final do expediente e executar todas as tarefas que lhe forem determinadas ou solicitadas.

Art. 12. Os horários de trabalhos extraordinários deverão ser, vez por vez, previamente solicitados e aprovados pelo empregador ou preposto.

CAPÍTULO IV
Da Ausência ao Trabalho

Art. 13. Toda e qualquer ausência ao trabalho deverá ser justificada por escrito junto ao empregador ou preposto.

§ 1º Salvo os casos previstos em lei, a ausência mesmo justificada acarreta a perda dos vencimentos correspondentes.

§ 2º As ausências não comunicadas ou, a critério do empregador, não justificadas, além de acarretarem a perda dos vencimentos correspondentes, implicarão na aplicação das medidas disciplinares previstas no art. 19 deste Regulamento.

Art. 14. Os atrasos serão caracterizados como ausência ao trabalho.

§ 1º Serão tolerados, sem qualquer prejuízo nos salários, até 3 (três) atrasos por mês, de no máximo 10 (dez) minutos, de maneira que, no total, não excedam a 30 (trinta) minutos por mês.

§ 2º Caso o empregado supere, em atrasos, o limite previsto neste artigo, perderá, no mês, a remuneração de 1 dia.

Art. 15. O empregado poderá deixar de comparecer ao trabalho, sem prejuízo de sua remuneração, porém comunicando ao empregador ou preposto, nos seguintes casos:

a) para tratamento de saúde, desde que apresente atestado fornecido por médico credenciado;

b) por motivo de seu casamento, até 3 dias, apresentando a devida certidão de casamento (casamento do próprio empregado);

c) demais casos previstos em lei.

CAPÍTULO V
Dos Direitos dos Empregados

Art. 16. São direitos dos empregados rurais:

a) percepção dos respectivos salários de acordo com as determinações legais;

b) interrupção do trabalho, para alimentação, feita de acordo com as conveniências de cada serviço ou setor e conforme a legislação em vigor;

c) gozo das férias anuais, concedidas de acordo com legislação trabalhista em vigor;

d) ausência ao trabalho sem prejuízo em sua remuneração nos casos previstos e de acordo com o art. 15 deste regulamento;

e) descanso semanal de 24 horas consecutivas;

f) valorização pessoal por parte do empregador e dos colegas;

g) 13º salário (gratificação de natal) de acordo com a lei em vigor;

h) salário-família (se for o caso);

i) salário-maternidade (se for o caso);

j) licença-paternidade, conforme Carta Magna de 1988;

k) demais direitos previstos em lei.

CAPÍTULO VI
Dos Deveres dos Empregados Rurais

Art. 17. São deveres dos empregados rurais:

a) cumprir o presente regulamento;

b) cumprir as ordens e instruções de serviço;

c) comparecer ao trabalho devidamente calçado e com roupas adequadas para o trabalho a ser desenvolvido;

d) cumprir o horário de trabalho previsto no contrato, quadro de horário ou escala de revezamento;

e) fazer horas extras, quando o empregador solicitar;

f) executar com presteza, zelo, interesse e atenção todas as tarefas de sua responsabilidade;

g) atender com atenção e deferência todas as pessoas que mantiverem contato com o empregador;

h) pedir licença para faltar ao serviço, com antecedência;

i) em caso de doença procurar o médico ou hospital mais próximo e mandar alguém da família avisar ao empregador ou preposto, apresentando o atestado médico (em seguida);

j) zelar pela manutenção dos equipamentos, máquinas, implementos e de todo o material sob sua responsabilidade, comunicando imediatamente ao empregador ou preposto quaisquer danos ou irregularidades;

k) observar absoluto sigilo de tudo o que souber quando em função de suas atividades, evitando comentar com terceiros fatos ocorridos com o empregador e sua propriedade;

l) comunicar ao empregador ou preposto, no prazo de 24 horas, qualquer acidente de trabalho que lhe ocorrer;

m) adotar medidas de segurança e higiene, previstas para evitar acidentes e doenças do trabalho;

n) obedecer às instruções e regras, para evitar os acidentes de trabalho, sob pena de sanções disciplinares;

o) ressarcir os danos que, voluntária ou involuntariamente, vier a causar no uso de máquinas, implementos, equipamentos, materiais, etc.;

p) atender prontamente aos chamados do empregador ou preposto e verificar todos os dias os avisos afixados no quadro de informações ou avisos;

q) acatar todas as ordens emanadas do preposto do empregador;

r) ao sair com tratores e outros veículos em estradas, obedecer a todas as regras de trânsito, verificando freios, luzes, etc.

s) denunciar ao empregador por escrito, podendo ou não se identificar, quando for desrespeitado, constrangido, assediado, injustiçado, humilhado, especialmente com relação a sexo ou sexualidade, origem, raça, cor, estado civil, situação familiar, idade e dentre outros adjetivos negativos proferidos por outros empregados, superiores e terceiros, contra sua pessoa ou colegas de trabalho, desde que ocorra dentro do ambiente de trabalho;

t) ....

(acrescentar outros deveres, de acordo com os usos e costumes ou de acordo com os interesses do empregador).

CAPÍTULO VII
Das Proibições

Art. 18. É proibido aos empregados rurais:

a) caçar na área de propriedade do empregador, sem autorização;

b) desmontar ou mesmo mexer em equipamentos e máquinas, sem a devida autorização do empregador ou preposto;

c) participar de jogos de azar no ambiente de trabalho, quer envolvendo ou não dinheiro;

d) exercer qualquer tipo de comércio com os demais empregados ou estranhos (dentro da propriedade);

e) utilizar máquinas, equipamentos ou ferramentas do empregador para serviços não autorizados ou para terceiros;

f) jogar futebol nos horários de almoço e descanso;

g) agir, por qualquer modo, contra os interesses do empregador;

h) apresentar-se no local de trabalho munido de facas, peixeiras, armas de fogo ou explosivos de qualquer espécie;

i) fazer, promover ou apoiar manifestações, representações ou movimentos coletivos não autorizados pelo empregador ou não previsto em lei;

j) comparecer ao serviço embriagado ou portando bebidas alcoólicas;

k) chamar terceiros para auxiliá-lo nos serviços, tais como: esposa, filhos ou outras pessoas não registradas como empregado do empregador;

l) promover festas, forrós e bailes na propriedade, sem a devida autorização do empregador;

m) receber cobradores no local de trabalho;

n) utilizar telefones, fax, *e-mail* e outros, sem autorização;

o) é vedado ao empregado desrespeitar, constranger, assediar, especialmente com relação a sexo ou sexualidade, origem, raça, cor, estado civil, situação familiar, idade e dentre outros adjetivos negativos contra outros empregados, superiores e terceiros dentro do ambiente de trabalho;

p) ....

(acrescentar outras proibições, de acordo com os usos e costume da região ou de acordo com os interesses do empregador).

CAPÍTULO VIII
Das Sanções

Art. 19. As transgressões às normas estabelecidas por este regulamento são passíveis das seguintes sanções:

a) advertência verbal;

b) advertência por escrito;

c) suspensão até 15 dias, com perda de vencimentos e de outras vantagens paralelas;

d) demissão por justa causa.

CAPÍTULO IX
Das Férias

Art. 20. As férias anuais a que o empregado tiver direito serão gozadas obrigatoriamente de acordo com a legislação em vigor.

Parágrafo único. A escala de férias, feita de acordo com as exigências de cada serviço, só poderá ser alterada pelo empregador ou seu preposto.

Art. 21. A duração das férias dos empregados será calculada de acordo com os seguintes critérios legais:

a) 30 dias corridos, quando não registrar mais de 5 faltas;

b) 24 dias corridos, quando houver tido de 6 a 14 faltas;

c) 18 dias corridos, quando houver tido de 15 a 23 faltas;

d) 12 dias corridos, quando houver tido de 24 a 32 faltas.

CAPÍTULO X
Das Disposições Gerais

Art. 22. O empregado não pode chamar terceiros para auxiliá-lo na execução dos serviços, tais como: esposa, filhos, irmãos e outros, sem que estejam registrados em carteira de trabalho, pelo empregador.

Art. 23. Os serviços deverão ser executados no horário normal de trabalho, de acordo com o estabelecido pelo empregador ou pelas leis em vigor.

Parágrafo único. Se houver necessidade de serviço extraordinário, o seu tempo de duração deverá ser compensado com o descanso correspondente, salvo determinação por escrito, em contrário, do empregador, quando este ficará obrigado ao pagamento das horas extras.

Art. 24. Pela ocupação da moradia, o empregador pode efetuar o desconto correspondente a 20% do salário mínimo.

a) nos termos do § 5º do art. 9º da Lei do Trabalho Rural — Lei n. 5.889, a habitação é fornecida gratuitamente, observado o contrato de trabalho celebrado;

b) a concessão da moradia gratuitamente é comunicada ao Sindicato do Trabalhador Rural, conforme determina o § 5º do art. 9º da Lei n. 5.889.

Art. 25. O empregado deve conservar a casa com os cuidados indispensáveis, comunicando ao empregador quaisquer irregularidades constatadas.

§ 1º O empregado desocupará a casa dentro de 30 (trinta) dias após a data da rescisão do contrato de trabalho, independente de qualquer notificação judicial ou extrajudicial.

§ 2º O empregado não pode permitir a moradia definitiva ou provisória na mesma residência de pessoas não autorizadas pelo empregador.

Art. 26. O empregador descontará dos salários do empregado a importância correspondente aos prejuízos que causar à propriedade, inclusive quanto à casa ocupada pelo empregado.

Parágrafo único. O desconto de que trata este artigo, o empregador o faz com fundamento no § 1º do art. 462 da Consolidação das Leis do Trabalho, já que essa possibilidade ficou expressamente prevista em contrato de trabalho.

Art. 27. Todas as leis trabalhistas em vigor, aplicáveis ao empregado rural, integram as normas deste regulamento.

Art. 28. Este regulamento aplica-se a todos os empregados desta propriedade e será entregue a todos que, como tal, forem admitidos.

Uberlândia,____de_____de 20___

Empregador_____

Ciente:_____
        Assinatura do Empregado

RECIBO DE REGULAMENTO

Recebi, nesta data, cópia do REGULAMENTO INTERNO DOS EMPREGADOS de ....

Comprometo-me a cumprir as normas estabelecidas, sob pena de sofrer as sanções previstas pelo Artigo 19, do Capítulo VIII, do próprio Regulamento Interno.

Uberlândia, ... de .... de 20 ....

....
Assinatura do Empregado

7. RECIBO DE PAGAMENTO — EMPREGADO RURAL

Empregador _____
Empregado_____CTPS_____Série_____

REMUNERAÇÃO
Salário .... R$_____
Horas Extras .... R$_____
Adicional de .... R$_____
.... R$_____
.... R$_____
Total .... R$_____

DESCONTOS
INSS .... R$_____
Adiantamento ....R$_____
Habitação ....R$_____
...................................R$_____
...................................R$_____
Total Descontos ... **R$**_____

APURAÇÃO
Total Bruto .... R$ _____
Total Descontos...... R$_____
    Líquido .... R$ _____
___qtas. Sal. Fam. R$ _____
Líquido a Receber   R$ _____

FGTS recolhido R$ _____ neste mês.

QUITAÇÃO
Recebi de _____
a importância de R$_____
com os descontos enumerados, correspondentes aos serviços prestados no período de _____ a _____/_____/_____
inclusive repousos semanais e feriados do que dou plena quitação.

Uberlândia,____de_____de 20_____   Ass. Empreg._____

DECLARAÇÃO
    Declaro para todos os fins, que, no mês de_____não prestei serviços em horas extras e não contei com o auxílio de familiares na prestação dos serviços. Declaro ainda, que, nada tenho a reclamar, até a presente data, quanto a horas extras, descansos semanais e feriados.
    Uberlândia_____/_____/20____ Ass. Empreg. _____

Obs.: a declaração no rodapé do recibo, é indispensável no caso daqueles empregados que não prestam serviços em horas extraordinárias.

Ao contrário, quando o empregado trabalha em horas extras, a declaração pode ser feita conforme o modelo que apresentamos a seguir:

DECLARAÇÃO
    Declaro para todos os efeitos legais, que, no mês de_____prestei serviços em _____ (_____) horas extras, as quais recebi integralmente, com o adicional devido, conforme recibo acima.
    Declaro que não contei com o auxílio de familiares na prestação dos serviços. Declaro, ainda, que, nada tenho a reclamar, até a presente data, quanto a horas extras, descansos semanais e feriados.
    Uberlândia_____/_____/____ Ass. Empreg._____

8. NOTIFICAÇÃO AO SINDICATO DOS TRABALHADORES RURAIS SOBRE A CONCESSÃO GRATUITA DE MORADIA

NOTIFICAÇÃO — § 5º DO ART. 9º DA LEI N. 5.889
(Lei do Trabalho Rural)

Ilmo. Sr.
Presidente do Sindicato dos Trabalhadores Rurais de . . . .
Endereço . . . .
Cidade/Estado

Ref.: Notificação

Nos termos do § 5º do artigo 9º da Lei n. 5.889/73 (Lei do Trabalho Rural), com redação dada pela Lei n. 9.300, de 29 de agosto de 1996, NOTIFICAMOS a esse Sindicato que, em nossa propriedade rural, a moradia será concedida gratuitamente a:
_____
_____
_____,

conforme contrato de trabalho, em nosso arquivo.

Fineza confirmar o recebimento da 1ª via desta, mediante "ciente" na 2ª via apensa.

Uberlândia,_____de_____ de 20__

_____
Empregador

ATENÇÃO: *Deve ser datilografada em 2 (duas) vias, uma é entregue ao Sindicato dos Trabalhadores Rurais (que tenha base territorial na localidade), e a outra (a 2ª via), com a confirmação do recebimento da notificação, deve ser arquivada e conservada para eventual fiscalização futura ou mesmo para defesas junto à Justiça do Trabalho. Não está o empregador obrigado a apresentar o contrato de trabalho, apenas deve encaminhar a notificação. O termo de notificação pode ser feito individualmente ou coletivamente.*

9. CONTRATO DE EMPREITADA

.... daqui por diante denominado LOCADOR DE SERVIÇOS, e ...., daqui por diante denominado EMPREITEIRO, celebram, pelo presente, um contrato de empreitada, mediante as seguintes condições:

1. O LOCADOR é proprietário de um(a) .... denominado(a) ...., situado(a) no município de .... devidamente inscrito(a) no INCRA sob n. ....

2. O LOCADOR contrata com o EMPREITEIRO a execução do serviço de .. .. que poderá ser realizado por si, como também por pessoas de sua família ou agregados, que por ele poderão ser contratados, se lhe interessar, e sob sua exclusiva responsabilidade, e com os quais o locador não terá nenhum compromisso, obrigando-se o EMPREITEIRO a executar o serviço no prazo de .... meses.

3. Receberá o EMPREITEIRO pelos serviços o valor de ...., em .... parcelas, assim discriminadas ....

4. O EMPREITEIRO poderá trabalhar com liberdade absoluta, não havendo de forma alguma relação de emprego, como também não estará sujeito a cumprir nenhum horário de trabalho, não havendo, portanto, nenhuma subordinação. Estando desde já caracterizada a condição de trabalhador autônomo, não terá direito a qualquer indenização em caso de rescisão deste contrato.

5. O EMPREITEIRO residirá em casa de moradia na propriedade e que lhe for designada. Nada pagará pela moradia, mas terá a obrigação de bem cuidar da casa e fazer por si ou por sua conta, os serviços normais de conservação que se fizerem necessários.

6. O EMPREITEIRO se obriga a entregar a casa que ocupará no prazo máximo de .... dias, a contar da data em que, por qualquer motivo, deixar de prestar serviços ao LOCADOR.

7. Os danos decorrentes de negligência imputável ao EMPREITEIRO serão de responsabilidade deste. Caso o EMPREITEIRO realize alguma benfeitoria na propriedade, não será indenizado, em qualquer hipótese.

8. O presente contrato será regido pelo Código Civil e as partes desde já elegem o foro da Comarca de .... para dirimir as dúvidas e questões oriundas do presente contrato.

E, por estarem justos e contratados, assinam o presente contrato em .... vias de igual teor, na presença de duas testemunhas.

Uberlândia, ... de .... de 20 ...

....
Locador de Serviço

....
Empreiteiro

TESTEMUNHAS:

....

....

10. CONTRATO DE COMODATO

.... daqui por diante denominado COMODANTE, e .... daqui por diante denominado COMODATÁRIO, celebram, pelo presente, um contrato de COMODATO, mediante as seguintes condições:

1. O COMODANTE é senhor legítimo de um imóvel rural denominado .... situado no município de .... cadastrado no INCRA sob n. .... e inscrito no Registro de Imóveis dessa Comarca sob n. .... fls. .... em .... de .... de 20 ....

2. O COMODANTE dá em COMODATO ao COMODATÁRIO o referido imóvel nos termos dos arts. 579 a 585 do Novo Código Civil Brasileiro, com uma área de .... hectares, para utilização de .... a ser por ele mesmo executado, com autorização do projeto pelo Instituto Brasileiro do Meio Ambiente e dos Recursos Naturais — Ibama.

3. O prazo de duração do presente contrato é de .... anos, contados a partir da data da assinatura do presente, terminando em igual dia e mês do ano de .... época em que o COMODATÁRIO devolverá, independentemente de qualquer medida judicial ou extrajudicial, a gleba objeto deste contrato.

4. O prazo de que trata a cláusula terceira poderá ser prorrogado, caso haja conveniência para ambas as partes, e desde que assim o exija o prazo para a execução do projeto de .... a ser realizado pelo COMODATÁRIO.

5. Sendo o presente contrato gratuito, obriga-se o COMODATÁRIO a cuidar e zelar pela gleba objeto deste contrato, não podendo de forma alguma utilizar-se da terra para outros fins, que não o contratado, inclusive respondendo por perdas e danos.

6. Havendo necessidade imperiosa e urgente, reconhecida em juízo, poderá o COMODANTE suspender o uso da terra emprestada, antes de findar o prazo convencional.

7. O COMODATÁRIO responderá pelos impostos e INCRA incidentes sobre o imóvel objeto deste contrato, responsabilizando-se pelo seu pagamento em tempo certo, durante a vigência e validade deste instrumento.

8. As cláusulas e condições deste contrato serão respeitadas pelo COMODANTE, bem como por seus herdeiros ou sucessores; da mesma forma se compromete o COMODATÁRIO a respeitar estas cláusulas, como também não poderá futuramente pleitear do COMODANTE as despesas em benfeitorias que eventualmente possa realizar no imóvel.

9. O COMODATÁRIO se compromete a conservar os recursos naturais existentes na propriedade, tais como pomares e florestas naturais, nascentes de rios etc.

Ao devolver o imóvel, o comodatário deverá fazê-lo de maneira livre e desimpedido de pessoas e outros.

10. As partes desde já elegem o foro da comarca de .... para dirimir as dúvidas e questões oriundas do presente, e as cláusulas e condições aqui omissas serão supridas pelas leis em vigor.

E, por estarem justos e contratados, assinam o presente contrato em .... vias de igual teor, na presença de 2 (duas) testemunhas.

Uberlândia, ... de .... de 20 ...

....
Comodante

....
Comodatário

TESTEMUNHAS:

....

....

11. CONTRATO DE ARRENDAMENTO

.... daqui por diante denominado ARRENDADOR, e ....
..........., daqui por diante denominado ARRENDATÁRIO, assinam este CONTRATO DE ARRENDAMENTO, que se regerá pelas seguintes cláusulas:

1. O ARRENDADOR é o proprietário do imóvel rural denominado ....
..................................., localizado no município de .
.... inscrito no INCRA n. .... com área de .... terra solteira e, cede em arrendamento ......
.... ao ARRENDATÁRIO nas seguintes condições:

2. Constitui objeto do presente contrato, uma gleba de terra com ....
.... do imóvel descrito na cláusula primeira, que serão explorados pelo ARRENDATÁRIO, no plantio de ....

3. O prazo de duração do presente contrato é de .... tendo início em .... e seu término em ...., ocasião em que o ARRENDATÁRIO desocupará as terras, deixando-as nas condições em que as encontrou.

3.1. Este contrato poderá ser prorrogado por mais .... de acordo com os interesses das partes. Entretanto, as condições poderão ser mantidas ou alteradas.

4. O ARRENDATÁRIO pagará pelo arrendamento dos ....

4.1. As colheitas do ARRENDATÁRIO constituirão garantia por débitos para com o ARRENDADOR.

5. Dos trabalhos de terceiros executados no arrendamento, caberá toda responsabilidade ao ARRENDATÁRIO, não tendo o ARRENDADOR ou mesmo a propriedade, que responder por eventuais direitos reclamados, quer trabalhistas, acidentais ou de qualquer outro.

6. Os financiamentos necessários para a exploração do referido arrendamento serão por conta do ARRENDATÁRIO, em bancos oficiais ou particulares ...
....

7. O ARRENDATÁRIO não poderá subarrendar ou emprestar, no todo ou em parte, o imóvel objeto deste contrato, bem como seus acessórios, sem autorização do ARRENDADOR.

7.1. O ARRENDATÁRIO não poderá em hipótese alguma utilizar o imóvel objeto deste contrato para culturas ilegais de plantas psicotrópicas.

8. O ARRENDADOR não se responsabiliza por eventuais prejuízos ocasionados por animais soltos, chuvas, geadas ou qualquer outro imprevisto, ficando ainda o ARRENDATÁRIO obrigado a fornecer ajuda no combate ou recuperação do ocasionado nas terras objeto deste arrendamento.

9. O ARRENDATÁRIO se obriga a conservar os recursos naturais existentes no imóvel.

Devolvido o imóvel o arrendatário deverá fazê-lo de forma livre e desimpedido de pessoas e outros.

10. As partes desde já elegem o foro da comarca de .... para dirimir as dúvidas e questões oriundas do presente, e as cláusulas e condições, aqui omissas, serão supridas pelas leis em vigor.

E, por estarem justos e contratados, assinam o presente contrato em .... vias de igual teor, na presença de 2 (duas) testemunhas.

Uberlândia, ... de .... de 20 ...

....
Arrendador

....
Arrendatário

TESTEMUNHAS:

....

....

12. CONTRATO DE ARRENDAMENTO DE PASTO

.... daqui por diante denominado ARRENDADOR, e ....
............, daqui por diante denominado ARRENDATÁRIO, assinam este contrato de ARRENDAMENTO, que se regerá pelas seguintes cláusulas:

1. O ARRENDADOR é proprietário do imóvel rural denominado .... localizado no município de ...., inscrito no INCRA sob n. ...., por este particular instrumento, arrenda ao segundo aqui nomeado ARRENDATÁRIO o imóvel aqui identificado.

2. Constitui objeto do presente contrato uma gleba de terras com uma área de aproximadamente .... alqueires do imóvel descrito na cláusula primeira, que serão utilizados pelo ARRENDATÁRIO no que poderá EMPASTAR até .... bois magros para engorda.

3. O prazo do presente contrato de ARRENDAMENTO de pasto é de .... sendo o início a partir da data da assinatura do presente contrato e seu término em .... ocasião em que o ARRENDATÁRIO se compromete a restituir o pasto ao ARRENDADOR, independentemente de quaisquer avisos ou notificações.

3.1. Este contrato poderá ser prorrogado por mais ...., desde que estejam de pleno acordo ambas as partes, e que esta hipótese seja verificada no mínimo 6 (seis) meses antes do término do presente contrato; entretanto, as condições, aqui previstas poderão ser mantidas ou alteradas durante o prazo da prorrogação.

4. O ARRENDATÁRIO pagará pelo ARRENDAMENTO o valor de R$ ....

5. O imóvel ora arrendado destina-se exclusivamente à criação de animais (pastagem), não podendo de forma alguma o ARRENDATÁRIO alterar a destinação do presente contrato.

6. O ARRENDATÁRIO percorreu a área objeto do presente contrato e a reconheceu em condições aptas para engorda, bem como em perfeito estado de conservação as cercas que protegem a área alugada.

7. A conservação do pasto correrá por conta do ARRENDATÁRIO, assim como outras despesas que se fizerem necessárias; como os medicamentos, vacinas e tudo o que implique no tratamento do gado, desobrigando desta forma o ARRENDADOR de qualquer despesa.

8. Dos trabalhos de terceiros executados no arrendamento, caberá toda responsabilidade ao ARRENDATÁRIO, não tendo o ARRENDADOR ou mesmo a propriedade, que responder por eventuais direitos reclamados, quer trabalhistas, acidentais ou de qualquer outro.

9. O ARRENDADOR não se responsabiliza por eventuais prejuízos ocasionados por animais soltos, perdas ou extravio de reses, nem pelo risco de fogo nas pastagens, ficando ainda o ARRENDATÁRIO obrigado a fornecer ajuda no combate ou recuperação do ocasionado nas terras objeto deste ARRENDAMENTO.

10. Caso o presente contrato não seja prorrogado, o ARRENDATÁRIO se obriga a desocupar a área arrendada dentro do prazo estabelecido, incorrendo em uma multa de R$ .... por dia de atraso na retirada do gado, sem direito de retenção do imóvel por qualquer benfeitoria que porventura haja realizado.

11. O ARRENDATÁRIO se obriga a conservar os recursos naturais existentes no imóvel.

Devolvido o imóvel o arrendatário deverá fazê-lo de forma livre e desimpedido de pessoas e outros.

12. As partes desde já elegem o foro da comarca de ...., para dirimir as dúvidas e questões oriundas do presente, e as cláusulas e condições aqui omissas serão supridas pelas leis em vigor.

E, por estarem justos e contratados, assinam o presente em .... vias de igual teor, na presença de duas testemunhas.

Uberlândia, ... de .... de 20 ...

....
Arrendador

....
Arrendatário

T E S T E M U N H A S:

....

....

13. CONTRATO DE PARCERIA AGRÍCOLA

.... daqui por diante denominado PARCEIRO-OUTORGANTE, e ....
.... daqui por diante denominado PARCEIRO-OUTORGADO, celebram, pelo presente, um CONTRATO DE PARCERIA, mediante as seguintes condições:

1. O PARCEIRO-OUTORGANTE entrega ao PARCEIRO-OUTORGADO, em parceria agrícola, uma área de terra de .... situada ......
...., devidamente demarcada de comum acordo pelas partes, para que nela o PARCEIRO-OUTORGADO, juntamente com pessoas de sua família ou agregados, que por ele poderão ser contratados, se lhe interessar, e sob sua exclusiva responsabilidade, plante e cultive a lavoura de ....
.... por sua conta e risco, cabendo a ele, PARCEIRO-OUTORGADO, de tudo que produzir na área, ... dessa produção, entregando ao PARCEIRO-OUTORGANTE os .... restantes.

2. O PARCEIRO-OUTORGANTE entregará a terra ....
....

3. O PARCEIRO-OUTORGADO não responderá pelos encargos fiscais do imóvel, objeto da presente parceria, e terá permissão para residir em casa de moradia na propriedade que lhe for designada. Nada pagará pela moradia, mas terá a obrigação de bem cuidar da casa e fazer por si ou por sua conta, os serviços normais de conservação que se fizerem necessários.

4. O PARCEIRO-OUTORGADO poderá plantar hortas em terrenos dos fundos da casa que estiver habitando.

5. O PARCEIRO-OUTORGANTE manterá com o PARCEIRO-OUTORGADO uma conta corrente em caderneta anexa à primeira via do presente contrato, onde serão escriturados todos e quaisquer adiantamentos, pagamentos ou recebimentos feitos entre ambos os contratantes. Essa conta será objeto de balanço anual e será liquidada totalmente com o resultado das verbas das últimas colheitas. Do balanço, as partes promoverão cópias duplas, ficando uma cópia para cada contratante.

6. Nas épocas do ano em que o PARCEIRO-OUTORGADO ou pessoas de sua família não estiverem trabalhando em suas próprias plantações, poderão, se assim o desejarem, trabalhar em serviços avulsos para outros proprietários rurais, desde que não haja prejuízo para o objeto da presente parceria.

7. O prazo de duração do presente contrato é de .... contados a partir da data da assinatura do presente, para valer até igual data do ano de ...., e poderá ser renovado caso haja conveniência para ambas as partes, mediante entendimento para prorrogação por escrito, 6 (seis) meses antes do término do prazo deste.

8. O não cumprimento de qualquer cláusula por qualquer dos contratantes, importará a rescisão do presente contrato, independente de qualquer providência judicial. Se a rescisão foi exigida, sem motivo, pelo PARCEIRO-OUTORGANTE, pagará ele ao PARCEIRO-OUTORGADO uma importância correspondente a dois terços do valor estimado do resultado final das culturas, encerrando-se a conta corrente, com balanço final, e retirando-se o PARCEIRO-OUTORGADO da propriedade. Se o motivo da rescisão for dado pelo PARCEIRO-OUTORGADO, deverá ele retirar-se da propriedade, saldando a sua conta corrente, se devedora, em dinheiro ou com os dois terços das colheitas que ainda não tenha feito. Para esse fim, o valor dessas colheitas será avaliado de comum acordo ou por dois outros parceiros escolhidos pelas partes.

9. O PARCEIRO-OUTORGADO, caso o presente contrato não seja prorrogado ou em qualquer hipótese de rescisão do mesmo, desocupará a casa que lhe é entregue dentro de 8 (oito) dias do término do contrato ou da rescisão, sem direito de retenção do imóvel por qualquer benfeitoria que porventura haja realizado.

10. A parceria ficará dissolvida, além dos casos de inadimplemento contratual, pela morte do PARCEIRO-OUTORGADO, salvo se os seus herdeiros, dentro de 30 (trinta) dias, manifestarem, expressamente, desejo de continuarem o contrato pelo restante do prazo. Em qualquer hipótese, fica-lhes reservado o direito de colher os frutos do ano agrícola já adiantados.

11. Os danos decorrentes de negligência imputável a um dos contratantes serão de responsabilidade desse. Os danos provocados por razão de força maior ou caso fortuito se dividirão à meia entre os contratantes.

12. O PARCEIRO-OUTORGADO não poderá subparceirar, ceder ou emprestar a área objeto da parceria, sem expresso consentimento, por escrito, do PARCEIRO-OUTORGANTE.

13. O PARCEIRO-OUTORGADO não poderá fazer a venda do produto antes de proceder à divisão referida na cláusula 1ª, mediante entendimento na presença do PARCEIRO-OUTORGANTE ou de representante seu autorizado.

14. Fica acertado que poderá haver substituição de área parceirada por outra equivalente no mesmo imóvel rural do PARCEIRO-OUTORGANTE, desde que convenha às partes e desde que respeitadas as condições do presente contrato de parceria e os direitos do PARCEIRO-OUTORGADO.

15. O PARCEIRO-OUTORGADO se compromete a conservar os recursos naturais existentes na propriedade, tais como pomares e florestas naturais, nascentes de rios etc.

Devolvido o imóvel, o parceiro outorgado deverá fazê-lo de forma livre e desimpedido de pessoas e outros.

16. As partes não poderão, em hipótese alguma, utilizar o imóvel objeto deste contrato para culturas ilegais de plantas psicotrópicas.

17. As partes desde já elegem o foro da comarca de . . . .
. . . . para dirimir as dúvidas e questões oriundas do presente, e as cláusulas e condições, aqui omissas, serão supridas pelas leis em vigor.

E, por estarem justos e contratados, assinam o presente contrato em . . . .
. . . . vias de igual teor, na presença de 2 (duas) testemunhas.

Uberlândia, ... de . . . . de 20 . . .

. . . .
Parceiro-Outorgante

. . . .
Parceiro-Outorgado

TESTEMUNHAS:

. . . .

. . . .

14. CONTRATO DE PARCERIA PARA CULTIVO DE CAFÉ

.... proprietário do(a) .... município de ...., inscrito no INCRA sob n. .... doravante chamado de PARCEIRO-OUTORGANTE, e o Sr. .... doravante chamado de PARCEIRO-OUTORGADO celebram pelo presente, um CONTRATO DE PARCERIA AGRÍCOLA, mediante as seguintes condições:

1. O PARCEIRO-OUTORGANTE entrega ao PARCEIRO-OUTORGADO em Parceria Agrícola, uma área de terras de .... alqueires contendo ... . de café, para que o PARCEIRO-OUTORGADO, juntamente com pessoas de sua família ou agregados, que por ele poderão ser contratados, se lhe interessar, e sob sua exclusiva responsabilidade, cultive a referida lavoura de café, de acordo com os cuidados necessários e as cláusulas seguintes.

2. O presente contrato de Parceria Agrícola durará .... anos, a partir de .... / .... / .... para findar no mesmo dia e mês do ano de ...., ressalvado ao PARCEIRO-OUTORGADO o direito de, findo o contrato, ultimar a colheita já iniciada, bem como no caso de retardamento da mesma, por motivo de força maior ou caso fortuito, fazê-lo durante o tempo necessário para isso.

3. Caberá ao PARCEIRO-OUTORGADO ......% (.................. ....) da produção de ...., no primeiro ano. Ao PARCEIRO-OUTORGANTE caberá .....% (...................... ....) da produção; porém, ficarão sob sua responsabilidade as despesas com adubos químicos e orgânicos e demais despesas.

4. O PARCEIRO-OUTORGADO não responderá pelos encargos fiscais do imóvel, objeto do presente contrato, e terá permissão para residir em casa de moradia na propriedade que lhe for designada. O PARCEIRO-OUTORGADO nada pagará, mas terá a obrigação de bem cuidar da casa e fazer, por si ou por sua conta, os serviços normais de conservação que se fizerem necessários.

5. O PARCEIRO-OUTORGADO se obriga e se compromete a dar na lavoura de café, quantas carpas forem necessárias, matar formigas, consertar cercas e carreadores, desbrotar a lavoura .... vez(es) por ano, retirar da lavoura os galhos secos, cipós e trepadeiras que existirem e que vierem a existir, combater erosões nos lugares invadidos por enxurradas, combater as pragas da lavoura de café contra .... e qualquer outra praga que vier a surgir, conservar sempre limpo o quintal de sua casa, replantar e conservar as mudas sempre no limpo, adubar a lavoura e, enfim, praticar todos os serviços que forem necessários para o bom andamento da produtividade da lavoura.

6. O PARCEIRO-OUTORGADO se obriga e se compromete a esparramar adubos químicos e orgânicos que o PARCEIRO-OUTORGANTE colocar no imóvel, abrindo, se necessário for, buracos para serem enterrados os adubos.

7. O PARCEIRO-OUTORGADO poderá plantar somente .... nos espaços, desde que isso não venha a prejudicar a lavoura de café.

8. O PARCEIRO-OUTORGANTE destinará .... alqueire(s), para plantação de ...., cuja produção, o PARCEIRO-OUTORGADO, ficará com ......% (....) , os ....% (....................... .....) restantes serão do PARCEIRO-OUTORGANTE.

8.1. O PARCEIRO-OUTORGANTE cederá .... para plantação de ....; porém, as despesas com .... ficarão sob a responsabilidade do PARCEIRO-OUTORGADO.

8.2. As despesas com sementes, adubos químicos e orgânicos, inseticidas e defensivos que forem gastos com as culturas temporárias (amendoim, feijão e outras), correrão por conta do ....

9. O PARCEIRO-OUTORGADO poderá plantar hortas em terrenos dos fundos da casa em que estiver habitando, bem como fazer criação de galinhas ou porcos, desde que não prejudique a propriedade ou importune os vizinhos.

10. O PARCEIRO-OUTORGANTE manterá com o PARCEIRO-OUTORGADO uma conta corrente anexa à primeira via do presente contrato, onde serão escriturados todos e quaisquer adiantamentos, pagamentos ou recebimentos feitos entre ambos os contratantes. Essa conta será objeto de balanço anual e será liquidada totalmente com o resultado das vendas das últimas colheitas.

11. O não cumprimento de qualquer cláusula por parte dos contratantes, importará a rescisão do presente contrato independente de qualquer providência judicial.

12. O PARCEIRO-OUTORGADO, caso o presente contrato não seja prorrogado ou em qualquer hipótese de rescisão do mesmo, desocupará a casa que lhe é entregue dentro de .... (....................) dias do término do contrato ou da rescisão, sem direito à retenção do imóvel por qualquer benfeitoria que porventura haja realizado.

12.1. Havendo interesse ou não na renovação do contrato de parceria, os entendimentos serão mantidos 6 (seis) meses antes do término do prazo deste.

13. A parceria ficará dissolvida, além dos casos de inadimplemento contratual, pela morte do PARCEIRO-OUTORGADO, salvo se os seus herdeiros, dentro de . . . . dias, manifestarem, expressamente, desejo de continuar o contrato pelo restante do prazo. Em qualquer hipótese, fica-lhes reservado o direito de colher os frutos do ano agrícola já adiantados.

14. Os danos decorrentes de negligência imputável a um dos contratantes serão de responsabilidade desse. Os danos provocados por razão de força maior ou caso fortuito se dividirão à meia entre os contratantes.

15. O PARCEIRO-OUTORGADO não poderá subparceirar, ceder ou emprestar a área objeto da parceria, sem expresso consentimento, por escrito, do PARCEIRO-OUTORGANTE.

16. O PARCEIRO-OUTORGADO não poderá fazer a venda do produto antes de proceder à divisão da produção na presença do PARCEIRO-OUTARGANTE ou de seu representante autorizado.

17. O PARCEIRO-OUTORGADO se compromete a conservar os recursos naturais existentes na propriedade, tais como pomares e florestas naturais, nascentes de rios etc.

18. As partes não poderão, em hipótese alguma, utilizar o imóvel objeto deste contrato para culturas ilegais de plantas psicotrópicas.

Devolvido o imóvel, o PARCEIRO-OUTORGADO deverá fazê-lo de forma livre e desimpedido de pessoas e outros.

19. As partes desde já elegem o foro da comarca de . . . . para dirimir as dúvidas oriundas do presente, e as cláusulas e condições aqui omissas serão supridas pelas leis em vigor.

E, por estarem assim justos e contratados, assinam o presente em duas vias, com duas testemunhas e o mandarão registrar com despesas à meia no Cartório de Registro de Títulos e Documentos da Comarca.

Uberlândia, ... de . . . . de 20 . . .

. . . .
Parceiro-Outorgante

. . . .
Parceiro-Outorgado

T E S T E M U N H A S :

. . . .

. . . .

15. CONTRATO DE PARCERIA PECUÁRIA

....daqui por diante denominado PARCEIRO-OUTORGANTE, e .... daqui por diante denominado PARCEIRO-OUTORGADO, celebram, pelo presente, um contrato de PARCERIA PECUÁRIA, mediante as seguintes condições;

1. O PARCEIRO-OUTORGANTE é legítimo proprietário .... denominada(o) ...., com .... hectares, devidamente cadastrada(o) no INCRA sob n. ....

2. O PARCEIRO-OUTORGANTE entrega ao PARCEIRO-OUTORGADO, em parceria-pecuária .... cabeças de gado de CRIA e .... cabeças de gado de ENGORDA, estando em comum acordo as partes, para que o PARCEIRO-OUTORGADO, juntamente com pessoas de sua família ou agregados, que por ele poderão ser contratados, se lhe interessar, e sob sua exclusiva responsabilidade, mantenham a CRIAÇÃO e ENGORDA do gado.

3. Do resultado obtido na venda do gado caberá ....% ao PARCEIRO-OUTORGANTE e .... % ao PARCEIRO-OUTORGADO, sendo que as despesas gastas com a criação e tratamento dos animais serão de responsabilidade do PARCEIRO-OUTORGADO; entretanto, este terá direito de ....% do resultado da venda do leite.

4. O PARCEIRO-OUTORGADO não responderá pelos encargos fiscais do imóvel, objeto da presente parceria e terá permissão para residir em casa de moradia na propriedade e que lhe for designada. Nada pagará pela moradia, mas terá a obrigação de bem cuidar da casa e fazer por si ou por sua conta, os serviços normais de conservação que se fizerem necessários.

5. O PARCEIRO-OUTORGADO poderá plantar hortas em terrenos dos fundos da casa em que estiver habitando, bem como criar animais domésticos de pequeno porte.

6. O PARCEIRO-OUTORGANTE manterá com o PARCEIRO OUTORGADO uma conta corrente em Caderneta anexa à primeira via do presente contrato, onde serão escriturados todos e quaisquer adiantamentos, pagamentos ou recebimentos feitos entre ambos os contratantes. Essa conta será objeto de balanço anual e, será liquidada totalmente com o resultado da venda dos animais realizada durante o ano. Do balanço, as partes promoverão cópias duplas, ficando uma cópia para cada contratante.

7. O prazo de duração do presente contrato é de .... contados a partir da data da assinatura do presente, para valer até igual data do ano de .... e poderá ser renovado caso haja conveniência para ambas as partes, mediante entendimento para prorrogação por escrito, 6 (seis) meses antes do término do prazo deste.

8. Caso o presente contrato não seja prorrogado ou em qualquer hipótese de rescisão do mesmo, o PARCEIRO-OUTORGADO desocupará a casa dentro de 8 (oito) dias do término do contrato ou da rescisão, sem direito de retenção do imóvel por qualquer benfeitoria que porventura haja realizado.

9. O não cumprimento de qualquer cláusula por qualquer dos contratantes, importará na rescisão do presente contrato, independentemente de qualquer providência judicial. Se a rescisão for promovida sem motivo pelo PARCEIRO-OUTORGANTE, este indenizará o PARCEIRO-OUTORGADO na importância correspondente a dois terços do valor do lucro que este receberia até o final do contrato, encerrando-se a conta corrente, com o balanço final, e retirando-se o PARCEIRO-OUTORGADO da propriedade. Se a rescisão for promovida pelo PARCEIRO-OUTORGADO, da mesma forma deverá indenizar o PARCEIRO-OUTORGANTE, que por sua culpa sofrerá os prejuízos, indenizando-o também na proporção de dois terços do lucro que este perceberia até o final do contrato; depois de saldada a sua conta corrente, dentro do prazo certo, deverá o PARCEIRO-OUTORGADO retirar-se da propriedade.

10. A parceria ficará dissolvida, além dos casos de inadimplemento contratual, pela morte do PARCEIRO-OUTORGADO, salvo se os seus herdeiros, dentro de 30 (trinta) dias, manifestarem, expressamente, desejo de continuar o contrato pelo restante do prazo. Em qualquer hipótese, fica-lhes assegurado o direito de receber o lucro do ano correspondente.

11. Os danos decorrentes de negligência imputável a um dos contratantes serão de responsabilidade desse. Os danos provocados por razão e força maior ou caso fortuito se dividirão à meia entre os contratantes.

12. O PARCEIRO-OUTORGADO não poderá subparceirar, ceder ou emprestar a área objeto da parceria, sem expresso consentimento, por escrito, do PARCEIRO-OUTORGANTE.

13. O PARCEIRO-OUTORGADO não poderá fazer a venda do gado, antes de proceder à divisão referida na cláusula 3ª, mediante entendimento na presença do PARCEIRO-OUTORGANTE ou de representante seu autorizado.

14. O PARCEIRO-OUTORGADO se compromete a conservar os recursos naturais existentes na propriedade, tais como pomares, florestas, nascentes de rios, etc., ficando-lhe proibido o corte ou podas de árvores frutíferas e matas que integram o imóvel rural, podendo entretanto colher os frutos necessários ao consumo seu e de seus familiares.

15. As partes não poderão, em hipótese alguma, utilizar o objeto deste contrato para culturas ilegais de plantas psicotrópicas.

Devolvido o imóvel, o **PARCEIRO-OUTORGADO** deverá entregá-lo livre e desimpedido de pessoas e outros.

16. As partes desde já elegem o foro da Comarca de . . . . para dirimir as dúvidas e questões oriundas do presente, e as cláusulas e condições aqui omissas serão supridas pelas leis em vigor.

E, por estarem justos e contratados, assinam o presente contrato em . . . . vias de igual teor, na presença de 2 (duas) testemunhas.

Uberlândia, ... de . . . . de 20 . . .

. . . .
Parceiro-Outorgante

. . . .
Parceiro-Outorgado

TESTEMUNHAS:

. . . .
. . . .

MODELOS DE IMPRESSOS URBANOS

16. CONTRATO DE TRABALHO POR PRAZO INDETERMINADO

Pelo presente instrumento . . . .
. . . doravante denominado EMPREGADOR e . . . .
. . . . doravante denominado EMPREGADO, têm justo e contratado o seguinte:

1. Fica o EMPREGADO admitido a partir de . . . . . / . . . . / 20. . . . , para exercer a função de . . . ., aceitando, desde já, exercer outras funções ou serviços determinados pelo empregador, compatíveis com as condições pessoais, na vigência deste contrato.

2. O EMPREGADO se obriga a executar todos os serviços determinados pelo EMPREGADOR, não podendo chamar terceiros (esposa, filhos, irmãos, etc.), para auxiliá-lo.

3. O presente contrato é por prazo indeterminado; porém, os primeiros . . . . . . (. . . . .) dias serão considerados como experiência, podendo as partes rescindi-lo no final desse prazo, sem qualquer indenização ou aviso prévio.

4. O salário ajustado é de R$ . . . . (. . . . .) por . . . ., podendo ser efetuados os seguintes descontos, com os quais o empregado desde já concorda, autorizando-os:

a) importância correspondente aos prejuízos que causar à empresa;

b) adiantamentos salariais;

c) . . . .

5. Os serviços deverão ser executados no horário normal, de acordo com a legislação trabalhista em vigor. Se houver necessidade de trabalho extraordinário (horas extras), as horas trabalhadas a mais em um dia, deverão ser compensadas nos 12 (doze) meses seguintes (Banco de Horas), com o repouso correspondente, salvo determinação POR ESCRITO, em contrário, do EMPREGADOR.

6. O EMPREGADO toma conhecimento neste ato das normas regulamentares do EMPREGADOR, que ficam fazendo parte integrante deste, importando a sua infrigência, em JUSTA CAUSA para dispensa.

7. Fica ajustado nos termos do § 1º do art. 469 da CLT, que o EMPREGADO acatará ordem emanada do EMPREGADOR para a prestação de serviços, tanto na localidade de celebração do contrato de trabalho, como em qualquer outra cidade ou estado, quer essa transferência seja transitória, quer seja definitiva.

8. Fica estabelecido que as infrações contratuais por parte do EMPREGADO importarão em penas sucessivas de Advertência (verbal ou por escrito), Suspensão e Demissão, salvo se a falta for tão grave que justifique rescisão imediata (como a prática de atos de improbidade, agressão em serviço, a colega, superior ou visitante, comparecimento ao serviço em estado de embriaguez etc.).

E, por estarem assim justos e contratados, assinam o presente, em duas vias, na presença de duas testemunhas.

Uberlândia, ... de . . . . de 20 . . .

. . . .
EMPREGADOR

. . . .
EMPREGADO

TESTEMUNHAS:

. . . .

. . . .

17. REGULAMENTO INTERNO DOS EMPREGADOS

CAPÍTULO I
Do Regulamento e sua Aplicação

Art. 1º Este Regulamento, observado o que dispõe a CLT — Consolidação das Leis do Trabalho, e a legislação complementar, contém as normas específicas que disciplinam as relações de trabalho, entre a empresa................................. e seus empregados.

Parágrafo único. São empregados desta empresa, todos aqueles que integram o quadro de pessoal, observados os requisitos da relação empregatícia (habitualidade, pessoalidade, subordinação e salário).

Art. 2º Este regulamento se aplica a todos os empregados desta empresa.

CAPÍTULO II
Da Admissão dos Empregados

Art. 3º A admissão e demissão de empregados são atos privativos do empregador, ou de seu preposto e serão executados de acordo com a legislação em vigor.

Art. 4º O candidato a qualquer vaga no quadro de pessoal, além de apresentar todos os documentos legais, deverá ainda:

a) preencher a ficha de "Pedido de Emprego" que lhe será apresentada pelo Departamento de Pessoal;

b) quando solicitado, apresentar atestado de antecedentes, fornecido pela autoridade competente;

c) submeter-se ao exame médico, previsto em lei, executados pelos médicos credenciados;

d) submeter-se às provas e testes de avaliações, propostos pelo Departamento Pessoal;

e) fornecer e apresentar outras informações e documentos que, por acaso lhe sejam solicitados.

Art. 5º Não serão admitidos para trabalhar numa mesma unidade ou serviço, cônjuges ou parentes até 3º grau.

Art. 6º Não serão admitidos funcionários que, anteriormente fizeram parte do quadro de pessoal, com exceção, aqueles que solicitaram demissão por livre e espontânea vontade, e que dispõem de excelentes antecedentes profissionais.

Parágrafo único. A readmissão do empregado somente acontecerá com o parecer favorável da direção, ouvido o Departamento Jurídico.

Art. 7º A gerência poderá, de acordo com a necessidade, transferir empregados de um serviço para outro.

Art. 8º O presente regulamento, com todas as suas partes, integra o contrato de trabalho firmado entre a empresa e seus empregados que deverão declarar seu recebimento.

CAPÍTULO III
Do Horário do Trabalho e sua Observância

Art. 9º O horário de trabalho é estabelecido de acordo com ....
........., podendo ser alterado a qualquer momento.

Art. 10. O início e o fim de cada horário de trabalho serão registrados na forma estabelecida pela empresa, nos termos da legislação pertinente.

§ 1º Ao fazer o registro do seu horário de trabalho, tanto no início quanto no fim da jornada de trabalho, o empregado poderá:

a) na entrada, registrar o ponto de 5 (cinco) minutos antes até o horário estabelecido;

b) na saída, registrar o ponto do horário estabelecido até 5 (cinco) minutos depois.

§ 2º Quando exigido o uso de uniforme, o empregado deverá registrar o ponto devidamente uniformizado, tanto na entrada, como na saída do serviço.

§ 3º O empregado não poderá fazer qualquer anotação, emenda ou rasura no cartão de ponto.

§ 4º O registro do horário de trabalho feito por ou para terceiros, constitui FALTA GRAVE, estando seus responsáveis sujeitos à demissão por JUSTA CAUSA. Ocorrendo tal registro por engano, o empregado deverá comunicar imediatamente o fato ao Departamento de Pessoal.

Art. 11. O empregado devidamente uniformizado deverá permanecer em seu local de trabalho desde o início até o final do expediente e executar as tarefas que lhe forem determinadas ou solicitadas.

Art. 12. Os horários de trabalhos extraordinários deverão ser, vez por vez, previamente solicitados e aprovados pela gerência ou por quem ela determinar.

Art. 13. Em casos de necessidade, a critério da administração, ou por motivos de força maior, o empregado deverá trabalhar fora ou além de seu horário normal, observadas as disposições legais vigentes.

CAPÍTULO IV
Da Ausência ao Trabalho

Art. 14. Toda e qualquer ausência ao trabalho deverá ser justificada por escrito junto ao Departamento Pessoal.

§ 1º Salvo os casos previstos em lei, a ausência não justificada acarreta a perda dos salários correspondentes.

§ 2º As ausências não comunicadas ou, a critério da Administração não justificadas, além de acarretarem a perda dos salários correspondentes, implicarão na aplicação das medidas disciplinares cabíveis.

Art. 15. O empregado que, por motivos particulares justificáveis ou imprevisíveis ausentar-se durante o horário de trabalho, deverá solicitar por escrito à administração, através do departamento pessoal, com ciência de seu respectivo chefe, a devida autorização.

Parágrafo único. O empregado que tiver que deixar momentaneamente seu lugar de trabalho, deverá comunicar o fato ao próprio chefe.

Art. 16. Os pedidos de licença deverão ser feitos com antecedência e por escrito, dirigidos à administração.

Art. 17. Os atrasos serão caracterizados como ausência ao trabalho.

§ 1º Serão tolerados sem qualquer prejuízo nos salários, até 3 (três) atrasos por mês de no máximo 10 (dez) minutos, de maneira que no total, não excedam de meia hora.

§ 2º O empregado que superar em atrasos o limite previsto neste artigo, perderá a remuneração de um dia.

Art. 18. O empregado poderá deixar de comparecer ao trabalho, sem prejuízo em sua remuneração; porém, comunicando o Departamento Pessoal, nos seguintes casos:

a) para tratamento de saúde, até o máximo de 15 (quinze) dias, desde que apresente atestado médico;

b) por motivo de casamento, até 3 dias (certidão de casamento);

c) por motivo de falecimento de cônjuge, ascendente, descendente, irmão ou pessoa que, declarada em Carteira de Trabalho, viva sob sua dependência. Licença de 2 (dois) dias, com apresentação de atestado de óbito;

d) por motivo de nascimento de filho, até 5 dias (Licença);

e) por motivo de doação voluntária de sangue (1 dia);

f) nos demais casos previstos por lei.

CAPÍTULO V
Dos Direitos dos Empregados

Art. 19. São Direitos dos Empregados:

a) percepção do respectivo salário de acordo com as determinações legais;

b) interrupção do trabalho para alimentação, feita de acordo com as conveniências de cada serviço ou setor e de acordo com a legislação em vigor;

c) repouso semanal de 24 horas;

d) gozo de férias anuais;

e) ausências ao trabalho, de acordo com art. 18;

f) sugestão de medidas que visem a eficiência e a melhora dos serviços;

g) obtenção de todos os benefícios previstos em lei;

h) valorização pessoal por parte da direção empresa e dos demais empregados;

i) ....

j) ....

l) ....

m) ....

CAPÍTULO VII
Das Proibições

Art. 20. É PROIBIDO aos empregados:

a) fumar nos locais determinados;

b) executar dentro das dependências da empresa atividades não condizentes com a própria função, como leitura, vendas de rifas, de produtos de beleza, roupas, etc., não autorizadas pela gerência;

c) receber pessoas estranhas no local de trabalho sem a autorização devida;

d) utilizar mensageiros ou outros empregados para recados ou trabalhos pessoais;

e) utilizar telefones e impressos da empresa para assuntos estranhos ao serviço;

f) permanecer em conversa em outros setores de trabalho ou dependências, e atrasar-se no cumprimento de suas obrigações;

g) manter consigo ou trazer para as dependências da empresa, bebidas alcoólicas ou drogas entorpecentes, bem como armas ou explosivos;

h) participar de jogos de azar dentro da empresa, quer envolvam dinheiro ou não;

i) ficar aguardando o horário de saída nas proximidades do relógio de ponto;

j) usar termos ou ter atitudes não condizentes com a função e o ambiente;

l) agir por qualquer modo contra os interesses da empresa;

m) levar para fora, documentos ou objetos da empresa, ainda que por motivo de serviço, sem prévia autorização da administração;

n) introduzir pessoas estranhas nas dependência da empresa sem prévia autorização, bem como, atender pessoas ou clientes em locais não estabelecidos pela administração;

o) fazer, promover ou apoiar manifestações, representações ou movimentos coletivos não autorizados pela administração ou não previstos em lei;

p) permanecer na empresa, quando estiver em gozo de folga, férias ou licença;

q) ausentar-se do local de trabalho em horário de serviço;

r) efetuar compras em horários de serviço, bem como, receber cobradores na empresa;

s) entrar na empresa ou mesmo na portaria com vestimentas não condizentes com o ambiente (bermuda, *shorts*, calção de futebol, minissaia, etc.);

t) fazer pedidos por telefone a bares, padarias, armazéns e outros, de qualquer objeto, principalmente cigarros;

u) denunciar ao empregador por escrito, podendo ou não se identificar, quando for desrespeitado, constrangido, assediado, injustiçado, humilhado, especialmente com relação a sexo ou sexualidade, origem, raça, cor, estado civil, situação familiar, idade e dentre outros adjetivos negativos proferidos por outros empregados, superiores e terceiros, contra sua pessoa ou colegas de trabalho, desde que ocorra dentro do ambiente de trabalho.

CAPÍTULO VIII
Das Sanções

Art. 21. As transgressões às normas estabelecidas por este regulamento são passíveis de sanções das seguintes modalidades:

a) advertência verbal;

b) advertência por escrito;

c) suspensão de até 15 dias, com perda de vencimento e de outras vantagens paralelas;

d) demissão (nos casos previstos em lei).

CAPÍTULO IX
Da Cessação do Contrato de Trabalho

Art. 22. O contrato de trabalho pode cessar:

a) por mútuo consentimento;

b) por ausência ao serviço, sem motivo justificado por mais de 3 (três) dias corridos (abandono de emprego);

c) pelo pedido de demissão feito pelo empregado;

d) pela demissão do empregado pela administração;

e) pelos demais motivos previstos em lei.

CAPÍTULO X
Das Disposições Gerais

Art. 23. Salvo nos casos de extrema urgência ou necessidade, qualquer solicitação, queixa ou comunicação deverá ser feita por escrito ao chefe imediato que providenciará o devido encaminhamento.

Art. 24. Nos casos de ausência dos Diretores, Gerentes ou encarregados, seus substitutos responderão pela disciplina do pessoal, pela ordem e pela execução do trabalho programado.

Art. 25. É obrigatório o uso de uniforme e do crachá de identificação durante o expediente de trabalho, a partir da marcação do ponto.

Art. 26. O trato entre superiores e subordinados deve ter sempre o cunho de cordialidade e respeito mútuo.

Art. 27. Os empregados são solicitados a cooperar com a gerência através de sugestões que visem a melhoria, a integração dos serviços e o bem-estar geral.

Art. 28. Todas as leis trabalhistas em vigor integram as normas deste regulamento.

Art. 29. Somente serão aceitos atestados, quando expedidos por médicos do nosso AMBULATÓRIO ou de médicos credenciados, inclusive com o preenchimento de ficha na secretaria.

Art. 30. Em caso de acidente de trabalho o empregado deve procurar o chefe imediato para encaminhamento ao PRONTO SOCORRO, comunicando imediatamente o Departamento Pessoal e a CIPA.

Art. 31. É vedado ao empregado desrespeitar, constranger, assediar, especialmente com relação a sexo ou sexualidade, origem, raça, cor, estado civil, situação familiar, idade e dentre outros adjetivos negativos contra outros empregados, superiores e terceiros dentro do ambiente de trabalho.

Art. 32. Este regulamento será aplicado a partir de sua publicação e será entregue mediante recibo a todos os empregados.

Uberlândia, ...de . . . . de 20. . . . .

. . . .

Empregador

Ciente:. . . . .

Assinatura do Empregado

---

18. RECIBO DE REGULAMENTO

Recebi, nesta data, cópia do **REGULAMENTO INTERNO DOS EMPREGADOS** da empresa . . . .

Comprometo-me a cumprir as normas estabelecidas, sob pena de sofrer as sanções previstas pelo Artigo 21, do Capítulo VIII, do próprio Regulamento Interno.

Uberlândia, ... de . . . . de 20 . . . .

Assinatura do Empregado . . . .

19. BANCO DE HORAS ACORDO PARA COMPENSAÇÃO DE HORAS DE TRABALHO

Empregador .... Fazenda ....
..... com atividade de .... e o Empregado ....
portador da Carteira de Trabalho n. .... série ...., nos termos do que dispõe o § 2º, do art. 59, da Consolidação das Leis o Trabalho — CLT (com nova redação dada pela MP n. 2.076-38, de 21.6.2001), celebram o seguinte acordo:

1. O excesso de horas trabalhadas em um dia, até o limite de 2 (duas), por comprovada necessidade de serviço, serão lançadas no BANCO DE HORAS.

2. As horas que o empregado necessitar para tratar de assuntos particulares, como fazer compra, ir ao dentista, e outros, igualmente, serão lançadas no BANCO DE HORAS.

3. A compensação se dará por livre negociação entre as partes, sem quaisquer adicionais, no prazo de 12 (doze) meses.

4. Pode o empregador, se assim desejar, a qualquer momento, nos 12 meses, efetuar o pagamento das horas suplementares.

5. Em caso de Rescisão do Contrato de Trabalho, havendo saldo de horas, favoráveis ao empregado, estas serão pagas pelo empregador, com o adicional de 50% (cinqüenta por cento), nos termos do § 1º, do art. 59, da CLT.

E, por estarem de pleno acordo, as partes assinam o presente, em 3 (três) vias, uma das quais, destina-se ao Sindicato dos Trabalhadores.

HOMOLOGAÇÃO DE ACORDO
Este Sindicato homologa o presente acordo, celebrado, por livre e espontânea vontade entre as partes, para que surta todos os legais efeitos a que se destina.
_____ de _____ de _____
Presidente do Sindicato dos Trabalhadores

_____ de _____ de _____

_____
Empregador (a)

_____
Empregado (a)

Este Acordo deve ser assinado, individualmente, entre empregador e empregado e submetido à homologação do Sindicato dos Trabalhadores, que tenha base territorial na localidade, salvo se, tal previsão constar de Acordo, Convenção ou Dissídio Coletivo de Trabalho, da categoria.